Direito à Identidade

Direito à Identidade

2024

Fábio Calheiros do Nascimento

ALMEDINA

DIREITO À IDENTIDADE
© Almedina, 2024
AUTOR: Fábio Calheiros do Nascimento

DIRETOR ALMEDINA BRASIL: Rodrigo Mentz
EDITORA-CHEFE: Manuella Santos de Castro
EDITOR PLENO: Aurélio Cesar Nogueira
PRODUTORA EDITORIAL: Erika Alonso
ASSISTENTES EDITORIAIS: Letícia Gabriella Batista, Tacila da Silva Souza e Laura Pereira

DIAGRAMAÇÃO: Almedina
DESIGN DE CAPA: FBA

ISBN: 9788584936731
Março, 2024

Dados Internacionais de Catalogação na Publicação (CIP)
(Câmara Brasileira do Livro, SP, Brasil)

Nascimento, Fábio Calheiros do
Direito à Identidade / Fábio Calheiros do Nascimento. -- 1. ed. -- São Paulo : Almedina, 2024.

Bibliografia.
ISBN 978-85-8493-673-1

1. Direito civil - Brasil 2. Personalidade (Direito) I. Título

24-191746 CDU-347.19(81)

Índices para catálogo sistemático:

1. Brasil : Direito de personalidade : Direito civil 347.19(81)

Aline Graziele Benitez - Bibliotecária - CRB-1/3129

Este livro segue as regras do novo Acordo Ortográfico da Língua Portuguesa (1990).

EDITORA: Almedina Brasil
Rua José Maria Lisboa, 860, Conj.131 e 132, Jardim Paulista | 01423-001 São Paulo | Brasil
www.almedina.com.br

Dedico este livro à minha esposa *Seong* e aos meus filhos *Gabriel* e *Mariana*, amores da minha vida. O contato diário com vocês conforta a minha alma. Dedico-o também aos meus pais *Claudio* e *Claudete* e ao meu irmão *Márcio*. Crescer em um ambiente de amor e respeito foi essencial para o meu desenvolvimento. Todos vocês ajudaram a construir a minha identidade.

PREFÁCIO

Fruto de tese de doutorado defendida, com brilho, na Faculdade de Direito da Universidade de São Paulo, o trabalho de Fábio Calheiros do Nascimento agora se transforma em livro, de consulta valiosa para quem tencione estudar os direitos da personalidade e, em especial, o direito à identidade.

E tal o que se reforça uma vez postos os contornos mais recentes que ganhou, e ainda vem ganhando, o direito à identidade, como e enquanto categoria autônoma, direito próprio da personalidade, de lindes que o autor contribui para firmar de modo dissociado da compreensão, não raro, baralhada com outras titularidades de igual natureza. Aliás, a obra dedica capítulo específico para definir o espaço particular do direito à identidade, tanto quanto, ao mesmo tempo, sua correlação, justamente, com outros direitos da personalidade.

Tem-se, porém, esteja em um ponto, muito especialmente, a contribuição talvez mais acesa ao estudo do tema. O autor procura distinguir, com o que intenta auxiliar na demarcação de seu complexo conteúdo, e ainda para além apenas de um aspecto estático e outro dinâmico do direito à identidade, o que chama de *identidade-identificação* e de *identidade-percepção*.

A seu ver, enquanto na primeira se descortinam elementos de individualização da pessoa no grupo, a segunda traduz uma visão de mundo que ela constrói para si em processo de interação com o grupo, a partir, portanto, das suas próprias relações sociais, de que decorrem rótulos adotados e comportamentos esperados.

A propósito, o autor segue procurando delimitar manifestações indicativas de uma e outra vertente do direito à identidade. Para a *identidade-identificação*, e além do nome, refere a identidade sexual, genética, digital e nacional. Para a *identidade-percepção*, alude ao que considera ser a identidade racial, a de gênero, a política, a religiosa e a intelectual. Examinam-se todas e cada qual delas.

Por fim, a obra torna à categoria geral do direito à identidade para, de um lado, fixar suas características essenciais; de outro, para detalhar as medidas próprias à sua tutela.

Tem-se, bem se vê, trabalho monográfico que se considera a um só tempo amplo no seu alcance e profundo em cada qual de seus recortes.

Daí, enfim, o prazer com que se apresenta a obra de Fábio Calheiros do Nascimento ao público leitor, certo de seu contributo à construção ainda em curso de um conteúdo para o direito à identidade.

São Paulo, setembro de 2023.

CLAUDIO LUIZ BUENO DE GODOY

Professor do Departamento de Direito Civil da Faculdade de Direito da Universidade de São Paulo.

SUMÁRIO

PREFÁCIO 7

INTRODUÇÃO 13

1. O DIREITO À IDENTIDADE COMO DIREITO DA PERSONALIDADE 17
1.1 Pessoa e personalidade 17
1.2 Direitos da personalidade 21
1.3 A amplitude dos direitos da personalidade 25
1.4 A identidade enquanto atributo da personalidade. 33
1.5 Identidade-identificação e identidade-percepção 40

2. A FORMAÇÃO DA IDENTIDADE-PERCEPÇÃO. 45
2.1 Charles Taylor e a visão de mundo 48
2.1.1 Uma questão moral 48
2.1.2 A interioridade moderna 52
2.1.3 A afirmação da vida cotidiana. 53
2.1.4 A noção expressivista como fonte moral interior e a busca por autenticidade 56
2.1.5 Os conflitos da modernidade 58
2.1.6 Conclusões parciais. 58
2.2 Axel Honneth e o processo dialógico de construção da identidade . . . 64
2.2.1 O processo de realização do espírito. 64
2.2.2 A criação da identidade a partir do reconhecimento intersubjetivo . . 66

2.2.3 A luta por reconhecimento 69
2.2.4 Conclusões parciais 70
2.3 Paul Ricouer e a identidade narrativa 77
2.3.1 Mesmidade, ipseidade e continuidade ininterrupta 77
2.3.2 O si e a identidade narrativa 79
2.3.3 Conclusões parciais. 82
2.4 Kwame Anthony Appiah e a estrutura da identidade. 90
2.4.1 O liberalismo e a identidade 90
2.4.2 A estrutura da identidade. 91
2.4.3 O cuidado com a autonomia individual. 94
2.4.4 As normas antidiscriminação e os estereótipos 96
2.4.5 Conclusões parciais 99

3 AS ESPÉCIES DE DIREITO À IDENTIDADE-PERCEPÇÃO 105
3.1 Identidade racial 107
3.1.1 Raça 107
3.1.2 O caso Ellwanger 110
3.1.3 Critérios para a definição de raça. 111
3.1.4 Porque a raça é uma identidade 113
3.2 Identidade de gênero 117
3.2.1 Sexo, gênero e sexualidade 121
3.2.2 A questão específica do transgênero 122
3.2.3 Porque o gênero é uma identidade 130
3.2.4 O gênero neutro 132
3.3 Identidade política 136
3.4 Identidade religiosa. 143
3.5 Identidade intelectual 153

4 A IDENTIDADE-IDENTIFICAÇÃO E SUAS ESPÉCIES 157
4.1 Nome. 158
4.2 Identidade sexual 162
4.3 Identidade genética. 166
4.4 Identidade digital 173
4.4.1 Perfis 175
4.4.2 Avatar. 180
4.5 Identidade nacional. 183

5 O DIREITO À IDENTIDADE E DIREITOS CORRELATOS 189
5.1 A relação entre o direito à identidade e o direito à imagem 189
5.2 A relação entre o direito à identidade e o direito à honra 195

5.3 A relação entre o direito à identidade e o direito à privacidade 203
5.3.1 Estados Unidos da América: right to privacy 203
5.3.2 Europa: respeito à vida privada e familiar 207
5.3.3 Brasil: privacidade, vida privada e intimidade 209
5.4 A relação entre o direito à identidade e o direito aos dados pessoais. . . 212
5.5 A relação entre o direito à identidade e a liberdade de expressão 216
5.6 A relação entre o direito à identidade e o direito ao próprio corpo. . . . 220

6 CARACTERÍSTICAS DO DIREITO À IDENTIDADE 227
6.1 Absoluto ou erga omnes 227
6.2 Indisponível e intransmissível 230
6.2.1 Visão geral 230
6.2.2 (In)disponibilidade do direito à identidade 233
6.2.3 (In)transmissibilidade do direito à identidade 235
6.2.3.1 Inter vivos 235
6.2.3.2 Causa mortis 236
6.2.4 (In)transmissibilidade do direito à identidade digital 240
6.3 Originário ou inato 247
6.4 Imprescritível 253

7 A TUTELA DO DIREITO À IDENTIDADE 255
7.1 A autotutela 256
7.2 A tutela preventiva 260
7.3 A tutela corretiva geral 262
7.4 A tutela corretiva especial na imprensa 267
7.5 O direito à identidade e as pessoas jurídicas 274
7.6 A tutela do direito à identidade para além do direito privado 276

CONCLUSÕES 281

REFERÊNCIAS 287

INTRODUÇÃO

Em seu livro *O homem duplicado*[1] José Saramago expõe a vida do professor de história chamado Tertuliano Máximo Afonso, que descobre que há outro homem idêntico a ele (*Doppelgänger*). Os dois acabam se conhecendo e o outro morre em circunstâncias que faziam crer a todos que quem tinha morrido era o protagonista, notadamente porque ambos tinham trocado os documentos antes desse evento. Isso leva Tertuliano a escolher viver a vida do outro.

No livro de Luigi Pirandello, *O falecido Mattia Pascal*,[2] o protagonista também é dado como morto e, por isso, assume outro nome e inventa uma nova história de vida. Como ele era pobre, mas havia ganho bastante dinheiro em um cassino, passa a intitular-se Adriano Meis e a viver vagando pela Europa como se fosse um homem de boa condição financeira.

Em ambos os casos estamos a tratar de identidade. Nome e história de vida (biografia) são dois elementos que dizem respeito à identidade, mas de formas distintas. A nosso ver, a identidade é objeto de um novo direito da personalidade, por isso precisa ser compreendido detalhadamente.

Na doutrina jurídica é comum a análise do direito à identidade apenas a partir da dicotomia estática-dinâmica. Isso é positivo porque outrora esse direito nem sequer era reconhecido. Por outro lado, é também negativo porque importa em uma visão limitada acerca de seu conteúdo, pois diz respeito à mutabilidade da identidade, não à sua essência, à sua *ratio*.

[1] SARAMAGO, José. *O homem duplicado*. São Paulo: Companhia das Letras, 2002.

[2] PIRANDELLO, Luigi. *O falecido Mattia Pascal*. Tradução Silvia Massimini Felix. São Paulo: UNESP, 2020.

Somente mediante análise detida acerca da essência da identidade e do direito que dela emana será possível atribuir ao direito à identidade a autonomia que lhe deve ser reservada. A partir da compreensão dos interesses jurídicos que esse direito tutela, pode-se comprovar que não se trata de direito indevidamente qualificado como da personalidade, assim como diferenciá-lo de outros direitos correlatos, a exemplo do que já ocorreu outrora com o direito à imagem, que teria nascido "de uma costela" dos direitos ao nome e à honra.

Trata-se de um passo necessário no caminho da definição do direito à identidade porque são várias as questões controversas no nosso cotidiano que dizem respeito ao tema, como são os casos de cotas raciais, ofensas de cunho religioso, adulteração de posicionamento político e violação de perfis na *internet*. Essa nova feição da identidade está ligada ao que Stuart Hall chama de crise de identidade, pois houve a erosão da "identidade mestra" e o surgimento de uma pletora de identidades singulares.[3]

Estabelecida essa premissa, pretendemos traçar neste livro como que uma teoria geral do direito à identidade a partir de uma visão particular e que reputamos ser nova. A par da classificação acima, que continua a ser útil, o direito à identidade deve passar a ser analisado sob outra ótica, também dicotômica, qual seja: *direito à identidade-identificação* e *direito à identidade-percepção.*

Para cumprir esse mister, dividimos este livro em sete capítulos, sendo que no primeiro expomos as razões que levam a crer que o direito à identidade deve ser considerado um direito da personalidade. É um capítulo mais genérico porque lida com as duas vertentes do direito à identidade, identificação e percepção, de modo conjunto.

O segundo e o terceiro capítulos são dedicados especificamente ao direito à identidade-percepção. Naquele estabelecemos um pequeno diálogo com

[3] "A questão da identidade está sendo extensamente discutida na teoria social. Em essência, o argumento é o seguinte: as velhas identidades, que por tanto tempo estabilizaram o mundo social, estão em declínio, fazendo surgir novas identidades e fragmentando o indivíduo moderno, até aqui visto como um sujeito unificado" (HALL, Stuart. *A identidade cultural na pós-modernidade.* Tradução Tomaz Tadeu da Silva e Guacira Lopes Louro. 9. ed. Rio de Janeiro: DP&A, 2004. p. 7). E ele complementa o seu pensamento dizendo que: "Esta perda de um 'sentido de si' estável é chamada, algumas vezes, de deslocamento ou descentração do sujeito. Esse duplo deslocamento – descentração dos indivíduos tanto de seu lugar no mundo social e cultural quanto de si mesmos – constitui uma 'crise de identidade' para o indivíduo" (Ibidem, p. 9).

autores de fora do Direito com vistas à compreensão da própria identidade-percepção enquanto conteúdo do referido direito. Charles Taylor, Axel Honneth, Paul Ricouer e Kwame Anthony Appiah foram os autores escolhidos para explicar o tema. Neste, por sua vez, serão expostas as espécies de identidade-percepção que entendemos existir, sem pretender esgotá-las: identidade racial, de gênero, política, religiosa e intelectual.

O quarto capítulo, de outro lado, é consagrado apenas à identidade-identificação e suas espécies, quais sejam: nome, identidade sexual, identidade genética, identidade digital e identidade nacional.

Abordamos, no quinto capítulo, a relação entre o direito à identidade e direitos correlatos, a fim de melhor delimitar o conteúdo daquele. Direitos à imagem; à honra; à privacidade, inclusive nas suas variadas formas utilizadas no direito estrangeiro; aos dados pessoais, liberdade de expressão e ao próprio corpo são relacionados ao direito à identidade, sendo necessário trabalhar a diferença entre eles.

As características do direito à identidade é tema do sexto capítulo. Como são vários os atributos dos direitos da personalidade usualmente mencionados pela doutrina, tais como serem eles *erga omnes*, intransmissíveis, indisponíveis, entre outros, a ideia neste capítulo é verificar se todos são aplicáveis ao direito à identidade, em qualquer de suas duas vertentes.

O sétimo capítulo versa sobre a tutela do direito à identidade, isto é, sendo a identidade um direito, nas suas duas vertentes, como é que o sistema jurídico a protege. Autotutela, tutela preventiva e corretiva são as espécies de tutela analisadas, assim como a tutela específica na imprensa.

Sempre tendo em conta que o livro, sobretudo o técnico, é um modo de compartilhamento de ideias, procuramos, em atenção ao leitor, usar uma linguagem direta e trazer o maior número possível de casos concretos, a fim de servirem de exemplo dos conflitos sociais que estão ligados ao tema em discussão.

Esperamos que a leitura seja prazerosa!

1. O DIREITO À IDENTIDADE COMO DIREITO DA PERSONALIDADE

1.1 Pessoa e personalidade

Conquanto configure truísmo, é impossível falar da pessoa humana, ainda mais em um trabalho de Direito, sem lembrar-se da observação aristotélica de que o homem é um ser social.[4] É precisamente essa característica intrínseca que faz com que o homem, enquanto ser, seja entendido como pessoa. Como enfatiza Enrique Varsi, "esse viver, entendamos o viver social, faz com que o homem se configure como pessoa para ser tecnicamente reconhecido pelo Direito. A sociabilidade é um pressuposto essencial da pessoa".[5]

[4] "Assim, o homem é um animal cívico, mais social do que as abelhas e os outros animais que vivem juntos. A natureza, que nada faz em vão, concedeu apenas a ele o dom da palavra, que não devemos confundir com os sons da voz. Estes são apenas a expressão de sensações agradáveis ou desagradáveis, de que os outros animais são, como nós, capazes. A natureza deu-lhes um órgão limitado a este único efeito; nós, porém, temos a mais, senão o conhecimento desenvolvido, pelo menos o sentimento obscuro do bem e do mal, do útil e do nocivo, do justo e do injusto, objetos para a manifestação dos quais nos foi principalmente dado o órgão da fala. Este comércio da palavra é o laço de toda sociedade doméstica e civil" (ARISTÓTELES. *A política*. Disponível em: http://www.dhnet.org.br/direitos/anthist/marcos/hdh_aristoteles_a_politica.pdf. Acesso em: 19 jul. 2022). Segundo John M. Kelly, a melhor interpretação da expressão *politikón zôon* é a tendência da natureza humana à associação organizada do tipo que a cidade-estado grega personificava; à existência cívica. Quando traduzida como "animal político" é frequentemente mal-entendida (KELLY, John. M. *Uma breve história da teoria do direito ocidental.* Tradução Marylene Pinto Michael. São Paulo: WMF Martins Fontes, 2010. p. 17).

[5] ROSPIGLIOSI, Enrique Varsi. *Tratado de derecho de las personas*. Lima: Gazeta Jurídica, 2014. p. 12 (tradução livre).

Segundo o referido autor, a palavra "homem" deriva do latim *homo, -inis*, e do grego *ánthropos*. É um conceito filosófico e sociológico; é amplo, ambivalente, indeterminado, e, como tal, abrange tanto a unidade, homem ou mulher, como a coletividade, referindo-se, neste caso, ao gênero humano.[6]

A essa noção se conecta a expressão "ser humano", que é um conceito antropológico e biológico. Ele representa a unidade psicobiosocial, a tríade básica do desenvolvimento integral do ser humano.[7]

O vocábulo "pessoa", por sua vez, salienta o referido autor, é um conceito jurídico. Etimologicamente, deriva do hebreu *Pâneh*; do grego *πρόσωπον*; do latim *persona*.[8]

O termo *persona* era a máscara usada em representações teatrais na Grécia antiga. Com o tempo ele passou a designar as personagens retratadas, os figurantes, e, por fim, os agentes em geral. Não surgiu daí, como observa Menezes Cordeiro, o conceito de sujeito de direitos: essa figura também só muito mais tarde viria a se impor, após uma evolução milenária, impulsionada pelo cristianismo e rematada pelo liberalismo, para se alcançar a ideia de que todo o ser humano tem igual qualidade, no tocante a encabeçar direitos e obrigações, o que é dizer, a ser destinatário de normas jurídicas.[9]

Ser destinatário de normas jurídicas traduz justamente a noção tradicional de personalidade, a teor dos arts. 1º e 2º do Código Civil, que foi modificada com o advento da noção de direitos da personalidade.

Como explicam Gustavo Tepedino e Milena Donato Dias, há dois sentidos técnicos para o conceito de personalidade. O primeiro confunde-se

[6] Ibidem, p. 18.

[7] Ibidem, p. 18.

[8] Ibidem, p. 18.

[9] CORDEIRO, António Menezes. *Tratado de direito civil.* 5. ed., rev. e atual.: Pessoas. Lisboa: Almedina, 2019. v. IV, p. 30-31. Segundo Walter Moraes, "o uso da palavra *persona* para designar o indivíduo humano foi introduzido pelo Direito Romano. Mas a pesquisa do conceito de pessoa como ente distinto do fisiopsiquismo humano (ausente em Aristóteles e a demais Filosofia grega) é iniciativa da filosofia patrística. A palavra personalistas, bem como o correspondente conceito, é criação exclusivamente escolástica. Ao tempo de Alberto Magno e Tomás de Aquino, o pensamento filosófico teológico, organizado em Schola já há mais de três séculos e seguindo geralmente os padrões da Filosofia platônica, recebeu o contingente orgânico e metafísico do aristotelismo, e com ele novos e inusitados padrões de realismo, disciplina e exatidão racionais" (Concepção tomista de pessoa. Um contributo para a teoria do direito da personalidade. *Revista de Direito Privado,* v. 2, p. 189, abr.-jun. 2000).

com a noção de capacidade de gozo, associando-se à qualidade para ser sujeito de direito, conceito aplicável tanto às pessoas físicas quanto às jurídicas. O segundo, por outro lado, traduz o conjunto de características e atributos da pessoa humana, considerada objeto de proteção prioritária pelo ordenamento, sendo peculiar, portanto, à pessoa natural.[10]

Anderson Schreiber segue a mesma linha de raciocínio ao apontar duas noções de personalidade: uma subjetiva, que se identifica com a capacidade das pessoas, física ou jurídica, de ser titular de direitos e obrigações; outra objetiva, que se identifica com os direitos da personalidade.[11]

Não se trata de diferença que se limita ao direito brasileiro contemporâneo. Luiz Gonçalves da Cunha já apontava essa diferenciação à vista do Código Civil português do século XIX, ao afirmar que:

> Personalidade, num sentido, é a susceptibilidade de direitos e obrigações, isto é, a aptidão genérica para adquirir direitos e ficar sujeito a obrigações. Noutro sentido, que se vê no art. 2.383 do Cód. Civil português, personalidade é o conjunto dos direitos, interêsses, atributos físicos e espirituais inerentes à natureza humana.[12]

Essa divisão conceitual de personalidade permite identificar também dois sentidos que podem ser atribuídos ao termo "pessoa": um normativo, ligado à noção de sujeito de direito, outro pré-normativo, ligado à própria essência do ser humano e, por conseguinte, à dignidade da pessoa humana.

Partindo de uma noção metafísica, afirma Walter Moraes que a *substância* pode definir-se como o que é em si e não em outra coisa, ao passo que a *subsistência* é a independência própria da substância. A substância é imperfeitamente subsistente quando por sua natureza se ordena a ser com outra substância, e, ao revés, perfeitamente subsistente quando por sua natureza se ordena a ser sem outra substância. Chama-se suposto (em latim, *suppositum*;

[10] TEPEDINO, Gustavo; OLIVA, Milena Donato. Personalidade e capacidade na legalidade constitucional. Disponível em: https://www.academia.edu/30890584/Personalidade_e_capacidade_na_legalidade_ constitucional. Acesso em: 13 jul. 2022, p. 6.

[11] SCHREIBER, Anderson. *Direito civil e Constituição*. São Paulo: Atlas, 2013. p. 6.

[12] GONÇALVES, Luiz da Cunha. *Princípios de direito civil luso-brasileiro*. São Paulo: Max Limonad, 1951. v. 1, p. 68.

em grego, *hypóstasis*) a substância perfeitamente subsistente. Sob esse prisma, ele afirma que o suposto da natureza racional é a pessoa, enquanto a subsistência da pessoa é a personalidade (*personalitas*).[13]

José Lamartine Corrêa de Oliveira e Francisco José Ferreira Muniz, por sua vez, asseveram que a dignidade da pessoa humana está ligada à noção pré-normativa de pessoa, expressão do jusnaturalismo,[14] aquela que permite entender toda a sua riqueza e amplitude.

> Em uma visão personalista, o ordenamento jurídico, ao construir dentro do sistema, a noção de personalidade, assume uma noção pré-normativa, a noção de pessoa humana, faz de tal noção uma noção aceita pela ordem positiva. Não a assume nem a aceita porém no mesmo sentido de dura aceitação da realidade externa com que aceita e assume a qualidade de objetos, de *coisas*, que têm uma árvore ou um animal. É que, no caso do ser humano, o dado pré-existente à ordem legislada não é um dado apenas ontológico, que radique no plano do ser; ele é também axiológico. E *ser* e *valor* estão intimamente ligados, em síntese indissolúvel, eis que o valor está, no caso, inserido no ser.

[13] MORAES, Walter. Concepção tomista de pessoa. Um contributo para a teoria do direito da personalidade cit., p. 189-190.

[14] O jusnaturalismo é um movimento iniciado no século XVIII a partir de uma compreensão racionalista do direito. Ele chegou ao extremo de pretender sobrepor o direito natural ao direito positivo, o que representou uma consequência ao direito costumeiro, que era eminentemente particularista e local, apegado ao fatual e recheado de privilégios (REALE, Miguel. *Lições preliminares de direito*. 27. ed. São Paulo: Saraiva, 2002. p. 150-151). Parcela da doutrina entende que a origem dos direitos da personalidade se deve, ainda que parcialmente, à Escola de Direito Natural, como é o caso de: BITTAR, Carlos Alberto. *Os direitos da personalidade*. 6. ed. rev., atual. e ampl. por Eduardo C. B. Bittar. Rio de Janeiro: Forense Universitária, 2003. p. 19. Outra parcela da doutrina defende que o próprio direito natural, atualmente, ainda pode servir de fonte dos direitos da personalidade, como faz: SZANIAWSKI, Elimar. *Direitos da personalidade e sua tutela*. São Paulo: Revista dos Tribunais, 1993. p. 90-91. José de Oliveira Ascensão critica esse segundo posicionamento afirmando que podem haver dois direitos. O Direito é necessariamente positivo, de tal modo que ou bem o direito natural é positivo ou não é Direito. Dito isso, ele observa que o direito natural é Direito porque é, sim, positivo, já que estabelece uma ordem imanente na sociedade, uma ordem que corresponde a uma sociedade histórica, um dever ser do dever ser. Contudo, e este é o ponto culminante de seu raciocínio que pretendemos ressaltar: apenas, não é necessariamente a ordem observada de fato na sociedade (ASCENSÃO, José de Oliveira. *O direito:* introdução e teoria geral. 2. ed. brasileira, rev., atual. e ampl. Rio de Janeiro: Renovar, 2001. p. 193-194).

> O homem vale, tem a excepcional e primacial dignidade de que estamos a falar, por que é. E é inconcebível que um ser humano seja sem valer. Por isso mesmo, a personalidade é uma noção insuscetível de gradações ou restrições.[15]

Esses ensinamentos são muito importantes porque não apenas indicam que a ideia de personalidade presente nos direitos da personalidade deve ser interpretada sob a ótica da dignidade da pessoa humana, a qual tem no seu cerne uma noção pré-normativa de pessoa, enquanto suposto que é, como também já sinaliza a necessária amplitude da tutela que deve ser concedida a esses mesmos direitos.

1.2 Direitos da personalidade

Os direitos da personalidade, de acordo com Carlos Alberto Bittar, correspondem a uma classe de direitos subjetivos que dizem respeito aos atributos do homem que apresentam caráter dogmático.[16] Afirma Goffredo Telles, por sua vez, que eles equivalem ao conjunto dos caracteres próprios de determinado ser humano.[17] Ainda que sob a denominação de direitos personalíssimos ou direitos sobre a própria pessoa, Eduardo Espínola já afirmava, muito antes do advento do Código Civil de 2002, que esses direitos são intimamente ligados à pessoa, isto é, provêm da proteção jurídica de que o homem goza para sua pessoa, sem relação imediata com uma coisa exterior ou com outra pessoa.[18] Luciano de Camargo Penteado, por seu turno, anota que o objeto do direito de personalidade é sempre a pessoa ou uma parte potencial da pessoa, ou seja, há uma interação dialética entre o sujeito e o objeto do direito que

[15] OLIVEIRA, José Lamartine Corrêa de; MUNIZ, Francisco José Ferreira. O Estado de Direito e os direitos da personalidade. *Revista de Direito Civil Contemporâneo*, São Paulo: v. 24, p. 349-368. jul.-set. 2020. p. 352.

[16] BITTAR, Carlos Alberto. *Os direitos da personalidade* cit., p. 5.

[17] TELLES JUNIOR, Goffredo. *Iniciação na ciência do direito*. 4. ed. São Paulo: Saraiva, 2008. p. 297.

[18] ESPÍNOLA, Eduardo. *Sistema do direito civil brasileiro*. Rio de Janeiro: Ed. Rio, 1977. p. 326.

não se verifica no campo dos direitos patrimoniais, como os de crédito ou os reais.[19]

Todas essas sentenças demonstram a mudança dos direitos subjetivos, antes vinculados ao "ter", mas que incorporaram a do "ser",[20] mercê, entre outros fatores, da mudança na escala de valores ocorrida após a Segunda Guerra Mundial.[21]

Consoante Capelo de Souza, os direitos da personalidade devem ser considerados autênticos direitos subjetivos, pois representam o poder de exigir de outras pessoas um comportamento positivo ou negativo, normativamente determinado, com a possibilidade de recurso aos tribunais para a instauração de providências coativas, caso tal comportamento não se verifique.[22]

Adriano de Cupis também defende que esses direitos sejam considerados subjetivos, chegando a dizer que se trata de "amor da novidade verbal" a necessidade de se utilizar um novo conceito jurídico para substituir o direito subjetivo, apenas porque ele nasceu sob a égide do individualismo, a qual restou superada com a noção social do Direito.[23]

[19] PENTEADO, Luciano de Camargo. O direito à vida, o direito ao corpo e às partes do corpo, o direito ao nome, à imagem e outros relativos à identidade e à figura social, inclusive intimidade. *Revista de Direito Privado*, v. 49, p. 74, jan.-mar. 2012.

[20] PERLINGIERI, Pietro. *Perfis do direito civil*: introdução ao direito civil constitucional. Tradução Maria Cristina De Cicco. 2. ed. Rio de Janeiro: Renovar, 2002. p. 155.

[21] Com a derrocada do Nazismo ao fim da 2ª Guerra Mundial foi aprovada a Lei Fundamental de Bonn em 23 de maio de 1949, que passou a prever os direitos fundamentais logo no seu início, e depois, em 1951 criada a Corte Constitucional, que ajudou a fortalecer os direitos fundamentais nas suas interpretações. "Renasce, assim, em virtude da nova perspectiva proporcionada pela Lei Fundamental, o conceito jusnaturalista de pessoa, desenhando ao seu redor um 'mínimo ético' que não pode ser violado pelo Estado nem pelos outros membros da sociedade" (LUDWIG, Marcos de Campos. O direito ao livre desenvolvimento da personalidade na Alemanha e possibilidades de sua aplicação no direito privado brasileiro. *In:* MARTINS-COSTA, Judith (Org.). *A reconstrução do direito privado: reflexos dos princípios, diretrizes e direitos fundamentais constitucionais no direito privado.* São Paulo: Revista dos Tribunais, 2002. p. 287).

[22] CAPELO DE SOUZA, Rabindranath Valentino Aleixo. *O direito geral da personalidade.* Coimbra: Coimbra Ed., 2001. p. 93.

[23] CUPIS, Adriano de. *Os direitos da personalidade.* Tradução Afonso C. F. Rezende. Campinas: Romana, 2004. p. 21-23. Nesta mesma linha: "É certo que tem sido apontada, em especial na doutrina italiana, a decadência ou até mesmo o desinteresse na utilização do conceito de direito subjetivo. De outro, reconhece-se a ênfase abstrata, a partir de uma noção fundada no direito de propriedade, e indicam-se as dificuldades para amparar a tutela da pessoa a partir da categoria de direito subjetivo, em face das especificidades da proteção à pessoa e das

Pontes de Miranda corrobora esse entendimento afirmando que "onde há direito à liberdade (direito da personalidade) há direito (no sentido objetivo, sem o qual o direito subjetivo não poderia existir)"; e dele irradiam-se pretensões, ações e exceções.[24]

Santos Cifuentes, por sua vez, lembra que se havia dúvida acerca da natureza dos direitos da personalidade isso desapareceu porque no ideário geral dos juristas tornou-se certo que eles são direitos subjetivos, uma vez que sobre os bens – vida, corpo, saúde, honra, liberdade, imagem, intimidade, entre outros – há verdadeiras faculdades.[25]

Como categoria de direitos tutelados no âmbito infraconstitucional,[26] os direitos da personalidade já eram tutelados no Código Civil de 1916,

inúmeras exceções em relação ao conceito geral de direito subjetivo. Sustenta-se, assim, que a categoria apta a enquadrar a tutela dos direitos de personalidade é a dos interesses da pessoa considerados merecedores de tutela (interessi della persona ritenuti meritevoli di tutela). Ocorre, porém, que esta orientação não pode ser generalizada: primeiro, não é unânime no próprio direito italiano; prevalece tanto no direito francês, quanto no direito alemão. Este não somente continua a reputar relevante a categoria dos direitos subjetivos, como igualmente a utiliza para qualificar os direitos da personalidade. Considera os direitos subjetivos como instrumento para assegurar a autodeterminação de esferas de liberdade da pessoa (Sicherung selbstbestimmter Freiheitssphären), no qual se enquadram os direitos de personalidade" (ANDRADE, Fábio Siebeneichler de. A tutela dos direitos da personalidade no direito brasileiro em perspectiva atual. *Revista Derecho del Estado,* n. 30, p. 99-101, ene.-jun. 2013).

24 PONTES DE MIRANDA, Francisco Cavalcanti. *Tratado de direito privado.* Campinas: Bookseller, 2000. t. VII, p.57.

25 CIFUENTES, Santos; GOLDENBERG, Isidoro; RIVERA, Julio César. Identidad personal. *Temas de derecho privado.* p. 13-28. Departamento de Derecho Privado, Facultad de Derecho y Ciencias Sociales, Universidade de Buenos Aires (9.: 1996: Buenos Aires). Argentina: Colegio de Escribanos, 1997. p. 14.

26 A propósito da relação entre direitos fundamentais e direitos da personalidade, entre as várias explicações, seguimos a de Anderson Schreiber, que assim se manifesta: "todas essas diferentes designações destinam-se a contemplar atributos da personalidade humana merecedores de proteção jurídica. O que muda é tão somente o plano em que a personalidade humana se manifesta. Assim, a expressão 'direitos humanos' é mais utilizada no plano internacional, independentemente, portanto, do modo como cada Estado nacional regula a matéria. Direitos fundamentais, por sua vez, é o termo normalmente empregado para designar 'direitos positivados numa constituição de um determinado Estado'" (SCHREIBER, Anderson. *Direitos da personalidade.* 2. ed. São Paulo: Atlas, 2013. p. 13). Trata-se de posição semelhante à que encontramos na doutrina estrangeira: MAZEAUD, Henri; MAZEAUD, Leon; MAZEAUD, Jean. *Leçons de droit civil.* 5. ed. Paris: Montchrestien, 1973. t. 1º, v. 2, p. 658. De acordo com Paulo Mota Pinto, o fato de os direitos da personalidade serem, em grande parte, o correspectivo privatístico dos direitos fundamentais que incidem sobre os bens da personalidade não os

haja vista os arts. 1.537, 1.538, 1.547 e 1.548[27] que versavam sobre a responsabilização civil em caso de ofensa à vida, à saúde e à honra.[28] Além disso,

tornam inúteis, pois "desempenham uma função, de instrumento jurídico de concretização dos direitos fundamentais no direito privado, que deste modo (para utilizar a metáfora já comum) 'irradiam' através deles para a ordem jurídico-privada. [...] Na verdade, a imposição de níveis de protecção adequados às exigências dos direitos fundamentais, também no direito privado, conjugada com a rejeição da rigidificação e da inflexibilidade da vida jurídico-privada, que resultaria de uma 'substituição do direito civil pelo direito constitucional', tornam hoje inaceitáveis, a meu ver, seja as posições de equiparação da actuação dos particulares no direito privado à das entidades públicas, seja aquelas que vêem os direitos fundamentais como dirigidos apenas aos entes públicos, requerendo antes soluções diferenciadoras. Assim, desde logo, é claro que pode existir eficácia das disposições constitucionais através de normas que consagram direitos fundamentais deve ocorrer, em primeira linha, através de normas de direito privado – quer normas que reproduzem o conteúdo das normas constitucionais, quer conceitos indeterminados ou cláusulas gerais, cujo conteúdo deve ser preenchido através dos valores constitucionalmente consagrados, e, em particular, através de uma 'interpretação conforme aos direitos fundamentais'. Entre tais 'portas de entrada' das valorações dos direitos fundamentais no domínio privatístico, que constituem a forma precípua de sua efectivação, encontram-se, em primeira linha, as disposições relativas aos direitos da personalidade, e, em particular, à sua proteção em geral [...]" (PINTO, Paulo Mota. Direitos de personalidade no Código Civil português e no novo Código Civil brasileiro. *Revista da Ajuris*, ano XXXI, n. 96, p. 410-412, dez. 2004). Sobre a importância de se regular os direitos da personalidade pelo direito privado, diz Federico de Castro que "el amparo civil de la persona se hará especialmente necesario, porque entonces será en el ámbito privado donde actúen las fuerzas sociales (extraestatales) más poderosas y cuando se sienta el abandono en que habían ido quedrando los valores más importantes del hombre" (CASTRO, Federico de. Los llamados derechos de personalidade. *Anuario de derecho civil*, tomo XII, 1959, p. 1289. Disponível em: https://dialnet.unirioja.es/servlet/ articulo?codigo=2774474. Acesso em: 3 mar. 2022).

27 Esses são exemplos citados por António Menezes Cordeiro (*Tratado de direito civil* cit., p. 78).

28 Situação idêntica já havia sido observada durante o desenvolvimento dos direitos da personalidade na França, em razão do art. 1.382 do Código Civil francês (CARBONNIER, Jean. *Droit civil.* Les personnes: personnalité, incapacites, personnes morales. 19. ed. Paris: PUF, 1994. p. 128; KAYSER, Pierre. Le droit dit a l'image. *Mélanges en l'honneur de Paul Roubier:* droit privé; propriété industrielle, littéraire et artistique. Libraries Dalloz & Sirey: Paris, 1961. t. II, p. 76; ZANINI, Leonardo Estevam de Assis; QUEIROZ, Odete Novais Carneiro. O direito geral da personalidade: do surgimento ao reconhecimento no Brasil. *Juris Plenum*, ano XVI, n. 93, p. 98, maio 2020), e na Alemanha, por conta da nova interpretação dada à expressão "um outro direito" (*oder ein sonstiges Recht*"), presente no § 823 do BGB (CAPELO DE SOUZA, Rabindranath Valentino Aleixo. *O direito geral da personalidade* cit., p. 134; PINTO, Paulo Mota. Notas sobre o direito ao livre desenvolvimento da personalidade e os direitos de personalidade no direito português. *In:* SARLET, Ingo Wolfgang (Org.). *A Constituição concretizada:* construindo pontes com o público e o privado. Livraria do Advogado: Porto Alegre, 2000. p. 69; ZANINI, Leonardo Estevam de Assis; QUEIROZ, Odete Novais Carneiro. O direito geral da personalidade: do

à época de vigência do referido diploma a jurisprudência já aceitava a existência da indenização por danos morais.[29]

O Código Civil de 2002 foi inovador não apenas porque os disciplinou de modo direto, abrindo um capítulo inteiro para prever alguns deles e estabelecer meios de tutela, mas também porque o fez logo no seu início, a ressaltar a importância deles, a reboque do que já tinha feito o constituinte em 1988.

1.3 A amplitude dos direitos da personalidade

Existem duas discussões em relação aos direitos da personalidade: a primeira é se há um direito geral da personalidade (corrente monista), isto é, uma norma que tutele todos os atributos da personalidade, ou direitos específicos da personalidade (corrente atomística, tipificadora ou pluralista);[30] e a segunda, no caso de haver direitos específicos da personalidade, é se há um rol exaustivo (*numerus clausus*) ou exemplificativo (*numerus apertus*) de direitos.[31]

surgimento ao reconhecimento no Brasil cit., p. 93-94; ZANINI, Leonardo Estevam de Assis. A proteção dos direitos da personalidade na Alemanha. *RJLB*, ano 6, n. 2, p. 737-738, 2020. Disponível em: https://www.cidp.pt/revistas/rjlb/2020/2/2020_02_0731_0759.pdf. Acesso em: 24 fev. 2021; ROPPO, Enzo. I diritti della personalità. *In:* ALPA, Guido; BESSONE, Mario (Coord.). *Banche dati, telematica e diritti della persona*. Padova: Cedam, 1984. p. 73-78); LARENZ, Karl. *Derecho civil:* parte general. Traducción y notas de Miguel Izquierdo y Macías-Picavea. Editorial Revista de Derecho Privado. Editoriales de Derecho Reunidas. Edersa, 1978. p. 159-162; FACCHINI NETO, Eugênio. A proteção aquiliana do direito à imagem no direito comparado. *Revista da Ajuris*, Porto Alegre, v. 45, n. 144, p. 293-294, jun. 2018. Disponível em: http://www.mpsp.mp.br/portal/page/portal/documentacao_e_divulgacao/doc_biblioteca/bibli_servicos_produtos/bibli_boletim/bibli_bol_2006/Rev-AJURIS_n.144.09.pdf. Acesso em: 26 maio 2022; OLIVEIRA, José Lamartine Corrêa de; MUNIZ, Francisco José Ferreira. O Estado de Direito e os direitos da personalidade cit., p. 349-352.

[29] DIAS, José Aguiar. *Da responsabilidade civil*. 2. ed. Rio de Janeiro: Forense, 1950. p. 355-360.

[30] "For simplicity's sake, the difference between the two approaches can be expressed as follows: according to the pluralistic approach, every sort of intrusion in the personal sphere is allowed, except for those that are explicity prohibited; according to the monistic approach, every sort of intrusion in the personal sphere is prohibited, except for those that are explicity allowed" (PINO, Giorgio. The Right to Personal Identity in Italian Private Law: Constitutional Interpretation and Judge-Made Rights. *In:* VAN HOECKE, M.; OST, F. (Ed.) *The Harmonization of Private Law in Europe*. Oxford: Hart Publishing, 2000. p. 233).

[31] PERLINGIERI, Pietro. *Perfis do direito civil*: introdução ao direito civil constitucional cit., p.154; FERRARA, Francesco. *Tratatto di diritto civile italiano*. Athenaeum: Roma, 1921. v. I, p. 393-394.

Diferentemente do Código Civil português de 1966, que estabeleceu em seu art. 70 uma cláusula geral de proteção da personalidade,[32] o Código Civil brasileiro de 2002 não se posicionou claramente em favor de qualquer das duas correntes supracitadas: monista e pluralista.

Ele prevê expressamente alguns direitos da personalidade específicos, tais como o direito ao próprio corpo, ao nome, à imagem e à privacidade, o que poderia ser considerado um indicativo de que apenas eles seriam tutelados. A despeito disso, a doutrina pátria é marcadamente favorável à teoria monista.[33] Gustavo Tepedino aduz que os arts. 11 e 21 do referido diploma legal

[32] Comentando o art. 70 do Código Civil português, Menezes Cordeiro assevera que, tecnicamente, não podemos retirar dele um direito geral, pois ele teria um objeto indefinido, não se enquadrando na natureza específica que sempre acompanha qualquer direito subjetivo (CORDEIRO, António Menezes. *Tratado de direito civil* cit., p. 109). Ele também afirma que esse artigo retoma o que constava do art. 2.383 do Código Seabra, mas em termos mais latos, com inspiração nos trabalhos da Comissão de Reforma do Código Civil francês, que funcionou em meados do século XX (CORDEIRO, António Menezes. Os direitos de personalidade na civilística portuguesa. *Revista da Ordem dos Advogados*, ano 61, 2001, p. 1242. Disponível em: https://portal.oa.pt/upl/%7 Be1ee299b- 5174-4e50-9b0b-c8d97c0c6d3b%7D.pdf. Acesso em: 14 jun. 2022).

[33] Afora aqueles que serão expressamente indicados no texto, temos ainda: SCHMITT DE BEM, Leonardo. *Teoria da relação jurídica:* análise da Parte Geral do novo Código Civil. Curitiba: JM Editora, 2004; BARBOZA, Heloísa Helena. Direito à identidade genética. *In:* PEREIRA, Rodrigo da Cunha (Coord.). *Anais do III Congresso Brasileiro de Direito de Família*, 2014; ZANINI, Leonardo Estevam de Assis; QUEIROZ, Odete Novais Carneiro. O direito geral da personalidade: do surgimento ao reconhecimento no Brasil cit.; ALENCAR DE ALMEIDA, Kellyne Laís Laburu. O direito ao livre desenvolvimento da personalidade: perspectiva do direito português. *In:* MIRANDA, Jorge; RODRIGUES JUNIOR, Otávio Luiz; FRUET, Gustavo Bonato (Org.). *Direitos da personalidade.* São Paulo: Atlas, 2012; HIBNER, Davi Amaral; SILVESTRE, Gilberto Fachetti. A tutela dos direitos da personalidade no Brasil e na Itália: questões materiais e processuais. *Anais do II Congresso de Processo Civil Internacional*: Vitória, 2017. Disponível em: http://periodicos.ufes.br/processocivilinternacional/article/download/19819/13238. Acesso em: 14 ago. 2021; BELTRÃO, Silvio Romero. Tutela e limites aos direitos da personalidade: ontem, hoje e amanhã. *In:* SALOMÃO, Luis Felipe; TARTUCE, Flávio (Org.). *Direito civil:* diálogos entre a doutrina e a jurisprudência. São Paulo: Atlas, 2021. v. II, p. 55-76; ALMEIDA, José Luiz Gavião de; VEDOVATO, Luis Renato; SILVA, Marcelo Rodrigues da. A identidade pessoal como direito fundamental da pessoa humana e algumas de suas manifestações na ordem jurídica brasileira. *Revista de Direito Civil Contemporâneo*, São Paulo, v. 14, ano 5, p. 44, jan.-mar. 2018; MONTEIRO FILHO, Raphael de Barros *et al. Comentários ao novo Código Civil.* Rio de Janeiro: Forense, 2012. v. I, p. 133-139; RIBEIRO, Paulo Dias de Moura. *Direito da personalidade e dignidade humana:* direito ao nome e direito do autor. Tese (Pós-doutorado) – Faculdade de Direito da Universidade de Lisboa, 2016. p. 38-41; MELO,

constituem, conjuntamente, a cláusula geral de proteção da personalidade humana.[34] Já Fernanda Cantali entende que o art. 12 do referido diploma legal representa o direito geral de personalidade.[35]

Maria Celina Bodin de Moraes, por sua vez, defende que o princípio da dignidade da pessoa humana, previsto no art. 1º, inc. III, da Constituição Federal, constitui a cláusula geral dos direitos da personalidade.[36]

Cláudio Luiz Bueno de Godoy segue a mesma linha de raciocínio afirmando que:

Diogo Leonardo Machado de. Ainda sobre a função punitiva da reparação dos danos morais: e a destinação de parte da indenização para entidades de fins sociais. *Revista de Direito Privado,* v. 26, p. 105-145. abr.- jun. 2006.

34 "Ambos os dispositivos, lidos isoladamente no âmbito do corpo codificado, não trazem grande novidade, sendo certo que os dispositivos constitucionais mencionados já traziam previsão geral a esse respeito. Os preceitos ganham contudo algum significado se interpretados como especificação analítica da cláusula geral de tutela da personalidade prevista no Texto Constitucional no art. 1o, III (a dignidade humana como valor fundamental da República). A partir daí, deverá o intérprete afastar-se da ótica tipificadora seguida pelo Código Civil, ampliando a tutela da pessoa humana não apenas no sentido de contemplar novas hipóteses de ressarcimento mas, em perspectiva inteiramente diversa, no intuito de promover a tutela da personalidade mesmo fora do rol de direitos subjetivos previstos pelo legislador codificado. A rigor, as previsões constitucionais e legislativas, dispersas e casuísticas, não logram assegurar à pessoa proteção exaustiva, capaz de tutelar as irradiações da personalidade em todas as suas possíveis manifestações. Com a evolução cada vez mais dinâmica dos fatos sociais, torna-se assaz difícil estabelecer disciplina legislativa para todas as possíveis situações jurídicas de que seja a pessoa humana titular" (TEPEDINO, Gustavo. A tutela da personalidade no ordenamento civil-constitucional brasileiro, temas de direito civil. Disponível em: https://www.academia.edu/31740015/A_tutela_da_personalidade_no_ordenamento_civil-constitucional_brasileiro. Acesso em: 30 jun. 2020, p. 13).

35 CANTALI, Fernanda Borghetti. *Direitos da personalidade:* disponibilidade relativa, autonomia privada e dignidade humana. Porto Alegre: Livraria do Advogado, 2009. p. 94-95.

36 "A propósito dos direitos da personalidade, um de seus aspectos mais interessantes, e problemáticos, consiste no fato de que se evidenciam sempre novas instâncias concernentes à personalidade do sujeito, não previstas nem previsíveis pelo legislador, de modo que estes interessem precisam ser tidos como uma categoria aberta. De fato, à uma identificação taxativa dos direitos da personalidade opõe-se a consideração de que uma pessoa – e, portanto, sua personalidade – configura-se como um valor unitário, daí decorrendo o reconhecimento pelo ordenamento jurídico de uma cláusula geral a consagrar a proteção integral da sua personalidade, isto é, a pessoa globalmente considerada" (BODIN DE MORAES, Maria Celina. Ampliando os direitos da personalidade. *Na medida da pessoa humana.* Rio de Janeiro: Renovar, 2010. p. 125)

> a inserção da dignidade como princípio constitucional fundamental, contida em preceito introdutório do capítulo dos direitos fundamentais, significa, afinal, adoção mesmo de um direito geral da personalidade, cujo conteúdo é justamente a prerrogativa do ser humano de desenvolver a integralidade de sua personalidade, todos os seus desdobramentos e projeções, nada mais senão a garantia dessa sua própria dignidade.[37]

Não nos parece que o Código Civil de 2002 contenha preceito normativo que possa ser considerado como fonte do direito geral da personalidade, pois nenhum deles tem redação que permita inferir que a *mens legis* é a de proteger a personalidade e o texto-base da lei é sempre um limitador da tarefa do intérprete. Os referidos arts. 11 e 12 são preceitos que se limitam, respectivamente, a dispor sobre as características que encerram os direitos da personalidade e os tipos de tutela deles quanto ao momento da ofensa: se antes da sua ocorrência, uma tutela preventiva; se depois da ofensa, a tutela corretiva. O art. 12, aliás, é muito semelhante ao art. 1.210 do mesmo diploma legal, que trata dos efeitos da posse e também prevê diferentes formas de tutela quanto ao momento da ofensa. Nem por isso se cogita de ampliar o conceito de posse por conta da tutela que lhe é concedida. Desse modo, apenas o princípio constitucional da dignidade da pessoa humana pode ser levantado como possível fonte do direito geral da personalidade, tal como se deu na Alemanha[38] e pode vir a ocorrer na Itália.[39-40]

[37] GODOY, Cláudio Luiz Bueno de. *A liberdade de imprensa e os direitos da personalidade*. São Paulo: Atlas, 2001. p. 30.

[38] A doutrina é pacífica no sentido de que a origem do direito geral da personalidade se encontra na Alemanha. Encontramos na doutrina menção ao fato de que por ocasião da elaboração do BGB já havia uma discussão entre autores que defendiam a existência de um direito geral da personalidade e outros que pensavam que apenas os direitos reconhecidos pelo Poder Legislativo é que poderiam ser considerados direitos da personalidade, tais como os direitos ao nome, à integridade física e à honra, dentre outros. Acabou prevalecendo a corrente positivista e o BGB de 1900 não previu o direito geral da personalidade. Sucede que, após a Segunda Guerra Mundial adveio em 1949 a Lei Fundamental de Bonn prevendo no seu art. 1.1 a intangibilidade da dignidade da pessoa humana, e no art. 2.1. o direito ao livre desenvolvimento da personalidade, restrito este apenas à violação dos direitos de outrem e à transgressão da ordem constitucional ou da lei moral. Com isso, o Tribunal Constitucional Federal alemão retirou desses preceitos normativos dois direitos: em primeiro lugar, a liberdade geral de ação, que é a liberdade de fazer ou deixar de fazer o que se quer, sem que haja embaraço às ações e abstenções

humanas voluntárias por parte do Estado ou de particulares, a não ser que isso afete os direitos de outrem, a ordem constitucional ou os bons costumes; e, em segundo lugar, o direito geral de personalidade. A mudança jurisprudencial se iniciou a partir de julgamento ocorrido em 1954, no caso *Leserbrief* e levou à diferenciação das duas formas possíveis de tutela da personalidade: o direito geral da personalidade (*allgemeines Persönlichkeitsrecht*) e os direitos singularmente reconhecidos no sistema como manifestações particulares daquele (*besondere Persönlichkeitsrecht*). Mesmo com a consolidação da jurisprudência em favor do direito geral da personalidade não houve alteração legislativa prevendo-o expressamente. Houve proposta de alteração do BGB em 1959, por meio da chamada *Lex Soraya*, cujo nome refere-se a um dos casos julgados pela Corte Constitucional, mas por pressão da imprensa ela foi rejeitada (CAPELO DE SOUZA, Rabindranath Valentino Aleixo. *O direito geral da personalidade* cit., p. 81 e 224; SZANIWSKI, Elimar. *Direitos da personalidade e sua tutela*. São Paulo: Revista dos Tribunais, 1993. p. 29-33 e 58; ALENCAR DE ALMEIDA, Kellyne Laís Laburu. O direito ao livre desenvolvimento da personalidade: perspectiva do direito português cit., p .81-82).

[39] Giorgio Pino diz que há duas correntes de interpretação do art. 2º da Constituição italiana: uma entende que ele é uma cláusula aberta que pode servir de ferramenta técnica por meio da qual o sistema jurídico reconhece as necessidades morais e sociais; e outra corrente entende que ela é apenas uma *"recapitulatory provision"*, pois serve de reforço aos direitos fundamentais e liberdades especificamente previstos nos outros preceitos constitucionais. As duas correntes, segundo o referido autor, são marcadas mais por visões políticas, fundadas em pressupostos ideológicos, do que por razões lógicas e conceituais. A primeira visa a manter a Constituição numa dinâmica e vívida correspondência com a sociedade, com a possibilidade de introdução de inúmeros direitos, o que indica uma inspiração jusnaturalista. De outro lado, a segunda é mais positivista. Ele prossegue dizendo que até a primeira metade da década de 80 do século XX a Corte Constitucional seguia a visão restritiva, recapitulatória, depois passou a seguir a corrente da cláusula aberta, mas de forma moderada, por isso que reputa seguir a Corte o meio do caminho. Atualmente, diz ele, a Corte entende que o catálogo aberto do art. 2º da Constituição pode ser preenchido com valores e princípios que já estão previstos no interior da carta e que não pode haver a criação de novos direitos de forma discricionária, apenas em virtude da moralidade social. "The result is that even if the Court apparently says that art.2 makes possible the entrance of 'new rights' into the system, as a matter of fact such new rights are often new means of protection of traditional rights against new assaults, or the extension of the entitlement of traditional rights to new subjects" (PINO, Giorgio. The Right to Personal Identity in Italian Private Law: Constitutional Interpretation and Judge--Made Rights cit., p. 230). Na mesma linha: FINOCCHIARO, Giusella. Identità personalle (diritto alla). *Digesto delle discipline privatistiche*. Torino: Utet, 2010. p. 728-729; GIACOBBE, Giovanni. L'identità personale tra dottrina e giurisprudenza. Diritto sostanziale e strumenti di tutela. *La lesione dell'identità personale e il danno non patrimoniale*. Atti del Seminario promosso dal Centro di Iniziativa Giuridica P. Calamandrei. Milano: Dotti. A. Giuffrè, 1985. p. 11-18. Há também quem pense que o art. 3º da Constituição italiana possa servir de fundamento: CORRADO, Martini. Il diritto alla identità personale nella esperienza operativa. *La lesione dell'identità personale e il danno non patrimoniale*. Atti del Seminario promosso dal Centro di Iniziativa Giuridica P. Calamandrei. Milano: Dotti A. Giuffrè, 1985. p. 94-95.

Ela é realmente defensável porque o princípio da dignidade da pessoa humana é o exemplo mais marcante do pós-positivismo, que rompeu com o dogma da lei, no qual é justo o que é comandado, e porque é comandado.[41] O pós-positivismo tem como objetivo recuperar a relação entre moral e direito por meio, entre outros fatores, de princípios jurídicos. Eles deixam de ser vistos apenas como programas e passam a representar, verdadeiramente, normas jurídicas, veiculadoras de valores sociais, muitos dos quais de ordem moral.

[40] É esta, por sinal, a posição constante do Enunciado 274, da IV Jornada de Direito Civil do Conselho da Justiça Federal, que tem a seguinte redação: "Os direitos da personalidade, regulados de maneira não exaustiva pelo Código Civil, são expressões da cláusula geral de tutela da pessoa humana, contida no art. 1º, III, da Constituição (princípio da dignidade da pessoa humana). Em caso de colisão entre eles, como nenhum pode sobrelevar os demais, deve-se aplicar a técnica da ponderação".

[41] Segundo José Reinaldo de Lima Lopes, o positivismo representou uma revolução no ensino do direito no século XIX. O ideal de uma ciência positiva, ou positivista, diz ele, assenta-se na tradição idealista da filosofia do fim do século XVIII, que tem dois pilares: a distinção entre o sujeito e o objeto do conhecimento e suas relações recíprocas; e a objetividade do conhecimento, demonstrável pela manipulação e experimentação. No direito, afirma o autor, o positivismo trouxe aos juristas a sensação confortável de que estavam atualizados com o desenvolvimento geral do pensamento e, no que diz respeito ao seu exercício, elegeram um objeto e o privilegiaram: a lei, o ordenamento positivo. Com isso, o saber jurídico afastou-se do homem comum (LOPES, José Reinaldo de Lima. *O direito na história:* lições introdutórias. 3. ed. São Paulo: Atlas, 2011. p. 203-205). Dito isso, parece-nos que o mais correto é chamar o momento atual de pós-positivismo, não de neopositivismo, pois a ideia central é que o positivismo, enquanto modelo, foi superado, embora ainda não haja consenso sobre um novo modelo. Nesse sentido: "Insuficiência do modelo dogmático. Novos problemas e propostas: A caracterização precedente seguramente nos permite corroborar fácil e espontaneamente o quão afastado está o modelo dogmático da realidade jurídica atual. É que, como iremos ver adiante, existem mil sintomas no funcionamento do direito e nas convicções mais divulgadas entre os juristas que revelam de maneira inequívoca a falência do descrito modelo dogmático, o qual deixou de responder ao que efetivamente é o direito e aos propósitos e expectativas que procura satisfazer. Ainda que não se observe um modelo canônico que apareça com força e consenso suficientes, permitindo reconhecê-lo como substituto do dogmático, não cabem dúvidas de que as exigências deste – reiteremos – já não se respeitam na prática jurídica; por outro lado, suas insuficiências consolidam o pedido da doutrina em favor de sua superação, desde que não coincida com o modelo a substituir. Por isso, mais que mostrar um modelo completo e definitivo, propomo-nos a assinalar exemplos, sintomas ou recursos teóricos que expõem claramente a fratura do modelo dogmático" (VIGO, Rodolfo Luis. *Interpretação jurídica*: do modelo juspositivista-legalista do século XIX às novas perspectivas. 2. ed. rev. Tradução Susana Elena D. Mura. São Paulo: Revista dos Tribunais, 2010. p. 40).

Justamente por veicularem valores sociais é que os princípios, muitos dos quais presentes na própria Constituição, deixam de ter por função apenas orientar o intérprete na busca pelo verdadeiro conteúdo e alcance de uma regra jurídica; eles assumem o papel de norma jurídica propriamente dita, a ponto de poderem ser aplicados diretamente ao caso concreto,[42] inclusive em substituição às próprias regras jurídicas, se bem que de modo excepcional, em respeito à democrática ponderação de valores feita pelos legisladores.[43]

É dizer: isso não significa um desprendimento do intérprete do Direito do texto-base da lei, no caso de haver um preceito normativo versando sobre o tema,[44] nem que caiba aos juízes se fazer substituir aos legisladores. O espaço do intérprete do Direito é apenas maior e talvez complementar ao do legislador.[45]

[42] "As principais características desse novo posicionamento teórico podem ser identificadas, em suma, como a) a abertura valorativa do sistema jurídico e, sobretudo, da Constituição; b) tanto princípios quanto regras são considerados normas jurídicas; c) a Constituição passa a ser o *locus* principal dos princípios; e d) o aumento da força política do Judiciário em face da constatação de que o intérprete cria norma jurídica" (FERNANDES, Ricardo Vieira de Carvalho; BICALHO, Guilherme Pereira Dolabella. *Do positivismo ao pós-positivismo jurídico*: o atual paradigma jusfilosófico constitucional. Brasília, n. 189, p. 114, jan.-mar.2011).

[43] "De fato, as regras têm uma eficácia decisiva que os princípios não têm, na medida em que elas estabelecem uma decisão para um conflito entre razões, não cabendo ao aplicador substituir pura e simplesmente a ponderação legislativa pela sua. As regras têm uma eficácia definitória dos princípios, no sentido de que vários dos ideais cuja realização é por eles determinada já se encontram 'regrados', não cabendo ao intérprete concretizar o ideal constitucional de modo diferente daquele previsto pela Constituição. E as regras têm eficácia de trincheira, pois embora geralmente superáveis, só o são por razões extraordinárias e mediante um ônus de fundamentação maior" (ÁVILA, Humberto. *Teoria dos princípios*: da definição à aplicação dos princípios jurídicos. 13. ed. São Paulo: Malheiros, 2012. p. 127).

"[...] a superação de uma regra deverá ter uma fundamentação condizente: é preciso exteriorizar, de modo racional e transparente, as razões que permitem a superação. Vale dizer, uma regra não pode ser superada sem que as razões de sua superação sejam exteriorizadas e possam, com isso, ser controladas. A fundamentação deve ser escrita, juridicamente fundamentada e logicamente estruturada" (ÁVILA, Humberto. *Teoria dos princípios:* da definição à aplicação dos princípios jurídicos cit., p. 128).

[44] RAMOS, Elival da Silva. *Ativismo judicial:* parâmetros dogmáticos. São Paulo: Saraiva, 2010. p. 168.

[45] Como explica Giovanni Ettore Nanni, é preciso ter cuidado com a relativização dos conceitos e a superutilização do princípio da dignidade da pessoa humana, muito além das situações jurídicas exclusivas do ser humano, sendo necessário observar o que preceitua o Código Civil e institutos previstos em outros diplomas legais (NANNI, Giovanni Ettore.

Há quem critique o direito geral da personalidade, como é o caso de Diogo Costa Gonçalves, para quem ele colide com a realidade ontológica do ser humano, na justa medida em que não traduz, antes contradiz, a sua dimensão pessoal.[46] Nesse sentido:

> [...] o Homem do direito geral de personalidade é um absoluto *in se*, que constrói e desenvolve a sua humanidade face aos outros mas, sobretudo, contra os outros. O essencial da sua tutela é garantir a não intromissão, a total independência, o individualismo máximo de quem se realiza em si e por si e para quem o outro é, fundamentalmente, um entrave à sua realização.[47]

Não nos parece, contudo, que esse argumento mereça acolhida para impedir, por si só, o reconhecimento do direito à identidade como um direito da personalidade, pois além de ser semelhante ao utilizado para criticar as normas abertas, por conta da suposta insegurança jurídica que elas trazem consigo, o que pode ser controlado por medidas legislativas e pelo trabalho da doutrina e da jurisprudência na busca pelo seu conteúdo e alcance,[48] a mesma lógica supramencionada pode servir de base para evitar comportamentos egoísticos, como teremos oportunidade de analisar novamente no item 2.4.5 deste livro, quando tratarmos do caráter ético da identidade enquanto conteúdo do direito respectivo.

Oportuno lembrar, ainda, que, embora possa haver certo grau de insegurança jurídica no direito geral da personalidade, como os direitos especiais

A nociva relativização dos conceitos. *Letrado*, Instituto dos Advogados de São Paulo, n. 108, p. 38-39; As situações jurídicas exclusivas do ser humano: entre a *superutilização* do princípio da dignidade da pessoa humana e a *coisificação* do ser humano. *Direito civil e arbitragem*. São Paulo: Atlas, 2014. p. 133-180).

46 Francesco Ferrara já se mostrava receoso com relação aos direitos da personalidade, em geral, muito antes, dizendo que se trata de teoria perigosa porque sua base é um indeterminado sentimento jurídico, o qual pode permitir a extração de direitos que o sistema positivo não conhece (*Tratatto di diritto civile italiano* cit., p. 390).

47 GONÇALVES, Diogo Costa. *Pessoa e direitos de personalidade:* fundamentação ontológica da tutela. Coimbra: Almedina, 2008. p. 89-90.

48 LARENZ, Karl. *Derecho civil:* parte general cit., p. 164-165; GUERRA, Alexandre. *Responsabilidade civil por abuso do direito:* entre o exercício inadmissível de posições jurídicas e o direito de danos. São Paulo: Saraiva, 2011. p. 146-155.

da personalidade são desdobramentos dele e, na sua quase totalidade, já estão previstos no ordenamento jurídico, essa insegurança existiria apenas nos novos direitos, como é o caso do direito à identidade. O risco de se impor deveres às pessoas a partir de direitos implicitamente presentes no direito geral da personalidade, portanto, é limitadíssimo.

A prevalência da corrente monista torna despiciendo tratarmos da natureza do rol dos direitos da personalidade, se exaustivo ou exemplificativo, ainda mais porque, mesmo contando com apoio aparentemente menor, há quem sustente que o Direito Natural justifica a necessidade de o ordenamento jurídico tutelar todos os atributos da personalidade humana, para além daqueles direitos expressamente previstos.[49]

1.4 A identidade enquanto atributo da personalidade

A identidade, como identificação da pessoa, individualização e distinção dela em meio à massa populacional, não é novidade para o sistema jurídico brasileiro. O Código Civil de 1916, o Código Penal de 1940 e o Código de Processo Penal de 1941, para citar apenas três diplomas legais, já a mencionavam expressamente em circunstâncias diversas.[50]

Ao tratar do nome, como um dos elementos de identificação, a Lei de Registros Públicos (6.015/73) trata da identidade enquanto direito-dever: a todos é assegurado ter um nome desde o nascimento, escolhido pelos pais (art. 54) ou pelo Estado (art. 62).[51]

[49] SZANIAWSKI, Elimar. *Direitos da personalidade e sua tutela* cit., p. 90-91; MORICONI, Alejandro Alberto. *La identidad personal.* Un derecho que aguarda su pleno ejercicio. *Revista IN IURE*, La Rioja (Argentina), Año 1, v. 1, p. 36, 2011. Disponível em: https://revistaelectronica.unlar.edu.ar/index.php/ iniure/article/view/121. Acesso em: 30 jun. 2020.

[50] O fenômeno não é diferente no plano internacional, quer no âmbito interno dos Estados, quer no externo relativo aos direitos humanos. O Código Civil italiano tutela expressamente o direito ao nome (arts. 6º a 8º) e ao pseudônimo (art. 9º), assim como faz o Código Civil português (arts.72 a 74), e a Convenção da ONU sobre os Direitos da Criança, de 1989, ratificada pelo Brasil em setembro de 1990, estabelece o direito à preservação da identidade da criança, relacionando-o com a nacionalidade, o nome e as relações familiares (art. 8º).

[51] O Código Civil de 2002 é mais claro quanto ao fato de que o nome é objeto de um direito: "Art. 16. Toda pessoa tem direito ao nome, nele compreendidos o prenome e o sobrenome".

A exatidão da identidade foi reconhecida como direito com a Constituição Federal de 1988, que estabeleceu em seu art. 5º, inc. LXXII, o direito à concessão de *habeas data* para assegurar o conhecimento e/ou a retificação de informações relativas à pessoa do impetrante, constantes de registros ou bancos de dados de entidades governamentais ou de caráter público.

Em todos esses preceitos normativos a identidade aparece com um caráter publicístico, de não confusão entre os sujeitos.[52] A *mens legis* presente em todos eles é identificar a pessoa para fins econômicos, de controle estatal e de segurança jurídica.[53] É, portanto, um direito que decorre de uma identificação institucional, formal, normalmente realizada por pessoas jurídicas de direito público ou privado. Em suma, poderíamos dizer que o viés do direito ligado a essa noção de identidade é do institucional para o privado.

Precisamente por conta desse viés é que o grau de autonomia do titular do direito à identidade de que estamos tratando é limitado. A identidade em tela é mais imposta do que escolhida. Por exemplo, definido o nome da pessoa por seus pais, a Lei de Registros Públicos dispõe expressamente que a alteração posterior é excepcional e deve ser feita motivadamente (art. 57). Em Portugal, vale ressaltar, há uma limitação ainda maior quando se trata de nome, pois existe uma lista de nomes permitidos para crianças, o que significa uma baliza institucional à autonomia.[54]

Por ser esse direito à identidade algo consolidado, sua tutela está razoavelmente bem delineada. A Lei n. 9.507/97 autoriza expressamente a retificação de qualquer informação relativa à pessoa constante de registro ou banco de dados de entidades governamentais ou de caráter público.

Mais recentemente, a identidade passou a ser apontada como objeto de um direito com contorno diverso, relacionado a características como raça, gênero

[52] ZENO-ZENCOVICH, Vincenzo. Onore, reputazione e identità personale. *In:* ALPA, Guiddo; BESSONE, Mario (Dir.). *La responsabilità civile*: uma rassegna di dottrina e giurisprudenza. Torino: Unione Tipografico-Editrice Torinese, 1987. p. 68; RESTA, Giorgio. Identità personale e identità digitale. *Il Diritto dell'Informazione e dell'Informatica*. Milano: Giuffrè, 2007. anno XXIII, fasc. 3, p. 724.

[53] SESSAREGO, Carlos Fernández. *Derecho a la identidade personal*. Buenos Aires: Astrea, 1992. p. 7.

[54] INSTITUTO dos Registos e Notariado. Nomes próprios de cidadãos portugueses nos últimos 3 anos (mj.pt). Disponível em: https://irn.justica.gov.pt/Servicos/Cidadao/Nascimento/Composicao-do-nome. Acesso em: 21 nov. 2020.

e religião,[55] as quais não necessariamente constam de cadastros institucionais e, mesmo que constem, contém uma densidade muito maior que a identidade enquanto identificação. Basta pensarmos nas dificuldades para a definição de raça nas ações afirmativas[56] e nas discussões posteriores a essa definição,[57] bem como no turbulento caminho que enfrentaram os transgêneros até verem reconhecido seu direito de se submeterem a cirurgia de redesignação sexual, por autorização legal ou judicial, ou mesmo, o que é algo muito mais singelo, de terem documentos com nomes consonantes com sua aparência física.

Essa nova identidade contém um grau de autonomia muito maior que a antiga, pois se é que não podemos escolher raça, podemos fazê-lo quanto à religião e ao gênero, e nada impede que se faça uma nova modificação posterior. Além disso, o número de identidades tende ao infinito, pois muitas derivam da livre manifestação do pensamento, direito fundamental assegurado pela Constituição Federal de 1988 (art. 5º, inc. IV) e que é correlato ao direito ao livre desenvolvimento da personalidade, direito infraconstitucional previsto na Lei n. 12.965/14 e na Lei n. 13.709/18.[58]

Em termos jurisprudenciais, a Itália pode ser considerada o berço dessa nova ótica sobre a identidade, pois ao longo da década de 70 do século XX seus tribunais proferiram várias decisões delimitando o conteúdo desse novo direito, diferenciando-o da honra e da imagem.[59] A expressão *sotto falsa luce* foi

55 APPIAH, K. Anthony. *The Ethics of Identity*. New Jersey: Princeton University Press, 2005. p. 64-65; RESTA, Giorgio. Identità personale e identità digitale cit., p. 513.

56 "It might be that if African Americans ceased to be (or, at any rate, to think of themselves as being) the victims of unrecompensed injustice, they might mostly cease to identify as African Americans, so that this form of nationalism would cease. But while it exists, the success of many African American lives is thus tied up with the project of racial uplift—a project, as I say, that highlights the inconsistency between one set of beliefs (about the prevalence of passing) and another (about how to ascribe African American identity)" (APPIAH, K. Anthony. *The Ethics of Identity* cit., p. 186).

57 BRASIL. Supremo Tribunal Federal. ADI n. 3330/DF. Relator. Min. Ayres Britto, j. 03/05/2012. *DJe* 22/03/2013.

58 O art. 16 da Constituição da Colômbia trata desse direito nos seguintes termos: "Todas as pessoas têm direito ao livre desenvolvimento da personalidade sem quaisquer limitações senão as que lhe impõem os direitos dos demais e o ordenamento jurídico".

59 Segundo Giorgio Resta, isso ocorreu com duas décadas de atraso em relação à doutrina tedesca e se deveu a uma revisão geral da tutela civil da pessoa, a partir de uma ótica constitucional (RESTA, Giorgio. Identità personale e identità digitale cit., p. 519). Consoante Andrea Magazzù, o fundamento positivo do direito à identidade era apenas o art. 8º da Lei

utilizada nas decisões como fundamento de não ser alterada publicamente a própria opinião ou posição sobre um assunto relevante.[60] Depois disso, paulatinamente, sobretudo por conta das críticas doutrinárias, foi se aperfeiçoando o direito à identidade com esse novo matiz.[61]

Em 1974 o Tribunal de Roma acolheu pedido de um homem e uma mulher cujas imagens tinham sido utilizadas em uma propaganda do Comitê Nacional para o referendo do divórcio. Eles foram representados como se fossem camponeses e favoráveis à cassação da lei do divórcio, quando, na verdade, não eram nem camponeses nem favoráveis à referida cassação. O pedido deles foi acolhido por conta da violação do direito à imagem, dada a falta de autorização, mas não apenas por conta disso; também porque houve lesão à manifestação de opinião política deles, já que foram tidos como divorcistas.[62]

n. 47/1948, que tratava da imprensa, até o advento do art. 7º da Lei n. 103/1975, nova norma referente à difusão radiofônica e televisiva ("Identità" personale e tutela civile della reputazione. *La lesione dell'identità personale e il danno non patrimoniale.* Atti del Seminario promosso dal Centro di Iniziativa Giuridica P. Calamandrei. Milano: Dotti. A. Giuffrè, 1985. p. 151). Giovanni Giacobbe trata desse desenvolvimento como uma articulação entre jurisprudência e doutrina, nos seguintes moldes: "E, sulla base della elaborazione della giurisprudenza, anche la più autorevole dottrina, che si è occupata dell'argomento, ha riproposto, più adeguatamente articolandole, le prospettazioni teorico sistematiche, pervenendo a conclusioni che possono ormai ritenersi definite, se pure non sono mancate – e non mancano – voci dircordi che escludono – peraltro, anche sulla scortadi autorevolissimi precedenti giurisprudenziali – la configurabilità di un autonomo diritto alla identità personale che non troverebbe riscontro nel sistema dell'ordinamento" (GIACOBBE, Giovanni. L'identità personale tra dottrina e giurisprudenza. Diritto sostanziale e strumenti di tutela cit., p. 6-7).

60 SCHREIBER, Anderson. *Direitos da personalidade* cit., p. 211; BODIN DE MORAES, Maria Celina. Sobre o nome da pessoa humana. *Revista EMERJ*, v. 3, n. 12, p. 71, 2000. Disponível em: https://www.emerj.tjrj. jus.br/revistaemerj_online/edicoes/revista12/revista12_48.pdf. Acesso em: 10 mar. 2020; GIACOBBE, Giovanni. L'identità personale tra dottrina e giurisprudenza. Diritto sostanziale e strumenti di tutela cit.; MAGAZZÙ, Andrea. "Identità" personale e tutela civile della reputazione cit., p. 153.

61 PINO, Giorgio. The Right to Personal Identity in Italian Private Law: Constitutional Interpretation and Judge-Made Rights cit., p.225; SESSAREGO, Carlos Fernández. *Derecho a la identidade personal* cit., p. 16.

62 DIAS, Eliza Cristina Gonçalves. *O direito de ser si mesmo:* a identidade pessoal na ordem constitucional brasileira. 2015. Dissertação (Mestrado) – Universidade Federal do Ceará. Faculdade de Direito, 2015. Disponível em: http://www.repositorio.ufc.br/handle/riufc/23436. Acesso em: 4 jun. 2020, p. 18-19; ZENO-ZENCOVICH, Vincenzo. Onore, reputazione e identità personale cit., p. 69; FINOCCHIARO, Giusella. Identità Personalle (diritto alla) cit., p. 722;

Posteriormente, em 1979 o Tribunal de Turim acolheu pedido do político Marco Pannella, conhecido político italiano, líder do Partido Radical Italiano, contra a Federação de Turim do Partido Comunista Italiano. Esse partido havia distribuído folhetos com propaganda eleitoral que dizia que Marco havia sido inscrito na lista de candidatos da Nuova Reppublica, grupo político de inspiração diversa da do Partido Radical. O processo prosseguiu mesmo depois que o Partido Comunista Italiano reconheceu a incorreção do dado e a falsidade da informação.[63]

Depois disso, em 1980 veio à tona o processo do médico cirurgião (caso Veronesi), conhecida personalidade científica italiana, cuja entrevista acerca do cigarro foi desvirtuada com o fim de fazer-se acreditar que ele não compreendia ser tão ruim o hábito de fumar, quando, pelo contrário, era conhecida a posição absolutamente contrária dele com relação a esse vício. É que, certa vez, ele havia dito que alguns tipos ou marcas de cigarro eram menos danosos à saúde. Em propaganda publicitária, foi divulgada essa posição do médico, mas de modo fragmentado, de molde a dar a entender ao público que a marca vendida não era danosa à saúde, pois reduzida a quantidade de nicotina e alcatrão. Na decisão do Tribunal de Milão de 19 de junho de 1980 foi reconhecida a violação ao direito à identidade do médico, cuja posição científica era contrária àquela divulgada. O julgamento se fundou no art. 9º do Código Civil italiano, que trata apenas do nome, sinalizando-se, contudo, que ele, analogicamente, serviria como fundamento para a falsa representação externa da pessoa.[64]

Esse último caso foi submetido a julgamento perante a Corte Suprema da Itália e em 22 de junho de 1985 foi mantido o posicionamento da Corte milanesa com os seguintes dizeres:

CIFUENTES, Santos; GOLDENBERG, Isidoro; RIVERA, Julio César. Identidad personal. *Temas de derecho privado* cit., p. 17.

[63] SESSAREGO, Carlos Fernández. *Derecho a la identidade personal* cit., p. 65; ZENO-ZENCOVICH, Vincenzo. Onore, reputazione e identità personale cit., p. 28-29; CIFUENTES, Santos; GOLDENBERG, Isidoro; RIVERA, Julio César. Identidad personal. *Temas de derecho privado* cit., p. 17.

[64] SESSAREGO, Carlos Fernández. *Derecho a la identidade personal* cit., p. 72-76; CIFUENTES, Santos; GOLDENBERG, Isidoro; RIVERA, Julio César. Identidad personal. *Temas de derecho privado* cit., p. 17-18.

> [...] cada sujeito tem um interesse, geralmente considerado digno de proteção legal, de ser representado na vida em relação à sua verdadeira identidade, como é conhecida ou poderia ser conhecida na realidade social, geral ou particular, com a aplicação dos critérios da diligência normal e boa-fé subjetiva.
>
> [...]
>
> E, por isso, a pessoa [...] tem interesse em não alterar, distorcer, ofuscar no exterior, sua própria herança intelectual, política, social, religiosa, ideológica, profissional, etc., tal como se exteriorizou ou apareceu, com base em circunstâncias específicas e inequívocas do meio social.[65]

A despeito das críticas recebidas, notadamente pela falta de necessidade de um novo direito de natureza existencial, cujo conteúdo e alcance se confundiam com os direitos à honra e à reputação, bem como porque a lei de direitos do autor e patentes já indicava a existência de um "direito à paternidade dos próprios atos",[66] o direito à identidade foi se afirmando pouco a pouco na Itália, quer com o advento da Lei 164, de 14 de abril de 1982, a qual tratou da retificação da atribuição do sexo, quer com outros julgamentos realizados entre 1981 e 1985, os quais permitiram à jurisprudência estipular três critérios para compreendê-lo:

> 1. A natureza omnicompreensiva da personalidade do sujeito, isto é, a qualidade de ser representativa da totalidade do seu patrimônio cultural,[67] qualquer que seja a manifestação;

[65] SESSAREGO, Carlos Fernández. *Derecho a la identidade personal* cit., p. 86; FINOCCHIARO, Giusella. Identità Personalle (diritto alla) cit., p. 726.

[66] SESSAREGO, Carlos Fernández. *Derecho a la identidade personal* cit., p.59; PINO, Giorgio. The Right to Personal Identity in Italian Private Law: Constitutional Interpretation and Judge-Made Rights cit., p. 235; FINOCCHIARO, Giusella. Identità Personalle (diritto alla) cit., p. 726. Paul Ricouer trata da "paternidade dos próprios atos" como uma das expressões metafóricas da relação entre ação e agente, a partir das lições de Aristóteles. Ele afirma que existe o aforismo segundo o qual "ninguém (oudeis) é bem-aventurado por vontade própria nem contra a vontade", o que é refutado por Aristóteles, que afirma que isso corresponderia a "recusar ao homem ser princípio e gerador" (RICOEUR, Paul. *O si-mesmo como outro*. Tradução Ivone C. Benedetti. São Paulo: Martins Fontes, 2014. p. 86).

[67] Em todo este livro procuraremos nos ater à noção de cultura que é passada por Stuart Hall. Segundo ele, cultura é fonte de significados, foco de identificação e sistema de representação.

> 2. A objetividade da identidade, entendida no sentido da correspondência entre comportamentos externos relevantes do sujeito e a representação da personalidade. Merece tutela a identidade real, não a aparente ou simulada que a pessoa pode arbitrária e subjetivamente atribuir-se; e
> 3. Exterioridade, pois a identidade se refere ao sujeito na sua projeção social.[68]

Com o ganho de precisão que se sucedeu, a doutrina passou a diferenciar duas nuances do direito à identidade, a estática e a dinâmica, sendo que aquela diz respeito à noção anteriormente exposta de identificação, ao passo que esta, de caráter mutável, abarca o projeto de vida, a verdade pessoal, as opções psicológicas e espirituais do ser humano.[69]

Ricardo Luis Lorenzetti afirma que a identidade dinâmica corresponde à verdade biográfica, à história, ao estilo individual e social do sujeito, aquilo que o distingue dos demais, que o torna diverso.[70]

Sob esse prisma, podemos dizer que o viés da identidade dinâmica é invertido, em comparação ao da identidade estática: se aquele, como verificamos anteriormente, é do institucional para o privado, este é do privado para o institucional.

O exemplo mais bem acabado dessa dicotomia da identidade talvez seja o art. 26 da Constituição portuguesa, que estipula no seu § 1º o direito à identidade pessoal ao lado de uma série de direitos, entre os quais ao bom nome,

Ele a diferencia da etnia, que significa o partilhamento de características culturais por um povo (HALL, Stuart. *A identidade cultural na pós-modernidade* cit., p. 57-62) Sob esse prisma, portanto, cultura é apenas um elemento que dá significado a certos elementos presentes na identidade, não se confundindo com ela. A propósito do direito à identidade cultural, especialmente por um viés crítico: DONDERS, Yvonne M. Towards a Right to Cultural Identity? Yes, Indeed. *Diritti Umani e Diritto Internazionale*, v. 12, n. 3, 2018, p. 523-548. Disponível em: https://hdl.handle.net/11245.1/12408d29-cc49-4442-b11d-ad4aa99aa76c. Acesso em: 9 out. 2021.

[68] SESSAREGO, Carlos Fernández. *Derecho a la identidade personal* cit., p. 101-103; CIFUENTES, Santos; GOLDENBERG, Isidoro; RIVERA, Julio César. Identidad personal. *Temas de derecho privado* cit., p. 22.

[69] DIAS, Eliza Cristina Gonçalves. *O direito de ser si mesmo:* a identidade pessoal na ordem constitucional brasileira cit., p. 60-61.

[70] LORENZETTI, Ricardo Luis. *Responsabilidad civil de los medicos.* 2. ed. ampl. y actual. con la colabocación de Jorge M. Galdós. Tomo I. Rubinzal-Culzoni, 2016. p. 352.

à reputação, à imagem e à reserva da intimidade da vida privada e familiar. Não bastasse, o § 2º desse preceito ainda prevê, ao lado da dignidade pessoal, a identidade genética do ser humano.[71]

Analisando o referido artigo, diz Heloisa Helena Barboza, com base em lição de Paulo Otero, que o direito à identidade previsto no referido artigo tem duas dimensões: a) absoluta ou individual: segundo a qual cada pessoa humana é uma realidade singular e irrepetível e que a distingue de todas as demais, o que conduz à proibição da clonagem humana; e b) relativa ou relacional: a identidade de cada pessoa é igualmente definida em função de uma memória oriunda de seus antepassados, o que constitui sua "historicidade pessoal".[72]

1.5 Identidade-identificação e identidade-percepção

A identidade pessoal pode ser considerada uma aporia para a filosofia, como nos explica Clóvis de Barros Filho:

> Na verdade, a identidade pessoal é uma aporia – beco sem saída filosófico – por excelência. Não surpreendem posições como as de Hume, para quem a identidade é só uma ficção, ou de Ludwig Wittgenstein, que a toma por um absurdo. Afinal, vivemos em relação. E o mundo com o qual nos relacionamos não sai da nossa frente e nos afeta ininterruptamente. Ora, se nos afeta, nos transforma. Portanto, nada em nós permanece idêntico. Fica difícil achar alguma identidade nesse fluxo.[73]

A dificuldade é que a nenhum elemento para o qual recorremos parece suficiente para explicar por que somos quem somos, por que continuamos

[71] O Projeto de Lei n. 699/2011, de autoria do à época deputado federal Arnaldo Faria de Sá, propõe alterar o art. 11 do Código Civil de 2002 para incluir um rol de direitos da personalidade, a saber: direito à vida, à integridade físico-psíquica, à identidade, à honra, à imagem, à liberdade, à privacidade, à opção sexual e outros reconhecidos à pessoa.

[72] BARBOZA, Heloísa Helena. Direito à identidade genética cit., p. 90.

[73] BARROS FILHO, Clóvis de; POMPEU, Júlio. *A filosofia explica as grandes questões da humanidade*. Rio de Janeiro: Casa da Palavra; São Paulo: Casa do Saber, 2013. p. 91

a ser quem somos apesar das mudanças pelas quais passamos, dia após dia. Se o nosso corpo muda constantemente, ainda que, muitas vezes, de modo imperceptível, talvez a alma fosse o elemento que buscamos para mostrar a nossa identidade. Ocorre que o fato de ela ser imaterial a impede de ser aceita para esse fim. O problema é o mesmo com a consciência (memória), que seria a chave para explicar a identidade para John Locke.[74]

Mas aos juristas não é dado simplesmente aceitar que a identidade seja uma aporia, sobretudo tendo ela sido positivada ou reconhecida pela doutrina e jurisprudência como direito subjetivo, como se deu, respectivamente, em Portugal e na Itália. Ao jurista cabe sempre definir o conteúdo das normas jurídicas sobre as quais se debruça, de tal modo que é inescapável a tentativa de conceituar o que vem a ser identidade para o Direito.

A tentativa de definir o conteúdo da identidade a partir da dicotomia estática/dinâmica é útil e, por isso mesmo, largamente aplicável. Entretanto, ela não explica a identidade reconhecida na jurisprudência italiana a que nos referimos antes, a qual teria como requisitos, em suma, a noção de que a personalidade tem natureza omnicomprensiva e que a identidade deve ter objetividade e exterioridade.

Ao classificarmos a identidade como estática ou dinâmica o nosso olhar está voltado para as possibilidades de mudança no seu interior. O problema é que importa pouco para o direito à identidade enquanto vedação à exposição de alguém *sotto falsa luce* se há possibilidade de mudanças identitárias. O foco é outro: o caráter relacional da identidade.[75]

Mais do que isso, ao focarmos na possibilidade de alteração da identidade no tempo afastamo-nos do seu verdadeiro conteúdo, de sua *ratio essendi*, que

[74] Ibidem, p.92-101. Derek Parfit faz uma análise mais detalhada acerca da questão sob o ponto de vista filosófico partindo de dois pressupostos: a identidade pessoal e a importância dela. Ele trata da continuidade psicológica a partir do interesse próprio e da memória, dentre outros pontos (PARFIT, Derek. Personal Identity. *The Philosophical Review*, v. 80, n. 1, p. 3-27, jan. 1971. Disponível em: https://www.jstor.org/stable/2184309. Acesso em: 11 maio 2022).

[75] "Relazione e dignità sono i termini entro i quali si snoda la vicenda del diritto all'identità personale. La dignità costituisce la base, il fondamento nella costruzione dei diritti della personalità che non abbiano ad oggetto la fisicità della persona. La relazione è il veicolo, lo strumento attraverso cu ila personalità si rivela. Ma non vi può essere tutela dell'identità senza tutela della dignità" (FINOCCHIARO, Giusella. Identità Personalle (diritto alla) cit., p. 723) (tradução livre).

é a visão de mundo que a pessoa constrói a partir de um processo dialógico ocorrido nas suas relações sociais e que implicará adoção de certos rótulos e exigência de certos comportamentos, tudo sob um prisma ético.[76]

Como enfatiza Giusella Finocchiaro, relativamente à mudança da primeira para a segunda identidade a que nos referimos, "se efetua, portanto, uma relevante passagem: do dado objetivo à projeção social, do fato à percepção social do fato".[77]

Raffaele Tommasini segue a mesma linha de raciocínio ao anotar que:

> É fácil deduzir então que a identidade pessoal consiste, por um lado, no complexo de signos distintivos que identificam um sujeito do ponto de vista físico, por outro, na projeção do sujeito no social sob o aspecto de seus sentimentos, de todas essas qualidades (positivas e negativas), de suas ações que acabam por caracterizar o tipo de vida.
> A lei protege o interesse em não abusar dos sinais distintivos e da imagem de outrem (e até agora a proteção está orientada para o respeito pela aparência física) e daqueles sinais distintivos que servem para distinguir um sujeito do outro. Mas o ordenamento jurídico também garante que a verdade histórica do sujeito não seja alterada arbitrariamente e exige que sua projeção no social corresponda à realidade de sua essência espiritual típica considerada por meio de suas ações e comportamentos.[78]

[76] A propósito dessa essência do ser humano, que se relaciona com a nossa proposta de observar a identidade também pela ótica da percepção, vale mencionar a seguinte observação de Giovanni Ettore Nanni, especialmente porque ela deixa entrever a diferença entre a identidade-percepção e a identidade-identificação: "A chamada qualificação pessoal (estado civil, nacionalidade, profissão, domicílio) é mera exterioridade, que nada diz da essência própria do indivíduo. Cada qual possui uma identidade singular, inconfundível com a de outro qualquer" (NANNI, Giovanni Ettore. As situações jurídicas exclusivas do ser humano: entre a *superutilização* do princípio da dignidade da pessoa humana e a *coisificação* do ser humano cit., p. 150).

[77] FINOCCHIARO, Giusella. Identità Personalle (diritto alla) cit., p. 725.

[78] TOMMASINI, Rafaele. Diritto alla identità personale e risarcibilità dei danni morali. *La lesione dell'identità personale e il danno non patrimoniale.* Atti del Seminario promosso dal Centro di Iniziativa Giuridica P. Calamandrei. Milano: Dotti. A. Giuffrè, 1985. p.172 (tradução livre).

Não é diferente o pensamento de Andrea Magazzù, que afirma o seguinte:

> Identidade e individualidade são termos que podem designar, obviamente do ponto de vista jurídico e com base no direito positivo, conceitos distintos e não confusos.
> Há, sem dúvida, e assume relevância jurídica, um interesse genético, tão elementar quanto fundamental do homem, de se distinguir de qualquer outra na comunidade em que vive, mas esse interesse genérico se especifica em relação a dois aspectos diferentes da personalidade humana, um referente à identidade pura e simples, outro à individualidade real, ambos aspectos que representam modos de ser da pessoa em sua vida de relacionamento, e que devem ser cuidadosamente diferenciados para um arranjo mais rigoroso da matéria de que estamos nos ocupando.[79]

Sob esse prisma, compreendemos ser salutar classificar a identidade como identidade-identificação e identidade-percepção. A primeira é aquela mesma identificação a que aludimos antes, que tem por objetivo individualizar e distinguir a pessoa em meio à massa populacional e que tem no nome o seu principal exemplo. A segunda é a identidade enquanto modo de ser e viver da pessoa a partir de sua visão de mundo, também chamada cosmovisão ou *Weltanschauung*.[80]

79 "Identità" personale e tutela civile della reputazione cit., p. 152 (tradução livre).

80 Não que a identidade-percepção não importe em identificação da pessoa que a titulariza, em alguma medida. Claro que sim. É que na identidade-identificação a identificação é o início e o fim da identidade, ao passo que na percepção a identificação é apenas a início da identidade, a base a partir da qual a pessoa constrói a sua visão de mundo, sendo este o fim. A propósito dessa possível abrangência da ideia de "identificação", vale observamos a lição do psicanalista Bernad Nominé: "A identificação, em seu sentido etimológico, significa fazer-se uma identidade. A identidade é algo que se constrói e a identificação é o processo pelo qual isso é conseguido. É um processo complexo que trataremos de elucidar ao longo deste curso. Prende-se às relações do sujeito com o Outro e, por isso, à sua relação com o significante. Pelo fato de vivermos em sociedade, todos nós temos de encontrar nosso lugar, e para isso que serve a identificação: para definir o próprio lugar na ordem simbólica. Todos temos de nos identificar. Aqueles que não conseguem, sofrem enormemente e são vivenciados pelos demais como estranhos e, assim, perigosos. É esse o motivo pelo qual são confinados" (NOMINÉ,

O fator temporal é relevante para a identidade-percepção. Se observado o tempo passado, permite que falemos em biografia, em verdade pessoal, em verdade biográfica, entre outras expressões.[81] De outro lado, se observado o futuro, ela nos apresenta o livre desenvolvimento da personalidade, que inclusive é direito reconhecido expressamente no ordenamento jurídico da Alemanha, da Colômbia e do Brasil.

Bernard. *Sobre identidade e identificações:* conferências (2014-2015). Tradução Elisabeth Saporiti; Sheila Skitnevsky Finger. São Paulo: Blucher, 2018. p. 20).

[81] SZANIAWSKI, Elimar. *Direitos da personalidade e sua tutela* cit., p. 182; SESSAREGO, Carlos Fernández. *Derecho a la identidade personal* cit., p.16; LORENZETTI, Ricardo Luis. *Responsabilidad civil de los medicos* cit., p. 352.

2. A FORMAÇÃO DA IDENTIDADE-PERCEPÇÃO

Diogo Costa Gonçalves inicia o seu livro que trata dos direitos da personalidade com uma questão da qual não podemos nos distanciar sem uma resposta minimamente consistente: sem conhecer a realidade ontológica, sem conhecer o real objeto da tutela do Direito, como pode o jurista aspirar a qualquer desenvolvimento normativo dos direitos da personalidade?[82]

Segundo ele, essa questão poderia nos reconduzir à pergunta *o que é ser pessoa para o Direito?* Ocorre que ela não é unívoca. Podemos entendê-la como *o que é que o Direito diz ser pessoa* ou como *que implicações traz, para o Direito, o fato de se ser pessoa?*

A primeira forma de ver a referida pergunta nasce de uma necessidade da hermenêutica jurídica. A partir de um conceito como "pessoa", "indivíduo" ou "personalidade" o intérprete busca a resposta que o sistema oferece para a compreensão das implicações do que é ser pessoa para o Direito. A resposta final, no entender do autor, será sempre a descoberta de uma noção normativa de pessoa, de personalidade.

A segunda forma de ver a supracitada pergunta, por seu turno, revela horizontes totalmente diversos, pois nela o jurista não indaga o ordenamento jurídico, mas a própria realidade. "Coloca-se fora do Direito, fora de um sistema positivo, fora de qualquer compreensão legal. Prescinde totalmente da hermenêutica, abandona a segurança da dogmática, que tão bem domina,

[82] GONÇALVES, Diogo Costa. *Pessoa e direitos de personalidade:* fundamentação ontológica da tutela cit., p. 13.

e lança-se no plano da ontologia, da reflexão metajurídica, da antropologia filosófica".[83]

No presente capítulo pretendemos percorrer esse segundo caminho, isto é, tentar compreender a pessoa e a personalidade fora do âmbito jurídico. Trata-se de um caminho compulsório para quem tenta defender a existência de um atributo da personalidade que não está expressamente positivado no sistema jurídico, como é o caso da identidade.

Como menciona Menezes Cordeiro, o direito da personalidade parece determinado, com condicionamentos histórico-culturais, programáticos e técnicos, pela possibilidade de isolar bens da personalidade.[84] Quando esse isolamento já se consolidou e o bem da personalidade passou a ser positivado no sistema jurídico, como é o caso da privacidade, os condicionamentos histórico-culturais servem apenas para demonstrar as mudanças no conteúdo e alcance do respectivo direito ao longo dos tempos ou a depender do local em que é feita a análise.[85]

De outro lado, quando esse isolamento ainda não se consolidou a ponto de ensejar a proteção legal de modo expresso, dependendo do intérprete a extração do direito a partir do direito geral da personalidade ou a demonstração de que se trata de direito da personalidade implícito, os condicionamentos histórico-culturais são mais relevantes porque são eles que manifestam a exigência da personalidade humana.[86] Somente mediante essa compreensão é que o intérprete do Direito tem condição de afirmar o conteúdo de um direito da personalidade cuja existência ele defende, como é o caso aqui em relação ao direito à identidade.

Para cumprir esse mister, entendemos necessário recorrer a autores de fora do universo jurídico, não apenas mencionando alguns pontos de seus pensamentos, mas estabelecendo um diálogo com eles a partir de obras que digam respeito à identidade. Sendo autores da filosofia e/ou da sociologia, seria arriscado tentarmos extrair ideias pontuais da doutrina deles para depois

[83] Ibidem, p. 14.

[84] CORDEIRO, António Menezes. *Tratado de direito civil* cit., p. 107.

[85] Os direitos da personalidade constituem categoria histórica, por serem sensíveis a variações no tempo e no espaço (ASCENSÃO, José de Oliveira. *Direito civil*. Teoria geral. Introdução. As pessoas. Os bens. 3. ed. São Paulo: Saraiva, 2010. p. 60).

[86] Ibidem, p. 64.

buscarmos uma harmonização com o desenvolvimento do nosso raciocínio jurídico.

Ainda mais arriscado seria isso porque, como sói ocorrer no Direito, nessas áreas do conhecimento também há correntes, e a seleção de autores de uma ou outra corrente específica traria uma interpretação enviesada. Ocorre que, como ressalta Zygmunt Bauman, nem liberais nem comunitaristas, que são os títulos atribuídos aos autores de cada uma dessas correntes, explora plenamente os dois valores acalentados e igualmente indispensáveis para uma existência humana decente e madura: liberdade de escolha e segurança oferecida pelo pertencimento.

Ele prossegue dizendo que as batalhas por identidade realmente travadas e as práticas identitárias realmente executadas não chegam nem perto da pureza das teorias e plataformas políticas declaradas. "São, e não podem deixar de ser, misturas das demandas 'liberais' pela liberdade de autodefinição e autoafirmação, por um lado, e dos apelos 'comunitários' a uma 'totalidade maior do que a soma das partes'".[87]

Feito esse alerta, procuramos analisar a doutrina de quatro autores, de matizes variadas: Charles Taylor[88] Axel Honneth,[89] Paul Ricouer[90] e Kwame Appiah[91] A ordem não é aleatória; ela nos permitirá compreender, respectivamente, a noção de identidade enquanto base a partir da qual desenvolvemos uma visão de mundo, daí a adoção do nome "identidade-percepção" que escolhemos; a narrativa que a pessoa faz dos acontecimentos da própria vida, a demonstrar que ela seguiu determinado rumo, a partir da referida visão de mundo; como é que ocorre a construção dessa identidade a partir

[87] BAUMAN, Zygmunt. *Identidade*. Tradução Carlos A. Medeiros. Rio de Janeiro: Zahar, 2004. p.84.

[88] Charles Margrave Taylor é um filósofo contemporâneo nascido em 5 de novembro de 1931 em Montreal, no Canadá. É professor emérito de Filosofia e Ciência Política da Universidade de McGill e já dirigiu a cadeira de "Pensamento Político e Social" na Universidade de Oxford.

[89] Axel Honneth é um filósofo e sociólogo nascido em 18 de junho de 1949 em Essen, na Alemanha. Ele foi assistente de Habermas e desde 2001 é diretor do Instituto de Pesquisa Social da Universidade de Frankfurt, o que o torna uma das figuras mais eminentes da chamada "Escola de Frankfurt".

[90] Paul Ricouer foi um filósofo francês que viveu entre 27 de fevereiro de 1913 e 20 de maio e de 2005. Ele foi professor em Estrasburgo e na Sorbonne.

[91] Kwame Anthony Appiah é um filósofo anglo-ganês nascido em 8 de maio de 1954 e que atualmente é professor na Universidade de Princeton.

de um processo dialógico; e, por fim, os elementos que compõem a estrutura da identidade.

2.1 Charles Taylor e a visão de mundo

2.1.1 Uma questão moral

Charles Taylor afirma que existem várias vertentes acerca do que se entende atualmente como agente humano, pessoa ou *self* e que, para compreendê-lo, é preciso ampliar o espectro de análise para além do que a filosofia moral contemporânea tem, pois ela se limita a perquirir o que as pessoas devem fazer, não o que é bom que as pessoas sejam. Desse modo, a moralidade concentra-se no aspecto relacional, no respeito de uns para com os outros, nas obrigações entre as pessoas, mas deixa de lado as questões atinentes com a nossa própria vida, com a vida que queremos viver e com a noção de vida plena. Todavia, a história da identidade moderna emergente indica que ela é muito mais rica em fontes morais do que se concedem seus detratores.[92]

Ainda tratando das fontes morais, ele afirma que, em geral, entendemos que as nossas reações morais são sempre vistas como instintos ou como decorrências naturais da condição do ser humano, mas isso não é correto. A moralidade supõe que nossas reações morais derivam de reconhecimentos implícitos de enunciados concernentes a seus objetos. Argumentações e explorações morais só podem existir num mundo moldado por nossas mais profundas respostas morais, à luz da realidade. É preciso, dessarte, relativizar as visões derivadas de posição de neutralidade com relação ao mundo, quer adotada pelas exigências da ciência, quer originada como consequência de uma patologia, à introvisão da ontologia moral.[93]

Essas observações iniciais de Charles Taylor são relevantes para o estudo da identidade porque nos mostram que talvez não tenhamos *o* substrato ontológico da pessoa, como mencionara Diogo Costa Gonçalves, o qual nos levaria à compreensão do que vem a ser a personalidade-objeto, mas, isso sim,

[92] TAYLOR, Charles. *As fontes do self*: a construção da identidade moderna. Tradução Adail U. Sobral e Dinah de A. Azevedo. São Paulo: Loyola, 1977. p. 11-28.

[93] TAYLOR, Charles. *As fontes do self*: a construção da identidade moderna cit., p. 16-21.

um substrato ontológico da pessoa, dependendo de premissas de ordem moral que estão ligadas a circunstâncias de tempo e espaço.

Isso nos parece convincente porque até mesmo a vida e a liberdade, bens dos mais importantes e objeto de direitos fundamentais na maior parte das constituições contemporâneas, já deixaram de ser atribuídos a algumas classes ou grupos de pessoas. Basta lembrarmos do poder de vida e morte que o *pater familias* tinha no núcleo familiar em determinado período do Direito Romano[94] ou da escravidão, que se estendeu por séculos e que permitiu, em determinados momentos históricos, que os escravos nem sequer fossem considerados pessoas; ou, mesmo sendo considerados pessoas, tivessem negada a liberdade com amparo jurídico.[95] A não ser que aceitemos que a essência das

[94] Explica Fustel de Coulanges que as leis romanas reconheceram ao pai o poder ilimitado de que a religião o revestira em princípio, de tal modo que seus direitos na família eram numerosos e muito diversos, podendo ser catalogados em três categorias: pai de família chefe religioso, senhor de propriedade ou como juiz. A respeito deste último, cita que o direito de jurisdição do pai na família era total e sem apelação. Ele podia condenar à morte, como o magistrado o fazia na cidade. Nenhuma autoridade tinha o direito de modificar sua sentença. Mas o direito de matar mulheres e filhos não era absoluto. Se os condenava à morte era apenas por virtude de seu direito de justiça (COULANGES, Fustel de. *A cidade antiga:* estudo sobre o culto, o direito, as instituições da Grécia e de Roma. Tradução Jonas Camargo Leite e Eduardo Fonseca. São Paulo: Hemus, 1975. p. 171-174). No mesmo sentido: MORSELLO, Marco Fábio. Autoridade parental. Perspectiva evolutiva dos direitos da personalidade. Adultocentrismo x visão paidocêntrica. *In:* CORREIA, Atalá; CAPUCHO, Fábio Jun (Coord.). *Direitos da personalidade:* a contribuição de Silmara J. A. Chinellato. Barueri/SP: Manole, 2019. p. 430.

[95] De acordo com Capelo de Souza, na Grécia os escravos não eram considerados coisas, como depois se deu em Roma. Eles eram considerados pessoas, sendo que eram reprovados os maus-tratos, reprimida a sua morte, podiam constituir família e até gerir terras ou comércio confiados a si. O pensamento jurídico grego era de que todo homem tinha personalidade e capacidade jurídicas, ativa e passiva, que se definiam abstratamente, sendo que as distinções de estatutos entre as classes (ex.: em Gortina) apenas deveriam estabelecer diferenças quantitativas. Capelo de Souza diz que as instituições jurídicas do período do Direito Romano sofreram profundas transformações ao longo do tempo, de tal modo que seria interessante analisar cada um dos períodos: antiga, clássica e do Baixo Império. A despeito disso, salienta que somente tinham capacidade os que possuíssem os três *status*: *status familiae* (com a inerente qualidade de *pater-familias*), *status civitatis* (o que não era concedido aos estrangeiros e escravos); e o *status libertatis* (qualidade de pessoa livre). p.47) (CAPELO DE SOUZA, Rabindranath Valentino Aleixo. *O direito geral da personalidade* cit., p.43-47). A menção a dados da escravidão na Antiguidade pode nos levar a esquecer que essa anomalia manteve-se presente no nosso sistema jurídico até quase o fim do século XIX, com sabemos. Para realçar isso, vale a citação à doutrina de um jurista da época. Lourenço Trigo de Loureiro escreve em 1871 sobre os escravos dentre as pessoas, que, para ele, são justamente os seres capazes de adquirir

pessoas mudou, fica claro que há mesmo uma base de ordem moral a amparar a noção de pessoa e dos bens que valorizamos no tempo e no espaço, o que ficará mais claro na medida em que formos expondo o pensamento desse autor.

Pois bem, aceita essa premissa o autor afirma que as configurações afetam de maneiras diferentes as dimensões de nossa vida moral. Uma dessas maneiras é que as configurações proporcionam fundamento, explícito ou implícito, de nossos juízos, intuições ou reações morais em qualquer das dimensões. Segundo ele, deve prevalecer a tese forte, de acordo com a qual é praticamente impossível à pessoa prescindir das configurações, ou seja, dessas distinções qualitativas. É algo constitutivo do agir humano e "sair desses limites equivaleria a sair daquilo que reconheceríamos como a pessoa humana integral, isto é, intacta".[96]

O exemplo dado e que denota a importância desse entendimento para o presente trabalho é precisamente a identidade. Diz o autor que para dizer "*quem eu sou*" não basta indicar nome e genealogia; é preciso apontar o que tem valor para si. Nesse sentido:

> Minha identidade é definida pelos compromissos e identificações que proporcionam a estrutura ou o horizonte em cujo âmbito posso tentar determinar caso a caso o que é bom, ou valioso, ou o que se deveria fazer ou aquilo que endosso ou a que me oponho. Em outros termos, trata-se do horizonte dentro do qual sou capaz de tomar uma decisão.[97]

Depois de dizer que a identidade pode estar ligada a compromissos morais, espirituais, nacionais ou tradicionais, ela ainda enfatiza que:

> [...] o que as pessoas estão dizendo com isso não é apenas que estão fortemente ligadas a essa concepção espiritual ou antecedentes, mas que isso oferece a estrutura dentro da qual podem determinar

direitos e contrair obrigações. Diferencia-os dos homens dito "*livres*" e esclarece os direitos dos senhores sobre eles (LOUREIRO, Lourenço Trigo de. *Instituições de direito civil brasileiro.* B. L. Garnier: Rio de Janeiro, 1871. p. 38-43).

96 TAYLOR, Charles. *As fontes do self:* a construção da identidade moderna cit., p. 44.

97 Ibidem, p. 44.

que posição defendem em questões sobre o que é bom, ou válido, ou admirável ou de valor.

Essa noção de identidade enquanto estrutura merece destaque porque a utilizaremos ao longo do trabalho como elemento essencial da identidade. Por isso, enfatizamos a visão que o autor nos oferece e dela já tentamos extrair um dado suplementar relativo ao direito à identidade: identidade é a base a partir da qual nos orientamos e, por isso, o direito à identidade deve ter como conteúdo não apenas a identificação pura e simples da pessoa, como é o caso do nome; deve abranger também, e sobretudo, a orientação moral, espiritual, tradicional etc.[98]

Segundo Charles Taylor, para além de ser direcionada ao bem, de consistir vetor de discriminação qualitativa ou do incomparavelmente superior, essa orientação é algo que se insere na vida como uma história em andamento ou uma narrativa. "Para ter um sentido de quem somos, temos de dispor de uma noção de como viemos a ser e de para onde estamos indo".[99]

Para que haja uma orientação é preciso que tenhamos objetivos a serem alcançados ou, talvez seja melhor dizer, ideais a serem buscados, os quais são chamados pelo autor de *bens*. Bens constitutivos são aqueles que além de constituir ou definir o que é uma boa ação, por amor a eles, nos movem para a boa ação porque nos capacita para sermos bons.[100] Hiperbens, por sua vez, são bens de ordem superior, não apenas por serem mais importantes, mas também porque proporcionam uma perspectiva a partir da qual esses outros devem ser pesados, julgados e decididos.[101]

Os hiperbens e os bens constitutivos, consecutivamente, portanto, servem de orientação para as pessoas e, em razão disso, atuam como parâmetros de discriminação qualitativa ou do incomparavelmente superior, o que corresponde à configuração. Como as configurações proporcionam fundamento,

98 A respeito dessas duas maneiras de entender a identidade, o próprio autor afirma numa determinada passagem de seu texto que a identidade não se limita à tomada de posição com relação a assuntos morais ou espirituais, mas também alguma referência a uma comunidade definitória, como ser armênio, nativo de Quebec, católico ou anarquista (TAYLOR, Charles. *As fontes do self*: a construção da identidade moderna cit., p. 56).

99 Ibidem, p. 70.

100 Ibidem, p. 127.

101 Ibidem, p. 90.

explícito ou implícito, de nossos juízos, intuições ou reações morais em qualquer das dimensões morais, podemos dizer que os *bens* moldam a nossa maneira de compreender o mundo. Como as pessoas estão no mundo, eles conformam também a nossa maneira de entendê-las.

2.1.2 A interioridade moderna

Os *bens*, constitutivos ou hiperbens, como deixa entrever Charles Taylor, mudam de acordo com o espaço e o tempo. Na Antiguidade, o hiperbem era o domínio da razão, entendida como a capacidade de ver e entender a partir da percepção da ordem natural ou correta, e, por conseguinte, ser governado por uma visão dessa ordem. A fonte moral, portanto, estava fora de nós.[102]

Com o advento da noção agostiniana de que Deus poderia ser encontrado dentro de nós a razão mudou de local, sendo inaugurada a tradição ocidental da reflexão, que se seguiu depois com a noção cartesiana de que as fontes morais estão no nosso interior; a ordem das ideias não é descoberta, mas construída por nós.[103]

Foi Montaigne, segundo Charles Taylor, quem criou a busca da originalidade de cada pessoa.[104] Isso é relevante porque mostra um desdobramento nos elementos que compõe a identidade moderna: de um lado a consolidação cada vez maior da interioridade e, de outro lado, a noção expressivista que se iniciava e da qual trataremos mais detalhadamente adiante.

No entender do autor, Montaigne inaugura um dos temas recorrentes da cultura moderna, que é aceitar quem somos. Cada um de nós tem que descobrir sua própria forma. Seu individualismo moderno se funda em outro ponto, diferente do de Descartes, que é a autodescoberta. O que ele busca entender, seu objetivo, é mostrar a diferença irrepetível de cada pessoa, enquanto o cartesianismo dá uma ciência do sujeito em sua essência geral.[105]

Charles Taylor afirma que na virada do séc. XVIII algo bem parecido com o *self* moderno está em processo de gestação, ao menos entre as elites sociais do noroeste da Europa e nas ramificações americanas, cujas bases são as

[102] TAYLOR, Charles. *As fontes do self:* a construção da identidade moderna cit., p. 156-165.
[103] Ibidem, p. 189-206.
[104] Ibidem, p. 237.
[105] Ibidem, p. 232-237.

seguintes: a independência autorresponsável, a particularidade reconhecida e o individualismo do envolvimento pessoal. Esse individualismo trifacetado, diz o autor, é central para a identidade moderna. Ele ajudou a fixar o senso de *self* que dá a impressão de estar enraizado em nosso próprio ser, perene e independente de interpretação.[106] A desconstrução dessa ideia é a proposta do autor e a razão pela qual decidimos analisá-lo mais detidamente para a compreensão da identidade.

2.1.3 A afirmação da vida cotidiana

A identidade moderna não surgiu apenas por conta da sucessão de ideias expostas acima. Como nos explica Charles Taylor, a elas se associaram uma série de práticas religiosas, políticas, econômicas, familiares, intelectuais, artísticas etc., as quais convergiram e reforçaram-se mutualmente para produzi-la. Por exemplo, as práticas de oração e ritual religioso de disciplina espiritual como membro de uma comunidade cristã, de autoexame na condição de um dos regenerados, da política do consentimento, da vida familiar resultante de casamentos baseados no companheirismo, da nova forma de criar os filhos que se desenvolve a partir do século XVIII, da criação artística sob as demandas da originalidade, da demarcação e defesa da privacidade, dos mercados e contratos, das associações voluntárias, do cultivo e demonstração de sentimentos, da busca do conhecimento científico. Cada uma dessas práticas, e outras, contribuíram um pouco para o conjunto de ideias em desenvolvimento sobre o sujeito e sua condição moral. Houve tensões e oposições entre essas práticas e as ideias que elas veiculam, mas elas ajudaram a constituir um espaço comum de compreensão em que nossas ideias atuais do *self* e do bem se desenvolveram.[107]

Essas práticas compõem o que Charles Taylor chama de vida cotidiana, cuja afirmação corresponde ao que ele entende ser a segunda faceta da identidade moderna. Vida cotidiana, diz ele, é um termo técnico que designa os aspectos da vida humana referentes à produção e reprodução, isto é, ao trabalho, à fabricação das coisas necessárias à vida e à nossa existência como seres sexuais,

[106] Ibidem, p. 242.

[107] TAYLOR, Charles. *As fontes do self:* a construção da identidade moderna cit., p. 268.

incluindo casamento e família. É a estrutura necessária para o bem viver, que é um dos polos na separação aristotélica entre viver e viver bem.[108]

Segundo o autor, a origem da transição que o faz apontar que a vida cotidiana viria afirmar-se está na espiritualidade judaico-cristã, especialmente após a Reforma.[109] Isso porque as críticas contra a ideia de salvação decorrente de atos próprios de alguns membros e de intermediação da Igreja na aproximação dos católicos com Deus, mediante os sacramentos, os objetos e a existência de lugares santos, fez com que a intermediação da Igreja perdesse espaço, o qual foi ocupado pela ideia de envolvimento pessoal. Para glorificar a Deus as pessoas passaram a ter que se importar com o seu comportamento, evitando o pecado, a libertinagem e todos os tipos de excesso na vida cotidiana.[110]

No âmbito doméstico-familiar, por exemplo, a partir das classes abastadas dos países anglo-saxões e da França, no final do séc. XVII, iniciou-se uma idealização crescente do casamento baseado no afeto, do verdadeiro companheirismo entre marido e mulher e do amor devotado aos filhos. Há um declínio da autoridade dos pais e de grupos na escolha do cônjuge. Isso leva à concepção atualmente vigente de que a infância é uma fase distinta do ciclo da vida. E com a independência individual também vem uma exigência por mais privacidade, o que acabou se refletindo numa mudança na organização do espaço doméstico.[111]

A relevância do envolvimento pessoal na vida cotidiana atinge seu ápice por volta do séc. XVIII, sendo a Revolução Francesa o seu marco histórico. Até o fim da Idade Moderna as sociedades ocidentais eram estamentais e a

[108] Ibidem, p. 274

[109] A respeito da especial importância do protestantismo nessa fase histórica, diz o autor o seguinte: "O que era necessário antes de tudo era disciplina pessoal, indivíduos capazes de controlar a si mesmos e de assumir responsabilidade pela própria vida; e depois uma ordem social baseada nessas pessoas. Isso dá uma razão para o trabalho contínuo numa vocação ser considerado essencial. Os que se empenham nele têm 'rotas definidas'; são confiáveis. Podem constituir a base de uma ordem social estável. E, além disso, a ordem social constituída por esses indivíduos é vista cada vez mais como uma ordem baseada apropriadamente no contrato. Pois é uma ordem daqueles que assumiram uma disciplina por meio do envolvimento pessoal e escolheram seu modo de vida da mesma maneira. É uma ordem daqueles que governam a si mesmos em sua própria vida pessoal. Cada vez mais, o contrato livremente assumido é visto como o único vínculo adequado entre tais pessoas" (Ibidem, p. 295).

[110] TAYLOR, Charles. *As fontes do self*: a construção da identidade moderna cit., p. 279-286.

[111] Ibidem, p. 375-377.

honra tinha lugar de destaque, ou seja, era um bem constitutivo. Ocorre que esse bem estava reservado às pessoas que faziam parte de determinadas classes sociais, o que não mais se harmonizava com a importância da vida cotidiana. A revolução acabou com todos os privilégios, inclusive de reconhecimento, pois a honra, fundada nas desigualdades, foi substituída pela noção atual de dignidade humana, que é igualitária e universalista.[112]

É estabelecido um novo ideal de vida em que se atribui lugar central à produção sóbria e disciplinada, e a busca da honra é condenada como autoindulgência rebelde e indisciplinada, ameaçando gratuitamente as coisas preciosas da vida. Um novo modelo de civilidade surge no séc. XVIII, em que a vida de comércio e aquisição de riquezas adquire um lugar positivo sem precedentes.[113] Não é à toa, segundo o autor, que ocorreu o isolamento da ciência econômica nessa época. Isso "não pode ser considerado apenas uma descoberta 'científica' que aconteceu por acaso. Ele reflete o maior valor atribuído a essa dimensão da existência humana, a afirmação da vida cotidiana".[114]

Além da França, berço da referida revolução, essa nova cultura moral é irradiada a partir da classe média alta da Inglaterra e dos Estados Unidos. Ela é individualista em três aspectos: valoriza a autonomia, atribui um papel importante à autoexploração, em particular do sentimento, e sua visão do bem viver, em geral, implica envolvimento pessoal.[115]

Em razão de um processo de secularização e da influência do racionalismo, afirma Charles Taylor que o bem constitutivo passa a ser a liberdade, com a descoberta dos motivos das próprias ações dentro de si mesmo. É o que Rousseau chamou de "voz interior".[116]

Kant fundou-se nessas bases para definir o conceito de dignidade da pessoa humana. Contrapondo-se ao deísmo e contra qualquer fonte externa da moral, ele define a dignidade da pessoa humana a partir da noção de racionalidade: por sermos racionais temos uma dignidade diferente.[117]

112 TAYLOR, Charles. The politics of recognition. *In:* GUTMAN, Amy (Org.). *Multiculturalism.* New Jersey: Princeton University Press, 1994. p. 27.

113 TAYLOR, Charles. *As fontes do self:* a construção da identidade moderna cit., p.273-278.

114 Ibidem, p. 370.

115 TAYLOR, Charles. *As fontes do self:* a construção da identidade moderna cit., p. 395-396.

116 Ibidem, p. 463.

117 Ibidem, p. 467.

2.1.4 A noção expressivista como fonte moral interior e a busca por autenticidade

Segundo Charles Taylor, também por ocasião da Revolução Francesa o ser humano passou a ser dotado de um "senso moral", isto é, um sentimento intuitivo do certo e do errado, que foi introduzido para contrapor a visão anterior de que eles eram conceitos consequenciais, em particular a partir de critérios divinos de recompensa e punição. A moral passou a ser uma voz de dentro, algo ligado aos sentimentos das pessoas. Esses sentimentos deram um novo significado ao ser humano; tornaram-no mais humano.[118]

Tratou-se de um movimento no sentido de valorização da interioridade que, como vimos antes, foi iniciado com Agostinho e a valorização da interioridade da reflexão radical, com vistas a encontrar a *"estrada que leva a Deus"*;[119] passou por Descartes, que desenvolveu a ideia da reflexão e colocou as fontes morais dentro de nós;[120] e chegou à época de Locke com o seu "self" pontual, que é aquele que tem a capacidade de desprender-se radicalmente com vistas à própria reforma, sendo que o poder de desprendimento da pessoa está na consciência.[121]

Essa noção de interioridade foi aprofundada por Rousseau e pelo expressivismo de Herder. Rousseau inaugurou a ideia de que a moralidade era uma voz da natureza dentro das pessoas e que precisava ser puxada para fora a partir das paixões, a demonstrar as dependências humanas para com os outros, que ele chegou a denominar de *le sentiment de l'existence*.[122]

Herder, por seu turno, foi o articulador, pois desenvolveu o expressivismo como uma ideia de que cada ser humano tem a sua própria medida; cada um tem a sua própria maneira original de ser humano.[123]

118 TAYLOR, C. The politics of recognition cit., p. 28-30.

119 TAYLOR, Charles. *As fontes do self:* a construção da identidade moderna cit., p. 172.

120 Ibidem, p. 189.

121 Ibidem, p. 224.

122 "Agora podemos conhecer a partir de nosso interior, dos impulsos de nosso próprio ser, o que a natureza marca como significativo. E nossa felicidade suprema é viver em conformidade com essa voz, isto é, ser inteiramente de nós mesmos" (TAYLOR, Charles. *As fontes do self:* a construção da identidade moderna cit., p. 464).

123 "O que o final do século XVIII acrescenta é a noção de originalidade. Isso ultrapassa um conjunto fixo de vocações, chegando à noção de que cada ser humano tem uma 'medida'

> O expressivismo foi a base de uma individuação nova e mais completa. Essa é a idéia que se desenvolveu no fim do século XVIII: cada indivíduo é diferente e original, e essa originalidade determina como ele deve viver.
> [...]
> O que o final do século XVIII acrescenta é a noção de originalidade. Isso ultrapassa um conjunto fixo de vocações, chegando à noção de que cada ser humano tem uma 'medida' original e irrepetível. Somos todos chamados a viver de acordo com nossa originalidade.[124]

Algo inovador, eis que antes do século XVIII não se tinha esse tipo de significância moral. Ademais, ao enfatizar que cada um tem uma voz interna e que é preciso estar conectado consigo mesmo a fim de conseguir compreender a sua própria natureza – *cada uma de nossas vozes tem algo único a dizer* –, ele estabeleceu um ideal moral poderoso que se liga às noções atuais de autenticidade e de objetivos de autorrealização.

Essa ideia de autenticidade é que, consoante o autor, conseguiu romper com a lógica da vinculação entre identidade e posição social, o que nem mesmo o advento da democracia tinha conseguido fazer. É que embora a democracia surgida nos fins do séc. XVIII tenha contribuído para o declínio das hierarquias sociais, os papéis sociais não desapareceram. A autenticidade é que fez com que as pessoas deixassem de segui-los, pois o jeito de ser não podia mais ser socialmente derivado; precisava ser gerado interiormente.[125]

original e irrepetível. Somos todos chamados a viver de acordo com nossa originalidade" (TAYLOR, Charles. *As fontes do self:* a construção da identidade moderna cit., p. 482).

124 Ibidem, p. 481-482

125 TAYLOR, C. The politics of recognition cit., p. 30. Consoante afirma Daniel Sarmento, a política identitária de Charles Taylor, especialmente no tocante à autenticidade, é alvo de críticas porque, em síntese, não caberia ao Estado interferir na sociedade de modo a tentar assegurar a sobrevivência de determinada cultura, ainda que minoritária (SARMENTO, Daniel. *Dignidade da pessoa humana:* conteúdo, trajetórias e metodologia. Belo Horizonte: Fórum, 2016. p. 246-247).

2.1.5 Os conflitos da modernidade

Por derradeiro, Charles Taylor diz que as noções morais duradouras que geram reflexo na atualidade são a liberdade, a benevolência e a afirmação da vida cotidiana. Somos herdeiros desse pensamento, mas atualmente as fontes morais que justificam esses bens constitutivos é variada, ou seja, não há uma única fonte moral que os embasa. Ele aponta uma base teísta, o naturalismo da razão desprendida e o expressivismo romântico ou uma de suas visões modernistas que o sucederam. Mas ele ressalva que, em virtude de haver muita discussão a respeito das fontes morais, inclusive dentro de cada uma dessas correntes, há uma tendência a se tratar de ética sem referência ao bem.[126]

Nessa linha, anota o autor que as áreas de tensão ou de possível colapso na cultura moral moderna podem ser resumidas do seguinte modo:

1. *Questão das fontes*: Na ausência de concordância a respeito de padrões morais, existe incerteza e divisão quanto aos bens constitutivos;
2. *Questão do instrumentalismo*: Conflito entre o instrumentalismo desprendido e o protesto romântico ou modernista contra ele, e;
3. *Questão da moralidade*: Se os padrões morais não são incompatíveis com a realização, isto é, se a moralidade não nos cobra um preço muito alto em termos de totalidade.[127]

2.1.6 Conclusões parciais

A reflexão de Charles Taylor evidencia que chegar ao conceito real de pessoa a que se referiu Diogo Costa Gonçalves talvez seja mais difícil do que poderíamos imaginar. Por sermos seres vinculados às configurações, entendidas essas como distinções qualitativas baseadas em dados de natureza moral que afetam o nosso juízo e as nossas ações,[128] talvez seja mais adequado falar em

[126] TAYLOR, Charles. *As fontes do self*: a construção da identidade moderna cit., p. 633-634.

[127] Ibidem, p .637-638

[128] Trata-se de afirmação que nos parece guardar relação com estudos científicos relativos ao modo como pensamos. A propósito, Gina Rippon, neurocientista, afirma o seguinte em seu livro: "Um artigo das psicólogas Lisa Feldman Barrett e Jolie Wormwood do New York Times descreve o fenômeno do 'realismo afetivo', em que seus sentimentos e expectativas afetam o

um substrato ontológico da pessoa, a depender das circunstâncias de tempo e de espaço.[129]

É muito rica a demonstração que ele traz acerca do desenvolvimento do *self* moderno, que pouco a pouco vai se desligando do exterior para se centrar no interior, inclusive como fonte moral, e que, paralelamente, faz emergir uma busca por autenticidade. Esses dados precisam ser ressaltados porque constituem alguns dos elementos que compõem a identidade enquanto atributo da personalidade.[130]

processo de previsão e sua percepção. Você, literalmente, vê as coisas de forma diferente. O artigo usou o exemplo da estatística recém-lançada sobre tiros dados pela polícia em pessoas desarmadas, no qual os policiais, no contexto de enfrentamento da pessoa suspeita, confundiram com armas objetos como celulares e carteiras. As autoras também falam de estudos em que um rosto neutro, quando visto em paralelo com um rosto carrancudo subliminarmente apresentado, era percebido como menos confiável, pouco atraente e com maior probabilidade de cometer um crime. Assim, os dados e expectativas externos podem desviar e distrair nosso sistema de orientação preditivo, útil em outras situações. Os estereótipos podem mudar e mudam como vemos o mundo" (RIPPON, Gina. *Gênero e os nossos cérebros:* como a neurociência acabou com o mito de um cérebro feminino ou masculino. Tradução Ryta Vinagre. Rio de Janeiro: Rocco, 2021 (edição digital). p. 137).

129 Não apenas de forma macro, mas também de forma micro, pois conforme Andrea Magazzù "*l'individualità*", que se equipara à nossa identidade-percepção, "rappresenta un valor tendenzialmente relativo e variabilie, anche secondo le diverse circonstanze di tempo e di luogo: è quel modo di essere della persona che resulta caractterizzato dalle azioni compiute, insomma dal comportamento che la persona tiene abitualmente nella vita di relazione" ("Identità" personale e tutela civile della reputazione cit., p. 153).

130 Cuida-se de desenvolvimento semelhante àquele elaborado por Stuart Hall. Segundo ele, há três concepções de identidade: o sujeito do Iluminismo, o sujeito sociológico e o sujeito pós-moderno. O primeiro estava baseado numa concepção da pessoa humana como um indivíduo totalmente centrado, unificado, dotado das capacidades de razão, de consciência e de ação. Ele tinha um "centro" que consistia em um núcleo interior, que emergia pela primeira vez quando o sujeito nascia e que com ele se desenvolvia, de tal modo que ele era sempre o mesmo, um contínuo ou "idêntico". O segundo se baseia na ideia de que a identidade é formada na "interação" entre o eu e a sociedade. O sujeito ainda tem um núcleo interior que é o "eu real", mas ele é formado e modificado num diálogo contínuo com os mundos culturais "exteriores" e as identidades que esses mundos oferecem. Neste ponto, notamos a ligação da explicação com as doutrinas que estudaremos adiante, de Axel Honneth e Appiah. O terceiro, pós-moderno, tem como cerne a ideia de que a identidade não é mais única, seja ela interior ou interior em conexão com a exterior. Diz ele que a identidade se torna uma "celebração móvel", que é formada e transformanda continuamente em relação às formas pelas quais somos representados ou interpelados nos sistemas culturais que nos rodeiam (HALL, Stuart. *A identidade cultural na pós-modernidade* cit., p. 10-14).

Sendo a identidade a base a partir da qual nos orientamos, na medida em que o exterior perde força como fonte de valor moral, quer pelo aspecto metafísico, com o recurso aos deuses ou à natureza, quer pelo aspecto físico, com o recurso à posição social, ganha importância a identificação dessa estrutura, notadamente porque cada pessoa busca expressar-se a partir dela.

Essa base é algo muito maior do que um simples ponto de vista.[131] Ela é, verdadeiramente, uma lente através da qual a pessoa passa a ter uma visão de mundo[132] e estabelece, inclusive, seus planos ou projetos de vida, consoante trataremos no item 2.3.4. Essa noção corresponde ao que Silvio Almeida chama de "rede de sentidos" quando se refere à raça como ideologia. Diz ele:

> Assim, uma pessoa não nasce branca ou negra, mas torna-se a partir do momento em que seu corpo e sua mente são conectados a toda uma rede de sentidos compartilhados coletivamente, cuja existência antecede a formação de sua consciência e de seus afetos.[133]

Esse sentido de identidade também corresponde àquilo que Afonso de Albuquerque chama simplesmente de personalidade em termos psicológicos:

> Em psicologia, a identidade do eu é uma questão fundamental e define-se como as características do que permanece igual a si próprio em

[131] Manuel Castells traça distinção semelhante, mas entre identidade e papéis. Segundo ele, as identidades são fontes mais importantes de significado do que papéis, por causa do processo de autoconstrução e individuação que as envolvem. As identidades organizam significados, ao passo que os papéis organizam funções. (CASTELLS, Manuel. *O poder da identidade*. Tradução Klaus Brandini Gerhardt. São Paulo: Paz e Terra, 1999. *A era da informação: economia, sociedade e cultura*. v. 2, p. 23).

[132] Sobre a possibilidade de haver pontos de vista e, por conseguinte, visões de mundo universais, cabe conferir a lição de Kay Deaux: "As standpoints theorists have argued, one's particular locations in the world inevitably affects experience, perspective, and values. Thus, one cannot assume universal laws but instead must be aware of the diferente vantage points that any one person can bring to bear" (DEAUX, Kay. An overview of research on gender: four themes from 3 decades. *In:* SWANN JR., Willian B.; LANGLOIS, Judith H.; GILBERT, Lucia Albino. *Sexism and stereotypes in modern society:* the gender science of Janet Taylor Spence. Washington, D.C.: American Psycological Association, 1998. p. 16).

[133] ALMEIDA, Silvio Luiz de. *Racismo estrutural*. São Paulo: Jandaíra, 2021. p. 67.

> cada individuo, o que nos aproxima do conceito actual de personalidade, melhor definida como um conjunto de padrões estáveis de compreensão, relação e pensamento acerca do meio envolvente e de si próprio, que o sujeito saudável apresenta desde o nascimento, mas mais evidentes a partir do início da idade adulta e que mantém até a morte, que o distingue de todos os outros seres humanos, e que permite que os outros reconheçam a sua identidade, ou seja, o identifiquem especificamente como um indivíduo num conjunto de outros seres humanos.
>
> Utilizando uma linguagem informática, a raiz da identidade individual (e, portanto, dos traços da sua personalidade) poderá ser comparável ao "hardware" do cérebro, uma espécie de infra-estrutura constitucional e de natureza bio-genética, que permitiria o processamento de toda a "informação" (recebida e emitida) mas tratando-a de uma forma específica, típica e individualizada.[134]

Zygmunt Bauman também deixa entrever a adoção de identidade por essa ótica ao dizer que "se você fica me instigando a declarar a minha identidade (ou seja, o meu 'eu postulado', o horizonte em direção ao qual eu me empenho e pelo qual eu avalio, censuro e corrijo os meus movimentos), esse é o máximo a que me pode levar", após explicar, entre outras coisas, que a identidade contempla um misto de *mêmete* (mesmice, mesmidade) e da *l'ipséite* (ipseidade).[135]

Com essa premissa, torna-se mais simples entender por que agiu bem o Judiciário italiano ao analisar aqueles casos que foram expostos anteriormente sob a ótica da identidade, ainda que, em termos dogmáticos, isso viesse a se aprimorar com o tempo.

Com efeito, é de identidade que se trata quando se altera a posição que uma pessoa tem sobre o divórcio, como entendeu o Tribunal de Roma em 1974 ao analisar o caso do homem e da mulher que tiveram as imagens utilizadas em propaganda do Comitê Nacional para o referendo do divórcio, como se fossem camponeses e favoráveis à cassação da lei do divórcio, malgrado não fossem

[134] ALBUQUERQUE, Afonso de. Imagem e identidade. *In:* ASCENSÃO, José de Oliveira (Coord.). *Estudos de direito da bioética*. Almedina: Coimbra, 2009. p. 20-21, v. III

[135] BAUMAN, Zygmunt. *Identidade* cit., p. 94.

nem camponeses nem divorcistas. O tribunal entendeu que essa divulgação alterou a opinião política deles.[136] O significado de "política" neste caso refere-se menos à ideia de governo e mais à ideia de conjunto de fenômenos e das práticas relativas ao Estado ou a uma sociedade.[137]

Ser a favor ou contra o divórcio representa a expressão de algo interior que pode derivar de uma posição política liberal ou conservadora, de uma posição religiosa, mais ortodoxa ou menos ortodoxa, ou não religiosa, ou, ainda, de uma posição estritamente jurídica, entre outras. A rigor, isso não afeta em nada a honra da pessoa, que é outro atributo da personalidade e cujas diferenças para a identidade serão oportunamente analisadas.

O mesmo pode ser dito com relação ao julgamento ocorrido em 1979 no Tribunal de Turim, no qual foi acolhido o pedido do político Marco Pannella contra o Partido Comunista Italiano.[138] Ao ter sido mencionado nos folhetos distribuídos pelo referido partido que Marco havia sido inscrito na lista de candidatos de grupo político de inspiração diversa da do partido ao qual ele integrava naquele momento, não sendo isso correto, não foi apenas alterada a verdade dos fatos, enquanto elemento da correção do direito de informação, mas também ofendida a identidade dele porquanto modificada a sua posição política, o que é algo, sobretudo para um político conhecido nacionalmente, que representa a contrafação de quem ele realmente é nesse espectro da vida.[139] Nesse caso, o julgado utilizou o termo "política" no sentido inverso do daquele supramencionado.

[136] DIAS, Eliza Cristina Gonçalves. *O direito de ser si mesmo:* a identidade pessoal na ordem constitucional brasileira cit., p. 18-19; ZENO-ZENCOVICH, Vincenzo. Onore, reputazione e identità personale cit., p. 69.

[137] FERREIRA, Aurélio Buarque de Holanda. *O minidicionário da língua portuguesa*. 6. ed. rev. e atual. Curitiba: Positivo, 2004. p. 640.

[138] SESSAREGO, Carlos Fernández. *Derecho a la identidade personal* cit., p. 65; ZENO-ZENCOVICH, Vincenzo. Onore, reputazione e identità personale cit., p.28-29. Muito semelhante ao caso julgado pelo *Bundesgerichtshof* (tribunal federal alemão) em 27.11.1979 (*NJW 1980, 994 e Schulze BGHZ 267*), no qual analisou a publicação não consentida do retrato de uma cidadã numa brochura de um partido político para campanha eleitoral e pela imputação de palavras por ela não proferidas (CAPELO DE SOUZA, Rabindranath Valentino Aleixo. *O direito geral da personalidade* cit., p. 139).

[139] "Al tratar de la identidad personal calamos en el hontanar mismo del ser. Nos referimos a un profundo y radical modo de ser de la persona. Nos enfrentamos a la 'verdad' del yo, a lo que em definitiva 'cada uno es'. A lo que convierte al ser humano en uno cuya personalidad es

Também é de identidade que se trata, embora isso não seja tão claro quanto nos casos supracitados, quando se divulga que alguém entende que fumar não é um hábito tão ruim, a depender das circunstâncias. É o que foi analisado no julgamento ocorrido em 1980 no Tribunal de Milão.[140] Em tese, entender que fumar é ou não um hábito ruim é apenas um juízo de valor que pouco importa para as demais pessoas e que talvez nem nos importemos em expressar. Contudo, quando se trata de um médico cirurgião, conhecida personalidade científica no país, que tem posição claramente contrária ao fumo, esse juízo de valor assume papel preponderante na definição de quem ele é em termos científico-profissionais. Tanto pior se, como ocorreu no caso em comento, a propaganda publicitária vale-se de um fragmento de entrevista dada por ele no qual fazia uma análise técnica acerca da redução da quantidade de nicotina e alcatrão de certas marcas de cigarro. A ideia que ele expressou, a partir do que defendia, é que os cigarros dessas marcas eram menos prejudiciais que o das outras por conta dessa diferença, mas ser menos prejudicial não significa que não o seja.

A peculiaridade desse caso é que a noção de identidade surge a partir da compreensão de que o juízo de valor que podemos ter a respeito de determinado assunto não é, por si só, parte de nossa identidade, a ponto de ser tutelado juridicamente. Essa talvez seja a chave para distinguir uma mera posição pessoal de um elemento que exterioriza a nossa identidade. Não negamos que, por vezes, pode haver zonas nebulosas que tornarão difícil a distinção em tela. Contudo, segundo Menezes Cordeiro, os direitos da personalidade podem ser classificados em três grupos: do círculo biológico, do círculo moral e do círculo social. Neste último grupo se encontram os direitos à intimidade da vida privada, na terminologia tipicamente portuguesa, o nome e a imagem. E à medida que se caminha para o exterior, do biológico para o social, os direitos de personalidade são mais elaborados, complexos e diferenciados.[141]

Segundo essa classificação, compreendemos que o direito à identidade se colocaria justamente como um direito relativo ao círculo social, de tal modo que é natural esperarmos certa dificuldade em algumas situações, como,

diferente a la de los demás, cuya biografía es inédita, única e intransferible" (SESSAREGO, Carlos Fernández. *Derecho a la identidade personal* cit., p. 16).

140 SESSAREGO, Carlos Fernández. *Derecho a la identidade personal* cit., p. 72-76.

141 CORDEIRO, António Menezes. *Tratado de direito civil* cit., p. 120.

aliás, ocorre com o direito à privacidade diuturnamente. É intensa a discussão doutrinária e jurisprudencial acerca do conteúdo e do alcance desse direito na atualidade, mas nem por isso se cogita deixarmos de reconhecer a importância dele. É como ressalta Canaris em relação aos chamados casos-limite: "ninguém rejeita a diferença entre o dia e a noite invocando a existência do crepúsculo".[142]

No exemplo mencionado, são a projeção do médico e o seu histórico contra o tabagismo que fazem com que a divulgação adulterada de sua percepção acerca do hábito de fumar se tornasse identitário, algo que compreenderemos melhor nos próximos tópicos deste trabalho, com o processo dialógico da formação da identidade a demonstrar a importância do reconhecimento, bem como com a noção de identidade narrativa.

Exemplo semelhante ao do médico e da posição relativamente aos cigarros é o da médica cardiologista Ludhmila Hajjar, uma das candidatas a assumir o Ministério da Saúde no primeiro semestre de 2021. Teriam sido produzidos áudios, vídeos e perfis falsos a respeito dela.[143] Supondo que esses áudios e vídeos acabassem sendo divulgados apresentando ao público uma posição falsa dela em termos médicos ou políticos, como se ventilou ter ocorrido, ainda que isso não afetasse a sua honra, nada a impediria de tomar as providências cabíveis contra quem de direito por conta da violação de sua identidade.

2.2 Axel Honneth e o processo dialógico de construção da identidade

2.2.1 O processo de realização do espírito

Axel Honneth entende que o reconhecimento é essencial para a formação da identidade[144] e, no seu entendimento, o autor que melhor compreendeu isso

[142] CANARIS, Claus-Wilhelm. *Direitos fundamentais e direito privado*. Tradução Ingo W. Sarlet e Paulo M. Pinto. Coimbra: Almedina, 2003. p. 69.

[143] LUDHMILA Hajjar diz ter sofrido ameaças de morte após convite para Ministério. Disponível em: cnnbrasil.com.br. Acesso em: 19 mar. 2021.

[144] Nancy Fraser se opõe a essa concepção dizendo que é mais adequado entender o reconhecimento como uma questão de *status* social. Em síntese, a ideia dela é a seguinte: "Dessa perspectiva – que eu chamarei de modelo de status – o que exige reconhecimento não é a identidade específica de um grupo, mas a condição dos membros do grupo como parceiros

foi Hegel, para quem a autonomia fazia parte da realidade social em termos históricos, isto é, do ser, não do dever-ser.[145]

Para Hegel, segundo o autor, o processo de realização do espírito (mente), que se reflete na esfera da consciência humana, deve ser exposto em três etapas: primeiro a relação do indivíduo consigo próprio (espírito subjetivo), depois as relações institucionalizadas dos sujeitos entre si (espírito efetivo) e, ao final, as relações reflexivas dos sujeitos socializados com o mundo em seu todo (espírito absoluto).[146]

O espírito subjetivo aparece no momento em que a pessoa abandona o horizonte das experiências puramente teóricas e obtém um acesso prático ao mundo, o que não necessariamente ocorre no ambiente amoroso da família, eis que ela não é perturbada pelos conflitos e, por conseguinte, não é obrigada a refletir sobre as normas abrangentes, gerais, da regulação do relacionamento social.[147]

Nesse sentido:

> Para a vida social, a relação jurídica representa uma espécie de base intersubjetiva, porque obriga cada sujeito a tratar todos os outros segundo suas pretensões legítimas; pois, diferentemente do amor, o direito representa para Hegel uma forma de reconhecimento recíproco que não admite estruturalmente uma limitação ao domínio particular das relações próximas.[148]

No entanto, na compreensão do autor, Hegel abandonou o propósito original de reconstruir uma coletividade ética com base nessa sequência de etapas da luta por reconhecimento. Por isso, ele se propõe o desafio de verificar se

integrais na interação social. O não reconhecimento, consequentemente, não significa depreciação e deformação da identidade de grupo. Ao contrário, ele significa subordinação social no sentido de ser privado de participar como um igual na vida social" (FRASER, Nancy. Reconhecimento sem ética? Tradução Ana Carolina Freitas Lima Ogando e Mariana Prandini Fraga. *Lua Nova*, São Paulo, n. 70, p. 107, 2007).

[145] HONNETH, Axel. *Luta por reconhecimento:* a gramática moral dos conflitos sociais. Tradução Luiz Repa. São Paulo: Ed. 34, 2003. p. 29.

[146] HONNETH, Axel. *Luta por reconhecimento:* a gramática moral dos conflitos sociais cit., p. 72.

[147] Ibidem, p. 73-81

[148] Ibidem, p. 73-81.

essa sequência pode resistir a considerações empíricas, isto é, se é possível atribuir às respectivas formas de reconhecimento recíproco correspondentes de desrespeito social, e, ainda, se podem ser encontradas comprovações históricas e sociológicas para a ideia de que essas formas de desrespeito social foram de fato fonte motivacional de confrontos sociais. Para tanto, ele diz que emprestará lições do psicólogo social George Herbert Mead, que teria sido aquele que melhor traduziu a teoria hegeliana da intersubjetividade.[149]

2.2.2 A criação da identidade a partir do reconhecimento intersubjetivo

É atribuída a George Herbert Mead a ideia de que o sujeito humano deve sua identidade à experiência de um reconhecimento intersubjetivo e que somente pode tomar consciência do efeito de sua relação com o outro se ao mesmo tempo e do mesmo modo recebe essa reação. Em outras palavras, ele entende que a tomada de consciência do sujeito a partir da abstrata imaginação da consciência do outro à sua conduta não é suficiente para compreender efetivamente a consciência daquele que agiu.[150]

> [...] um sujeito só pode adquirir uma consciência de si mesmo na medida em que ele aprende a perceber sua própria ação da perspectiva, simbolicamente representada, de uma segunda pessoa. Essa tese representa o primeiro passo para uma fundamentação naturalista da teoria do reconhecimento de Hegel, no sentido de que pode indicar o mecanismo psíquico que torna o desenvolvimento da autoconsciência dependente da existência de um segundo sujeito: sem a experiência de um parceiro de interação que lhe reagisse, um indivíduo não estaria em condições de influir sobre si mesmo com base em manifestações autoperceptíveis, de modo que aprendesse a entender aí suas reações como produções da própria pessoa.[151]

149 Ibidem, p. 123.

150 HONNETH, Axel. *Luta por reconhecimento:* a gramática moral dos conflitos sociais cit., p. 125-129.

151 Ibidem, p. 131.

"Me" é a palavra escolhida por ele para designar a imagem cognitiva que o sujeito recebe de si mesmo, tão logo aprende a perceber-se da perspectiva de uma segunda pessoa. Essa percepção pode ter como base simplesmente as exigências cognitivas do comportamento, momento em que apenas se observa o comportamento do agente, ou, mais do que isso, as expectativas normativas, isto é, quando há um julgamento moral sobre a atitude do agente.[152]

A fim de demonstrar como é que esse julgamento se dá, George Herbert Mead cita o exemplo dos jogos infantis.[153] O primeiro é o do *play*, no qual a criança imita o comportamento dos outros do grupo no espaço destinado a

[152] "A identificação é um processo que se impõe porque temos de encontrar nosso lugar numa relação que não seja dual. Na relação dual, não há identificação simbólica, há efeitos de espelho, quer dizer, efeitos imaginários, o que vem a ser coisas distintas. Isso se observa no mundo animal e dá lugar a fenômenos de mimetismo ou a fenômenos mais complexos, como em alguns pássaros, por exemplo, nas galinhas, em que a visão de sua própria imagem no espelho provoca a ovulação. É um efeito direto da imagem no organismo. Os trumains não são insensíveis a esses efeitos da imagem do outro. É isso que se observa nos fenômenos de agressividade: a violência de um desencadeia a violência do outro, se o outro se deixa levar pela reação em espelho. Isso também se observa na identificação do sujeito psicótico, o que chamamos de transitivismo. O psicótico se deixa levar facilmente pelos efeitos do espelho. Na vida, isso se localiza no fato de que o psicótico pode dar a impressão de ter várias personalidades, pois sua personalidade depende totalmente da personalidade de seu interlocutor. Esse fenômeno culmina na paranoia, o que alguns autores têm chamado de projeção. Nessa pseudoidentificação, prevalece o imaginário. Digo pseudoidentificação porque, vocês verão logo mais, a identificação propriamente dita é um processo simbólico, quer dizer, fundado no significante e supõe ao menos três lugares. Desde o momento em que há três, é necessário eleger seu lugar. É o que acontece com muita naturalidade na família em que o bebê deve encontrar seu lugar entre o pai e a mãe. O que Freud descobre quando se volta para o processo de identificação é que, em primeiro lugar, diz respeito a essa entidade que designa como Eu. O Eu tem duas formas de se comportar frente ao objeto que ama: ou bem quer ter esse objeto – é o amor em sua versão clássica – ou bem quer ser esse objeto. Esse é o ponto de partida da identificação" (NOMINÉ, Bernard. *Sobre identidade e identificações:* conferências (2014-2015) cit., p. 20-21).

[153] Segundo Stuart Hall, essa ideia que George Herbert Mead desenvolve se assemelha à "fase do espelho" de Jacques Lacan, na qual a criança que não está ainda coordenada e não possui qualquer autoimagem como uma pessoa "inteira", se vê ou se "imagina" a si própria refletida – seja literalmente, no espelho, seja figurativamente, no "espelho" do olhar do outro, como uma "pessoa inteira". Ele prossegue afirmando que "a formação do eu no 'olhar' do Outro, de acordo com Lacan, inicia a relação da criança com os sistemas simbólicos fora dela mesma e é, assim, o momento da sua entrada nos vários sistemas de representação simbólica – incluindo a língua, a cultura e a diferença sexual" (HALL, Stuart. *A identidade cultural na pós-modernidade* cit., p. 37-38).

brincadeiras. O segundo é o *game*, no qual a criança representa em si mesma a expectativa de comportamento de todos os outros do grupo, para, com isso, notar o seu próprio papel no contexto de uma ação. Nessa segunda atividade a criança "adquire a capacidade de orientar seu próprio comportamento por uma regra que ela obteve da sintetização das perspectivas de todos os companheiros", o que corresponde, em menor medida, ao que ocorre com a formação das pessoas na sociedade. E é a partir dessa compreensão do que o psicólogo chama de "outro generalizado" que se constrói a identidade da pessoa, pois ela passa a se sentir aceita pelo grupo:

> Essa inserção da extensa atividade do respectivo todo social ou da sociedade organizada no domínio de experiências de cada indivíduo envolvido ou incluído nesse todo é a base ou o pressuposto decisivo para o desenvolvimento pleno da identidade do indivíduo: só na medida em que ele assume as atitudes do grupo social organizado ao qual ele pertence em relação às atividades sociais organizadas e baseadas na cooperação com que esse grupo ocupa, ele pode desenvolver uma identidade completa e possuir a que ele desenvolveu.[154]

Com isso, há, segundo o autor, uma aproximação entre George Herbert Mead e Hegel, pois ambos defendem que a pessoa que aprende a conceber-se da perspectiva do outro generalizado passa a se compreender como uma pessoa de direito, pois afora o fato de saber e entender quais são as obrigações que deve cumprir para com os outros do grupo, também passa a saber quais direitos que lhe pertencem, de modo que possa legitimamente exigir respeito dos outros.[155]

Ele acrescenta outra semelhança entre as ideias de Mead e Hegel, que é salutar para a nossa compreensão acerca do processo dialógico da formação da identidade: ambos entendem que "a reprodução da vida social se efetua sob o imperativo de um reconhecimento recíproco porque os sujeitos só podem chegar a uma auto-relação prática quando aprendem a se conceber, da perspectiva normativa de seus parceiros de interação, como seus destinatários sociais".[156]

[154] HONNETH, Axel. *Luta por reconhecimento:* a gramática moral dos conflitos sociais cit., p. 136.

[155] Ibidem, p. 136-137.

[156] Ibidem, p. 155.

2.2.3 A luta por reconhecimento

A partir dessas definições de Mead e Hegel, Axel Honneth passa a desenvolver a sua própria teoria da luta por reconhecimento. Ele diz que há três padrões de reconhecimento intersubjetivo: amor, direito e solidariedade. A propósito do direito, que nos interessa mais de perto, ele o vincula ao respeito e diz que há duas espécies de respeito na sociedade: o respeito geral, pelo simples fato de ser uma pessoa, e o respeito especial, vinculado às realizações da pessoa.[157]

Fixada essa premissa, o autor passa a tratar da identidade pessoal a partir da ótica do desrespeito. Segundo ele, há três formas de desrespeito que privam a pessoa de sua pretensão identitária: as práticas que impedem que a pessoa tenha a livre disposição do próprio corpo, destruindo a sua autoconfiança; as práticas que afetam o autorrespeito moral da pessoa, excluindo-a da posse de determinados direitos no interior de uma sociedade; e as referências negativas ao valor social de indivíduos ou grupos.[158]

É claro que a ótica do autor é a dos grupos discriminados, minoritários, cujo reconhecimento inexiste ou é dificultado pela maioria, o que não necessariamente precisa ser objeto da nossa atenção quando se trata de direito da identidade no âmbito dos direitos da personalidade. Sendo possível inserir uma pessoa em determinado grupo social, seja ele minoritário ou majoritário, pode ser que haja uma identidade correlacionada a ele.

O importante é compreender de que modo se faz a construção da identidade. Sendo ela formada a partir de um processo dialógico, num ciclo contínuo de autocompreensão, compreensão do outro acerca de nós mesmos, o que envolve as noções de expectativa, direitos e deveres, e renovação da autocompreensão, fica fácil extrair que não há identidade sem que haja reconhecimento alheio.[159]

[157] HONNETH, Axel. *Luta por reconhecimento:* a gramática moral dos conflitos sociais cit., p. 185-186.

[158] Ibidem, p. 214-219.

[159] "É fato que as identidades, e portanto as formas de reconhecimento, se estabelecem contrastivamente: grupos de iguais se identificam ao diferenciar-se dos grupos de seus desiguais" (LOPES, José Reinaldo de Lima. Direitos humanos e tratamento igualitário: questões de impunidade, dignidade e liberdade. *Revista Brasileira de Ciências Sociais*, v. 15, n. 42, p. 88, fev. 2000).

2.2.4 Conclusões parciais

Conquanto tenhamos feito um resumo bem sucinto da reflexão de Axel Honneth, ele nos permite compreender o processo de formação da identidade e, por conseguinte, temos condição de extrair algumas conclusões.

Já sabemos que a identidade é a base a partir da qual nos orientamos porquanto foi essa a principal conclusão que tiramos da reflexão de Charles Taylor. Conjugando essa ideia com a reflexão de Axel Honneth, fica claro que essa base não se forma pura e simplesmente a partir da vontade da pessoa. Ela não se encontra no campo do dever-ser, mas no do ser, de tal modo que não é correto vê-la como simples exercício de um poder que integra o direito subjetivo.

Sendo a identidade formada a partir de um processo dialógico no qual a consciência de si somente se constrói após o *feedback* recebido da sociedade nas relações intersubjetivas,[160] o qual, por sua vez, sucede a consciência de si que se tinha antes disso,[161] todo o tipo de atuação privada ou pública que

[160] A propósito, cabe acrescentar a anotação de Afonso de Albuquerque a respeito da formação da personalidade, mais precisamente sobre o contributo dos genes e das diferenças do ambiente (família, igreja, escola, comunidade) para a enorme variabilidade do comportamento humano. Lembrando que não é possível fazer experimentos com seres humanos como se fazem com outros animais, ele afirma que apenas estudos mediante observações são permitidos. Nesta linha, ele explica que: "*Um dos mais conhecidos é o 'Minnesota Study", dirigido pelo Dr. Thomas Bouchard, da Universidade de Minnesota, que conseguiu reunir mais de 8.000 gémeos (mono e dizigóticos), criados juntos e em separado, que começou em 1979 e que ainda continua. Estas análises, em especial nos estudos feitos após 1990, vêm esclarecer melhor o papel dos genes no desenvolvimento da personalidade. Os psicólogos estão de acordo que com a grande maioria das nossas personalidades podem ser definidas de acordo com o lugar que o indivíduo ocupa ao longo de 5 'eixos': simpatia (amistoso – agressivo), ser consciencioso (responsável – irresponsável), extroversão (sociável – reservado), neuroticismo (estável – instável), abertura (imaginativo – imitador).* Os resultados destes estudos dizem-nos que cerca de 50% da variação da personalidade entre os indivíduos está relacionada com as diferenças genéticas, e em alguns estudos os resultados aumentam até 70%. Se 50% da variabilidade é herdada (genética), é o ambiente que explica os restantes 50%. Mas estes estudos vieram também mostrar que as influências ambientais mais contributivas para as diferenças entre personalidades, em especial a partir da adolescência, são as provenientes do ambiente social mais vasto (amigos, escola, sociedade) e são menos importantes as influências do ambiente familiar, como quase todos nós gostaríamos de acreditar." (ALBUQUERQUE, Afonso de. Imagem e identidade cit., p. 22).

[161] "En la identidad se hace más patente el carácter intersubjetivo del derecho, ya que se trata de una clara interferencia de conductas. De una parte, se despliega la sucesión de conductas de un determinado sujeto, las cuales al fenomenalizarse van configurando su personalidad y, de la otra, encontramos aquellas conductas que, interferidas con la del sujeto, hacen posible

impede o fechamento desse ciclo representa obstáculo à formação da própria identidade.[162] Não que isso seja sempre indevido, pois não há um juízo de valor a respeito disso, mas apenas uma constatação.

Esse obstáculo tem forma variada, como expôs o autor quando tratou do desrespeito. Por primeiro, ela pode dizer respeito ao impedimento à livre disposição do próprio corpo, que é, por si só, um outro direito da personalidade.

Quando o corpo representa o instrumento de afirmação dessa identidade, a livre disposição assume uma nova dimensão, para além até da imagem.[163] É o que justifica as várias modificações corporais pelas quais as pessoas passam, por opção própria ou de quem as representa, ao longo da vida. São exemplos a circuncisão dos judeus (identidade religiosa), o alargamento de lábios e lóbulos por índios (identidade racial) e outras alterações mais incomuns como as hipóteses de *bodyart* ou *body modification*, que podem ensejar, em alguma medida, interpretações restritivas do art. 13 do Código Civil de 2002.[164]

el conocimiento, de parte de estar últimas, de la proyección social de dicha personalidade puesta de manifiesto a través de una sucesión de comportamientos o haceres del sujeto" (SESSAREGO, Carlos Fernández. *Derecho a la identidade personal* cit., p. 80).

[162] Manuel Castells classifica as formas e origens de construção de identidades do seguinte modo: *identidade legitimadora*: introduzida pelas instituições dominantes da sociedade no intuito de expandir e racionalizar sua dominação em relação aos atores sociais; *identidade de resistência*: criada por atores que se encontram em posições/condições desvalorizadas e/ou estigmatizadas pela lógica da dominação, construindo, assim, trincheiras de resistência e sobrevivência com base em princípios diferentes dos que permeiam as instituições da sociedade, ou mesmo opostos a estes últimos; e, *identidade de projeto*: quando os atores sociais, utilizando-se de qualquer tipo de material cultural ao seu alcance, constroem uma nova identidade capaz de redefinir sua posição na sociedade e, ao fazê-lo, de buscar a transformação de toda a estrutura social (CASTELLS, Manuel. *O poder da identidade* cit., p. 24).

[163] Não é à toa que Sessarego menciona o corpo dentre os vários meios postos à disposição da pessoa para conseguir atingir o seu projeto de vida, no que se liga, segundo a nossa compreensão, com o direito à identidade, conforme desenvolvemos ao longo do SESSAREGO, Carlos Fernández. É possível proteger, juridicamente, o projeto de vida? Tradução Marcos Jorge Catalan. *Revista Eletrônica Direito e Sociedade,* Canoas, v. 5, n. 2, 2017. Disponível em: https://revistas.unilasalle.edu.br/index.php/redes/article/view/3868/pdf. Acesso em: 3 jun. 2020, p. 10).

[164] "[...] compete ao jurista examinar, com particular cuidado, a finalidade do ato de disposição, ou seja, os interesses ou propósitos que pretende atender. Nas hipóteses em que o ato de disposição exprima realização de interesse altruísta da própria pessoa, considerada em sua individualidade (ex.: doação de sangue a um ente querido), conta com o beneplácito da ordem jurídica. Se, todavia, o ato de disposição é praticado sem representar o livre exercício de uma opção existencial da pessoa, mas com o fim de atender, ainda que indiretamente,

Trataremos de limites a essa liberdade noutro item deste livro, quando falarmos sobre a natureza ética da identidade.

Por outro lado, como consectário dessa inferência temos que os danos que atinjam essa expressão corporal identitária não podem ser considerados como ofensas apenas à livre disposição do próprio corpo, a teor dos arts. 949 e 950 do Código Civil de 2002, mas à identidade, adotando-se como fonte normativa a cláusula geral dos arts. 186 e 927 desse mesmo diploma legal. À guisa de exemplos, podemos imaginar o corte forçado do cabelo lateral de um judeu ortodoxo[165] ou, para entrarmos em uma seara já mais nebulosa, da parte frontal do cabelo de um adolescente que se identifica com o movimento "emo".[166]

Analisaremos a tutela adequada à identidade no último capítulo deste livro, mas, por ora, basta mencionarmos que o ideal nesses casos, até para permitir a plena compreensão dos atributos da personalidade que foram violados, é que o intérprete do Direito identifique cada um deles e, na exata medida de sua violação, fixe a indenização cabível. Isso se harmoniza com a adoção do método bifásico de fixação da indenização por danos morais no Superior Tribunal de Justiça[167] e afasta qualquer hipótese de *bis in idem*.

Por segundo, temos o desrespeito consistente em práticas que afetam o autorrespeito moral da pessoa, excluindo-a da posse de determinados direitos

a interesse patrimonial próprio ou de terceiro, não se deve supor, ao contrário do que sugere o art.1 3 do Código Civil, que o caráter meramente temporário da diminuição física seja capaz de afastar a absoluta vedação que decorre em boa hora do texto constitucional" (SCHREIBER, Anderson. *Direitos da personalidade* cit., p. 43).

165 "Peiot" designa os cachos de cabelos laterais característicos dos judeus ortodoxos, que cumprem este mandamento devido à ordenança de não raspar os lados da cabeça (Levítico 19:27: "Não raparás em torno de tua cabeça, nem tirarás as bordas da tua barba". Disponível em: https://pt.wikipedia.org/wiki/Peiot. Acesso em: 30 mar. 2021).

166 Disponível em: https://forum.cifraclub.com.br/forum/11/232187/. Acesso em: 30 mar. 2021.

167 "A fixação do valor devido à título de indenização por danos morais deve considerar o método bifásico, que conjuga os critérios da valorização das circunstâncias do caso e do interesse jurídico lesado, e minimiza eventual arbitrariedade ao se adotar critérios unicamente subjetivos do julgador, além de afastar eventual tarifação do dano" (BRASIL. Superior Tribunal de Justiça. Jurisprudência em teses: responsabilidade civil; MARTINS-COSTA, Judith. Dano moral à brasileira. *In:* PASCHOAL, Organização Janaína Conceição; SILVEIRA, Renato de Mello Jorge. *Livro homenagem a Miguel Reale Júnior.* Rio de Janeiro: LMJ Mundo Jurídico, 2014. p. 319-321).

no interior de uma sociedade. Trata-se da situação já vivenciada por negros e homossexuais ao longo dos tempos.

Os primeiros nem sequer personalidade jurídica (personalidade-premissa) tinham no período da escravidão no Brasil, de tal modo que não podiam exercer quaisquer direitos e, por conseguinte, jamais poderiam obter o reconhecimento de sua identidade (identidade comunitária). Sabemos que somente em 1871, com a Lei do Ventre Livre, é que os filhos de escravos nascidos no Brasil passaram a ser considerados livres e, portanto, não eram propriedade de quem quer que fosse; e em 1888 adveio a Lei Áurea, que aboliu a escravidão.

Os segundos, por sua vez, por conta de sua opção sexual (identidade sexual), não tinham direito de constituir validamente uma família e, por conseguinte, também lhes era negado o exercício de outros direitos decorrentes, como é o caso dos sucessórios e previdenciários. É precisamente por conta disso que, no corpo do voto do relator da ADPF 132/RJ no Supremo Tribunal Federal, Ministro Ayres Britto, na qual foi dada interpretação conforme ao art. 226 da Constituição Federal para permitir a união estável entre pessoas do mesmo sexo, fez-se menção à identidade nos seguintes termos:

> Barreiras que se põem como pequenez mental dos homens, e não como exigência dos deuses do Olimpo, menos ainda da natureza. O que, por certo, inspirou Jung (Carl Gustav) a enunciar que "A homossexualidade, porém, é entendida não como anomalia patológica, mas como identidade psíquica e, portanto, como equilíbrio específico que o sujeito encontra no seu processo de individuação". Como que antecipando um dos conteúdos do preâmbulo da nossa Constituição, precisamente aquele que insere "a liberdade" e "a igualdade" na lista dos "valores supremos de uma sociedade fraterna, pluralista e sem preconceitos [...]".[168]

Mas a concessão de direitos é o resultado do reconhecimento jurídico das diferenças, o que depende de tolerância, tema dos mais importantes quando se trata de direito à identidade. Para José Reinaldo de Lima Lopes, primeiro deve

[168] BRASIL. Supremo Tribunal Federal. ADPF n. 132/RJ. Relator: Ministro Ayres Britto. j. 05/05/2011. DJ. 14/10/2011.

ser garantida a sobrevivência do diferente e, para isso valem os mecanismos jurídicos do direito penal, a fim de criminalizar os atos de extermínio, isolamento e violência. Somente num segundo momento é que o direito pode exigir que além de cessarem as perseguições e o extermínio, seja possível também um reconhecimento positivo das diferenças, ou seja, que se minimizem os estigmas associados a certas identidades. Nesse caso, enfatiza o autor que se inicia uma desconstrução das identidades anteriormente definidas, naquilo que têm de hierarquia e prescritividade. A luta pela identidade transforma-se na luta contra a exclusividade de modelos.[169]

Os estigmas ligados à negativa de direitos são justamente o cerne do terceiro tipo de desrespeito mencionado por Axel Honneth: as referências negativas ao valor social de indivíduos ou grupos. É evidente que esse dado está muito mais ligado ao Direito Público do que ao Direito Privado, especialmente à definição do conteúdo do direito à identidade como direito da personalidade. Contudo, é importante que essa questão seja analisada para entender melhor a relação que existe entre a articulação do reconhecimento no ambiente público com os direitos individuais.[170]

Este terceiro tipo de desrespeito talvez seja aquele que mais sofre com as críticas lançadas por Nancy Fraser, que com Axel Honneth estabeleceu um debate interessante acerca das políticas de reconhecimento. A ideia central dela é discutir a dicotomia redistribuição/reconhecimento e, a partir disso, sustenta, em apertada síntese, que a análise feita por Axel Honneth é exageradamente subjetiva, o que é evidentemente mais marcante quando se trata de estigma.

Ela salienta que o modelo padrão de reconhecimento é o da identidade, de acordo com o qual exige-se o reconhecimento da identidade cultural específica de um grupo, sob pena de, não ocorrendo isso, sobrevir dano. Ocorre que, no seu entender, isso significa sobrevalorizar a estrutura psíquica em detrimento das instituições sociais e da interação social.[171]

[169] LOPES, José Reinaldo de Lima. Direitos humanos e tratamento igualitário: questões de impunidade, dignidade e liberdade cit., p. 93.

[170] SARMENTO, Daniel. *Dignidade da pessoa humana:* conteúdo, trajetórias e metodologia cit., p. 242.

[171] FRASER, Nancy. Reconhecimento sem ética? cit., p. 105-106.

Além disso, ela diz que há o risco de os membros sofrerem pressão moral para conformarem-se à cultura do grupo, desprezando a complexidade da vida dos indivíduos, a multiplicidade de suas identificações e as intersecções de suas várias afiliações; e também o risco de reificar a cultura, pois ignora interações transculturais, imaginando que as culturas sejam bem definidas, separadas e não interativas.

Ela propõe que o reconhecimento, nesse aspecto, seja ligado ao *status*, de tal modo que o problema se afaste da identidade específica de um grupo e se aproxime da condição dos membros do grupo de interagirem socialmente como parceiros integrais. "O não reconhecimento, consequentemente, não significa depreciação e deformação da identidade de grupo. Ao contrário, ele significa subordinação social no sentido de ser privado de participar como um igual na vida social".[172]

Sob esse prisma, ela diz que há dois tipos diferentes de injustiça: a econômica e a cultural ou simbólica. A primeira pode ser corrigida por políticas de mesma natureza, ao passo que a segunda diz respeito a padrões sociais de representação, interpretação e comunicação. Em razão dessa diferença, podem ser estabelecidas duas lutas diferentes, uma por reconhecimento, que, frequentemente, visa chamar a atenção para a presumida especificidade de um grupo, isto é, querem obter a diferenciação, e outra por redistribuição, que visa abolir arranjos econômicos relacionados à especificidade de um grupo, como é o caso de divisão de trabalho de acordo com o gênero. O problema é que as duas lutas parecem um tanto contraditórias, pois enquanto aquelas objetivam acabar com a diferenciação, esta tem por escopo justamente afirmá-las.[173]

A questão que se coloca, portanto, de acordo com a autora, é a definição do remédio mais eficaz para cada luta. Ela propõe dois tipos de remédios: os afirmativos, que são aqueles que corrigem efeitos desiguais de arranjos sociais sem abalar a estrutura subjacente que os engendra; e os transformativos, que, em contraste, são aqueles que corrigem os arranjos sociais por meio da remodelação da estrutura subjacente. À guisa de exemplo no campo da homofobia e do heterossexismo, a diferença que se estabelece é que os

[172] Ibidem, p.107.

[173] FRASER, Nancy. Da redistribuição ao reconhecimento? Dilemas da justiça numa era "pós-socialista". Tradução Julio Assis Simões. *Cadernos de Campo*, São Paulo, n. 14/15, p. 231-233, 2006.

remédios afirmativos estão associados à política *gay*, que revaloriza a identidade *gay* e lésbica, ao passo que remédios transformativos estão associados à política *queer*, que visam desconstruir a dicotomia homo-hétero.[174]

O assunto é complexo e o seu aprofundamento certamente ultrapassaria os limites do objeto deste livro. O que é mais importante extrair desta discussão acerca do estigma social enquanto desrespeito é que, independentemente de haver divergência, a afirmação de que a ausência de reconhecimento impede a construção da identidade conta com fundamento doutrinário. Em outras palavras, a identidade, enquanto conteúdo do direito de mesmo nome, espécie de direito da personalidade, pode não vir a ser construído plenamente se há, entre outros tipos de desrespeito, o estigma social, pelo que se faz necessário que o Estado adote todas as medidas destinadas a rechaçá-lo, com vistas a assegurar o igual respeito da identidade pessoal, como propõe Daniel Sarmento.

> Em síntese, violam o reconhecimento as práticas estatais ou privadas, conscientes ou não, que desrespeitam a identidade das suas vítimas, impondo estigmas ou humilhações. É possível falar em um direito fundamental ao reconhecimento, que é um direito ao igual respeito da identidade pessoal. Trata-se de um direito que tem tanto uma faceta negativa como uma outra positiva. Em sua faceta negativa, ele veda as práticas que desrespeitam as pessoas em sua identidade, estigmatizando-as. Na dimensão positiva, ele impõe ao Estado a adoção de medidas voltadas ao combate dessas práticas e à superação dos estigmas existentes.[175]

Sob esse enfoque, um exemplo concreto de como o Estado não deve atuar, sobretudo fazendo-o sem levar em conta que está a se tratar de desrespeito ao direito à identidade-percepção é a proibição de uso de certas roupas representativas da liberdade de expressão de grupos religiosos.

Nos casos *Leyla Sahin vs. Turkey* (2005) e *S.A.S. vs. France* (2014) a Corte Europeia de Direitos Humanos referendou a proibição do *niqāb* (véu de rosto

174 FRASER, Nancy. Da redistribuição ao reconhecimento? Dilemas da justiça numa era "pós-socialista" cit., p. 236-237.

175 SARMENTO, Daniel. *Dignidade da pessoa humana:* conteúdo, trajetórias e metodologia cit., p. 256-257.

inteiro) e do lenço de cabeça dos islâmicos. De acordo com Gehan Gunatilleke, a Corte costuma realizar ponderação entre os arts. 9º e 10 da Convenção Europeia de Direitos Humanos, que versam, respectivamente, sobre o direito à religião e a liberdade de expressão, e quando o faz tende a limitar a primeira quando a maioria da população local tem outra religião.[176]

Trata-se do que ele chama de "doutrina da margem de apreciação", a qual visa a justificar um certo nível de deferência judicial para estados em questão de limitações à liberdade de expressão, o que é criticável porque "o Estado pode contar com valores e interesses majoritários para restringir certos tipos de expressões consideradas uma ameaça a esses valores e interesses".[177]

2.3 Paul Ricouer e a identidade narrativa

2.3.1 Mesmidade, ipseidade e continuidade ininterrupta

Para a construção do conceito de identidade narrativa o autor utiliza dois conceitos: *mesmidade* e *ipseidade*. Os dois são importantes tanto para a compreensão da identidade-percepção, o que buscamos agora, quanto para a compreensão da identidade-identificação, do que trataremos adiante.

Mesmidade significa que uma coisa, o objeto da análise, e que pode ser uma pessoa, seja sempre identificada a partir do mesmo critério, em lugares e tempos diferentes. Ela precisa ser identificada em uma multiplicidade de ocorrências;[178] pode ser identificada e reidentificada, sendo que a conclusão é sempre a de que se trata de única e mesma coisa.[179]

Ipseidade, por sua vez, um conceito mais complexo, consiste no fato de ser o objeto de análise único, diferente dos outros.[180] A ênfase recai sobre o que

176 GUNATILLEKE, Gehan. Justifying limitations on the freedom of expression. *Human Rights Review* (2021) 22:91-108. Disponível em: https://link.springer.com/article/10.1007/s12142-020-00608-8. Acesso em: 12 jun. 2021, p. 99.

177 Ibidem, p. 98.

178 RICOEUR, Paul. *O si-mesmo como outro* cit., p. 08-09.

179 Ibidem, p. 115.

180 Na busca pela definição mais adequada de identidade, a fim de explicar em que consiste o direito à identidade, Theodore MCcombs e Jackie Shull González dizem que a identidade precisa ser analisada sob um contexto social e que isso define "identity in terms of the

lhe é próprio. O objeto continua sendo igual ao da *mesmidade*, mas a ótica é reflexiva, já denotando o caráter relacional da identidade.[181]

A primeira é a identidade numérica, ao passo que a segunda é a identidade qualitativa.

A esses dois elementos o autor acrescenta a noção de *continuidade ininterrupta*. Ela deve existir entre o primeiro e o último estágio do desenvolvimento daquilo que considerados o mesmo indivíduo, como é o caso do homem. É, no seu entender, o elemento mais forte e que confirma o caráter relacional da identidade.[182]

Para entender melhor a identidade o autor cita dois termos que ele pensa serem descritivos e emblemáticos: o caráter e a palavra cumprida. O primeiro mais ligado à *mesmidade* e o segundo à *ipseidade*.

Caráter é "o conjunto das disposições duráveis pelas quais se reconhece uma pessoa", o que se liga à noção de hábito, já que ele confere história ao caráter.[183]

> [...] meu caráter sou eu, eu mesmo, *ipse*; mas esse *ipse* se anuncia como *idem*. Cada hábito assim contraído, adquirido e transformando em disposição duradoura constitui um traço – um traço de caráter, precisamente –, ou seja, um signo distintivo pelo qual se reconhece uma pessoa, e esta é reidentificada como sendo a mesma, visto que o caráter não é outra coisa senão o conjunto desses signos distintivos.[184]

Ao tratar do caráter, o autor aproveita para ressaltar a natureza relacional da identidade. Diz ele que as disposições referidas *supra* são identificações adquiridas pelas quais uma parcela de outro entra na sua composição. "Em grande parte, com efeito, a identidade de uma pessoa, de uma comunidade, é feita dessas identificações a valores, normas, ideais, modelos, heróis,

individual's uniqueness vis-à-vis others" (MCCOMBS, Theodore; GONZÁLEZ, Jackie Shull. Right to Identity. University of California. *Berkeley School of Law*, nov. 2007. p. 10. Disponível em: http://scm.oas.org/pdfs/2007/CP19277.PDF. Acesso em: 4 jan. 2022).

181 RICOEUR, Paul. *O si-mesmo como outro* cit., p. 115.

182 RICOEUR, Paul. *O si-mesmo como outro* cit., p.116-117.

183 Ibidem, p. 121.

184 Ibidem, p. 121-122

nos quais a pessoa ou a comunidade se reconhecem. O reconhecer-se-em contribui para o reconhecer-se-por..."[185]

A palavra cumprida, por seu turno, é simplesmente o cumprimento de uma promessa anteriormente feita. A respeito dela, Paul Ricouer afirma que ela expressa a manutenção do si que não se deixa inscrever, como no caso do caráter, na dimensão do algo em geral, mas unicamente na do *quem?* O cumprimento da palavra constitui "um desafio ao tempo, uma negação de mudança: ainda que meu desejo mude, ainda que eu mude de opinião ou inclinação, 'manterei'".[186]

2.3.2 O si e a identidade narrativa

Toda a construção do autor no livro *O si-mesmo como outro* se funda na noção de adscrição.[187] De acordo com ele, esse termo engloba três ideias:

1. As pessoas são particulares básicos, no sentido de que qualquer atribuição de predicados é feita, em última análise, ou a corpos ou a pessoas. Atribuir predicados a corpos não significa atribui-los às pessoas;
2. É às pessoas, que são coisas porque são objetos da análise, que atribuímos predicados psicológicos e físicos; e
3. Os predicados psíquicos, tais como intenções e motivos, são desde já atribuíveis a si mesmo e a outro.[188]

Com esse escopo o autor traça um caminho que lhe permite compreender a noção de identidade narrativa. Primeiro ele trata da pessoa e a referência identificadora em uma abordagem semântica. Depois ele trata da enunciação – e dos atos de discurso (*speech acts*) – e do sujeito falante em uma abordagem pragmática. Posteriormente, ele analisa a ação sem agente, isto é, a ação,

[185] Ibidem, p. 122.

[186] Ibidem, p. 125.

[187] "A melhor denominação para essa atribuição três vezes visada é adscrição. Esse termo passará a designar o ponto crítico de toda a nossa empreitada; a questão é saber se a adscrição de uma ação a um agente não é uma espécie tão particular de atribuição que traz à baila a questão da lógica apofândica da atribuição" (Ibidem, p. 80).

[188] Ibidem, p. 80.

isoladamente, assim como a ligação entre a ação e o agente, nessa ordem, o que envolve a compreensão da relação de causalidade.

São esses estudos, abrangendo tanto a pessoa como a conduta, que lhe servem de base para explicar a identidade narrativa, uma vez que ela é o resultado dessa adscrição. Diz ele o seguinte:

> Segundo a pré-compreensão intuitiva que temos desse estado de coisas, acaso não consideramos mais legíveis as vidas humanas quando interpretadas em função das histórias que as pessoas contam sobre elas? E essas histórias de vida, por sua vez, não se tornam mais inteligíveis quando lhes são aplicados modelos narrativos – enredos – extraídos da história propriamente dita ou da ficção (drama ou romance)? Portanto, parecia plausível considerar válida a seguinte cadeia de asserções: a compreensão de si é uma interpretação; a interpretação de si, por sua vez, encontra na narrativa, entre outros signos e símbolos, mediação privilegiada; esta última se abebera na história tanto quanto na ficção, fazendo da história de uma vida uma história fictícia, ou, digamos, uma ficção histórica, entrecruzando o estilo historiográfico das biografias ao estilo romanesco das autobiografias imaginárias. O que faltava a essa apreensão intuitiva do problema da identidade narrativa é a clara compreensão do que está em jogo na própria questão da identidade aplicada a pessoas ou a comunidades. A questão do entrecruzamento entre história e ficção de algum modo desviava a atenção das dificuldades consideráveis ligadas à questão da identidade enquanto tal. A tais dificuldades é dedicado este estudo.[189]

A diferença entre o modelo narrativo proposto por Paul Ricouer e qualquer outro modelo de conexão reside no que ele chama de "acontecimento". No modelo da simples relação de causalidade, acontecimentos e ocorrências são indiscerníveis, ao passo que no modelo narrativo os acontecimentos são definidos por sua relação com a operação de configuração, entendida essa como a arte de composição que serve de mediação entre concordância e discordância. Eles participam da estrutura instável de concordância discordante,

[189] RICOEUR, Paul. *O si-mesmo como outro* cit., p. 112.

característica do enredo: é fonte de discordância quando surge e de concordância quando faz a história avançar.[190]

A partir disso, afirma o autor que a sua tese é que a identidade do personagem, que é aquele que executa a ação na narrativa, é compreendida por transferência para ela da operação de composição do enredo antes aplicada à ação narrada. O personagem, portanto, é composto em enredo.

Ele também afirma que é na história narrada, com seus caracteres de unidade, articulação interna e completude, conferidos pela operação de composição do enredo, que o personagem conserva ao longo de toda a história uma identidade correlativa à da própria história.

Nessa linha, diz Paul Ricoeur que o personagem adquire singularidade da unidade de sua vida considerada como a totalidade temporal, também singular, que a distingue de qualquer outra. Segundo a linha da discordância, essa totalidade temporal é ameaçada pelo efeito de ruptura dos acontecimentos imprevisíveis que a pontuam (encontros, acidentes etc.). "A narrativa constrói a identidade da personagem, que pode ser chamada de sua identidade narrativa, construindo a identidade da história narrada. É a identidade da história que faz a identidade da personagem".[191]

A síntese concordante-discordante faz com que a contingência do acontecimento contribua para a necessidade de algum modo retroativa da história de uma vida, à qual se iguala a identidade da personagem. Assim, o acaso é transmudado em destino e a identidade do personagem que se pode dizer parte do enredo só se deixa compreender sob o signo dessa dialética.

Como consequência dessa construção o autor menciona os *planos de vida* e afirma que eles estão em nível mediano entre as práticas – ofícios, jogos e artes – e o projeto global de uma existência. Segundo ele, são os planos de vida amplas unidades práticas que designamos vida profissional, vida familiar, vida de lazer etc. Eles ganham forma móvel e revogável, diz ele, graças a um movimento de vaivém entre os ideais mais ou menos longínquos, que agora é preciso especificar, e a ponderação das vantagens e desvantagens da escolha de tal plano de vida no nível das práticas.

190 Ibidem, p. 147-148.

191 Ibidem, p. 155.

A propósito, ele salienta que há um nível de complexificação descendente e ascendente: ascendente, das práticas e ações básicas; e descendente, do horizonte vago e móvel dos ideais e dos projetos, à luz dos quais uma vida humana se apreende em sua unicidade.[192]

2.3.3 Conclusões parciais

Quem é você? Uma pergunta aparentemente simples de se responder, mas que pode tornar-se mais complicada, a depender do contexto em que se insere, como mostra o filme Tratamento de Choque (*Anger Management*). Nessa comédia, Dave Buznik (Adam Sandler), um pacato empresário, é condenado por um crime a realizar um tratamento para controlar seu temperamento. Dr. Buddy Rydell (Jack Nicholson) é o psiquiatra incumbido de realizar esse tratamento, mas como ele tem sérios problemas de temperamento, é o único que consegue tirar Dave do sério.[193]

Há uma cena na qual Dr. Buddy pergunta a Dave quem ele é. Dave começa a responder a questão dizendo que é um assistente executivo que trabalha em certa empresa, no que é interrompido pelo Dr. Buddy, que o alerta dizendo que não era para Dave dizer o que ele faz, mas quem ele é. Dave retoma a resposta afirmando que é um sujeito legal que gosta de jogar tênis, momento em que é novamente interrompido pelo Dr. Buddy, que o avisa que não quer saber dos *hobbies* de Dave, mas sim quem ele é. Em uma nova tentativa, Dave informa que é um sujeito amigável e tranquilo, talvez um pouco indeciso, ocasião em que é interrompido pelo Dr. Buddy, que ressalta a Dave que ele estava descrevendo a sua personalidade, não quem ele era. Dave se irrita.

E talvez ele tenha se irritado com razão, afinal, a identidade dele realmente era composta por todos esses elementos. É isso que tencionamos demonstrar ao apresentar a ideia de identidade-narrativa.

Somos o resultado de tudo o que ocorre em nossa vida, de todas as experiências que constroem a nossa história, sejam elas derivadas de acontecimentos positivos ou negativos, mas não apenas disso. O modo como essa história é narrada assume papel preponderante nessa construção porque isso

[192] RICOEUR, Paul. *O si-mesmo como outro* cit., p. 167.

[193] Crítica disponível em: https://www.adorocinema.com/filmes/filme-41332/. Acesso em: 31 dez. 2021.

vai repercutir nos outros. O sentido que os acontecimentos assumem em nossa identidade depende de como os narramos, por isso é que Paul Ricouer diz que podemos transmudar acasos em destinos. Somos os autores, os narradores e os protagonistas de nossa história de vida.

O modo como narramos os acontecimentos de nossa vida não apenas vão construindo a nossa identidade por representarem escolhas que fazemos ao longo dela. Essa narração também permite que os outros, os nossos interlocutores no processo dialógico de construção dessa identidade, nos conheçam e possam, a partir disso, compreender os diversos aspectos de nossa identidade.[194]

Trata-se, outrossim, de algo que serve de fundamento para a defesa da paternidade dos próprios atos, algo a que já nos referimos antes.[195] Ainda que esses atos não sejam relevantes, *de per si*, a ponto de definirem a identidade-percepção de quem quer que seja, podem ser importantes se vistos sob o viés narrativo que estamos a analisar. Justificável, portanto, que uma pessoa queira ver atribuído a si um ato que realizou ou vice-versa.

Essa ideia de narração está ligada também ao que alguns chamam de autodefinição da identidade – ela não é absoluta por conta do caráter dialógico a que nos referimos no item 2.2 deste livro – e que dois casos de resultados aparentemente contrários entre si demonstram. O primeiro diz respeito ao processo *Trevorrow vs. South Australia*, no qual um aborígene assimilado forçadamente testificou seus profundos danos psicológicos por ter perdido sua família e cultura originais. O segundo consiste em uma pessoa nascida em território Zulu que preferiu permanecer com sua mãe adotiva Africâner em vez de retornar à sua família original.[196]

[194] Embora utilize o termo "imagem", que não entendemos adequada para se referir à identidade, é exatamente essa a ideia expressa por Andrea Magazzù: "La individualità di una persona può rimanere racchiusa nella sua sfera di intimità, coperta dal segreto o dalla riservatezza. Ma quando la personalità si proietta all'esterno, si esteriorizza svolgendosi nella vita di relazione, allora viene a formarsi nella comunità sociale una data immagine della persona che ne rappresenta la individualità. Con questa immagine, che si è formata ad opera del comune apprezzamento dei consociati, secondo un criterio di effettività, in base al comportamento complessivo tenuto abitualmente nella comunità sociale, la persona si presenta e agisce nella vita di relazione" ("Identità" personale e tutela civile della reputazione cit., p. 153).

[195] Item 1.3 deste livro.

[196] MCCOMBS, Theodore; GONZÁLEZ, Jackie Shull. Right to Identity. University of California cit., p. 16.

A identidade narrativa se harmoniza com duas noções muito relevantes para o entendimento do direito à identidade: de um lado, olhando para o futuro, com a noção de "projeto de vida";[197] de outro lado, olhando para o passado, com a noção de biografia.

A ideia de projeto de vida é bem trabalhada por Carlos Fernández Sessarego na sua interrelação com o direito à identidade. Diz ele o seguinte:

> Designa-se como "projeto de vida" o rumo ou destino que a pessoa outorga à sua vida, é dizer, o sentido existencial derivado de uma prévia valoração. O ser humano, enquanto ontologicamente livre, decide viver de uma ou outra maneira. Elege vivenciar, preferencialmente, certos valores, escolher uma determinada atividade laboral, perseguir certos valiosos objetivos. Tudo isso constitui o "projeto de vida". O que a pessoa decide fazer com o dom de sua vida.
>
> [...]
>
> Conquanto a pessoa se projete como um ser ontologicamente livre e temporal, nem todos os projetos que se propõe constantemente na existência cotidiana têm a qualidade inerente ao "projeto de vida" único e radical. O projeto de vida, diferentemente de todos os outros projetos que o ser humano propõe em seu discurso existencial cotidiano, é aquele que tem a ver com o próprio destino da pessoa. Nela está em jogo o seu futuro, a sua plena realização pessoal, segundo a sua vocação pessoal.[198]

Esse projeto, de acordo com o autor, vai sendo construído paralelamente à aquisição da maturidade e se consolidando com o passar do tempo, a ponto de, em caso de ofensa, merecer reparação do dano. O exemplo trazido por

[197] Identidade é a qualidade de ser único. A identidade é o complexo de características que fazem com que cada um seja si mesmo, tais como os modos de pensar, agir e vestir, a profissão, a religião, a expressão facial etc. Tudo isso faz parte do projeto de vida da pessoa, que, quando se exterioriza, torna-se a identidade dela, o que está inserido no conceito de vida digna (DIAS, Eliza Cristina Gonçalves. *O direito de ser si mesmo:* a identidade pessoal na ordem constitucional brasileira cit., p. 11-14).

[198] SESSAREGO, Carlos Fernández. Apuntes sobre el daño a la persona. Disponível em: http://dike.pucp.edu.pe/bibliotecadeautor_carlos_fernandez_cesareo/articulos/ba_fs_4.PDF. Acesso em: 3 jun. 2020, p. 25-26 (tradução livre).

ele é significante e representou um divisor de águas na Corte Interamericana de Direito Humanos (CIDH). Cuida-se do caso *María Elena Loayza Tamayo vs. Peru.*[199]

María Elena foi presa na cidade de Lima por integrantes da Divisão Nacional contra o Terrorismo. Ela foi acusada de terrorismo e traição à pátria porque supostamente teria colaborado com o grupo *Sendero Luminoso.* Foi presa, permaneceu incomunicável e acabou sendo condenada, sem direito a advogado. Foi também exposta ao público como terrorista e passou quatro anos presa em uma cela de tamanho reduzido e sem luz natural, sem direito a visitas.

Em 17 de setembro de 1997 a Corte proferiu sentença reconhecendo as violações de direitos humanos praticadas pelo Peru, levando em consideração ofensas aos seguintes direitos: liberdade pessoal, integridade pessoal e devido processo legal. Durante a tramitação do cumprimento de sentença foi proferida nova decisão em 27 de novembro de 1998 na qual se reconheceu que a reparação pecuniária não era suficiente porque havia sido interrompido o projeto de vida de María.

Ela lecionava em algumas instituições e cursava Direito. Estava construindo casa própria para viver com seus dois filhos e seus pais. Em razão do seu afastamento e da falta de renda, acabou perdendo a casa em construção e seus filhos foram viver com outros familiares. Os filhos perderam a referência materna, a ponto de, após a soltura de María, não ter havido o restabelecimento dos laços de outrora. Ela também não conseguiu, mesmo com a sentença reconhecendo a falha do Estado peruano, voltar a trabalhar como antigamente. Por conta de tudo isso, ela acabou desenvolvendo distúrbios psicológicos que se desdobraram em psiquiátricos, mudando-se então para Santiago do Chile, onde foi buscar tratamento.[200]

Gelman vs. Uruguai é outro caso exemplar da Corte Interamericana de Direito Humanos (CIDH), tratando-se de discussão sobre o direito à identidade.

[199] Disponível em: https://www.corteidh.or.cr/docs/casos/articulos/seriec_42_esp.pdf.. Acesso em: 31. dez. 2021.

[200] FERRARI, Graziela Maria Rigo. *Os danos ao projeto de vida como lesão a direitos da personalidade:* viabilidade de reconhecimento no cenário jurídico brasileiro. 2016. Dissertação (Mestrado) – Pontifícia Universidade Católica do Rio Grande do Sul. 2016. Disponível em: http://tede2.pucrs.br/tede2/handle/tede/8292. Acesso em: 31 dez. 2021.

Nesse caso Maria Cláudia García Casinelli e o marido Marcelo Ariel Gelman Schubaroff foram presos em 24 de agosto de 1976 em Buenos Aires e separados depois de alguns dias de prisão. Ele foi morto e seus restos mortais encontrados em 1989. Ela, grávida, foi conduzida ao Uruguai, onde deu a luz à menina Maria Macarena Gelman García. Maria Cláudia nunca mais foi encontrada. Tomando ciência de sua origem quando já tinha vinte e quatro anos de idade, Maria Macarena moveu ação contra o Uruguai alegando que isso afetou o seu projeto de vida, pois passou a dedicá-la em prol de saber mais sobre o que se deu com seus pais biológicos. A perita que atuou no caso destacou que "ela foi afetada no mais íntimo do seu ser, sua identidade, pois o conhecimento dos fatos a fez cambalear e desestruturar o seu mundo inteiro". Ainda, ela afirmou que Maria Macarena "apresenta sintomas que atrapalham sua vida, a impedem de retomar um projeto para o seu futuro e lhe causam dor".[201]

O protagonismo presente na identidade narrativa que se desdobra no projeto de vida que ora tratamos ajuda a explicar muitas das espécies de identidade-percepção que serão analisadas no capítulo 3 deste livro: identidade racial, de gênero, política, religiosa e intelectual. Talvez aquelas que menos se relacionem com a identidade narrativa sejam as identidades racial e de gênero porque, como explicaremos, o fator biológico é importante na sua definição, ao menos em alguma medida. Mas mesmo nessas hipóteses, em razão do viés sociocultural que se lhes atribui, e certamente nas demais espécies de identidade, a construção paulatina da história de vida a partir dos acontecimentos, da forma como eles são inseridos, interpretados e narrados faz toda a diferença naquilo que se vai poder dizer a respeito de si e dos outros. É algo que se relaciona também com a internalização dos rótulos de que trata Appiah.

História de vida de uma pessoa, como menciona Paul Ricouer, é a biografia, objeto de análise da ADI 4.815.[202] Como constou do voto da Ministra Relatora Cármen Lúcia, não constitui tarefa fácil identificar a natureza da obra biográfica, mas é menos dificultoso identificar a obra biográfica.

[201] SCHÄFER, Gilberto; MACHADO, Carlos Eduardo Martins. A reparação do dano ao projeto de vida na Corte Interamericana de Direitos Humanos. *Revista de Direitos Fundamentais e Democracia,* Curitiba, v. 13. n. 13. p. 190-191, jan.-jun. 2013 (tradução livre).

[202] BRASIL. Supremo Tribunal Federal. ADI n. 4.815/DF. Relator: Ministra Cármen Lúcia. j. 10/06/2015. *DJ* 26/06/2015.

Consoante a Ministra, a biografia é a escrita (ou o escrito) sobre a vida de alguém, relatando-se o que se apura e se interpreta sobre a experiência mostrada e que, não sendo mostrada voluntariamente, não foi autorizada pelo sujeito ou por seus familiares a ser transmitida para a coletividade.

E ela prossegue, em trecho do acórdão que acabou se tornando célebre, dizendo que:

> Biografia é história. A história de uma vida, que não acontece apenas a partir da soleira da porta de casa. Ingressa na intimidade, sem que o biografado sequer precise se manifestar. A casa é plural. Embora seja espaço de sossego, a toca do ser humano, os que ali comparecem observam, contam histórias, pluralizam a experiência do que nela acontece.
>
> O biógrafo busca saber quem é o biografado pesquisando a vida deste. Investiga, prescruta, indaga, questiona, observa, analisa, para concluir o quadro da vida, o comportamento não mostrado que ostenta o lado que complete o ser autor da obra que influencia e marca os outros.
>
> A vida do outro há de ser preservada. A curiosidade de todos há de ser satisfeita. O biógrafo cumpre o segundo papel.

Quer com o olhar para o passado, no caso da biografia, quer com o olhar para o futuro, no caso do projeto de vida, o fato é que em ambas as hipóteses temos aspectos da personalidade-percepção sendo tratados de forma clara. Raça, gênero, vinculação política, religião e atividades intelectuais são sempre fonte de interesse do público em se tratando de biografia,[203] assim como são sustentáculos para a implementação de projetos de vida, de tal maneira que, respectivamente, se informados de modo errôneo em uma obra ou violados de forma injusta, podem dar ensejo à reparação do dano.

Outro ponto positivo que podemos extrair da noção de identidade narrativa para fins de construção do direito à identidade é sobre a sua objetividade.

[203] "His leftist ideas still brewed close to surface. Although he did not romanticize Communism as it was being practiced in the Soviet Union, China or Cuba, he slammed the United States for its war in Vietnam and its support for repressive right-wing regimes like Brazil's." (POWER, Samantha. *Sergio: One man's fight to save the world.* London: Penguin Books, 2008. p. 25).

Já afirmamos antes que a jurisprudência italiana, por ocasião do início do desenvolvimento desse direito, sob a ótica do que agora chamamos de identidade-percepção, afirmou que a identidade é objetiva.

A objetividade é importante porque nos afasta do que Giusella Finocchiaro chama de tentação pirandeliana, em referência justamente ao livro de Luigi Pirandello a que nos referimos na introdução deste livro, no qual o personagem Mattia Pascal passa a viver uma vida com outra identidade, totalmente distante da realidade.

A identidade-percepção tem um grau de subjetivismo inegável, mas que vai se objetivando à medida que a pessoa convive com os outros e a vai construindo. É por isso que a referida autora assim se manifesta acerca do tema:

> A identidade pessoal, a respeito da qual se diz ser um direito, não é nem a imagem que o sujeito tem de si mesmo (verdade pessoal), que em hipóteses extremas também pode ser retirada da realidade, nem o conjunto de dados objetivos referentes ao sujeito (verdade histórica), mas a imagem socialmente mediada ou objetivada do próprio sujeito. É uma síntese.[204]

Outra observação dela que nos ajuda a entender melhor essa objetivação da identidade ao longo do tempo é a seguinte: "A lesão à identidade pessoal deve ser medida com referência à imagem social de um sujeito como objetivamente detectável. A verdade pessoal, em certo sentido, é objetivada na verdade histórica".[205]

Julio Cesar Rivera segue essa mesma linha de raciocínio ao afirmar que a identidade "Não é tanto o que somos dentro de nós ou o que acreditamos ser, mas essa realidade objetiva que emana do que fazemos, construímos e elaboramos diariamente".[206]

A propósito dessa objetividade, convém tratar, por fim, de um dado que pode ser problemático para quem está a analisar a identidade narrativa alheia:

[204] FINOCCHIARO, Giusella. Identità Personalle (diritto alla) cit., p. 725 (tradução livre).
[205] FINOCCHIARO, Giusella. Identità Personalle (diritto alla) cit., p. 726 (tradução livre).
[206] RIVERA, Julio César. Identidad personal. *In: Temas de derecho privado.* Departamento de Derecho Privado, Facultad de Derecho y Ciencias Sociales, Universidade de Buenos Aires (9.: 1996: Buenos Aires). Argentina: Colegio de Escribanos, 1997, p. 15

o viés cognitivo consistente na negligência com a duração e a regra do pico-fim. De acordo com Daniel Kahneman, estudos revelam que as nossas avaliações sobre os eventos da vida sempre desprezam a duração e enfatizam o momento final deles. Por isso, ele diz que há uma preponderância do *eu recordativo* em relação ao *eu experencial*.

Por exemplo, experiências mostram que pacientes preferem exames dolorosos que duraram o dobro do tempo, mas cuja intensidade foi diminuindo ao longo do tempo, do que exames tão dolorosos quanto, mas que duraram a metade do tempo do outro, apenas porque na sua parte final ainda era bastante doloroso e foi interrompido abruptamente.[207] A propósito, diz o seguinte:

> Há uma inconsistência incorporada ao design de nossas mentes. Temos fortes preferências acerca da duração de nossas experiências de dor e prazer. Queremos que a dor seja breve e que o prazer dure. Mas nossa memória, uma função do Sistema 1, evoluiu para representar o momento mais intenso de um episódio de dor ou prazer (o pico) e as sensações quando o episódio estava em seu final.[208]

A dúvida dele era se esse equívoco pode ocorrer na análise da narrativa de vida das pessoas. A resposta foi positiva. Experimentos mostraram que as pessoas desprezam o tempo de duração de vida de um indivíduo na análise sobre a desejabilidade de sua vida ou sobre a felicidade que este teve durante ela.[209]

Ora, se há esse tipo de viés cognitivo na análise que as pessoas fazem a respeito da identidade narrativa dos outros, não podemos duvidar que ele também nos afete na atribuição ou não de aspectos da identidade a alguém. Malgrado esses pontos mencionados sejam mais subjetivos que objetivos – desejabilidade e felicidade –, até que se prove o contrário, isto é, até que estudos de psicologia comportamental indiquem que isso não se aplica a todos os campos de análise pessoal, devemos ficar atentos para não focarmos excessivamente no momento final do período da vida da pessoa objeto da análise. A duração que, no caso, corresponde à entronização do rótulo por

207 KAHNEMAN, Daniel. *Rápido e devagar:* duas formas de pensar. Tradução Cássio de Arantes Leite. Rio de Janeiro: Objetiva, 2012. p. 471-476.

208 Ibidem, p. 480-481.

209 KAHNEMAN, Daniel. *Rápido e devagar:* duas formas de pensar cit., p. 483-484.

parte da pessoa, com o consequente comportamento correlacionado, o que será estudado no item seguinte, deve ser considerada.

2.4 Kwame Anthony Appiah e a estrutura da identidade

Já sabemos que a identidade, em resumo, é formada a partir de um processo dialógico e que o não reconhecimento deforma ou até impede o seu desenvolvimento. Sabemos também que ela é a estrutura a partir da qual nos orientamos. No presente tópico vamos agregar elementos a essa identidade a partir da lição de Kwame Anthony Appiah, doravante apenas Appiah.

A partir de uma premissa liberal, ele mostra que a identidade pessoal, objeto do direito da personalidade que estudamos, envolve rótulos disponibilizados socialmente, os quais derivam das identidades coletivas. Os indivíduos escolhem esses rótulos e, na medida em que os internalizam, projetam-nos socialmente, assumindo, de modo individual, a identidade que lhes corresponde.

Mas como existem vários problemas nesse processo, como é o caso do preconceito, sobretudo dos portadores do que ele chama de identidades abomináveis, a atrapalhar a construção e/ou a compreensão de certas identidades coletivas, ele propõe que a ética seja o critério a ser utilizado para a definição da atuação estatal.

2.4.1 O liberalismo e a identidade

Appiah segue uma linha inicial de raciocínio que reforça o que estudamos no item 2.2 deste livro, quando analisamos a doutrina de Axel Honneth, porquanto defende que a identidade não se forma a partir do simples exercício da liberdade, pura autonomia. Segundo ele, isso não chamava a atenção da doutrina liberal porque os seus teoristas fundadores viviam em sociedades profundamente homogêneas,[210] no entanto, suas noções não são apropriadas para uma modernidade multiétnica como a atual.

[210] Em outro texto do autor no qual trata sobre o liberalismo, mais precisamente sobre a discussão que havia em torno da compreensão do termo "we" na expressão "we, the people", ele menciona doutrina de John Jay sobre os *Federalist Papers*, no qual fica evidente que são completamente excluídos os índios, os judeus, os africanos e os católicos nas colônias

O liberalismo, diz ele, foi muito útil porque reforçou a noção de respeito, o que nos é muito caro, e, assim, permitiu o desenvolvimento da noção de "self", que nos ajuda a compreender a identidade. A sua ideia é que no início desse desenvolvimento era muito mais fácil que as pessoas respeitassem as identidades alheias justamente porque abstratas, não carregadas com as suas múltiplas circunstâncias ("eu" situado).[211]

Segundo Appiah, não devemos nos contentar em tentar descobrir uma identidade a partir das circunstâncias da nossa natureza e do nosso lugar no mundo, o que se relaciona com a visão que já analisamos acerca da autenticidade de Charles Taylor; não devemos compreender a individualidade como elemento antagônico à sociabilidade.[212]

Equilibrando-se entre esses dois pontos, Appiah afirma que a identidade é um misto da visão romântica, que dá ênfase à essência em detrimento da existência, e da visão existencialista, que, ao revés, dá ênfase à existência em detrimento da essência. Ele defende a visão intermediária, na qual a construção da identidade é uma "coisa boa", mas ela precisa fazer sentido; leia-se, sentido social. E para fazer sentido, ele enfatiza, é preciso que a identidade seja construída em resposta aos fatos exteriores à pessoa e que vão além de nossas escolhas.[213]

2.4.2 A estrutura da identidade

Appiah afirma que a identidade individual tem sempre duas dimensões, a pessoal e a coletiva.[214] As duas exercem importantes papéis na construção do *self*, mas apenas a coletiva tem roteiros, que são narrativas que as pessoas podem

americanas, assim como as mulheres (APPIAH, K. Anthony. Liberalism, Individuality, and Identity. *Critical Inquiry*, v. 27, n. 2, p. 308, 2001).

211 APPIAH, K. Anthony. *The Ethics of Identity* cit., p. xiii-xiv.

212 Ibidem, p. 14.

213 APPIAH, K. Anthony. *The Ethics of Identity* cit., p. 151.

214 Em outro texto, o mesmo autor explica a diferença entre essas duas dimensões da identidade do seguinte modo: "*It seems likely that any adequate theory of identity will proceed by noting that each person's identity has al least two dimensions. There is a collective dimension, the intersection of the identities we have been discussing; but there i salso what one night call a personal dimension, consisting of other socially importante features of the person – intellingence, charm, wit, greed – that are not themselves the basis of forms of collective identity*" (APPIAH, K. Anthony. Liberalism, Individuality, and Identity cit., p. 320).

usar para formar seus projetos e lhes contar suas histórias de vida. São essas narrativas que servem de base, entre outros elementos, para a construção da identidade pessoal. A dimensão pessoal diz respeito a características sociais ou morais importantes, tais como inteligência, charme, sagacidade, cupidez, e que não são bases para as identidades coletivas.[215]

Ele prossegue nessa análise da dimensão coletiva da identidade individual afirmando que o uso contemporâneo da identidade refere-se a características como raça, etnia, nacionalidade, gênero, religião ou sexualidade.[216] Essas características são geradoras de rótulos que, por sua vez, são apropriados pelas pessoas para a própria construção da própria identidade. O problema é que essa apropriação tem efeitos sociais e psicológicos, pois:

> [...] essas ideias moldam as formas como as pessoas concebem a si mesmas e seus projetos. Assim, os rótulos operam para moldar o que podemos chamar de identificação, o processo pelo qual os indivíduos moldam seus projetos – incluindo seus planos para suas próprias vidas e suas concepções de vida boa – por referência a rótulos disponíveis, identidades disponíveis.[217]

A partir desse panorama, Appiah assevera que toda identidade coletiva tem um tipo de estrutura que se harmoniza perfeitamente com a noção de processo dialógico que estudamos antes.[218] A saber:

a) Disponibilidade de termos no discurso público: Eles são escolhidos pelos portadores de identidade, a fim de que sejam reconhecidos como membros do grupo, tais como homem, mulher, negro etc. Mas deve haver um certo consenso acerca do que cada termo significa, o que, em geral, deriva de uma série de estereótipos que podem ser verdadeiros ou não. Há uma concepção social para cada termo, sendo que não necessariamente todos os grupos sociais o compreenderão do mesmo modo. Basta que haja uma sobreposição razoável entre todos os conceitos.

215 APPIAH, K. Anthony. Liberalism, Individuality, and Identity cit., p. 22-23.
216 Ibidem, p. 64-65
217 Ibidem, p. 66.
218 Ibidem, p. 66-69.

Justamente por conta da divergência que há na concepção desses termos ou rótulos é que o autor questiona se seria possível aceitar que apenas os próprios titulares da identidade pudessem defini-la. Somente negros, por exemplo, poderiam definir o que é ser negro.

Ele se manifesta contrariamente a essa proposta dizendo que isso não funcionaria porque o reconhecimento alheio sempre é fonte de significado. Ele acrescenta que isso também não alteraria substancialmente o problema porque, ainda assim, o titular da identidade dependeria do reconhecimento dos demais portadores. Em outras palavras, mesmo que se eliminassem os que certamente não são supostamente titulares da identidade, ainda assim os seus titulares, todos, definiriam o que ela significa. Em suma, todos devem participar dessa significação.

b) Internalização desses rótulos como partes das identidades individuais: Não basta que os portadores de identidades escolham os termos ou rótulos para se tornarem titulares dela e, por conseguinte, para o bem e para o mal, possam exercer direitos, cumprir obrigações e sofrer as demais consequências disso. É preciso também que esses portadores internalizem os rótulos, isto é, façam-nos tornarem-se elemento integrante da própria personalidade, a ponto de isso passar a definir os seus padrões de comportamento.

> [...] as grandes identidades coletivas que clamam por reconhecimento vêm com noções de como uma pessoa adequada desse tipo se comporta: não é que haja uma maneira de os gays ou negros se comportarem, mas que existem modos gays e negros de comportamento. Essas noções fornecem normas ou modelos vagos, que desempenham um papel na formação dos projetos básicos daqueles para quem essas identidades coletivas são centrais para suas identidades individuais.[219]

c) Existência de padrões de comportamento relativamente aos titulares da identidade: A partir da apropriação de um rótulo de identidade coletiva por parte das pessoas, as outras passam a lidar com elas de um modo específico em razão disso. Muitos dos rótulos são marcados historicamente por preconceitos

[219] APPIAH, K. Anthony. *The Ethics of Identity* cit., p. 108.

hostis, tais como os de gênero, sexualidade, raça e etnia. As identidades dos titulares são conformadas, talvez até produzidas, por histórias de sexismo, homofobia, racismo e ódio étnico.

2.4.3 O cuidado com a autonomia individual

De acordo com Appiah, o florescimento humano e o bem-estar individual demandam o florescimento de identidade de grupos, dentro dos quais o significado de nossas vidas ganha forma. Todavia, com a formação dos grupos, surge a questão de se saber como fica a autonomia dos indivíduos para expressar a sua própria identidade. Será que prevalece a autonomia do indivíduo em relação ao grupo ou a autonomia do grupo em relação à do indivíduo?[220]

No seu entender, há três correntes que podemos seguir: a dos *autonomistas fortes*, que tendem a suspeitar que grupos subestatais restringem a liberdade; a dos *pluralistas rígidos*, ao contrário, que tendem a celebrá-los como locais onde a autoridade do Estado é mantida sob controle; e a dos *pluralistas brandos*, que tentam salvar algo tanto da autonomia pessoal quanto do grupo, e que, por isso, também são chamados de *neutros*.[221]

O autor afirma que a terceira corrente, da neutralidade, foi adotada pela Suprema Corte dos Estados Unidos da América na interpretação dada à 1ª Emenda à Constituição ao trabalhar com os conceitos de "freedom of" e de "freedom from" no tocante à liberdade religiosa. Nessa senda, ele segue dizendo que o entendimento que prevalecia naquele país era o de que a referida Emenda havia estabelecido um muro de separação entre igreja e Estado, mas mercê da adoção do sistema federativo, não haveria óbice ao tratamento diferenciado da questão no âmbito dos Estados-membros.

Em 1947 a situação começou a mudar porque a Suprema Corte decidiu no caso *Everson vs. Board of Education* que nem aos Estados-membros era dado estabelecer tratamento jurídico diferente daquele existente para a União, isto é, os Estados-membros também não poderiam levar em consideração o ponto de vista religioso para criar direitos e deveres.

220 Ibidem, p. 73-74.

221 APPIAH, K. Anthony. *The Ethics of Identity* cit., p. 78.

Posteriormente, em 1971 a questão voltou à tona no caso *Lemon vs. Kurtzman*, no qual foi estabelecido um teste de três etapas para saber se a lei seria ou não constitucional: 1) A legislação deve ter um propósito secular; 2) Seu efeito primário não deve promover nem inibir a religião; e 3) Ela não deve promover o envolvimento excessivo do governo com a religião. A violação de qualquer uma dessas condições tornaria um estatuto inconstitucional nos termos da cláusula de estabelecimento.[222]

O problema da neutralidade, compreendida como tratamento igualitário, é que nem sempre é possível aferi-la com clareza. Em geral, diz Appiah, as Cortes de Justiça procuram extrai-la das intenções dos legisladores, mas isso é um equívoco porque as leis derivam de um *mix* de propostas, sugestões e compromissos, o que se torna ainda mais complexo quando pensamos em todos os membros do Poder Legislativo atuando em conjunto para que uma lei seja aprovada. Nesse sentido, talvez admitindo a extrema dificuldade de se chegar a uma conclusão mais precisa, ele propõe inexistirem razões para impugnar as leis – e, por que não dizer, também as posturas estatais como um todo – se elas forem suficientemente neutras.

Prossegue Appiah dizendo que o autogoverno é o poder de gerir a própria vida de acordo com os seus próprios desejos éticos e concepções do bom, sem interferência dos outros, e apresenta duas sentenças a respeito do tema:

1. A tentativa de mudar o que as pessoas querem ou consideram valioso viola a esfera de autogestão que é legitimamente delas; e
2. Todos temos igual direito à satisfação de nossos legítimos interesses.[223]

Nessa senda, ele defende que ao Estado cabe apenas e tão somente acomodar as preferências, rejeitando, dentre outras, a chamada corrente filosófica perfeccionista, que tem uma visão de que deve o governo promover o florescimento ético dos cidadãos, a partir da noção de "more-than-want-regarding". Nos fazendo melhores o governo tornaria as nossas vidas melhores e apenas acolher os nossos desejos nos deixaria onde nós estamos.

222 Ibidem, p. 80-84.

223 APPIAH, K. Anthony. *The Ethics of Identity* cit., p. 157.

Ao proceder desse modo, o Estado toma certas concepções de vida boa como não razoáveis e aspira reforçar a autonomia das pessoas fazendo-as abster-se de certos desejos porque eles não estariam em consonância com a concepção vigente do que é bom. Perderíamos a autonomia em razão disso.

Ele defende uma concepção antiperfeccionista de atuação estatal, mas salienta que ela é ampla e aceita a possibilidade de advogar a promulgação de leis que promovam as virtudes cívicas, já que mesmo quem defende essa concepção entende que a nossa democracia liberal exige que cidadãos compartilhem certos valores e crenças básicas.[224] "É isso que torna esses raciocínios antiperfeccionistas: sou virtuoso não por mim mesmo – não para florescer –, mas porque é necessário, se devo servir ao bem comum e tratar os outros como devo".[225]

A concepção antiperfeccionista, na sua compreensão, é boa porque concede mais espaço para a autonomia individual, mas, em contrapartida, permite o surgimento de identidades que ele chama de irracionais. O primeiro caso é o das *identidades abomináveis*, assim chamadas porque, aparentemente, seus titulares não aceitam conviver com outras identidades. É o caso dos grupos de cristãos existentes nos Estados Unidos da América que, entre outras convicções, entendem que os que não são brancos são sub-humanos. O segundo caso é o das *identidades autodestrutivas*, assim entendidas aquelas que não têm uma fundamental racional sustentável. É o caso da identidade racial dos negros norte-americanos. No seu entender, essa identidade funda-se em diversos critérios que apontam para sentidos diferentes, tornando-a inconsistente com os fatos. Por exemplo, a se seguir a regra do "one-drop-rule", que já prevaleceu inclusive na época do "apartheid", seriam considerados afro-americanos muitos indivíduos que cotidianamente são reconhecidos como brancos.

2.4.4 As normas antidiscriminação e os estereótipos

Appiah afirma que a nossa identidade define as nossas ambições, determina quais realizações têm significado na nossa vida particular; ela torna certas coisas parte significativa da medida do sucesso e do fracasso de nossa vida,

[224] Ibidem, p. 160-161.

[225] Ibidem, p. 161 (tradução livre).

mesmo que não sejam elementos da medida do sucesso em todas as vidas. Na vida de romancista dele, por exemplo, o fato de não ter escrito determinada obra que considere inteligente pode ser considerado um fracasso significativo. Já na sua vida de filósofo, isso teria pouco significado, sendo muito mais grave o fracasso consistente em não ter concluído certa reflexão sobre uma corrente filosófica.

Criar uma vida, insiste ele, é interpretar os materiais que a história nos deu: nosso caráter, nossas circunstâncias, nossa constituição psicológica, incluindo as crenças e preferências geradas pela interação de nossos dotes inatos e nossa experiência etc. Tudo isso precisa ser levado em consideração na formação da vida. Esses dados não são restrições a essa formação; eles são seus materiais. À medida que atingimos a maturidade, as identidades que formamos, nossas individualidades são respostas interpretativas aos nossos talentos e deficiências e às mudanças nos contextos sociais, semânticos e materiais em que entramos no nascimento; e desenvolvemos nossas identidades dialeticamente com nossas capacidades e circunstâncias, porque estas são em parte o produto do que nossas identidades nos levam a fazer. A forma como uma pessoa molda sua vida flui de suas crenças e de um conjunto de valores, gostos e disposições de sensibilidade, todos influenciados por várias formas de identidade social: vamos reunir todos esses valores como o eu ético de uma pessoa.[226]

Justamente por conta dessa importância da identidade para a nossa compreensão de nós mesmos e para a definição de nosso plano de vida é que ele cita duas preocupações: a discriminação e os estereótipos.

Mesmo nas sociedades liberais é preciso que existam regras antidiscriminação, o que não lhe parece ser uma contradição em termos. É que estando a autonomia vinculada à necessidade de obtermos um emprego e de ocuparmos o espaço público, assim como aos direitos e privilégios da cidadania, não é possível que isso seja negado a algumas pessoas discriminadas.

É evidente que ao exigir que alguns não discriminem outros restringe-se a liberdade daqueles em função destes, mas isso é aceitável porque a limitação imposta é pequena perto daquela que sofreriam os discriminados caso as referidas normas não existissem.[227]

226 APPIAH, K. Anthony. *The Ethics of Identity* cit., p. 162-163.
227 APPIAH, K. Anthony. *The Ethics of Identity* cit., p. 193.

Quanto aos estereótipos, ele afirma que podem ser de três tipos:

1) Atribuir a alguém uma característica por conta de um grupo a que ele pertence, embora isso não corresponda à verdade. Ex.: mulher não pode ser bombeiro porque não é forte o suficiente. São os "statistical stereotypes";
2) Falsa crença a respeito de um grupo: são os "simply false stereotypes";
3) Normas relacionadas a vestimenta (roupa) e comportamento de gênero: são os "normative stereotypes". Sobre este terceiro tipo ele cita dois casos para fins de melhor compreensão: *Wilson v. Southwest*, no qual a companhia aérea contratava apenas mulheres atraentes para serem aeromoças, e *Craft v. Metromedia Inc.*, no qual a emissão de televisão exigia que a jornalista se vestisse de modo mais feminino. Apenas o pleito do primeiro caso foi procedente, pois seria humilhante para a aeromoça ter que vestir-se de forma atraaente por ser mulher, diferentemente do que se deu com a jornalista, cuja exigência fundava-se apenas na manutenção de uma aparência profissional condizente com o padrão da comunidade.[228]

Appiah diz que para cada tipo de estereótipo há uma resposta e demonstra maior preocupação com o terceiro. Isso porque, segundo ele, os dois primeiros já estão sendo discutidos judicialmente, mas o terceiro persiste e afeta os roteiros de vida porque maculam as identidades coletivas. Na medida em que as normas existentes reforçam identidades carentes de dignidade ou que foram construídas com a noção de inferiorização para aqueles que as carregam, elas falham na construção de individualidades dignificadas.[229]

Por fim, no tocante aos estereótipos, Appiah afirma que como as nossas identidades são coisas sociais, produtos das concepções sociais e do tratamento que recebemos dos outros, uma mudança nos estereótipos normativos muda o que somos, o que há de ser aceito se somos liberais.[230]

228 Ibidem, p. 194-197

229 Ibidem, p. 198.

230 APPIAH, K. Anthony. *The Ethics of Identity* cit., p. 198.

2.4.5 Conclusões parciais

A identidade é a estrutura que nos orienta, a base a partir da qual decidimos quase tudo o que diz respeito à nossa vida. É aquilo que nos fornece uma compreensão a respeito do que ocorre à nossa volta. Sabemos que ela é formada e conformada a partir de um processo dialógico, cujo desenvolvimento precisamos observar com atenção porque eventuais desrespeitos a deformam ou, pior, até mesmo impedem a sua existência.

Mas, quais são, na esfera de autonomia que nos cabe, as opções que temos para a nossa identidade? Por que teríamos que escolher, por exemplo, entre cristão, judeus e islâmicos, para citar alguns exemplos, quando tratamos de identidade racial? Porque existem rótulos e estamos relativamente vinculados a eles no momento das escolhas. Como explicou Appiah, eles são construídos a partir de narrativas ou roteiros das identidades coletivas que depois são incorporados às identidades pessoais. Os rótulos, portanto, são elementos essenciais da identidade que estamos procurando compreender.[231]

Daí a razão pela qual rechaçamos a dimensão meramente pessoal da identidade individual para a construção do que entendemos por identidade enquanto direito da personalidade. Ela não fornece roteiros e, por versar apenas sobre características pessoais ou morais da pessoa, não se coaduna com a noção de identidade construída a partir do processo dialógico que redunda em uma visão de mundo (identidade-percepção). Ninguém, por exemplo, interpreta os fatos que o circundam e age de acordo com isso, apenas por ser inteligente ou charmoso. Isso está muito mais ligado ao que entendemos ser o campo da honra, cuja relação com o direito à identidade será oportunamente estudada no Capítulo 5 deste livro.

Essa vinculação entre as identidades pessoais e os rótulos derivados das identidades coletivas é interessante porque existem situações em que

[231] Na construção das identidades coletivas as tradições são muito importantes, pois transmitem valores e insinuam comportamentos adequados ou não. O curioso é que podem existir tradições inventadas, assim explicadas por Eric Hobsbawn: "Por 'tradição inventada' entende-se um conjunto de práticas, normalmente reguladas por regras tácita ou abertamente aceitas; tais práticas, de natureza ritual ou simbólica, visam inculcar certos valores e normas de comportamento através da repetição, o que implica, automaticamente, uma continuidade em relação ao passado" (HOBSBAWM, Eric; RANGER, Terence (Org.). *A invenção das tradições.* Tradução Celina Cardim Cavalcante. 10. ed. São Paulo: Paz e Terra, 2015. p. 8).

podemos escapar dessas escolhas, criando, talvez, um novo rótulo. É o caso, por exemplo, daquele que não se identifica com qualquer dos rótulos religiosos e acaba sendo identificado como ateu.[232] Quiçá é o caso do terceiro gênero, ao lado do masculino e feminino, o que será objeto de análise específica adiante.

Não basta às pessoas, contudo, escolher rótulos como se escolhem frutas na feira. Existe autonomia[233] aqui, mas ela também não é absoluta. Existem graus variados de autonomia, mas raramente ela é plena. Em geral, o grau de autonomia é maior quando tratamos de identidade que podemos classificar como dinâmica, como é o caso da de gênero e da religiosa. De outro lado, ela é menor quando tratamos de identidades estáticas, como é nacional. Estudaremos isso com mais profundidade no capítulo deste livro dedicado ao exame das espécies de identidades.

De qualquer modo, feita a escolha do rótulo, ele somente se incorpora à identidade pessoal se o indivíduo, para além do título, internaliza o padrão de comportamento razoavelmente ligado àquele rótulo e, a partir disso, passa a exteriorizá-lo, projetando-o socialmente.[234] É algo que, evidentemente, conecta-se com a noção de identidade enquanto estrutura a partir da qual nos orientamos, bem como com a ideia de identidade narrativa. Quanto mais tradicional o grupo no qual se insere a pessoa a partir da definição de sua identidade, menos individualista e mais coletivista ele é, por isso os padrões de conduta tendem a ser mais rigorosos.[235]

232 CIFUENTES, Santos; GOLDENBERG, Isidoro; RIVERA, Julio César. Identidad personal. *Temas de derecho privado* cit., p. 15.

233 "Em sentido amplo, a palavra autonomia significa a condição de uma pessoa, ou de um grupo de pessoas, se determinar por si mesmo, ou seja, de se conduzir por suas próprias leis, por auto-regulamentação ou auto-regramento" (GOGLIANO, Daisy. Autonomia, bioética e direitos da personalidade. *Revista de Direito Sanitário,* v. 1, n. 1, p. 107, nov./2000. Disponível em: https://www.revistas.usp.br/rdisan/article/view/ 13078/14880. Acesso em: 14 jun. 2022).

234 "The right do identity, as we conceive it, protects only those significants elements of an individual's identity that are knowable, i.e., objectively discoverable by society through normal diligence and good faith testimony. The significance of a particular element of identity must comport with the individual's objective behavior and truthful representations. For example, the significance of a devout Muslim's beard is knowable because of its religious importance. Thus, the Committee of Jurists affirms that cultural particularities as well as international normas should inform the right to identity" (MCCOMBS, Theodore; GONZÁLEZ, Jackie Shull. Right to Identity. University of California cit., p. 16-17).

235 SARMENTO, Daniel. *Dignidade da pessoa humana:* conteúdo, trajetórias e metodologia cit., p. 278.

Voltando àqueles exemplos mencionados anteriormente, oriundos da Itália, temos o político cuja identidade projetava-se socialmente como de direita e que foi identificado como alguém de esquerda, assim como o médico cuja identidade projetava-se socialmente como alguém que combatia o fumo de modo ferrenho, mas que acabou sendo identificado como alguém que aceitava esse vício, sob determinadas circunstâncias.

São apenas dois exemplos, um de identidade que reputamos política, outro que poderíamos considerar intelectual. Um mais claro, outro mais difícil, inclusive por conta do maniqueísmo do primeiro, não existente no segundo. Independentemente disso, cabe ressaltarmos que, nos dois casos, a projeção social da identidade pessoal não foi adequadamente informada ao público, demandando intervenção estatal.

O terceiro e último elemento trazido por Appiah no tocante à identidade é a ética. O significado do termo "ética" não é unívoco e, a partir disso, responder se há diferença entre ética e moral não é uma tarefa simples. A palavra "moral" vem da palavra latina que significa "costumes", ao passo que a palavra "ética" advém da palavra grega que também significa "costumes". A rigor, portanto, como aponta Luc Ferry, são sinônimos perfeitos e só se diferem pela língua de origem.[236]

Ele mesmo nos informa que a diferença entre elas foi estabelecida por filósofos como Kant, para quem a moral designa o conjunto de princípios gerais enquanto a ética é a sua aplicação concreta. Outros filósofos, por sua vez, dizem que "moral" diz respeito à teoria dos deveres para com os outros e "ética" é a doutrina da salvação e da sabedoria.[237]

Appiah utiliza um conceito preciso de "ética" que retira da doutrina de Ronald Dworkin. Para ele, moralidade tem a ver com o que devemos aos outros, ao passo que ética tem a ver com o tipo de vida boa que escolhemos levar.[238] Poderíamos dizer, de outro modo, que a moral trata do que é certo ou errado, ao passo que a ética trata do que é bom ou não. Foi sob esse prisma que, a rigor, ele desenvolveu a ideia de ética da identidade.

[236] FERRY, Luc. *Aprender a viver:* filosofia para os novos tempos. Tradução Vera Lucia dos Reis. Rio de Janeiro: Objetiva, 2007. p. 31.

[237] Ibidem, p. 31.

[238] APPIAH, K. Anthony. *The Ethics of Identity* cit., p. 230.

O interessante é que ele mesmo faz exceções a essa regra e é isso que nos permite, com mais facilidade, aplicar a sua ideia para a construção da noção de identidade enquanto objeto de um direito da personalidade. Quando trata das identidades abomináveis, por exemplo, ele expressamente afirma que rechaçá-las não é apenas uma questão ética, mas de moralidade.

Esta é a chave, segundo compreendemos, para defender a ideia de que a identidade somente pode ser concebida como objeto do referido direito da personalidade se estiver de acordo com a moral. Conquanto isso possa ser algo profundamente complexo, não se trata de desafio tão diverso do que já enfrentamos no Direito. Quando exigimos que a pessoa proceda com boa-fé objetiva, entendida essa como comportamento leal e honesto para com os interesses jurídicos da outra parte da relação jurídica, em outras palavras, estamos a limitar a conduta dela a partir de um código moral.[239]

A diferença entre uma e outra medida moral talvez seja apenas de ótica: enquanto a boa-fé objetiva opera de fora para dentro, como limite externo, a moral que reputamos essencial à compreensão da identidade é um limite interno, isto é, um pressuposto para a própria existência do instituto. Com isso, fica afastada a possibilidade de tutela de identidades imorais ou amorais como é o caso das dos nazistas, dos fascistas etc., ou outras que tenham ou venham a ter conteúdo egoístico.[240]

239 É verdade que a boa-fé objetiva é tratada como algo relativo à ética, não à moral, mas atribuímos isso à noção abrangente de ética que a Comissão Elaboradora do Código Civil adotou e acabou por influenciar toda a doutrina civil, como podemos ver na seguinte explicação do seu presidente Miguel Reale: "ETICIDADE – Procurou-se superar o apego do Código atual ao formalismo jurídico, fruto, a um só tempo, da influência recebida a cavaleiro dos séculos IXX (sic) e XX, do Direito tradicional português e da escola germânica dos glozadores; esta dominada pelo tecnicismo institucional haurido na admirável experiência do Direito Romano. Não obstante os mérito desses valores técnicos, não era possível deixar de reconhecer, em nossos dias, a indeclinável participação dos valores éticos no ordenamento jurídico, sem abandono, é claro, das conquistas da técnica jurídica, que com aqueles deve se compatibilizar. [...] Frequente é no Projeto a referência à probidade e à boa-fé, assim como à correção (corretezza), ao contrário do que ocorre no Código vigente, demasiado parcimonioso nessa matéria, como se tudo pudesse ser regido por determinações de caráter estritamente jurídicas" (REALE, Miguel. *História do novo Código Civil.* São Paulo: Revista dos Tribunais, 2005. p. 37-38).

240 Nesse contexto, convém mencionar a lição de José Luiz Gavião de Almeida, Luis Renato Vedovato e Marcelo Rodrigues da Silva. Eles dizem que a identidade é a espinha dorsal dos direitos civis, políticos, econômicos, sociais e culturais, de modo que, considerada em suma plenitude, fortalece a democracia e o exercício dos direitos e liberdades fundamentais. É

A propósito, cumpre mencionar a lição de Cláudio Luiz Bueno de Godoy que, ao tratar dos desafios atuais dos direitos da personalidade, afirma que a categoria vem se transformando em expressão de poder e de individualismo exacerbado, bem ao sabor de uma era que seja só de direitos, e não também dos deveres que lhes são correlatos.[241]

Nesse mesmo diapasão, alerta Diogo Leite de Campos que "de instrumentos de defesa do ser humano contra a omnipotência do soberano e contra a agressão dos outros, estão sendo transformados em expressão da omnipotência do indivíduo, da sua soberania absoluta sobre o eu e os outros".[242]

Ele entende que os direitos da personalidade estão se transformando em instrumento de poder, como o da mãe sobre o filho que está no seu ventre, no caso de aborto. E a análise do poder pode realizar-se, diz ele, sob três perspectivas: a do que o exerce; a do que quereria exercê-lo; e a do que o sofre. Quando se dá tanto poder a quem o exerce, acaba por se desequilibrar as relações jurídicas de modo desarrazoado. O ser humano, que deveria ser social, passa a ser absoluto.[243]

Com isso, esquece-se a outra face do Direito, como de qualquer instrumento de inter-relacionamento. Essa outra face, segundo ele, é o dever do titular do direito para com a outra parte, a atenção que deve aos interesses desta. Ocorre que "o funcionamento da relação jurídica não assenta em sucessivos actos de poder, consequentes de uma afirmação genética de poder; mas sim em actos de colaboração, eticamente fundados, destinados a perpetuar a composição original".[244]

ela que possibilita o exercício dos direitos em uma sociedade democratica, comprometida com o exercício efetivo da cidadania e os valores da democracia representativa facilitando a inclusão social, a participação cidadã e a igualdade de oportunidade (ALMEIDA, José Luiz Gavião de; VEDOVATO, Luis Renato; SILVA, Marcelo Rodrigues da. A identidade pessoal como direito fundamental da pessoa humana e algumas de suas manifestações na ordem jurídica brasileira cit., p. 40-41).

241 GODOY, Cláudio Luiz Bueno de. *A liberdade de imprensa e os direitos da personalidade* cit., p. 3.

242 CAMPOS, Diogo Leite de. Os direitos de personalidade: categoria em reapreciação. Direito. v. II, n. 2, p. 71-74, 1993. Disponível em: https://minerva.usc.es/xmlui/bitstream/handle/10347/2188/pg_063-076_dereito2-2.pdf?sequence=1&isAllowed=y. Acesso em: 28 mar. 2021, p. 61.

243 Ibidem, p. 62-73.

244 Ibidem, p. 73.

Diogo Costa Gonçalves segue linha de raciocínio semelhante ao defenestrar o direito geral da personalidade, assunto do qual já tratamos. Malgrado ele defenda claramente o conteúdo ético da personalidade, entendida ética como orientação no sentido de ser mais, de um *ser para*, ele não aceita o direito geral da personalidade justamente porque valorizaria o egoísmo do seu titular. Diz ele:

> O Homem do direito geral de personalidade é um absoluto in se, que constrói e desenvolve a sua humanidade face aos outros mas, sobretudo, contra os outros. O essencial da sua tutela é garantir a não intromissão, a total independência, o individualismo máximo de quem se realiza em si e por si e para quem o outro é, fundamentalmente, um entrave à sua realização.[245]

A defesa da moral –ou da ética, se deixarmos de lado eventuais diferenças conceituais – como elemento intrínseco da identidade e de todos os outros direitos da personalidade é justamente o remédio para esse mal. Ele impede que seja considerado no âmbito de proteção do direito à identidade qualquer identidade aparente que não promova a convivência, como é o caso das supracitadas identidades abomináveis. O autointitulado nazista, por exemplo, não tem direito à tutela estatal se é erroneamente identificado em um livro. O mesmo pode ser dito de um criminoso que se orgulha de roubar, precisamente por conta da violência e/ou da grave ameaça empregadas, mas aparece em uma reportagem jornalística como autor de um furto.

[245] GONÇALVES, Diogo Costa. *Pessoa e direitos de personalidade:* fundamentação ontológica da tutela cit., p. 90.

3 AS ESPÉCIES DE DIREITO À IDENTIDADE-PERCEPÇÃO

Os direitos da personalidade variam no tempo e no espaço, como enfatiza José de Oliveira Ascensão. Por serem situados historicamente, os direitos da personalidade formam-se e conformam-se de acordo com as circunstâncias do momento. Assim, por exemplo, uma renovada preocupação com a defesa da personalidade apareceu com a possibilidade de escutas, gravações não autorizadas, fotografias com teleobjetivas e assim por diante. Com a intromissão da informática, com as potencialidades espantosas de rastreamento de toda a vida social de cada pessoa através do cruzamento de dados uma nova preocupação se apresentou no âmbito dos direitos da personalidade.

As soluções de cada país são diferentes. A Suíça outorgará com mais facilidade um direito ao ambiente que a Bulgária. A mentalidade individualística e "dessolidária" norte-americana, por sua vez, explica o *right of privacy* que não existe, como tal, no direito português.[246] Cuida-se de explicação que se coaduna com a observação de Daniel Sarmento no sentido de que "sociedades diferentes tendem a valorar de modo distinto determinados bens".[247]

Também são diferentes as soluções encontradas pelos diversos sistemas jurídicos com o passar do tempo. Sendo historicamente variáveis os valores prevalentes, como já verificamos quando dialogamos com Charles Taylor no Capítulo 2 deste livro, os direitos da personalidade devem ser considerados

[246] ASCENSÃO, José de Oliveira. *Direito civil.* Teoria geral cit., p. 60.

[247] SARMENTO, Daniel. *Dignidade da pessoa humana:* conteúdo, trajetórias e metodologia cit., p. 214.

categoria aberta, apta a receber esses valores, como é o caso do direito à identidade.[248]

A mutabilidade dos direitos da personalidade é uma marca característica do direito à identidade, sobretudo na sua vertente identidade-percepção, uma vez que o tempo e o espaço têm grande influência sobre os fatores que compõem a sua estrutura, a respeito dos quais tratamos no item 2.4.2. Os rótulos disponíveis no discurso público mudam com o passar do tempo e a depender do local. Mudam as configurações, mudam os rótulos.

É por isso que José Luiz Gavião de Almeida, Luis Renato Vedovato e Marcelo Rodrigues da Silva, com apoio em Manuel Castells, afirmam que atributos culturalmente relevantes são selecionados e a eles conferidos sentidos por determinada sociedade ou pelo Estado a fim de serem utilizados (de forma combinada ou não) como traços de distinção e, por conseguinte, de identificação – entendendo-se aqui identificação não no sentido que estamos utilizados, mas de forma mais ampla, como identidade.[249]

O caráter ético da identidade também é relevante nesse aspecto porque quanto maior a exigência social de um comportamento desse jaez, maior também será a possibilidade de surgirem novos rótulos disponíveis no discurso público ou de haver internalização de certos rótulos com a posterior expressão dos comportamentos condizentes com eles na sociedade.

Pois bem, no presente capítulo pretendemos analisar algumas espécies de identidade-percepção que nos pareceram ser mais presentes no nosso tempo e mormente no nosso espaço, considerado o Brasil. Não que haverá uma análise detalhada de cada uma delas, pois isso é matéria de outras disciplinas, como a antropologia, a sociologia e a história. O nosso objetivo é apresentar essas identidades de um modo que fique suficientemente clara a presença de todos os elementos estudados no Capítulo 2 deste livro, mas como categorias mínimas, de tal forma que outras podem se somar a elas.

Convém ressaltar, contudo, antes de passarmos a tratar das espécies de identidade-percepção que elas não são alternativas, ou seja, as pessoas podem titularizar diversas delas concomitantemente. A identidade, seja a

248 SCHREIBER, Anderson. *Direitos da personalidade* cit., p. 217.

249 ALMEIDA, José Luiz Gavião de; VEDOVATO, Luis Renato; SILVA, Marcelo Rodrigues da. A identidade pessoal como direito fundamental da pessoa humana e algumas de suas manifestações na ordem jurídica brasileira cit., p. 36.

identidade-identificação, da qual trataremos adiante, seja a identidade-percepção, que analisamos agora, é multidimensional,[250] dada a variedade de rótulos a serem internalizados e de identidades narrativas ao longo de uma vida.

3.1 Identidade racial

3.1.1 Raça

O significado do termo "raça" é certamente um dos mais controvertidos. De acordo com Kwame Anthony Appiah, há duas formas de compreendê-lo. A primeira delas é chamada de "ideational" e diz respeito ao real significado de "raça", o que exige uma volta no tempo, ao menos até o século XVII, para entender o que as pessoas pensam a respeito de raça, o que elas aceitam como verdadeiro sobre ela, sob que circunstâncias elas aplicam esse termo e, ainda, que consequências derivam dessa aplicação. A segunda, que ele chama de "referential", se limita a inferir o que é "raça" a partir das coisas que se conectam com o termo quando ele é utilizado.[251]

No tocante à primeira, estabelece o autor uma relação entre o darwinismo e conceituação de raça. Ele diz que a teoria de Darwin se fundava em dois pontos: a descendência com modificações, em desenvolvimento dos estudos anteriores de Lamarck, e a seleção natural. Esse segundo ponto demorou a ser melhor explicado, tendo ganhado bases sólidas apenas com os estudos de genética de Mendel, já no início do século XX. A despeito disso, a repercussão do estudo de Darwin foi enorme.[252]

[250] Segundo Theodore MCcombs e Jackie Shull Gonzále, analisando os trabalhos preparatórios da Convenção sobre os Direitos das Crianças que acabou prevendo o direito à identidade em seu art. 8º é possível notar que os redatores não tinham claramente uma noção de identidade. Contudo, dois conceitos lhes pareceram claros nas propostas originalmente apresentadas: a *autenticidade*, daí a menção às características de veracidade e genuinidade da identidade, e a *multidimensionalidade*, dada a referência aos prismas pessoal, legal e familiar da identidade (MCCOMBS, Theodore; GONZÁLEZ, Jackie Shull. Right to Identity. University of California cit., p. 8).

[251] APPIAH, K. Anthony. Race, Culture, Identity: misundrestood connections. University of California. 1994, p. 53-136. Disponível em: https://philpapers.org/archive/APPRCI.pdf. Acesso em: 29 jun. 2021, p. 56-57.

[252] Ibidem, p. 92-93.

O seu objetivo era classificar as espécies, mais encontrando semelhanças do que distinções entre elas. Entretanto, a sua teoria permitiu que se desenvolvesse a ideia de que a acumulação de diferenças pela seleção pode gradualmente produzir tipos – variações ou espécies – que são consideravelmente diferentes, a sugerir um modo de classificação, inclusive entre os seres humanos.

Essa ideia, por exemplo, deu fundamento à doutrina de Matthew Arnold, que, praticamente na mesma época do lançamento de "A Origem das Espécies", escreveu dizendo que se os membros de uma raça compartilhavam certas propriedades, identificando os seus membros a partir de sua aparência, seria possível inferir as diferenças de cunho moral e literário.[253]

Por conta disso e do paralelo desenvolvimento de várias outras ciências naturais, diz Appiah que o significado do termo "raça" passou se ser considerado científico ao longo do século XIX. Desse modo, quando as pessoas se referiam à "raça" o faziam recorrendo a especialistas, tais como médicos, antropologistas etc.[254] Nessa mesma época, segundo ele, surgiu o que ele chama de "racialismo", que é a possibilidade de dividir os seres humanos em grupos chamados "raças", nos quais seus membros compartilham certos fundamentos característicos de cunho hereditário, físico, moral, intelectual e cultural.[255]

O problema central em compreender a raça a partir desse ponto de vista biológico que acabou dominando os últimos séculos é que, independentemente da corrente interna que se adote, haveria questionamentos de difícil resposta. Por um lado, há quem defenda que se o objetivo da visão "ideational" é extrair o real significado da ideia de "raça", então todos os critérios que definem os seus membros ("criterial beliefs") devem estar presentes neles. Esta é a chamada "strict criterial theory". Por outro lado, há quem defenda que a raça é algo que se apresenta quando é satisfeito um bom número desses critérios. Esta é a chamada "vague criterial theory".[256]

Em ambos os casos é difícil manter o critério biológico da raça porque adotando-se o critério mais restritivo não haveria como explicar as diferenças existentes entre os membros do grupo, a não ser que elas fossem desprezadas ou simplesmente disfarçadas sob o argumento de que são apenas disposições

253 Ibidem, p. 93-94.

254 APPIAH, K. Anthony. Race, Culture, Identity: misundrestood connections cit., p. 65

255 Ibidem, p. 79-80.

256 Ibidem, p. 57-60.

ou tendências, com um caráter subjetivo, portanto, com vistas a demonstrar que não seriam genotípicas.[257] Ao revés, adotando-se o critério mais amplo, em qualquer medida que seja, justamente para tentar rechaçar as referidas críticas, ainda assim encontrar-se-iam diferenças entre os membros, tanto quanto entre outras raças.[258]

Em virtude disso, caberia utilizar-se da visão "referential". Contudo, no entender do autor, ela também contém seus problemas. Na busca pela referência do termo "raça" há duas opções iniciais que se mostram possíveis: estabelecer uma relação entre os conceitos de raça e população ou de raça e outros agrupamentos de pessoas com características semelhantes.[259]

População corresponde a uma comunidade na qual potencialmente há reprodução local entre os indivíduos. Trata-se de um conceito geográfico. Ocorre que dentro de qualquer limite seria possível encontrar membros do grupo com diferenças entre si.[260]

Para evitar isso a referência poderia ser feita a agrupamentos de pessoas que já contenham características morfológicas semelhantes, como a cor da pele e a cabeça, independentemente dos limites geográficos onde eles se encontram. É o caso, por exemplo, dos grupos que vivem nas seguintes regiões subcontinentais: Europa, África, sul e leste da Ásia, Australásia, Américas e, talvez, as ilhas do Pacífico.

Sucede que, mesmo feita essa divisão, haveria membros de alguns grupos que conteriam características diferentes de outros e que não se explicariam adequadamente a partir do conceito de raça.

Visto que a utilização de critérios biológicos não se mostraria adequada, a proposta do autor é que seja acolhido o critério sociocultural, o que significa que a atenção agora se voltaria ao compartilhamento, entre os membros do

[257] Ibidem, p. 80.

[258] Ibidem, p. 99.

[259] Ibidem, p. 99-101.

[260] Stuart Hall afirma que a noção de raça é mais discursiva e que há uma recusa teimosa a ela. Ele lembra, com base em lição de E. Renan, que as nações líderes da Europa são essencialmente de sangue misto: a França é céltica, ibérica e germânica; a Alemanha é germânica, céltica e eslava; a Itália é formada por gauleses, etruscos, pelagianos e gregos, dentre outros; e as ilhas britânicas, consideradas como um todo, apresentam mistura de sangue celta e germânico. Isso para não falar da Europa Central e Oriental, cujas misturas são mais complexas. (HALL, Stuart. *A identidade cultural na pós-modernidade* cit., p. 64-65).

grupo, de um complexo de expectativas e compreensões mútuas, assim como de práticas, trabalhos e valores[261], o que se conecta com a posição adotada pelo Supremo Tribunal Federal.

3.1.2 O caso *Ellwanger*

O julgamento do HC 82.424-2[262] é o *leading case* para a compreensão do termo "raça" no sistema jurídico brasileiro. Na espécie, o Supremo Tribunal Federal analisou se o paciente Siegfried Ellwanger havia ou não praticado o crime de racismo, nos termos do art. 20 da Lei n. 7.716/89, por editar, distribuir e vender ao público obras antissemitas.

A discussão travada entre os Ministros partiu exatamente dos mesmos conceitos anteriormente expostos, isto é, se o conceito de raça deve ser biológico ou sociocultural; e, mesmo entre aqueles que adotaram o critério sociocultural, houve divergência acerca da abrangência dos fatores que deveriam ser levados em conta para a definição da raça.

O relator, Ministro Moreira Alves, deu interpretação restritiva ao conceito de racismo sob o argumento de que, consoante o contexto histórico-cultural brasileiro, relevado notadamente durante os debates da constituinte, apenas os negros poderiam ser alvo desse crime, não os judeus, como era o caso julgado.

Em voto que se tornou condutor da tese vencedora, o Ministro Maurício Corrêa explicou que, com as descobertas do "programa genoma humano", não se sustentaria mais um conceito puramente biológico do termo "raça"; na verdade, dada a ínfima diferença percentual entre os códigos genéticos das pessoas de diversos grupos, todos os seres humanos deveriam ser considerados uma única raça. Nesta senda, diz ele, o certo seria a adoção de um conceito de raça a partir de uma visão antropológica e sociológica.

> A propósito, afirmou o Ministro o seguinte acerca do racismo, no caso, envolvendo os judeus:
> O que vale não é o que pensamos, nós ou comunidade judaica, se se trata ou não de uma raça, mas efetivamente se quem promove o

[261] APPIAH, K. Anthony. Race, Culture, Identity: misundrestood connections cit., p. 115.

[262] BRASIL. Supremo Tribunal Federal. HC n. 82.424-2/DF. Relator p/ o acórdão: Ministro Maurício Corrêa. j. 17/09/2003. *DJ* 30/09/2003.

> preconceito tem o discriminado como uma raça e, exatamente com base nessa concepção, promove e incita a sua segregação, o que ocorre no caso concreto.
> Assim esboçado o quadro, indiscutível que o racismo traduz valoração negativa de certo grupo humano, tendo como substrato características socialmente semelhantes, de modo a configurar uma raça distinta, à qual se deve dispensar tratamento desigual da dominante. Materializa-se à medida que as qualidades humanas são determinadas pela raça ou grupo étnico a que pertencem, a justificar a supremacia de uns sobre os outros.

Centrando a análise na posição sustentada pelos dois Ministros mencionados acima, que foram aqueles que capitanearam as posições antagônicas no julgamento, é possível notar que nenhum dos dois baseou-se no conceito biológico de raça. Na verdade, esse conceito foi apenas mencionado por um deles para que fosse prontamente rejeitado.

Os dois basearam-se no conceito sociológico de raça. A diferença é que o Ministro Moreira Alves enfatizou o elemento histórico do texto constitucional pátrio, a partir da *mens legislatoris*, como ele mesmo fez questão de mencionar, ao passo que o Ministro Maurício Corrêa procurou adotar um sentido de raça mais largo, que contemplasse também grupos não necessária e fortemente discriminados no contexto brasileiro.

O dado marcante desse julgamento, portanto, é este: o Supremo Tribunal Federal, no *leading case* referente ao tema, adotou a visão referencial de raça, no seu viés sociocultural.

3.1.3 Critérios para a definição de raça

Independentemente de o *leading case* do Supremo Tribunal Federal não ter efeito vinculante, ele é um fator que não pode ser desprezado na análise da questão racial, pelo ponto de vista jurídico. Tendo sido adotado pelo Tribunal o critério sociocultural, de compartilhamento, entre os membros do grupo, de um complexo de expectativas e compreensões mútuas, assim como de práticas, trabalhos e valores, sem dúvida ele deve ser utilizado pelo intérprete do Direito para a definição do que deve ou não ser considerado raça e, por conseguinte, quem é que deve ser considerado membro desse grupo.

Mas esse não deve ser o único critério a ser utilizado para esse fim, pois se ele é útil para o alargamento do conceito de raça para a inclusão, por exemplo, dos judeus, talvez não seja o mais adequado para a explicação da questão racial relativa aos negros (pretos, afrodescendentes), brancos (caucasianos), amarelos (orientais) e outros.[263]

O fato de haver uma diferença genética ínfima entre todos os seres humanos das referidas raças pode servir para afastar o critério genotípico, mas não pode ser dito o mesmo com relação à morfologia. E como ambos podem ser tidos como critérios biológicos, em alguma medida, sempre devemos questionar a que critério biológico efetivamente se refere quando ele é aceito ou rejeitado para fins de definição de raça.

No caso *supra*, a cor da pele é uma característica relevante para a definição da raça, ainda mais se associada a outras características físicas mais comuns, como os olhos e o cabelo. Além disso, é essa morfologia que ajuda a explicar muitos casos de racismo enquanto discriminação.[264] E se é assim, sendo o Direito uma ciência prática, o critério biológico-morfológico é útil também para explicar a raça.

Como reconhece o próprio Appiah, nos Estados Unidos da América a noção de identidade racial se explica muito mais sob o prisma da injustiça social do que pelos fatos.[265] Não parece ser algo diferente no Brasil, onde habitualmente o preconceito racial contra os negros origina-se da cor da pele. Eles não são maltratados ou observados com mais atenção em lojas, restaurantes ou mercados[266] por conta do compartilhamento de fatores socioculturais.

Na mesma senda, não parece ser algo diferente da situação dos orientais. Em recentes ataques sofridos por orientais nos Estados Unidos da América, durante a pandemia, o que permitia a identificação das vítimas e motivava os agressores era a fisionomia delas, embora pudesse haver uma motivação também ligada a hábitos culturais deles.[267]

263 O IBGE, por exemplo, utiliza a seguinte classificação: preto, pardo, branco, amarelo e indígena. Disponível em: https://www.ibge.gov.br/estatisticas/sociais/populacao/9372--caracteristicas-etnico-raciais-da-populacao. html?=&t=resultados. Acesso em: 27 out. 2022.

264 ALMEIDA, Silvio Luiz de. *Racismo estrutural*. São Paulo: Jandaíra, 2021. p. 20-21.

265 APPIAH, Kwame Anthony. *The Ethics of Identity* cit., p. 186.

266 Reportagem disponível em: https://exame.com/bussola/7-em-cada-10-negros-sofreram--preconceito-em-loja-restaurante-ou-mercado/. Acesso em: 10 jun. 2021.

267 LANG, Cady. Asian American Attacks: What's Behind the Rise in Violence? Disponível em: https://time.com. Acesso em: 10 jun. 2021.

Os dois critérios, portanto, podem conviver. Há raças que são melhor compreendidas pelo aspecto sociocultural; há outras raças que podem ser melhor compreendidas pelo critério biológico-morfológico, ou seja, a partir das características físicas menos discutíveis, como na "vague criterial theory" de Appiah. Nenhum dos dois é imune a críticas, mas nenhum dos dois tampouco deve ser defenestrado.

Aliás, essa convivência dos dois critérios não precisa ser excludente. Nada impede que o critério sociocultural seja utilizado de forma complementar ao biológico-morfológico no caso de a pessoa se encontrar em zona cinzenta ou nebulosa, como pode ocorrer em vestibulares que contam com vagas reservadas a negros.

Ao que nos parece, trata-se de proposta que se coaduna com a noção de racismo estrutural de Silvio Almeida. Ele sustenta que o conceito de raça é relacional e histórico e que, justamente por conta disso, conta com dois registros básicos que se entrecruzam e complementam:

a) Como característica biológica, em que a identidade racial será atribuída por algum traço físico, como a cor da pele, por exemplo; e
b) Como característica étnico-cultural, em que a identidade será associada à origem geográfica, à religião, à língua ou outros costumes, "a uma certa forma de existir".[268]

3.1.4 Porque a raça é uma identidade

A raça é uma espécie de identidade-percepção porque ela nos apresenta as características que observamos no Capítulo 2 deste livro.

Só existe o compartilhamento de expectativas e compreensões mútuas, práticas, trabalhos e valores entre membros de um grupo se há um histórico que se integrou ao processo dialógico de construção da identidade de cada um deles, sendo que, nesse aspecto, as características morfológicas prontamente identificáveis por parte de membros de outras raças podem beneficiá-los ou prejudicá-los.

[268] ALMEIDA, Silvio Luiz de. *Racismo estrutural* cit., p. 30-31.

Quando um menino negro se desenvolve a partir de uma visão preconceituosa de sociedade, a sua identidade se conforma de um modo particular.[269] No processo dialógico de construção da sua identidade ele tem a oportunidade de aprender isso tanto no meio de seus iguais como nas relações estabelecidas com os membros de outras raças. Ele compreende a existência desse preconceito, bem como o seu alcance e a sua profundidade, de uma maneira que o membro de uma outra raça talvez não consiga entender bem.[270]

269 "Os negros de classe média são precisamente os que se sentem mais frustrados com a desilusão com o Sonho Americano, sentindo-se completamente discriminados pela permanência do racismo, enquanto a maioria dos brancos acredita que os negros estão sendo favorecidos demais pelas políticas de ação afirmativa, reclamando de discriminação invertida. Por outro lado, embora totalmente conscientes do racismo, os negros de baixa renda parecem acreditar mais no Sonho Americano do que os negros de classe média e, sob qualquer hipótese, são mais fatalistas e/ou individualistas em relação a seu destino ('sempre foi assim'). Contudo, uma perspectiva temporal na evolução das pesquisas de opinião parece indicar que também os negros de baixa renda estão perdendo o pouco que tinham de confiança no sistema. O principal fato claramente destacado pelo trabalho de Hochschild ao analisar um grande volume de informações de caráter empírico é que, de modo geral, os afro-americanos afluentes não se sentem bem-vindos na sociedade como um todo. Realmente, não são bem aceitos. Não só a hostilidade racial entre os brancos continua sendo uma constante, como as conquistas dos negros do sexo masculino de classe média ainda os colocam em uma posição bem inferior à dos brancos em termos de educação, profissão e nível de renda, conforme demonstrado por Martin Carnoy. Portanto, a raça é um fator muito importante" (CASTELLS, Manuel. *O poder da identidade* cit., p. 75).

270 É por isso que, no âmbito do direito, Adilson José Moreira defende o que ele chama de hermenêutica negra, derivada da teoria racial crítica. Segundo ele, a teoria racial crítica sustenta que as minorias estão inseridas em estruturas hierárquicas de poder e esse pertencimento social específico faz com que seus membros produzam relatos sobre a realidade social que possuem valor normativo para o processo de interpretação jurídica (MOREIRA, Adilson José. *Pensando como um negro:* ensaio de hermenêutica jurídica. São Paulo: Editora Contracorrente, 2019. p. 18). A partir disso, ele diz ser importante o "storytelling", que é o meio de desvelamento do sentido das normas jurídicas no qual a experiência da pessoa serve como ponto de partida para a reflexão. "Parte-se do pressuposto de que o lugar social do intérprete e as relações de poder que o definem determinam em grande parte a forma como ele compreende as funções do direito" (MOREIRA, Adilson José. Pensando como um negro: ensaio de hermenêutica jurídica. *Revista de Direito Brasileira*, São Paulo-SP, v. 18, n. 7, p. 393, set.-dez.2017) Gina Rippon corrobora essa ideia pela ótica da neurociência ao afirmar que: "A ameaça do estereótipo funciona no nível pessoal, mas também é um desafio à identidade social da pessoa, porque dá evidências de que a categoria social a que pertencemos é negativamente avaliada pelos outros. Também se sugeriu que as pessoas lutam em situações de ameaça do estereótipo porque elas começam a pensar demais nos problemas com que se deparam. Consumirão grande parte de seus recursos cognitivos no automonitoramento

Não é à toa, por sinal, para tratarmos do comportamento esperado dos membros do grupo identitário, que quem não se engaja na luta contra o preconceito é criticado. É o caso, por exemplo, de Michael Jordan, um dos maiores jogadores de basquete da história.

Quando ele estava no auge de sua carreira ocorreu uma disputa eleitoral pelo cargo de senador do Estado da Carolina do Norte. Concorriam para o cargo Harvey Gantt, que tentava ser o primeiro senador negro na história do Estado, e Jesse Helms, político conservador do Partido Republicano, que era favorável à segregação nas escolas e contrário à criação do feriado homenageando Martin Luther King Jr.[271]

Uma pessoa branca, por exemplo, não tem esse dever para com os outros brancos. Ao contrário, se ela fosse incentivada a votar no candidato branco prioritariamente isso poderia ser considerado preconceito, visto que ausente uma justificativa histórica de racismo em detrimento dos brancos. A noção de igualdade material é que dá suporte a esse raciocínio.

É justamente nesse ambiente complexo que se colocam as questionadas políticas de cotas em universidades, empresas e governo, que já foi objeto de análise pelo Supremo Tribunal Federal.[272] O tribunal entendeu constitucional a discriminação positiva justamente com vistas a estimular a inclusão social de grupos tradicionalmente excluídos, como enfatizou o Ministro Relator Ricardo Lewandowski, após referir-se ao HC n. 82.424-2.[273]

Um dos elementos considerados pelo Ministro e que está diretamente relacionado à noção de construção da identidade, mais precisamente dos rótulos e dos roteiros para um projeto de vida, é o da "criação de lideranças

e na verificação de erros, assim como sofrerão dos efeitos a mais do estresse induzido pela sensação de serem julgadas, das expectativas negativas de seu desempenho" (RIPPON, Gina. *Gênero e os nossos cérebros:* como a neurociência acabou com o mito de um cérebro feminino ou masculino cit., p. 160).

271 Reportagem disponível em: https://www.uol.com.br/esporte/basquete/ultimas-noticias/2020/05/07/jordan-acumulou-criticas-por-fuga-de-discurso-politizado-e-foco-no-mercado.htm. Acesso em: 9 jul. 2021.

272 BRASIL. Supremo Tribunal Federal. ADPF n. 186/DF. Relator: Ministro Ricardo Lewandowski. j. 26/04/2012. *DJ* 20/10/2014.

273 A propósito da prevalência do critério fenotípico sobre o genotípico na definição de direito a concorrer em concurso público nas vagas destinadas a cotas de afrodescendentes, vale conferir o seguinte julgado: BRASIL. Superior Tribunal de Justiça. 1ª T. Relator: Min. Sérgio Kukina. J. 23/08/2022.

dentre esses grupos discriminados, capazes de lutar pela defesa de seus direitos, além de servirem como paradigmas de integração e ascensão social".

Esse tema foi tratado por Michael J. Sandel em seu livro *A tirania do mérito.* Malgrado não tenha partido de uma perspectiva racial, mas sim socioeconômica, a posição sustentada por ele no tocante às políticas adotadas pelas universidades são plenamente aplicáveis à noção que ora se procura demonstrar, isto é, o quanto a desigualdade dificulta a ascensão social das pessoas das classes inferiores, reforçando a ideia de que os que obtém sucesso o fizeram apenas por mérito próprio. Com isso, as referências pessoais que ajudam na construção dos rótulos das identidades coletivas continuam a ser pessoas vistas socialmente como fracassadas.

A respeito dos rótulos, por sinal, relata o autor o seguinte na parte final do livro:

> Henry Aaron, um dos melhores jogadores de beisebol, cresceu no Sul segregado. Seu biógrafo, Howard Bryant, contou que, quando criança, "Henry assistia ao pai ser forçado a ceder o lugar na fila do armazém para qualquer pessoa branca que entrasse". Quando Jackie Robinson rompeu a barreira da cor no esporte, Henry, então com 13 anos, foi inspirado a acreditar que também poderia um dia jogar na *Major League.* Sem ter bastão nem bola, ele praticava com o que tinha, usava uma vara para rebater tampas de garrafa arremessadas por seu irmão. Ele chegou a bater o recorde de *home runs* registrado por Babe Ruth.[274]

Mas não apenas em razão da influência de fontes negativas se forma a identidade desse menino negro utilizado como exemplo. Nesse processo também têm grande importância, entre outros fatores, a compreensão de sua origem remota africana, com suas tradições, religiões e hábitos do cotidiano, o que se reflete, entre outros modos, na cultura culinária[275] e musical.

274 SANDEL, Michael J. *A tirania do mérito:* o que aconteceu com o bem comum? Tradução Bhuvi Libanio. Rio de Janeiro: Civilização Brasileira, 2020. p. 321.

275 "De modo geral, o Sul ocupa ao menos um terço dos Estados Unidos, estendendo-se de Maryland até a Flórida e o Texas. Esses 11 estados escravagistas da Confederação, que lutaram pela secessão do restante da União, comandados pelo presidente Lincoln entre 1861 e 1865, formaram um espaço cultural visivelmente distinto do norte e oeste do país. No século XIX,

3.2 Identidade de gênero

Trata-se de uma das mais discutíveis identidades na atualidade. Teríamos ressalvas a apresentar à diferenciação entre sexo e gênero por entender que se trata de questão ainda aberta para discussão, inclusive no campo da ciência.[276]

a escravidão era o modelo econômico da região – o tabaco e o algodão eram cultivados em larga escala nas fazendas –, que ainda abriga uma consciência cultural muito diferente do conceito europeu da 'América' predominante em estados como Nova York e Califórnia. A Luisiana e o Sul, em geral, abrigam uma considerável população negra que foi crucial para o desenvolvimento da culinária atual. Embora a dinâmica senhor-escravo tenha prevalecido historicamente entre as populações branca e negra, há algo de encorajador na influência que a classe escrava negra exerceu nas cozinhas sulinas. A influência persiste e, dado o tamanho da região, não é de estranhar que a comida 'soul' sulina (um termo criado para designar a culinária afro-americana do Sul no início da década de 1960) seja tão popular" (HOLLAND, Mina. *O atlas gastronômico:* uma volta ao mundo em 40 cozinhas. Tradução Elenice Barbosa de Araújo. Rio de Janeiro: Casa da Palavra, 2015. p. 320).

[276] "How large are sex differences as compared with other psychological effects? At a more conceptual level, some have raised issues as to the potential gains and losses that result from adopting a sex difference strategy. Some have argued that the questions themselves are problematic, implicitly assuming sex differences and turning the attention away from issues of construction and context. Like many questions in the field today, no consensus has been reached, but the issues are quite clearly defined" (DEAUX, Kay. An overview of research on gender: four themes from 3 decades cit., p. 15). CAHILL, Larry. Why sex matters for neuroscience. *Nature Reviews Neuroscience.* AOP, 10 may 2006. Disponível em: https://dept.wofford.edu/neuroscience/NeuroSeminar/ pdfSpring2009/cahill.pdf. Acesso em: 27 ago. 2022. Merece especial destaque o conhecido e controverso caso John/Joan, pois ele se refere a paciente cuidado por John Money, que é o sexologista que desenvolveu o conceito de gênero neutro: "Este é o caso agora famoso de um menino de sete meses cujo pênis foi irreparavelmente lesionado depois de uma circuncisão malfeita em 1966. Cerca de 12 meses depois, a conselho de John Money, psicólogo e "sexólogo", os pais concordaram que a criança fosse criada como menina. Isto incluiu a remoção dos testículos do menino e a administração de hormônios femininos a partir dos 18 meses de idade. Também foi proposta a cirurgia de redesignação sexual para a criança, envolvendo a construção de uma vagina, mas os pais a rejeitaram. Money acreditava que o gênero podia ser imposto, ou aprendido de forma independente da biologia; estava convencido de que as experiências de socialização, se começassem bem cedo, garantiriam o surgimento de uma identidade de "gênero" adequada. Apesar da orientação dada ao cérebro pela testosterona pré-natal, Money acreditava poder provar que o comportamento pode ser redefinido por determinado estímulo ambiental. Este menino desafortunado proporcionava o meio perfeito de testar sua teoria, em especial porque o bebê também tinha um irmão gêmeo idêntico, que lhe dava a comparação controle ideal. Na época, o chamado caso "John/ Joan", os pseudônimos que Money deu à criança (embora agora saibamos que o menino originalmente se chamava Bruce e seu nome foi alterado para Brenda), foi aclamado como prova viva do sucesso do processo de redesignação e da independência do gênero de

Sendo a identidade formada sempre por um processo dialógico, ela depende do reconhecimento alheio, porquanto ele é a fonte de significado, como tivemos oportunidade de expor no item 2.4.2. Ocorre que isso ainda não parece existir, tanto que mesmo onde essa aceitação seria aparentemente maior, pesquisas revelam uma resistência disfarçada, ou seja, inexiste, verdadeiramente, reconhecimento.[277] Cuida-se, portanto, a nosso ver, de uma possível identidade, que está em processo de construção social e que pode vir a vingar futuramente.[278]

sua origem biológica. Porém, em 1997, Brenda, na ocasião com 31 anos, veio a público revelar uma versão diferente de sua história. Constatou-se que ela teve o que descreveu como uma infância extremamente sofrida, muito ligada a confusões com sua identidade de gênero e infelicidade por "ser uma menina". Também havia evidências perturbadoras de interações com John Money e suas tentativas de garantir que Brenda conservasse a identidade feminina, inclusive a insistência de que ela passasse por uma cirurgia completa de redesignação sexual. Depois que a redesignação lhe foi revelada quando tinha 14 anos, ela descreveu que insistiu em revertê-la para seu sexo biológico e se rebatizar. Agora como David Reimer, ele tomou injeções de testosterona, fez uma mastectomia dupla e cirurgia de construção do pênis. Mas permaneceu profundamente perturbado e ficou escandalizado ao saber que Money ainda publicava artigos alegando o sucesso da experiência John/ Joan. David cometeu suicídio em 2004, aos 38 anos. Este caso trágico foi usado amplamente como evidência de que a identidade de gênero tem uma origem biológica fixa que não pode ser anulada. Entretanto, é fundamental observar aqui que Bruce na verdade tinha mais de 18 meses antes que acontecesse qualquer redesignação de sexo ou gênero, tempo suficiente para uma criança em desenvolvimento ter absorvido todo tipo de informação social, em especial porque ele tinha um gêmeo idêntico. Mas as dificuldades individuais associadas com esta história significam que ela só pode permanecer o que é: uma história" (RIPPON, Gina. *Gênero e os nossos cérebros:* como a neurociência acabou com o mito de um cérebro feminino ou masculino cit., p. 55-57).

277 MORGENROTH, Thekla et al. *Defending the sex/gender binary:* the role of gender identification and need for closure. Disponível em: https://journals.sagepub.com/doi/full/10.1177/1948550620937188. Acesso em: 28 ago. 2022.

278 Segundo a classificação que Manuel Castells faz das formas e origens de construção de identidades, a que já nos referimos em nota de rodapé presente no item 2.2.4 deste livro, pensamos que essa seria uma identidade de projeto, que é assim explicada por ele: "Neste caso, a construção da identidade consiste em um projeto de uma vida diferente, talvez com base em uma identidade oprimida, porém expandindo-se no sentido da transformação da sociedade como prolongamento desse projeto de identidade, como no exemplo mencionado anteriormente de sociedade pós-patriarcal, resultando na liberação das mulheres, dos homens e das crianças por meio da realização da identidade das mulheres. Ou, ainda, de uma perspectiva bastante distinta, a reconciliação de todos os seres humanos como fiéis, irmãos e irmãs, de acordo com as leis de Deus, de Alá ou Jesus, como consequência da conversão das sociedades infiéis, materialistas e contrárias aos valores da família, antes incapazes de satisfazer as necessidades humanas e os desígnios de Deus" (CASTELLS, Manuel. *O poder*

Ademais, essa diferenciação representa o afastamento praticamente completo do critério biológico *lato sensu* em favor do sociocultural. No entanto, tal como tivemos oportunidade de expor no item anterior deste livro, quando tratamos da identidade racial, isso não se mostra adequado.

O critério biológico-genotípico somente foi afastado para a definição de raça porque o "programa genoma humano" revelou haver diferenças genéticas ínfimas entre os seres humanos das diversas raças. Não é este o caso em tela, já que homens e mulheres têm diferenças genéticas incontestáveis.

Do mesmo modo, o critério biológico-morfológico é útil para a diferenciação deles. E quando isso se apresenta, por coerência ao que defendemos quanto à raça, ele deve ser o critério inicial, sendo complementado, no caso de eventual controvérsia, pelo critério sociocultural. A segurança jurídica, postulado do sistema,[279] portanto, pode estar ligada a critérios biológicos neste caso.[280]

A propósito, convém mencionar que o direito à identidade não é o único campo no qual há discussão acerca da desbiologização. No direito de família,

da identidade cit., p. 26). E ele complementa a sua lição com algo que nos parece confirmar a ideia de que a identidade de gênero seria, na verdade, uma identidade de projeto, ainda mais tendo em conta a possibilidade de haver um gênero neutro, a que nos referiremos adiante, ao afirmar que: "Enquanto na modernidade a identidade de projeto fora constituída a partir da sociedade civil (como, por exemplo, no socialismo, com base no movimento trabalhista), na sociedade em rede, a identidade de projeto, se é que se pode desenvolver, origina-se a partir da resistência comunal" (CASTELLS, Manuel. *O poder da identidade* cit., p. 28).

[279] "Para que o direito possa cumprir satisfatoriamente a sua função ordenadora na vida social é necessário que se garantam condições de segurança, isto é, que haja um grau razoável de certeza e estabilidade no que toca aos direitos e vinculações jurídicas das pessoas, de modo que cada qual saiba a que ater-se e com o que pode contar na ordem jurídica, ao abrigo da dúvida, da inconstância e da arbitrariedade" (CHORÃO, Mário Bigotte. *Temas fundamentais de direito.* Coimbra: Almedina, 1986. p. 42).

[280] O art. 27 do Código Penal, por exemplo, estabelece que os menores de 18 (dezoito) anos são penalmente inimputáveis, ficando sujeitos às normas estabelecidas na legislação especial. Trata-se de conceito biológico que se funda em uma presunção de falta de maturidade suficientemente desenvolvida. A maturidade, por sua vez, é um conceito sociocultural. Em tese, assim como ocorreu com o sexo, substituído e anulado pelo gênero, nada impediria que a idade passasse a ser entendida como maturidade e, por conseguinte, a interpretação desse artigo fosse alterada, o que não nos parece que seria adequado. A vinculação entre maioridade penal e dignidade da pessoa humana é tema de debate atual em razão de proposta para alteração do art. 228 da Constituição Federal. (PEC 171/1993 de autoria do deputado Benedito Domingos que adotou o n. 115/2015 no Senado Federal).

por exemplo, foi acolhida a tese do professor João Baptista Villela pela desbiologização da paternidade.[281] Mas o reconhecimento da paternidade socioafetiva não representa o desprezo à paternidade biológica e sim a sua relativização.

Afora isso, a diferenciação em comento representa tema sensível, a reclamar, em princípio, a intervenção legislativa, nomeadamente porque há uma pletora de questões sociais,[282] não apenas jurídicas, que precisam ser reguladas a partir do momento em que ela é acolhida. Uma dessas questões é o possível comprometimento da diferenciação entre homens e mulheres, que é algo adotado como premissa pela própria Constituição Federal, em seu art. 5º, inciso I, a indicar que talvez esteja a se confundir a discussão sobre o fim da discriminação contra as mulheres com o fim dos próprios rótulos.[283]

[281] Disponível em: https://www.direito.ufmg.br/revista/index.php/revista/article/download/1156/1089/0. Acesso em: 6 set. 2022. Cuida-se de matéria que guarda relação direta com o tema n. 622 do STF: "A paternidade socioafetiva, declarada ou não em registro público, não impede o reconhecimento do vínculo de filiação concomitante baseado na origem biológica, com os efeitos jurídicos próprios".

[282] Trata-se do que se denomina heteronormatividade, que é termo cunhado por Berlant and Warner em 1998 e que significa o conjunto de práticas e considerações que servem para atribuir coerência e privilégios à heterossexualidade (CARRERA, María Victoria; DePALMA, Renée; LAMEIRAS, Maria. Sex/gender identity: moving beyond fixes and "natural" categorias. *Sexualities.* 15 (8) 995-1016. Disponível em: https://www.researchgate.net/publication/258187225_Sexgender_identity_Moving_beyond_fixed_and_'natural'_categories. Acesso em: 4 set. 2022). As autoras tratam, por exemplo, da possível alteração do currículo escolar para que sobrevenha o que elas entendem ser um currículo *trans.* Sobre isso elas mencionam o seguinte: "Practices such as lining up, playing games, desk placement and dress codes tend do be organized aroung (binary) gender, and teachers can often reinforce gender stereotypes in their response to children's atypical behaviors and preferences in well-meaning attempts to sabe them from peer pressure" (CARRERA, María Victoria; DePALMA, Renée; LAMEIRAS, Maria. Sex/gender identity: moving beyond fixes and "natural" categorias cit.).

[283] MARTINS, Leonardo. *In:* Comentários ao art. 5º. *In:* CANOTILHO, J. J. Gomes; MENDES, Gilmar F.; SARLET, Ingo W.; STRECK, Lenio L. (Coord.). *Comentários à Constituição do Brasil.* São Paulo: Saraiva/Almedina, 2013. p. 235-242. A respeito da desigualdade social entre homens e mulheres e da relação disso com o termo "gênero", Rosie Marie Muraro explica o seguinte: "Nas últimas décadas do século XX as mulheres emergem como sujeitos sociais, históricos e econômicos. Em menos de trinta anos se tornam a metade da população economicamente ativa mundial, na medida em que a sociedade de consumo criou mais máquinas do que 'machos'. Como os oprimidos, depois de oito mil anos de invisibilidade, as mulheres começam também a exercer um papel cada vez mais determinante nas estruturas políticas, sociais e econômicas. No início dos anos 80 as intelectuais mulheres criam a categoria gênero – pois nos anos 70 ainda não havia instrumento metodológico para dar conta dessa entrada das mulheres no domínio público. E o resultado foi quase que imediato. No mundo inteiro

No entanto, a teor da doutrina e da jurisprudência que seguem, essa posição parece estar ultrapassada. Como o objetivo deste livro não é o de tratar específica e primordialmente da possibilidade de se estabelecer essa distinção, inclusive porque ela certamente escaparia do campo jurídico, mas sim da importância do direito à identidade, seguiremos tratando da matéria segundo o aparente consenso jurídico em favor dela.

3.2.1 Sexo, gênero e sexualidade

Segundo a concepção aparentemente prevalecente no Direito contemporâneo, a diferença entre sexo e gênero se assemelha muito àquela existente entre as duas concepções de raça a que nos referimos anteriormente, uma biológica *lato sensu* e outra sociocultural.

A designação do sexo da pessoa é estritamente biológica e diz respeito à sua conformação física/anatômica, que se subdivide em fatores genéticos (cromossomos femininos ou masculinos), gonadais (ovários ou testículos), genitais (pênis ou vagina) e morfológicos (aspectos físicos externos gerais). Sob esse prisma, as pessoas podem ser designadas como homens, mulheres ou intersexuais, que são as pessoas que apresentam características sexuais ambíguas.[284]

iniciou-se um trabalho meticuloso, pontual, de crítica de todas as estruturas do patriarcado e da sociedade de classes – seja do ponto de vista prático, vivencial, como da perspectiva teórica. A categoria gênero começou a ser usada primeiro para mostrar a discriminação da mulher em todos os níveis: no econômico, no político, no social etc. Depois passou-se a elaborar uma epistemologia questionando as bases da filosofia platônica e cartesiana, baseada na objetividade, na abstração e nas generalizações" (MURARO, Rose Marie *et al. Mulher, gênero e sociedade*. Organização Andréa Brandão Puppin e Rose Marie Muraro. Rio de Janeiro: Relume Dumará: FAPERJ, 2001. p. 7).

[284] Muitas das referências utilizadas nesta passagem foram retiradas do julgamento da ADO n. 26 por parte do Supremo Tribunal Federal, que é o *leading case* no que se refere ao tema da identidade de gênero, e que, por isso mesmo, pode servir de base para a fixação de algumas premissas, tendo em vista que a questão ainda é intensamente discutida no âmbito do biodireito, a ensejar a formação de conceitos plurívocos. Convém acrescentar, ainda, que os conceitos utilizados no julgamento, notadamente pelo Ministro Relator, encontram amparo nos Princípio de Yogyakarta, elaborados em 2006 sob a coordenação da Comissão Internacional de Juristas e do Serviço Internacional de Direitos Humanos, que é um documento de ampla aceitação na comunidade internacional (BRASIL. Supremo Tribunal Federal. ADO n. 26/DF. Relator: Ministro Celso de Mello. j. 13/06/2019. *DJ* 06/02/2020); VIANA, Rui Geraldo

A designação de gênero, por sua vez, está ligada a fatores psicossociais. Ela corresponde à maneira como a pessoa se relaciona em sociedade, isto é, como se expressa, se de modo masculino ou feminino.

A relação entre as designações *supra*, de sexo e de gênero, permite que as pessoas possam ser identificadas como cisgênero ou transgênero. No primeiro caso há harmonia entre o sexo e o gênero, ao passo que no segundo há desarmonia entre eles.

A esses conceitos se conjugam aqueles relativos à sexualidade humana, que envolve aspectos íntimos da personalidade e se relacionam a manifestações de desejo sexual. Sob esta perspectiva, a orientação sexual da pessoa pode ser considerada heterossexual, quando há atração pelo sexo oposto; homossexual, quando há atração pelo mesmo sexo; bissexual, quando há atração por ambos os sexos; ou assexual, quando há indiferença em relação a ambos os sexos.[285]

3.2.2 A questão específica do transgênero

A dissonância existente entre o sexo e o gênero é o que caracteriza o transgênero.[286] Segundo Afonso de Albuquerque, a sua causa mais provável é a

Camargo. Novos direitos da personalidade: direito à identidade sexual. *In:* CORREIA, Atalá; CAPUCHO, Fábio Jun (Coord.). *Direitos da personalidade:* a contribuição de Silmara J. A. Chinellato. Barueri/SP: Manole, 2019. p. 90.

[285] Essa divisão é, basicamente, a mesma estabelecida por Adriana Caldas Dabus Maluf: sexo, gênero e orientação sexual. Sexo diz respeito às características biológicas dos aparelhos reprodutores feminino e masculino. O gênero é mais abstrato, está eivado de subjetividade e indica um papel social desempenhado na coletividade pelo ser. Já a orientação sexual indica o impulso da energia sexual de cada indivíduo, ou seja, como ele canaliza a sua sexualidade. E a respeito da orientação sexual que leva ao comportamento desse jaez, a autora afirma que existem vários fatores que atuam em diferentes estágios do desenvolvimento humano para determinar o comportamento sexual que o indivíduo irá manifestar na idade adulta, merecendo destaque, em ordem temporal, o meio hormonal perinatal, a socialização pré-puberal, os hormônios puberais e os parceiros sexuais disponíveis (MALUF, Adriana Caldas do Rego Freitas Dabus. *Direito das famílias:* amor e bioética. São Paulo: Elsevier, 2012. p. 211-214).

[286] Situação jurídica que se opõe à do cisgênero, que é a pessoa que tem corpo e gênero coincidentes (VIEIRA, Tereza Rodrigues. *In:* MATOS, Ana Carla Harmatiuk; LOUZADA, Ana Maria Gonçalves *et. al. Diversidade sexual e direito homoafetivo.* Coordenação Maria Berenice Dias. 3.ed., rev., atual. e ampl. São Paulo: Revista dos Tribunais, 2017. p. 393; VIANA, Rui Geraldo Camargo. Novos direitos da personalidade: direito à identidade sexual cit., p. 90).

de um erro no desenvolvimento normal do chamado "disformismo sexual" do cérebro do feto, seja esse erro de natureza hormonal (no sangue circulante da mãe), seja genético. No entanto, ressalta o autor, o potencial biogenético, ainda que determinante, não exclui outros fatores do ambiente familiar e social, que podem mais tarde desempenhar um papel reforçador (ou não) dos efeitos dessa anomalia biológica primária.[287]

Para Marcelo Rocha Nassar Hissa, a autoconsciência da identidade de gênero surge gradualmente durante a infância. Entre 6 e 9 meses de vida, os bebês já fazem diferenciação de vozes e faces quanto ao gênero; aos 2 anos de idade, já conseguem se identificar como meninos e meninas; e, aos 6, têm consciência que o gênero não mudará. As possíveis etiologias dos distúrbios da formação da identidade de gênero foram investigadas em várias áreas: neuroanatomia estrutural, neuroimagem funcional, genética e exposição a andrógenos pré-natais. Esses estudos denotam que o processo cognitivo depende de interações ambientais, familiares e sociais, porém, o momento preciso em que esse processo se completa ainda é desconhecido. Desconhecem-se também os fatores que levam à incongruência da identidade.[288]

A medida da profundidade e estabilidade do desejo de mudar de sexo buscando harmonizá-lo com o gênero é o que permite à doutrina separar a situação do transgênero em dois campos: primário, quando o desejo pela mudança de sexo é perene, há uma verdadeira obsessão por ela; e secundário, quando o desejo não apresenta essas características.[289]

De acordo com Camila de Jesus Melo Gonçalves:

> [...] a transexualidade é um fenômeno social que pode ser considerado um sintoma da civilização moderna, pois o pedido dos transexuais de modificação do próprio corpo para sua conformação à aparência do sexo oposto supõe uma prévia oferta introduzida pela

[287] ALBUQUERQUE, Afonso de. Imagem e identidade cit., p. 16.

[288] HISSA, Marcelo Rocha Nasser. *Transtorno de identidade de gênero:* manual de atendimento clínico. Organização Marcelo Rocha Nasser Hissa, Miguel Nasser Hissa. Santana de Parnaíba--SP: Manole, 2021. p. 24.

[289] GONÇALVES, Camila de Jesus Mello. *A transexualidade sob a ótica dos direitos humanos:* uma perspectiva de inclusão. 2012. Tese (Doutorado) – Faculdade de Direito. Universidade de São Paulo: São Paulo, 2012. p. 57.

> ciência, possibilitada pelo avanço da tecnologia e da técnica no mundo moderno.[290]

O art. 3º da Resolução CFM n. 1.955/2010 estabelecia os critérios a serem utilizados no diagnóstico do transgênero: a) desconforto com o sexo anatômico natural; b) desejo expresso de eliminar os genitais, perder as características primárias e secundárias do próprio sexo e ganhar as do sexo oposto; c) permanência desses distúrbios de forma contínua e consistente por, no mínimo, dois anos; e, d) ausência de outros transtornos mentais.

O art. 4º dessa Resolução, por sua vez, estabelecia os requisitos para a realização da cirurgia de transgenitalismo, a ser avaliada por uma equipe multidisciplinar constituída por médico psiquiatra, cirurgião, endocrinologista, psicólogo e assistente social, por, no mínimo, dois anos: a) diagnóstico médico de transgenitalismo; b) pessoa maior de 21 anos de idade; e, c) ausência de características inapropriadas para a cirurgia.

A Resolução *supra* foi revogada pela Resolução CFM n. 2.265/2019, que logo no seu art. 1º dispõe que "compreende-se por transgênero ou incongruência de gênero a não paridade entre a identidade de gênero e o sexo ao nascimento, incluindo-se nesse grupo transexuais, travestis e outras expressões identitárias relacionadas à diversidade de gênero". Ele prossegue em seus parágrafos definindo identidade de gênero como o reconhecimento de cada pessoa sobre seu próprio gênero, assim como o que são homens transexuais, mulheres transexuais e travesti.

Essa Resolução é inovadora porque deixa de lado a noção de diagnóstico, termo mais ligado às doenças e agravos à saúde. O § 5º do art. 1º desse diploma é um bom exemplo disso, pois ele estabelece que "considera-se afirmação de gênero o procedimento terapêutico multidisciplinar para a pessoa que necessita adequar seu corpo à sua identidade de gênero por meio de hormonioterapia e/ou outras cirurgias".

É multidisciplinar o procedimento terapêutico porque ele deve contar com pediatra, em casos de pacientes com até 18 anos de idade, psiquiatra, endocrinologista, ginecologista, urologista e cirurgião plástico, sem prejuízo

290 GONÇALVES, Camila de Jesus Mello. *A transexualidade sob a ótica dos direitos humanos:* uma perspectiva de inclusão cit., p. 54.

de outras especialidades médicas que atendam à necessidade do Projeto Terapêutico Singular.

A rigor, a hormonioterapia somente pode ser iniciada aos 16 anos de idade e o procedimento cirúrgico de afirmação de gênero aos 18 anos de idade, desde que precedido por acompanhamento prévio mínimo de 1 (um) ano pela equipe multiprofissional interdisciplinar a que nos referimos acima.

A pletora de requisitos para a realização da cirurgia demonstra que o desejo, como exercício da autonomia individual, não é suficiente para que essa transformação corporal possa ocorrer.[291]

O Supremo Tribunal Federal decidiu no RE n. 670.422/RS que o transgênero tem direito subjetivo à alteração do nome e da classificação de gênero no assento de nascimento, independentemente de procedimento cirúrgico de redesignação em atenção aos princípios da dignidade da pessoa humana, da personalidade, da intimidade, da isonomia, da saúde e da felicidade, os quais foram sopesados com os princípios da publicidade, da informação pública, da segurança jurídica, da veracidade dos registros públicos e da confiança.[292]

291 GONÇALVES, Camila de Jesus Mello. *A transexualidade sob a ótica dos direitos humanos:* uma perspectiva de inclusão cit., p. 34.

292 BRASIL. Supremo Tribunal Federal. RE 670.422/RS. Relator: Ministro Dias Toffoli. j. 15/08/2018. *DJ* 10/03/2020. Trata-se de posição idêntica à exposta nos Enunciado n. 42 (Quando comprovado o desejo de viver e de ser aceito enquanto pessoa do sexo oposto, resultando numa incongruência entre a identidade determinada pela anatomia de nascimento e a identidade sentida, a cirurgia de transgenitalização é dispensável para a retificação de nome no registro civil) e 43 (É possível a retificação do sexo jurídico sem a realização da cirurgia de transgenitalização) da I Jornada de Direito da Saúde do CNJ. O Provimento n. 73/2018 do CNJ regulamentou a possibilidade de averbação da alteração do prenome e gênero nos assentos de nascimento e casamento de pessoa transgênero no Registro Civil das Pessoas Naturais. Rui Geraldo Camargo Viana proferiu a primeira sentença do Brasil, enquanto juiz de direito da Vara de Registros Públicos de São Paulo, em 1972, autorizando a retificação do sexo no registro civil. "O requerente, nascido e registrado como homem, desde a mais tenra infância, era tratado como menina, e assim se trajava; muito cedo, passou a tomar bombardeios de estrógenos, e psicológica e morfologicamente sentindo-se mulher, rumou para Casablanca, em Marrocos, 'porque então proibida no Brasil a conversão' e ali fez a cirurgia, com a ablação dos genitais masculinos e plástica corretiva. Diante desse quadro, acolhi parecer do eminente professor titular de Medicina Legal da Faculdade de Medicina da Universidade de São Paulo (FMUSP), Hilário Veiga de Carvalho, deferindo a alteração do nome e do sexo do seu registro civil. A decisão causou grande celeuma e restou anulada pelo Tribunal de Justiça do Estado de São Paulo, sem enfrentar o mérito, sob o fundamento de tratar-se de direito de família,

A respeito da identidade, constou ainda do referido julgado que deveria ser afastado qualquer óbice jurídico que representasse restrição ou limitação ilegítima, ainda que meramente potencial, à liberdade do ser humano para exercer sua identidade de gênero e se orientar sexualmente, pois essas faculdades constituem inarredáveis pressupostos para o desenvolvimento da personalidade humana.

A situação brasileira quanto aos transgêneros é muito semelhante à de outros países.[293] Na Itália, segundo Giorgio Pino, a Corte Constitucional tinha posição contrária ao reconhecimento do direito à identidade sexual, mas com argumentos frágeis, como o fazia a Corte Europeia. Com a vinda da Lei n. 164 sobre alteração sexual, de 14 de abril de 1982,[294] a Corte explicitamente reconheceu a relevância constitucional do direito à identidade sexual como característica essencial do princípio do desenvolvimento da personalidade humana prevista nos referidos arts. 2º e 3º da Constituição local.[295]

No Reino Unido o *Gender Recognition Act* de 2004 afirma em suas seções 2 e 3 que a pessoa pode postular o reconhecimento da alteração de identidade de gênero se comprovar que tem ou teve disforia; tem vivido há pelo menos dois anos de acordo com o gênero adquirido, o que significa que vai mostrar a internalização desse novo rótulo como parte da sua identidade individual, com seus padrões de comportamento; a intenção de continuar a viver assim; e apresentar um relatório feito por um médico ou psicólogo que atua na área de disforia de gênero e por um médico que atua em outra área.[296]

da competência das varas respectivas" (VIANA, Rui Geraldo Camargo. Novos direitos da personalidade: direito à identidade sexual cit., p. 91).

293 CARRERA, María Victoria; DePALMA, Renée; LAMEIRAS, Maria. Sex/gender identity: moving beyond fixes and "natural" categorias cit., p. 1003-1004.

294 "Art. 1. La rettificazione si fa in forza di sentenza del tribunale passata in giudicato che attribuisca ad una persona sesso diverso da quello enunciato nell'atto di nascita a seguito di intervenute modificazioni dei suoi caratteri sessuali."
A retificação se faz por força de sentença do tribunal passada em julgado que atribua à pessoa sexo diverso daquele anunciado no ato de nascimento, após a intervenção modificativa de suas características sexuais (tradução livre).

295 PINO, Giorgio. The Right to Personal Identity in Italian Private Law: Constitutional Interpretation and Judge-Made Rights cit., p. 237.

296 "2. Determination of applications
(1) In the case of an application under section 1(1)(a), the Panel must grant the application if satisfied that the applicant —

Na Argentina, por sua vez, a cirurgia era restrita, pois a Lei n. 17.132 a impedia,[297] salvo se autorizadas judicialmente. Com o advento da Lei

(a) has or has had gender dysphoria,
(b) has lived in the acquired gender throughout the period of two years ending with the date on which the application is made,
(c) intends to continue to live in the acquired gender until death, and
(d) complies with the requirements imposed by and under section 3.
(2) In the case of an application under section 1(1)(b), the Panel must grant the application if satisfied —
(a) that the country or territory under the law of which the applicant has changed gender is an approved country or territory, and
(b) that the applicant complies with the requirements imposed by and under section 3.
[...]
3. Evidence
(1) An application under section 1(1)(a) must include either —
(a) a report made by a registered medical practitioner practising in the field of gender dysphoria and a report made by another registered medical practitioner (who may, but need not, practise in that field), or
(b) a report made by a [registered psychologist] practising in that field and a report made by a registered medical practitioner (who may, but need not, practise in that field).
[...]"
2. Determinação dos requerimentos:
(1) No caso de um requerimento nos termos da seção 1 (1)(a), o Júri deve deferi-lo se convencido de que o requerente –
(a) tem ou teve disforia de gênero,
(b) vive ou viveu no gênero adquirido ao longo do período de dois anos, que termina na data em que o requerimento é feito,
(c) pretende continuar a viver no gênero adquirido até a morte, e,
(d) está em conformidade com os requisitos impostos na seção 3.
(2) No caso de um requerimento nos termos da seção 1 (1)(b), o Júri deve deferi-lo se convencido –
(a) que o país ou território no qual o requerente mudou de gênero, de acordo com a lei, é um país ou território aprovado, e,
(b) que o requerente cumpre os requisitos impostos pela seção 3.
[...]
3. Provas:
(1) Um requerimento nos termos da seção 1(1)(a) deve incluir:
(a) um relatório feito por um médico registrado que atua na área de disforia de gênero e um relatório feito por outro médico registrado (que pode, mas não precisa atuar nessa área), ou,
(b) um relatório feito por um psicólogo registrado que atua nessa área e um relatório feito por um médico registrado (que pode, mas não precisa atuar nessa área). (tradução livre)

[297] "Artículo 19. — Los profesionales que ejerzan la medicina están, sin perjuicio de lo que establezcan las demás disposiciones legales vigentes, obligados a:

n. 26.743[298] a situação mudou e passou a ser autorizada a cirurgia em razão do reconhecimento expresso do direito à identidade de gênero e do livre desenvolvimento de sua personalidade a partir dessa identidade. Também restou reconhecido o direito ao tratamento de acordo com essa identidade e, em particular, à identificação nos instrumentos que acreditam sua identidade em relação ao nome, imagem e sexo registrados.

Com isso, segundo Ricardo Luis Lorenzetti, deu-se a mudança na doutrina e na jurisprudência, quer pela aceitação de que sexo não é sinônimo de anatomia, quer pela admissão de que a situação do transgênero diz respeito mais à esfera íntima da pessoa, não afetando terceiros.[299]

A propósito, ele cita dois julgados relativamente recentes para comprovar essa mudança de entendimento. O primeiro de 6 de outubro de 2003, no qual a pessoa requeria autorização para submeter-se a intervenções cirúrgicas destinadas a compatibilizar seus órgãos genitais ambíguos com os do sexo feminino e a correspondente retificação de seus dados no assento de nascimento e nos demais documentos. O juiz mencionou na decisão que aquilo que se pretendia era fruto de uma decisão largamente elaborada por período de tempo denominado prova de vida,[300] que se relaciona diretamente à noção de identidade narrativa a que aludimos no item 2.3 deste livro.

[...]
4º) no llevar a cabo intervenciones quirúrgicas que modifiquen el sexo del enfermo, salvo que sean efectuadas con posterioridad a una autorización judicial;"
Art. 19. Os profissionais que exerçam a medicina estão, sem prejuízo do que estabeleçam as demais disposições legais vigentes, obrigados a:
[...]
4º) não levar a cabo intervenções cirúrgicas que modifiquem o sexo do enfermo, salvo se efetuadas posteriormente a uma autorização judicial (tradução livre).

298 "Artículo 3º – Ejercicio. Toda persona podrá solicitar la rectificación registral del sexo, y el cambio de nombre de pila e imagen, cuando no coincidan con su identidad de género autopercibida."
Artigo 3º – Exercício. Toda pessoa poderá solicitar a retificação registral do sexo e a alteração do nome de prenome e de imagem, quando não coincidam com a sua identidade de gênero autopercebida (tradução livre).

299 LORENZETTI, Ricardo Luis. *Responsabilidad civil de los medicos* cit., p. 354-355.

300 Ibidem, p. 362.

O segundo de 21 de março de 2007, no qual os juízes da Suprema Corte de Buenos Aires trataram da noção de identidade dinâmica para afastar a vinculação do sexo biológico ao gênero correspondente. Para tanto, foi enfatizada a autodeterminação da pessoa, a liberdade, a existência autobiográfica, assim como o "sentido" e o "vivido" na definição do gênero, para o caso do transexual.[301]

De tudo o que foi dito *supra*, isto é, do que ensina a doutrina e afirma a jurisprudência, não apenas do Brasil, podemos extrair que a aceitação paulatina dos transgêneros na sociedade passa por uma tardia expressão da autenticidade, a que nos referimos no item 2.1.4, quando analisamos a doutrina de Charles Taylor. Tardia porque muito posterior a outras que a antecederam, como é o caso dos homossexuais, que passaram a se expressar e a defender a sua orientação sexual sobretudo a partir da segunda metade do século XX.

O problema é que, seja por ser tardia, seja por envolver não apenas uma orientação sexual, mas a própria espécie de identidade-percepção, há questões complexas que ainda precisam ser resolvidas, como é o caso aparentemente singelo do uso de banheiros por parte dos transgêneros.[302]

Como vimos, o simples desejo da pessoa não é suficiente para que haja o reconhecimento da disforia de gênero. A internalização do rótulo por parte dela e a constatação de que ela já narra os acontecimentos da própria vida sob uma nova visão de mundo, não a partir do gênero masculino, mas do feminino, ou vice-versa, são os pontos centrais nessa análise. O exterior é apenas a consequência da mudança interior.

Ora, sendo assim, não está errado quem sustenta que não é admissível que alguém de aparência masculina ou feminina frequente, com o constrangimento

301 Ibidem, p. 367-370.

302 Repercussão geral reconhecida no: BRASIL. Supremo Tribunal Federal. RE 845.779. Relator: Ministro Roberto Barroso; BRASIL. Tribunal de Justiça de São Paulo. 29ª Câmara de Direito Privado. Apelação Cível nº 1004631-58.2018.8.26.0189. Relator: Desembargador Neto Barbosa Ferreira. j. 27/04/2022. Embora possa parecer banal, trata-se de questão que se coloca sempre que a discussão sobre sexo/gênero se apresenta. E não se trata de discussão de fácil solução, tanto que mesmo a existência de um banheiro separado para quem se identificasse como transgênero em uma escola secundária do Reino Unido representou fonte de estresse e perseguição, comparativamente à existência de banheiros unissex (CARRERA, María Victoria; DePALMA, Renée; LAMEIRAS, Maria. Sex/gender identity: moving beyond fixes and "natural" categorias cit., p. 1009).

de todos os do sexo oposto, banheiro destinado a estes.[303] Se o exterior vem a reboque da mudança interior, não podemos dizer que quem julga pela aparência o faz indevidamente. Além do mais, não há outras referências que possam ser utilizadas para a solução desse problema, à exceção da apresentação de documentos pessoais com novo nome, a indicar o gênero atual.

A propósito, cabe ressaltar que o Direito, cada vez mais, acolhe aquilo que a aparência demonstra, como são os casos da posse do estado de filho (paternidade socioafetiva) e de casado (união estável). Nos dois casos a segurança jurídica cede espaço à realidade, mas isso não significa que não haja situações complexas que demandem uma explicação a mais por parte dos envolvidos para que possam simplesmente exercer os direitos que lhe são reservados pela lei.

3.2.3 Porque o gênero é uma identidade

Todos os pressupostos referentes ao direito à identidade, na sua vertente identidade-percepção, estão presentes no gênero. Ser do gênero masculino ou feminino é um dos principais rótulos a que aderem as pessoas e, a partir disso, uma série de configurações se apresentam para ela, quer no campo do direito, com políticas públicas e preceitos normativos destinados exclusivamente aos portadores de um desses dois rótulos, quer em qualquer outro contexto. E a partir da internalização desses rótulos por parte das pessoas, surgem padrões de comportamento esperados pela sociedade.[304]

303 ALMEIDA, José Luiz Gavião de; VEDOVATO, Luis Renato; SILVA, Marcelo Rodrigues da. A identidade pessoal como direito fundamental da pessoa humana e algumas de suas manifestações na ordem jurídica brasileira cit., p. 57.

304 Há discussão sobre se há mesmo influência desses rótulos sobre as pessoas que as titularizam e, no caso positivo, em que medida isso se dá. As pesquisadoras Monica Biernat e Diante Kobrynowicz compreendem que a resposta é positiva e assim afirmam: "Understanding whether a woman will be assimilated to, contrasted from, or unaffected by that group standard requires on to focus on how impressions of her are assessed. In this sense, the shifting standards model adds additional complexity to the intrincate structural and process features of gender stereotyping described earlier, highlighting that the influencie of gender stereotypes can be measured in different ways (in shorthand for now, either 'objevtively' or 'subjetively') with very different effects" (BIERNAT, Monica; KOBRYNOWICZ, Diane. A shifting standards perspective on the complexity of gender stereotypes and gender stereotyping. *In:* SWANN JR., Willian B.; LANGLOIS, Judith H.; GILBERT, Lucia Albino. *Sexism*

Embora isso seja dito em tom de brincadeira na maior parte das vezes, afirmar que meninos brincam de carrinho e meninas de boneca reflete justamente o poder que a sociedade exerce no processo dialógico de construção dessas identidades a partir desses rótulos.[305] O maior problema dessa dicotomia está na desigualdade de tratamento a partir da internalização de cada um dos rótulos.[306]

A desigualdade já foi maior nesse contexto, mas as lutas sociais, nomeadamente do feminismo, nivelaram muito mais a situação. O Código Civil de 1916 é um bom exemplo da posição do gênero feminino na sociedade, pois ele estabelecia que a mulher casada era relativamente incapaz, equiparando-se a menores de 18 anos de idade e portadores de alguma restrição intelectual. Somente com a Lei n. 4.121/1962 é que isso foi alterado.

A submissão da mulher ao homem sempre fez com que as mulheres tivessem muito mais dificuldade para galgar posições de destaque, sendo que, em alguns casos, o acesso delas era simplesmente negado, quer pelas decisões dos homens que estavam no poder (problema subjetivo), quer pela falta de estrutura para que elas pudessem sequer desejar ocupar determinado posto ou posição (problema objetivo). Em virtude disso, muitas mulheres simplesmente não eram estimuladas a estudar, já que lhes caberia o papel de dona de casa e mãe. Com isso, os *scripts* das mulheres eram muito mais restritos e a visão de mundo de uma mulher era diferente da do homem.

and stereotypes in modern society: the gender science of Janet Taylor Spence. Washington, D.C.: American Psycological Association, 1998. p. 81).

305 Sobre a vinculação entre os estereótipos e os momentos históricos, vale conferir: TOFLER, Alvin. *A terceira onda*. Tradução João Távora. 25. ed. Rio de Janeiro: Record, 2001. p. 55-58.

306 A respeito da incorporação dos rótulos de gênero e da necessidade de não se ter uma visão restrita e estática da masculinidade, o que, reflexamente, afeta a feminilidade do mesmo modo, vale conferir: ALMEIDA, Marlise Míriam de Matos. Masculinidades: uma discussão conceitual preliminar. *In:* MURARO, Rose Marie *et al.* (Org.). *Mulher, gênero e sociedade*. Rio de Janeiro: Relume Dumará, FAPERJ, 2001. p. 21-38. A propósito da formação do gênero em crianças, sob o prisma das brincadeiras e brinquedos, cabe conferir a explicação de Carol Lynn Martin, que trata de fatores sociais, biológicos e cognitivos, dentre outros pontos de vista (MARTIN, Carol Lynn. A developmental perspective on gender effects and gender concepts. *In:* SWANN JR., Willian B.; LANGLOIS, Judith H.; GILBERT, Lucia Albino. *Sexism and stereotypes in modern society:* the gender science of Janet Taylor Spence. Washington, D.C.: American Psycological Association, 1998. p. 47-55).

O avanço da ciência, com a descoberta da pílula anticoncepcional, e a supracitada luta feminista alteraram essas configurações, permitindo que as mulheres não mais tivessem que seguir roteiros predeterminados por uma visão machista de sociedade. Daí o surgimento, ainda lento, mas notável, de opções de vida que antes limitadas aos homens, como é o caso de jogadora de futebol.

Também foram alterações nas configurações que tornaram possível a mudança de gênero, como vimos anteriormente. Sem que a ciência tivesse avançado para fornecer àqueles que sofriam com esse distúrbio a possibilidade de receber tratamentos, bem como de se submeter ao procedimento cirúrgico a que nos referimos antes, não conceberíamos discutir sobre essa opção, que, em termos identitários, nada mais representa do que trocar de lado no que diz respeito ao gênero.

Não é à toa, aliás, que já encontramos decisões judiciais reconhecendo a possibilidade de um transgênero feminino ser vítima de crime de feminicídio[307] ou de receber proteção sob a ótica da Lei n. 11.340/06. São esses os sintomas de uma sociedade que passa a admitir que é a inserção no universo feminino que pode trazer a opressão, não o simples fato de ser do sexo feminino e, em tese, ter menos força física que um homem.

3.2.4 O gênero neutro

Convém tratarmos de mais um detalhe acerca da identidade de gênero que é justamente a possibilidade de a pessoa não ter gênero, nem feminino nem masculino. Em outubro de 2017 a Corte Constitucional Federal da Alemanha (BvR 2019/16)[308] reconheceu a possibilidade de existir uma terceira opção, com base no direito geral da personalidade e na proibição de discriminação, previstos, respectivamente, nos arts. 2º, n. 1, e 3º, § 3º, ambos da Lei Fundamental de Bonn de 1949.

307 BRASIL. Tribunal de Justiça do Estado de São Paulo. Rese n. 1500874-85.2019.8.26.0052. Relator: Desembargador Ricardo Sale Júnior. j. 09/10/2020. *DJe.* 19/10/2020.

308 Reportagem disponível em: https://www.bundesverfassungsgericht.de/SharedDocs/Entscheidungen/ DE/2017/10/rs20171010_1bvr201916.html. Acesso em: 27 fev. 2021. SILVA NETO, Laércio da. A identidade intersexo no direito alemão e inglês: perspectivas futuras para o Brasil. *Revista de Direito Constitucional e Internacional*, v. 130, p. 215-231, mar.-abr. 2022, p. 19-23.

O histórico do caso é o seguinte: a autora Vanja, nascida em 1989, requereu ao cartório competente a correção de seu registro de nascimento para que fosse substituído o termo "feminino" por outro como "inter" ou "diverso", uma vez que diagnosticada com síndrome de Turner, que é uma anomalia cromossômica – há a perda completa ou parcial de um dos cromossomos do par XX. Isso, na sua compreensão, faria com que ela se situasse em um estágio intermediário entre a masculinidade e a feminilidade.

O cartório rejeitou o pedido por conta da determinação da lei alemã do estado civil, que dispõe que deve constar do registro um dos dois gêneros, masculino ou feminino. O pedido foi apresentado então ao tribunal local, mas foi rejeitado. Contra essa decisão foi interposto recurso, que foi novamente negado, o que deu ensejo ao recurso perante a Corte Constitucional.

Entre outros argumentos, o tribunal entendeu que a restrição referente à escolha de um dos dois gêneros não se mostra compatível com os supracitados preceitos constitucionais. Nem mesmo a opção de não constar gênero algum foi aceita como harmônica com o desenvolvimento autodeterminado e a preservação da personalidade. Afirmou o tribunal que a menção ao gênero não é uma nota marginal, mas a posição de uma pessoa dentro do sistema jurídico, a denotar, como defendemos, que o gênero é uma identidade porque integra as configurações a partir das quais ela se forma.

Foi rejeitado o argumento de que despesas burocráticas e financeiras ou os interesses do Estado em ordem pudessem justificar a negação de uma nova opção de registro positivo uniforme. Na mesma linha, foi rechaçada a ideia de que a entrada positiva de um outro gênero, sob uma terceira designação, causasse problemas de atribuição que já não existam sob a égide da lei atual, pois todas as questões existentes devem ser esclarecidas para esse novo gênero.

Trata-se de decisão inovadora e que se harmoniza com o que Ricardo Luiz Lorenzetti chama de direito a ser diferente.[309] Apesar da importância dela, é preciso que a analisemos *cum grano salis*, antes que seja adotada como referência sem maiores cuidados.[310]

[309] LORENZETTI, Ricardo Luis. *Responsabilidad civil de los medicos* cit., p. 347-348.

[310] No Brasil já foram proferidas decisões favoráveis à adoção de gênero neutro ou intersexo no registro de nascimento: reportagens disponíveis em: https://www.migalhas.com.br/quentes/343533/nem-homem-nem-mulher-pessoa-consegue-registro-de-genero-neutro.

Por primeiro, importa salientarmos que embora a decisão alemã tenha se referido ao gênero neutro, dando a entender que o critério utilizado para o acolhimento do pleito foi apenas sociocultural, na verdade, ela tem como premissa o fato de que a autora tem uma anomalia cromossômica, o que diz respeito ao critério biológico-genético e, portanto, ligado à identidade sexual.

Sendo assim, ao menos em termos de referência, esse julgado não pode ser utilizado como fundamento para se sustentar pleitos que se baseiem única e exclusivamente no ponto de vista sociocultural, como é o caso das pessoas que são biologicamente homens ou mulheres, mas entendem que não se identificam com os gêneros masculino e feminino (não binários) e, por conta disso, teriam o direito de alterar o seu registro civil. Em outras palavras, esse é um julgado que acaba por confirmar que o critério biológico é o principal e o sociocultural complementar, como defendemos anteriormente.

Por segundo, sem querermos adentrar na seara médica, cabe mencionarmos que a síndrome de Turner é uma anomalia que acomete justamente as mulheres, pois afeta o par de cromossomos (XX) que as diferencia dos homens (XXY), de tal maneira que, em princípio, estar-se-ia tratando propriamente de uma mulher com algumas características corporais específicas. A despeito disso, a maior parte das características específicas dos portadores dessa síndrome dizem respeito à baixa estatura, pescoço mais curto e alterações cardiovasculares. Nada que infirme a distinção entre homens e mulheres ou pessoas do gênero masculino ou feminino.

Apenas a ausência de menstruação e infertilidade são características possíveis mais ligadas à sexualidade feminina, mas, ainda assim, isso não afastaria o fato de que estamos diante de uma mulher, afinal, há mulheres que, por diversas razões, não mais menstruam, como se dá após a menopausa, ou são inférteis.

Por terceiro, cabe dizermos que a intersexualidade não é um fato novo e, como teremos oportunidade de tratar no item 4.2 deste livro, já há soluções que podem ser utilizadas para a resolução do problema relativo ao registro civil.

Acesso em: 14 jun. 2021; https://www.conjur. com.br/2021-out-29/pessoa-nao-binaria-nao--especificar-genero-registro-civil. Acesso em: 21 ago. 2022.

Por quarto, entendemos ser pertinente lembrar que para se aceitar o gênero neutro talvez teríamos que aceitar também uma visão restrita de masculinidade e feminilidade, o que não necessariamente é pacífico.[311]

Por quinto, nessa mesma senda, compreendemos que se admitíssemos a ideia de que alguém pudesse simplesmente não se identificar com qualquer dos dois gêneros, a partir de uma ótica meramente sociocultural, então, por coerência, teríamos que aceitar também que alguém pudesse simplesmente não ter raça. Não nos parece, contudo, que a vontade da pessoa tenha essa força jurígena.

Por sexto e último, convém acrescentarmos que se o gênero neutro fosse aceito, assim como determinou a Suprema Corte alemã, toda a estrutura jurídica precisaria ser remodelada, pois em grande medida ela se funda na dicotomia masculino-feminino.[312] O exemplo mais marcante talvez seja o da

[311] "The term gender, as social scientists have come to realize, is a very large umbrella, encompassing a wide array of beliefs and actions. Although she would probably not be comfortable with the label of social constructionist, Spence certainly was among the first in line to talk about the multidimensionality of gender concepts. Whereas the laboratory experiment is undoubtedly still in her blood, she has in her research often gone to broad-scale surveys, multiple measures, and more than one Generation of participants in an attempt to gain a broader representation of attitudes and beliefs. In particular, Spence has been a leading proponent of multidimensionality in the analysis of the concepts os masculinity and femininity. [...] Spence argued that the various gendered domains of life, such as personality traits, physical attributes, recreational interests, and occupational preferences, have different developmental histories and complex interactions. As a consequence, all people do not share the same meanings of masculinity and femininity. Furthermore, people can selectively pick from their own experiential history, taking on those aspects of masculinity and femininity that they find compatible with other values and dismissing those attributes that may be viewed as central by others. In other words, the package label may sey masculine or feminine, but a careful look at the contents may hold some surprises" (DEAUX, Kay. An overview of research on gender: four themes from 3 decades cit., p. 20-21). Acerca dessa análise maniqueísta dos conceitos de gênero decorrentes do sexo, cabe conferir a observação feita por Karina Nunes Fritz acerca do julgado: "Até a Anistia internacional aplaudiu o julgado como um importante passo em direção à igualdade de gênero e ao reconhecimento de milhares de pessoas que geneticamente não possuem um alinhamento de todas as características sexuais por um só gênero, ou seja, não são totalmente masculinas, nem femininas, mas, ao contrário, se reconhecem como pessoas ambíguas, portadoras de caracteres masculinos e femininos" (FRITZ, Karina Nunes. *Jurisprudência comentada dos tribunais alemães*. Indaiatuba: Focco, 2021. p. 19).

[312] Na divisão feita por Nancy Fraser, essa mudança se adequaria ao que ela chama de transformação agressiva dos padrões sociais de representação, interpretação e comunicação, pois transformaria o sentido do eu de todas as pessoas. Nesta linha, ela explica que, quanto às

previdência social, mas há muitos outros, como todas as regras que tutelam a mulher, em posição de desigualdade injustificada em relação ao homem em alguns setores da sociedade.

Em síntese, compreendemos que não seria o caso de adotar esse posicionamento no Brasil, sendo rejeitada essa nova subespécie de identidade-percepção, na sua vertente de identidade de gênero.

No entanto, caso ele acabe sendo adotado, que isso se restrinja às hipóteses de peculiaridade de ordem biológico-genética, não apenas por uma ótica sociocultural; ou, em sendo adotado de forma mais abrangente, ao menos, a fim de que seja garantida a isonomia material, que a solução para a problemática jurídica surgida parta do princípio da isonomia material, segundo o qual os iguais devem ser tratados igualmente, e os desiguais, desigualmente, na medida de sua desigualdade.

Isso significa que, havendo regra específica que visa tutelar interesse jurídico específico de um dos dois gêneros, como sói ocorrer com as mulheres por razões que não vêm ao caso especificar, se não existir fundamento concreto para que os não binários sejam equiparados a elas, eles devem adotar a regra geral.

3.3 Identidade política

Segundo Norberto Bobbio, o termo "política" tem um significado clássico e outro moderno. Derivado do adjetivo originado de *pólis* (*politikós*), significa tudo o que se refere à cidade e, consequentemente, ao que é urbano, civil,

políticas de reconhecimento, há remédios transformativos, que são aqueles que corrigem os arranjos sociais por meio da remodelação da estrutura negativa subjacente. Eles se colocam ao lado dos remédios afirmativos, que são aqueles que corrigem efeitos desiguais de arranjos sociais sem abalar a estrutura subjacente que os engendra. No campo da homofobia e do heterossexismo, por exemplo, a diferença entre os dois remédios é a seguinte: remédios afirmativos estão associados à política *gay*, que revaloriza a identidade *gay* e lésbica, ao passo que remédios transformativos estão associados à política *queer*, que visam desconstruir a dicotomia homo-hétero. "A questão não é dissolver toda a diferença sexual numa identidade humana única e universal; mas sim manter um campo sexual de diferenças múltiplas, não-binárias, fluidas, sempre em movimento" (FRASER, Nancy. Da redistribuição ao reconhecimento? Dilemas da justiça numa era "pós-socialista" cit., p. 232 e 237).

público e até mesmo social. Com o tempo, houve a transposição do significado do conjunto das coisas qualificadas de um certo modo pelo adjetivo "político", para a forma de saber sobre esse mesmo conjunto de coisas.

Segundo ele, modernamente, o termo perdeu o significado acima e passou a ser usado para indicar a atividade ou conjunto de atividades que, de alguma maneira, têm como referência a *pólis*, ou seja, o Estado.[313]

O conceito moderno é encontrado no léxico, que conta com os seguintes significados para o termo "política": 1. Ciência dos fenômenos referentes ao Estado; ciência política; 2. Sistema de regras respeitantes à direção dos negócios públicos; 3. Arte de bem governar os povos; 4. Conjunto de objetivos que enformam determinado programa de ação governamental e condicionam a sua execução; 5. Princípio doutrinário que caracteriza a estrutura constitucional do Estado; 6. Posição ideológica a respeito dos fins do Estado; 7. Atividade exercida na disputa dos cargos de governo ou no proselitismo partidário; 8. Habilidade no trato das relações humanas; 9. *P.ext.* Civilidade, cortesia; 10. *Fig.* Astúcia, ardil, artifício, esperteza.[314]

Cuida-se de conceito que nos permite afirmar, com apoio em Giorgio Pino, que a identidade política consiste nas posições, afirmações, tradições e atitudes públicas que o sujeito adotou(a) publicamente e que dizem respeito a matérias políticas e sociais.[315] É a visão de mundo que caracteriza a identidade-percepção sob o prisma político/social.[316]

313 BOBBIO, Norberto; MATTEUCCI, Nicola; PASQUINO, Gianfranco. *Dicionário de política*. Tradução Carmem C. Varrialle; Gaetano Lo Mônaco; João Ferreira; Luís G.P. Cacais e Renzo Dini. 2. ed. Brasília: UnB, 1998. p. 954.

314 FERREIRA, Aurélio Buarque de Holanda. *Novo Aurélio Século XXI*: o dicionário da língua portuguesa. 3. ed. rev. e ampl. Rio de Janeiro: Nova Fronteira, 1999. p. 1599.

315 PINO, Giorgio. The Right to Personal Identity in Italian Private Law: Constitutional Interpretation and Judge-Made Rights cit., p. 236; GIACOBBE, Giovanni. L'identità personale tra dottrina e giurisprudenza. Diritto sostanziale e strumenti di tutela cit., p. 21-27.

316 Corrado de Martini traz dois exemplos interessantes acerca da identidade política, sobretudo pelo ponto de vista da maneira como terceiros se referem a ela. "Primo caso. Un partido politico che nei suoi programmi, nei suoi deliberati e nella sua azione passata ha sempre espresso una non equivoca fedeltà all'ordinamento democratico, ha un leader, le cui dichiarazioni ripetute nel tempo e la cui costanza di comportamenti testimoniano della sua lealtà democrática; questo leader, nel commentare la notizia di um colpo di stato verificatosi ad opera di um generale in un paese già ad ordenamento democratico, esprime con tono sarcástico un elogio sperticato della distruzione della democrazia.

Em princípio, a identidade política se mostra simples de ser compreendida e factível de ser constatada, de tal modo que eventuais ofensas ao direito de identidade correspondente poderiam ser resolvidas sem maiores dificuldades. Alguém que tem uma identidade política porque exterioriza essa visão nos seus atos não pode ser representada com identidade política diversa.[317]

É o caso emblemático do político italiano Marco Pannella, já mencionado neste livro algumas vezes à guisa de exemplo. Conhecido líder do Partido Radical Italiano, foi mencionado em folhetos com propaganda eleitoral distribuídos pelo Partido Comunista Italiano de Turim como se tivesse sido inscrito na lista de candidatos da *Nuova Reppublica*, grupo político de inspiração diversa da do Partido Radical. O Partido Comunista Italiano reconheceu a incorreção do dado e a falsidade da informação. Em 1979 o Tribunal de Turim deu ganho de causa a Marco, reconhecendo a violação de sua identidade. Foi o primeiro caso no qual o Poder Judiciário italiano diferenciou mais claramente o direito à identidade do direito à honra.[318]

Trata-se de caso semelhante àquele julgado pelo Tribunal Federal de Justiça alemão (*Bundesgerichtshof*) em 27.11.1979 (*NJW 1980, 994 e Schulze BGHZ 267*), no qual analisou a publicação não consentida do retrato de uma cidadã

Un cronista, nel riferire la notizia, riporta fedelmente le parole, ma tralascia il sarcasmo che vi è sotteso.
Secondo caso. Il programma politico di un partito contempla come obiettivo primario l'abolizione della proprietà privata ed il suo leader, com reiterate dichiarazioni e costanza di comportamenti, ha sempre riaffermato la propria fedeltà a quel programma. Nell'attaccare alcuni provvedimenti congiunturali del governo, quel leader depreca la parità di tratamento per i grandi proprietari immobiliari e per i proprietari di um solo allogio, spendendo appassionate parole a difesa di questi ultimi che com la costanza del lavoro e um duro riparmio hanno finalmente conseguito uma casa. Nel riferire la notizia, un cronista riporta le parole a difesa della proprietà privata, omettendo di riferire sul contesto costituito dal raffronto com la situazione dei grandi proprietari.
In ambedue i casi, il cronista há finito per comunicare uma immagine dei due leader, non solo falsa (non veritiera, perché incompleta), ma tale da alterar ela obiettiva loro identità politica" (CORRADO, Martini. Il diritto alla identità personale nella esperienza operativa cit., p. 192-193).

[317] Andrea Magazzú lembra que é especialmente no âmbito político que a defesa da paternidade dos próprios atos aparece como reflexo do direito à identidade-percepção, a que ele se refere como *individualità*. ("Identità" personale e tutela civile della reputazione cit., p. 156).

[318] SESSAREGO, Carlos Fernández. *Derecho a la identidade personal* cit., p. 65; ZENO-ZENCOVICH, Vincenzo. Onore, reputazione e identità personale cit., p. 28-29.

numa brochura de um partido político para campanha eleitoral e pela imputação de palavras por ela não proferidas.

Outro caso parecido ocorreu no Rio Grande do Sul, envolvendo o comunicador Alexandre Appel e a jornalista Kelly Matos. Segundo constou da sentença proferida pelo juízo da 8ª Vara Cível do Fórum Central da Comarca de Porto Alegre, a publicação dele sugeriu que a requerente teria um posicionamento político que não condiz com a verdade.[319]

Há duas questões mais complexas envolvendo o direito à identidade política que não podem passar despercebidas.

A primeira é que o ambiente político é recheado de rótulos e os seus significados não são tão precisos, talvez menos precisos do que todos os rótulos aplicáveis às outras espécies de identidade-percepção, à exceção da identidade intelectual. O exemplo típico é o da díade direita/esquerda.

Segundo Norberto Bobbio, a quem recorremos novamente, são várias as críticas à díade, as quais podem ser classificadas em três tipos: 1. Os que não a aceitam mais, pois seriam nomes sem sujeitos; 2. Os que a aceitam, mas não concordam com os critérios utilizados; e 3. Os que aceitam a díade e o critério, mas os entendem insuficientes.[320]

Conquanto ele as rejeite, dizendo que o historiador não pode abrir mão das tipologias abstratas, desde que lide com elas com o devido cuidado no método analítico, a mera menção a elas denota o quão complexa é a tarefa de defender a utilização desses rótulos e de definir, o mais completamente possível, os seus critérios. Tanto é assim que o próprio autor afirma que na linguagem comum um termo não pode comportar significados contrários entre si, mas na política é aceito que as palavras tenham significados ambíguos, chegando mesmo a possibilitar interpretações diversas.[321]

A respeito dos critérios, são vários os analisados por Norberto Bobbio, como a relação entre a direita e a tradição, de um lado, e a esquerda e a emancipação, de outro lado, até chegar à conclusão, apoiado na experiência prática e nos estudos de diversos autores, de que é a posição em relação à igualdade

[319] BRASIL. Tribunal de Justiça do Rio Grande do Sul. Processo n. 5076750-95.2020.8.21.0001. Juiz: Paulo Cesar Filippon. j. 11/10/2021.

[320] BOBBIO, Norberto. *Direita e esquerda:* razões e significados de uma distinção política. 3. ed. Tradução Marco Aurélio Nogueira. 3. ed. São Paulo: Editora Unesp, 2011. p. 27.

[321] Ibidem, p. 85.

que define a díade. É o que ele chama de estrela polar porque representa um ponto que é sempre perseguido ao longo dos tempos.

Sem descurar de que a igualdade é um conceito relativo,[322] ele sintetiza a sua ideia dizendo que os homens são entre si tão iguais quanto desiguais; são iguais por certos aspectos e desiguais por outros.[323] A direita observa esse quadro de um modo e a esquerda de outro, o que fica muito claro na seguinte explicação do autor:

> Partindo do pressuposto, como eu fiz, de que a pessoa de esquerda é aquela que considera mais o que os homens têm em comum do que o que os divide, e de que a pessoa de direita, ao contrário, dá maior relevância política ao que diferencia um homem do outro do que ao que os une, a diferença entre direita e esquerda revela-se no fato de que, para a pessoa de esquerda, a igualdade é a regra e a desigualdade, a exceção. Disso se segue que, para essa pessoa, qualquer forma de desigualdade precisa ser de algum modo justificada, ao passo que, para o indivíduo de direita, vale exatamente o contrário, ou seja, que a desigualdade é a regra e que, se alguma relação de igualdade deve ser acolhida, ela precisa ser devidamente justificada.[324]

Sucede que, por mais útil que seja a diferenciação a partir desse critério, talvez isso seja insuficiente para diferenciar claramente uma pessoa de outra quanto à identidade política, notadamente porque deriva de um dado mais subjetivo que objetivo. Sucede que, desde que o direito à identidade surgiu na Itália, ela tem como características a objetividade e a exterioridade, como apontamos no item 1.4, o que se liga à estrutura da identidade, que estudamos no item 2.4.2. Não basta, portanto, que a pessoa tenha a visão de mundo de direita ou de esquerda a que se refere Norberto Bobbio, mas que ela se comporte assim.

[322] De acordo com o autor, o conceito precisa ser compreendido a partir de três critérios: a) os sujeitos entre os quais se trata de repartir os bens e os ônus; b) os bens e os ônus a serem repartidos; c) o critério com base no qual fazer a repartição (BOBBIO, Norberto. *Direita e esquerda:* razões e significados de uma distinção política cit., p. 112).

[323] Ibidem, p. 119-120.

[324] Ibidem, p. 23.

Nesse aspecto, o conceito anteriormente analisado no item 2.3.2 de identidade narrativa é de grande importância, pois o modo como a pessoa descreve e interpreta os acontecimentos ao longo de sua vida é um fator que pode nos ajudar a entender se, de fato, a pessoa é mesmo titular do direito à identidade política ou não.

Em virtude disso, para cogitarmos de identidade política, necessário se faz que a internalização do rótulo corresponda a atos mais concretos e objetivos e que haja um alinhamento com o conceito que se tenha de direita ou esquerda ao longo do tempo, como a filiação a algum partido político ou a participação em ato público, à semelhança do que ocorreu nos exemplos italiano e alemão referidos *supra*. Isso não dispensa por completo a discussão a respeito dos rótulos políticos, mas limita o espaço da zona cinzenta no qual eles se inserem.

Sendo assim, não nos parece que chamar alguém de esquerdista ou direitista, por si só, possa configurar ofensa à identidade política, mesmo porque isso comumente ocorre em um ambiente de discussão política, no qual prevalece a liberdade de expressão e de informação, restringindo-se até mesmo a ocorrência de crimes contra a honra, segundo jurisprudência pacífica dos tribunais superiores.[325]

Cuida-se, por assim dizer, por conta mesmo da complexidade do ambiente político, de um espaço de maior liberdade, no qual se reputa lícito um número maior de condutas, por não haver outra forma de lidar com o problema, mormente uma forma melhor. Pela ótica restrita do direito à identidade, isso significa que este é um ambiente no qual, em regra, eventual imputação de posturas ou posições políticas se insere no processo dialógico de construção da identidade, não, necessariamente, de ofensa à própria identidade.

De outro lado, compreendemos haver ofensa à identidade política atribuir falsamente a alguém a filiação a um partido político ou a participação em uma manifestação pública de um partido político diverso do qual a pessoa é filiada ou vem exteriorizando simpatia ao longo da vida como posição política coerente e induvidosa. Trata-se de interpretação que já nos parece harmônica com o art. 323 do Código Eleitoral e os arts. 57-B, § 2º e 57-H da Lei das Eleições.

[325] BRASIL. Supremo Tribunal Federal. ADI n. 4451. Relator: Ministro Alexandre de Moraes, j. 21/06/2018, *DJ* 03/03/2019; Superior Tribunal de Justiça. HC n. 653.641/TO, Relator: Ministro Ribeiro Dantas, j. 23/06/2021, *DJe* 29/06/2021.

A propósito da manifestação pública, convém lembrarmos que, atualmente, ela não precisa ser feita na rua; pode ser feita na *internet*, talvez até com mais influência. Nesse sentido:

> Com uma pequena amostra da voz de uma pessoa e imagens de sua face, um algoritmo é capaz de criar um vídeo com um discurso falso, mas com timbre e entonação quase 100% semelhantes ao da vítima do vídeo, tornando cada vez mais difícil distinguir a realidade da manipulação digital.[326]

A segunda questão é que a identidade política é uma das mais dinâmicas existentes, para nos valermos da classificação dinâmica/estática. Por exemplo, na Itália, Benito Mussolini, um dos fundadores do Partido Nacional Fascista, iniciou a sua militância no Partido Socialista e chegou a ser diretor do jornal *Avanti!*.[327] O fascismo é identificado com a direita e o socialismo com a esquerda. No Brasil, por sua vez, Carlos (Frederico) Lacerda, de nome e filiação vinculados ao socialismo, iniciou a sua militância no Partido Comunista Brasileiro e depois veio a tornar-se um dos políticos mais importantes da UDN, considerado um partido de direita.[328]

Esse dinamismo existente na identidade política dificulta justamente a noção de internalização do rótulo a que nos referimos *supra*, mas é algo superável. É uma peculiaridade dessa espécie de identidade que exige do intérprete apenas que atente ao momento da vida da pessoa ao fazer as suas considerações.

326 RAIS, Diogo; SALES, Stela Rocha. *In:* RAIS, Diogo (Coord.). *Fake news:* a conexão entre a desinformação e o direito. 2. ed. rev. atual. e ampl. São Paulo: Revista dos Tribunais, 2020. p. 29.

327 SCURATI, Antonio. *M, o filho do século.* Tradução Marcello Lino. Rio de Janeiro: Intrínseca, 2019.

328 FERREIRA, Jorge; GOMES, Angela de Castro. *1964: O golpe que derrubou um presidente, pôs fim ao regime democrático e instituiu a ditadura no Brasil.* Rio de Janeiro: Civilização Brasileira, 2014. p. 66.

3.4 Identidade religiosa

Definir o que é religião não é tarefa fácil. Embora faça parte do nosso cotidiano, se nos debruçarmos sobre o seu conceito, certamente encontraremos ideias as mais variadas para defini-la. À vista da complexidade do tema, propomo-nos a fazer uma análise relativamente sintética apenas com o fito de compreender o que é a identidade religiosa.

De chofre, convém mencionar que há quem defenda a ideia de que espiritualidade, religiosidade e religião são conceitos distintos. Segundo Nilvete Soares, Marianne Farina e Cristiano Dal Forno, malgrado haja uma sobreposição entre os referidos conceitos e um dependa do outro, espiritualidade é a dimensão peculiar de todo ser humano que o impulsiona na busca do sagrado, da experiência transcendente na tentativa de dar sentido e resposta aos aspectos fundamentais da vida.

Ela não é, salientam os autores, monopólio das religiões ou de algum movimento espiritual. É algo da natureza humana que, inclusive, restou comprovado com as pesquisas feitas no campo da neurociência, as quais mostraram que existe um "ponto Deus" no cérebro humano, isto é, um centro espiritual interno que se localiza nas conexões neurais, mais precisamente nos lobos temporais do cérebro. Esse ponto não demonstra a existência de Deus, mas demonstra a evolução do cérebro na sensibilidade para conferir sentido às experiências e valores mais amplos.[329]

Esse impulso na direção do sagrado que é a espiritualidade pode manifestar-se pela religiosidade ou pela religião. A diferença entre as duas é que aquela (religiosidade) está no campo pessoal e está no campo institucional (religião). A religiosidade é expressão ou prática do crente que pode estar relacionada com uma instituição religiosa. Ela possibilita ao sujeito experiências místicas, mágicas e esotéricas.

A religião, por sua vez, é composta por determinadas crenças e ritos, compreendida como meios que levam à salvação do transcendente. Ela inclui o conceito institucional e doutrinário através de alguma forma de vivência

[329] GOMES, Nilvete Soares; FARINA, Marianne; DAL FORNO, Cristiano. Espiritualidade, religiosidade e religião: reflexão de conceitos em artigos psicológicos. *Revista de Psicologia da Imed*, 6 (2), p. 107-112. Disponível em: https://seer.imed.edu.br/index.php/revistapsico/article/download/589/484. Acesso em: 3 set. 2021, p. 109.

religiosa, que pode se dar no espaço de socialização de uma doutrina praticada entre os membros da instituição, numa estrutura formal hierarquizada.[330]

Também analisando a religião e outros conceitos próximos, José Pereira Coutinho afirma que as múltiplas definições de religião podem dividir-se em dois grupos: substantivas, descritoras do que ela é, da sua essência, das suas crenças e práticas, da experiência do outro ou do sagrado; e funcionais, referentes ao que ela faz, ao seu papel, à sua função social.[331]

A respeito da primeira, ele diz que a ideia de religião, inclusive por conta de sua etimologia, representa a ligação do homem com algo superior ou transcendente, o seu objeto. Mas salienta que essa é uma definição que está muito mais ligada aos ocidentais do que aos orientais. O contexto cultural influencia sobremaneira na definição de religião.

> Nas sociedades ocidentais, onde se associa a religião à relação com algo transcendente, ela é sistema mediador entre o homem e entidades superiores. O Ocidente, altamente marcado pela cultura judaico-cristã, releva o Deus único e transcendente. Nas sociedades orientais, budistas e hinduístas, a transcendência não está presente, mas antes o panteísmo, um deus em tudo. Assim, a religião não é ligação a algo superior e transcendente, mas à própria natureza, a todos os seres vivos.[332]

Enfatizando a ótica ocidental de religião, diz o autor, ainda, que a religião pode ser vista como sistema por comportar padrões atuais de conduta da qual participam crenças, práticas, símbolos, visões de mundo, valores, coletividades e experiências. Os três primeiros, de acordo com ele, são parte de um sistema de símbolos que se reforçam reciprocamente. A visão de mundo e os valores, por seu turno, mutualmente intensificados, encontram-se no coração da religião, mas por serem abstratos, concretizam-se e fortalecem-se pelos três anteriores.[333]

330 Ibidem, p. 110.

331 COUTINHO, José Pereira. Religião e outros conceitos. *Revista da Faculdade de Letras da Universidade do Porto*, v. XXIV, 2012, p. 171-193. Disponível em: https://ler.letras.up.pt/uploads/ficheiros/10763.pdf. Acesso em: 3 set. 2021, p. 175.

332 Ibidem, p. 176.

333 COUTINHO, José Pereira. Religião e outros conceitos cit., p. 177.

Destacando a visão de mundo e os valores supracitados, por nos interessarem mais de perto neste estudo, afirma o autor o seguinte:

> A visão de mundo, cosmovisão ou *Weltanschauung* corresponde à forma como a sociedade interpreta o mundo e interage com ele, em áreas como a religião, a política, a economia, a ciência, entre outros. "É um sistema objetivo de sentido pelo qual um passado e um futuro individuais são integrados numa biografia coerente e no qual a pessoa emergente se localiza a si própria em relação aos outros, à ordem social e ao universo sagrado transcendente" (Luckman, 1970: 69:70). As cosmovisões situam o indivíduo na sociedade, explicam-lhe o significado do mundo, dão sentido à sua vida e orientam-no para o futuro.
> Os valores são sistema organizados e estáveis de preferências que modelam os comportamentos dos atores.[334]

À vista do que foi supraexposto e objetivando fornecer um conceito que não seja apenas fenomenológico, podemos conceber religião como expressão de fé, criação e manutenção de relação com o sagrado, que se manifesta por meio de símbolos estruturados institucionalmente. Ela fornece valores e uma visão de mundo que moldam o comportamento das pessoas, assim como se dá com uma identidade-percepção.[335]

Judaísmo, cristianismo e islamismo, para destacar as três religiões que têm grande número de adeptos,[336] em razão da limitação do presente estudo, transmitem práticas, valores e visão de mundo aos seus adeptos. Deixando de lado algumas divergências internas dentro de cada uma dessas religiões, podemos dizer que os judeus seguem a *Torá*, que reúne os cinco primeiros livros da Bíblia e estipulam várias regras, tais como o que comer, como se vestir e como se comportar, sendo um bom exemplo disso o *shabat*, que impõe ao judeu a abstenção de atividades laborais entre o pôr-do-sol da sexta-feira e o

[334] Ibidem, p.180.

[335] A respeito do fundamentalismo religioso e da possibilidade de isso ser entendido como uma das fontes de construção de identidade na sociedade, vale conferir: CASTELLS, Manuel. *O poder da identidade* cit., p. 29-43.

[336] Reportagem disponível em: https://super.abril.com.br/blog/superlistas/as-8-maiores--religioes-do-mundo/. Acesso em: 18 out. 2021.

do sábado. No que diz respeito ao caráter relacional dessa religião, podemos dizer que há um código de ética judaico atribuindo aos seus, entre outros deveres, o de praticar a caridade na comunidade.

O cristianismo centra-se no Novo Testamento da Bíblia e há quem conceba que a sua principal característica está no chamado amor *fati*, que é o amor ao próximo encontrado no capítulo 25 do evangelho de Mateus. A propósito, Geoffrey Blainey afirma o seguinte a respeito do tema:

> Até então, o judaísmo era, sobretudo, uma religião para o povo judeu, embora referências ocasionais, encontradas nos Salmos, se estendessem a todos os seres humanos. O Livro de Jonas, escrito em uma época de forte união entre os judeus, deixa claro que Deus poderia salvar também os que não fossem judeus – os chamados gentios. Jesus deu sinais de concordar com essa abordagem mais ampla. No Antigo Testamento, o Livro dos Levíticos determina: "Ama o teu próximo como a ti mesmo". Eis aí uma prescrição radical, provavelmente baseada na suposição de que os próximos eram, na maioria, judeus. Jesus, por sua vez, tendia a considerar todas as pessoas como "próximos".[337]

A crença na vida após a morte é um dos elementos da visão de mundo do cristão e que encontra paralelo no Islamismo.[338]

O Islamismo conta com cinco pilares, quais sejam: 1) *Shahada*: testemunho de fé; 2) *Salah*: a oração, que deve ser realizada cinco vezes ao dia, em horários específicos; 3) *Zakat*: a caridade; 4) Jejum no mês do *Ramadan*; e 5) *Hajj*:

[337] BLAINEY, Geoffrey. *Uma breve história do cristianismo*. São Paulo: Fundamento Educacional, 2012. p. 27.

[338] Sobre o nascimento da filosofia moderna, diz Luc Ferry que o terceiro traço característico é a imortalidade enfim singular. Ele explica que "[...] o cristianismo promete, ao contrário, a imortalidade da pessoa singular. Com sua alma, é certo, mas sobretudo, com seu corpo, seu rosto, sua voz animada, já que essa pessoa será salva pela graça de Deus. Eis aí uma promessa tanto mais original, tanto mais aliciante – eu ousaria dizer – quanto é por amor, não apenas a Deus, não apenas ao próximo, mas também aos achegados, que se ganha a salvação! Assim, o amor – e todo o milagre cristão reside nisso, todo o seu poder de sedução também –, de problema que era para os budistas e estóicos (amar é se preparar para os piores sofrimentos que possam existir), se torna, por assim dizer, solução para os cristãos. Contanto que não seja exclusive de Deus, ou seja, amor ligado a ele e dirigido sobre o que, na pessoa amada, permanece" (FERRY, Luc. *Aprender a viver:* filosofia para os novos tempos cit., p. 108).

a peregrinação à *Caaba*, que deve ser feita por todo muçulmano que tenha condições mentais, físicas e financeiras ao menos uma vez na vida.

Afora essas regras, que já representam, ao menos em parte, um código de ética, os islâmicos também devem observar a *Sharia*, que é o direito islâmico[339] composto pelo Alcorão e, a depender da corrente religiosa, também pela Suna, que é a obra que narra a vida do profeta Maomé. Nas sociedades islâmicas não há perfeita separação entre religião e direito, diferentemente do que ocorre nas sociedades ocidentais.

Em todas essas religiões, como pode haver em outras mais, estão presentes os elementos da identidade-percepção. A partir de suas respectivas comunidades – na classificação de Zygmunt Bauman, comunidades de destino[340] – os fiéis se relacionam e vão formando a sua identidade a partir do processo dialógico, que depois de consolidado se expressa no modo de ver o mundo e de se comportar de modo ético nos planos individual e social.[341]

339 "[...] vários estudiosos de renome sustentam a idéia de que, embora a primazia dos princípios religiosos conforme preceituado pelo Corão seja comum a todo o Islã, as sociedades e instituições islâmicas são também fundamentadas em interpretações múltiplas. Na maioria das sociedades islâmicas tradicionais, a preeminência dos princípios religiosos sobre a autoridade política foi puramente formal. Na verdade, a sharia (lei divina, constituída pelo Corão e os Hadiths) está relacionada, no árabe clássico, ao verbo shara'a, isto é, caminhar em direção a uma fonte. Para a maioria dos muçulmanos, a sharia não representa uma ordem rígida e inflexível, mas, antes, uma referência para se caminhar em direção a Deus, com as devidas adaptações exigidas pelo contexto histórico e social" (CASTELLS, Manuel. *O poder da identidade* cit., p. 31).

340 "É comum afirmar que as 'comunidades' (às quais as identidades se referem como sendo as entidades que as definem) são de dois tipos. Existem comunidades de vida e de destino, cujos membros (segundo a fórmula de Siegfried Kracauer) 'vivem juntos numa ligação absoluta' e outras que são 'fundidas unicamente por ideias ou por uma variedade de princípios'" (BAUMAN, Zygmunt. *Identidade* cit., p. 17).

341 As configurações relativas à identidade religiosa, notadamente o padrão de comportamento esperado pelos seus titulares, se apresentam nas mais variadas formas, como é o caso do futebol na Escócia. Criado por protestantes, o Glasgow Rangers Football Club tem uma enorme rivalidade com o Celtic Football Club, criado posteriormente por católicos e que conta com forte ligação com a Irlanda. Trata-se não apenas de uma rivalidade futebolística; é uma luta pendente em torno da Reforma Protestante que conduz a históricas de horror, especialmente nos dias em que o clássico é disputado, afora outros problemas como empregos negados e inimizades. A rigor, cada um dos times contrata jogadores apenas das respectivas correntes cristãs, e quando se ousou fazer diferente, a situação ficou complicada para todos os envolvidos. É raríssimo que um católico torça pelo Rangers e que um protestante torça

Evidentemente, pela amplitude do conceito de liberdade religiosa, que abrange modos de criar, fazer e viver de diversas comunidades,[342] ela mantém uma relação de imbricação com a identidade religiosa. A liberdade religiosa é a causa e também a consequência da identidade religiosa. É porque a pessoa pode escolher a religião, nos Estados em que isso lhe é permitido, que ela o faz e, por conseguinte, passa a ter a respectiva identidade, que pode ser, por exemplo, judaica, cristã ou islâmica. E precisamente porque faz essa escolha que lhe é dado comportar-se e ter uma visão de mundo compatível com a identidade de que se trata, a começar, se o caso, da alteração do nome.[343]

Um bom exemplo dessa situação e que ajuda a ilustrar o quão importante é a identidade religiosa consiste no julgamento do caso *S.A.S. v. France* por parte da Corte Europeia de Direitos Humanos, ocorrido em 1 de julho de 2014.[344] Foi aprovada na França em 2010 uma lei (n. 1.192) proibindo cidadãos de cobrirem toda a face em público, o que acabou por impedir que S.A.S., de origem paquistanesa, pudesse usar a burca e o *niqab* em locais públicos.[345] Ela apresentou

pelo Celtic (FOER, Franklin. *Como o futebol explica o mundo*: um olhar inesperado sobre a globalização. Tradução Carlos Alberto Medeiros. Rio de Janeiro: Jorge Zahar, 2005. p. 37-62).

342 BRASIL. Supremo Tribunal Federal. RE 494.601. Relator p/ o acórdão: Ministro Edson Fachin. j. 28/03/2019. *DJ* 19/11/2019.

343 A respeito da possibilidade de alteração do nome em razão de uma vocação religiosa: *Coeriel et al. vs. Netherlands*. (MCCOMBS, Theodore; GONZÁLEZ, Jackie Shull. Right to Identity. University of California cit., p. 23).

344 Disponível em: https://www.google.com.br/url?sa=t&rct=j&q=&esrc=s&source=web&cd=&ved=2ah UKEwi036itrKnzAhUSD7kGHSBkDnYQFnoECBQQAQ&url=https%3A%2F%2Fhudoc.echr.coe.int%2Fapp%2Fconversion%2Fpdf%2F%3Flibrary%3DECHR%26id%3D001-145466%26filename%3D001-145466.pdf%26TID%3Duexpxlonsk&usg=AOvVaw3AbGSuGNlmeQSm0G8hqb8d. Acesso em: 5 mar. 2021.

345 "11. In the applicant's submission, she is a devout Muslim and she wears the burqa and niqab in accordance with her religious faith, culture and personal convictions. According to her explanation, the burqa is a full-body covering including a mesh over the face, and the niqab is a full-face veil leaving an opening only for the eyes. The applicant emphasized that neither her husband nor any other member of her family put pressure on her to dress in this manner. 12. The applicant added that she wore the niqab in public and in private, but not systematically: she might not wear it, for example, when she visited the doctor, when meeting friends in a public place, or when she wanted to socialize in public. She was thus content not to wear the niqab in public places at all times but wished to be able to wear it when she chose to do so, depending in particular on her spiritual feelings. There were certain times (for example, during religious events such as Ramadan) when she believed that she ought to wear it in public in order to express her religious, personal and cultural faith. Her aim was not to annoy others but to feel at inner peace with herself."

requerimento à Corte com vistas ao reconhecimento da violação da Convenção para a Proteção dos Direitos do Homem e das Liberdades Fundamentais, mas teve o seu pedido rejeitado sob o argumento de que o Estado pode impor esse tipo de restrição se há justificativas plausíveis para tanto, mesmo reconhecendo que a lei francesa acarretaria limitações a mulheres muçulmanas.

Além de se tratar de decisão criticável por partir de uma premissa genérica como a presença de justificativas plausíveis para, na prática, impor limitações a minorias – dificilmente aceitar-se-ia o mesmo argumento se a prática envolvesse cristãos, por exemplo –, parece-nos que a noção de identidade religiosa enquanto espécie de identidade-percepção foi desprezada.[346] Foi levada em consideração, é claro, a ideia de liberdade religiosa, mas ela tem por foco o "fazer" ou "deixar de fazer" alguma coisa, ao passo que a identidade religiosa representa o "ser". O uso das referidas peças de roupa representa a expressão do que a requerente S.A.S. é porque o rótulo "muçulmano" foi por ela internalizado e passou a ser a sua visão de mundo. Ainda que isso, em alguns momentos, possa representar opressão sobre as mulheres muçulmanas, como mostram os eventos ocorridos no Afeganistão após a saída de todos os norte-americanos do país, não é possível simplesmente adotar isso como regra e, sob a justificativa de torná-las livres, impedir o uso dessas peças de roupa pelas mulheres muçulmanas. É como se a Corte estivesse dizendo que as mulheres devem ser livres e ser o que elas desejem ser, desde que esse "ser" não seja tão diferente do que são as europeias.

A doutrina costuma dividir o direito à liberdade religiosa em quatro campos: 1) liberdade de consciência; 2) liberdade de religião; 3) liberdade de culto; e d) liberdade de objeção de consciência. No dizer de Canotilho, "as liberdades de consciência, de religião e de culto protegem o núcleo duro substancial da personalidade porque são constitutivas da identidade pessoal e do direito de desenvolvimento da personalidade como direito fundamental da vida".[347]

346 É curiosa que essa tenha sido a decisão, tendo em vista que é histórica a posição, no tocante à ligação entre identidade e liberdade de expressão, de que o papel das autoridades não é remover a causa de tensão eliminando o pluralismo, mas assegurando que os diversos grupos tolerem uns aos outros (DONDERS, Yvonne M. Towards a Right to Cultural Identity? Yes, Indeed cit., p. 537).

347 CANOTILHO, José Joaquim Gomes. A liberdade religiosa entre o juspositivismo constitucional e a judicialização dos conflitos religiosos. *In: Código das Sociedades Comerciais, homenagem aos Profs. Doutores A. Ferrer Correia, Orlando de Carvalho e Vasco Lobo Xavier.* Coimbra: Coimbra

É esse núcleo duro que está em discussão no tema 1069 do Supremo Tribunal Federal, cuja redação é a seguinte: *Direito de autodeterminação dos testemunhas de Jeová de submeterem-se a tratamento médico realizado sem transfusão de sangue, em razão de sua consciência religiosa.*

A consciência religiosa de que se trata corresponde à absorção dos padrões de conduta identitários abordada por Appiah após o ciclo de construção da identidade consistente no processo dialógico. E a autodeterminação é o resultado da identidade religiosa que, no caso, é de uma denominação cristã.

Comentando o tema em parecer jurídico, Álvaro Villaça Azevedo afirma que:

> Em geral, as crenças religiosas, espécies da liberdade de pensamento ou consciência e decorrência da própria condição humana e do direito à vida, formam as convicções mais íntimas de um ser humano. O modo de vida é pautado nestes valores ao ponto de definir a própria identidade pessoal. Por essa razão, a Constituição não apenas garante o direito de professar uma determinada religião, mas o direito de conduzir a vida de acordo com seus preceitos frente a terceiros e ao Estado, inclusive.[348]

Editora, 2007. v. II, p. 780-781. *Apud* NERY JUNIOR, Nelson. Escolha esclarecida de tratamento médico por pacientes Testemunhas de Jeová: como exercício harmônico de direitos fundamentais. Parecer Jurídico. Disponível em: https://conteudojuridico.com.br/consulta/Pe%C3%A7as%20Jur%C3%ADdicas/52867/escolha-esclarecida-de-tratamento-medico-por-pacientes-testemunhas-de-jeova-como-exercicio-harmonico-de-direitos-fundamentais. Acesso em: 25 out. 2022.

348 AZEVEDO, Álvaro Villaça. *Autonomia do paciente e direito de escolha de tratamento médico sem transfusão de sangue:* mediante os atuais preceitos civis e constitucionais brasileiros. Parecer Jurídico, p. 19. Daisy Gogliano ressalta que a autonomia do paciente, contudo, não pode ser vista sob o prisma absoluto, sob pena de ele ficar desamparado e, isso sim, configurar ofensa aos seus direitos. Nesse sentido: "Partilha o doente com o médico todo o seu sofrimento diante da doença, busca ajuda, busca amparo do mais precioso. Ao médico, como 'expert', o único conhecer de patologias, como aquele habilitado por sua profissão, é facultada a 'arte de curar'. Portanto, relegar ao paciente na sua profunda angústia, por mais racional que ele seja, decidir sobre o seu próprio destino é ferir comezinhos princípios jurídicos. Buscar o racionalismo abstrato e eidético diante da doe e do sofrimento advindos da doença, em face de debilidade do próprio paciente é deixá-lo na mais completa derelição. Não se pode oferecer ao paciente, com base no 'consentimento informado', tal qual um cardápio, um rol de sugestões de curas plausíveis, abandonando-o à sua livre escolha, para que decida, isto é, para que se

Mais uma vez é notável a ligação entre a liberdade religiosa e a identidade, no caso, na sua vertente identidade-percepção. A condução da vida de acordo com os preceitos religiosos nada mais é do que a visão de mundo que se tem a partir da consolidação da identidade.[349]

Há casos, contudo, em que parece sobressaltar a identidade religiosa em relação à referida liberdade. Talvez até seja possível dizermos que apenas aquela se apresenta, como é o caso do direito à alimentação *kosher* no transporte aéreo, cujo desrespeito implica responsabilização civil.[350]

A contrapartida à religião da qual tratamos até este momento, em maior ou menor medida, são o ateísmo e o agnosticismo, que significam, respectivamente, a ausência de fé em Deus(es) ou a dúvida fundada nessa mesma fé, por se tratar de algo que ultrapassa o conhecimento humano.

Para os fins deste livro, esses dois rótulos também podem ser considerados como hipóteses de identidade religiosa porque representam base a partir da qual nos orientamos; no caso, uma base não religiosa, talvez até de natureza intelectual, como analisaremos no item seguinte (3.5). Sendo assim, atribuir a alguém o rótulo de cristão, não o sendo, quer porque professa outra religião, quer porque não professa religião alguma, pode ser considerado ofensa ao direito da personalidade consistente no direito à identidade, na sua vertente identidade-percepção.

A ofensa de que se trata foi objeto de análise no julgamento do REsp 1.001.923-PB por parte do Superior Tribunal de Justiça.[351] Na espécie, Ricardo Vieira Coutinho, prefeito de João Pessoa que depois tornou-se governador do Estado da Paraíba, ajuizou ação contra a Editora Jornal da Paraíba Ltda. dizendo que tinham sido ofendidos os seus direitos da personalidade da imagem,

auto-determine, no momento em que a procura de um profissional legitimamente habilitado, justifique tal conduta humana" (GOGLIANO, Daisy. Autonomia, bioética e direitos da personalidade cit., p. 113-120).

349 Em consonância com a noção ora defendida, afirma Antonio Borrel Maciá que "para la salvación del alma deve sacrificarse la vida del cuerpo – si ambas cosas no son compatibles – para la vida del cuerpo deben sacrificarse sus distintos órganos, si la conservación de aquélla lo impone" (BORREL-MACIÁ, A. *La persona humana*. Barcelona: Bosch, 1954. p. 15).

350 BRASIL. Tribunal de Justiça do Estado de São Paulo. 14ª Câmara de Direito Privado. Ap. Cível n. 1126587-80.2019.8.26.0100. Relator: Desembargador Lavínio Donizetti Paschoalão. j. 31/08/2021. *DJe* 31/08/2021.

351 BRASIL. Superior Tribunal de Justiça. REsp 1.001.923-PB. Relator: Ministro Luis Felipe Salomão. j. 13/03/2020. *DJe* 10/04/2012.

honra, dignidade e moral porque foram feitas afirmações inverídicas no jornal, tais como: "fama de ateu" e "pouco afeito às coisas espirituais".

Conquanto o recurso não analise profundamente a questão, é perceptível a compreensão do tribunal de que houve violação a direitos fundamentais do autor, o que podemos converter para a noção de ofensa a direitos da personalidade. Deixando de lado a menção genérica à dignidade e à moral, restam a imagem e a honra, cuja diferença para a identidade, quer a identidade-identificação, quer a identidade-percepção, serão objeto de análise no Capítulo 5 deste livro. Por ora, basta afirmarmos que a ofensa ocorrida no caso em tela foi ao direito à identidade-percepção, pois atribuído ao referido político um rótulo que não lhe cabia. Não se trata de honra, como foi mencionado no acórdão do Tribunal de Justiça da Paraíba, pois não há um juízo de valor juridicamente sustentável em ser ou não ateu ou afeito a coisas religiosas. Não há também apenas direito à imagem, a não ser a imagem-atributo, que nada mais é do que um conceito que, evoluído dogmaticamente, deu ensejo à identidade-percepção.

Por fim, cabe mais uma palavra a respeito da religião na atualidade, mais precisamente da geração jovem. Analisando a questão da construção da identidade religiosa juvenil em dissertação de mestrado, Fernanda Maria Arruda dos Santos Andrade afirma que:

> [...] a religião tornou-se produto de consumo na sociedade moderna. Ela é oferecida em uma grande feira, um comércio de bens espirituais que busca satisfazer, mesmo que temporariamente, às necessidades do indivíduo na sociedade. Eles buscam sinais, símbolos e rituais que exprimam a concepção do sagrado que elas processam no interior da sua subjetividade, projetando, espontaneamente, no mundo externo a colagem que reflete à sua colagem interior de busca de construção de sentido.[352]

[352] ANDRADE, Fernanda Maria Arruda dos Santos. *Identidade e religião*: uma análise da construção da identidade religiosa juvenil. 2008. Dissertação (Mestrado) – Universidade Católica de Pernambuco, 2008. p. 69.

Isso significa que a noção de liquidez de Zygmunt Bauman atingiu também a noção de identidade religiosa. Sempre foi possível, em tese, a mudança religiosa, mas o que a autora evidencia é que, atualmente, ela ocorre por conta de uma fluidez que equipara a espiritualidade ao mercado de consumo e, portanto, a religião a bens que tragam experiência. Tanto mais difícil, dessarte, hodiernamente, saber se alguém é efetivamente portador de uma identidade religiosa ou se está apenas fazendo uso dela enquanto isso lhe satisfaz.

3.5 Identidade intelectual

Esta última espécie de identidade-percepção é de natureza subsidiária e se baseia na noção de patrimônio intelectual indicada por Giorgio Pino. Diz ele que patrimônio intelectual é o resultado das atividades desempenhadas pela pessoa nos campos intelectual e profissional.[353]

Por certo, é das espécies de identidade-percepção mais complexas e controvertidas de todas, pois se é difícil entrever a presença dos pressupostos do que se concebe como identidade, conforme expusemos no capítulo 2 deste livro, nas espécies anteriormente mencionadas, que dirá de uma identidade que diz respeito à inteligência da pessoa e ao modo de identificá-la a partir disso.

Como tivemos oportunidade de tratar no item 2.4.2 deste livro, segundo Appiah há duas dimensões da identidade, a pessoal e a coletiva. A pessoal diz respeito às características sociais ou morais importantes, como é o caso da inteligência. A coletiva, por sua vez, que é a que adotamos como parâmetro neste livro, refere-se a características relativos a grupos sociais, como é o caso da raça e do gênero, duas das espécies de identidade-percepção que expusemos.

Pois bem, se a inteligência é mera hipótese de identidade na sua dimensão pessoal, como é que ela pode servir de base para uma identidade coletiva? Compreendendo inteligência de forma ampla, não apenas como capacidade de raciocínio vinculada ao quociente de inteligência (QI), mas como a faculdade de aprender e poder usar o que se aprendeu em diversas áreas de interesse,

[353] PINO, Giorgio. The Right to Personal Identity in Italian Private Law: Constitutional Interpretation and Judge-Made Rights cit., p. 237.

o que Daniel Goleman ajudou a divulgar com seu conhecido livro *Inteligência emocional*, podemos dizer que a peculiaridade da identidade intelectual é que, diferentemente das outras espécies de identidade em que a inteligência da pessoa é meio para a compreensão de questões afetas à raça, ao gênero, à política e à religião, nesse caso ela é meio e fim.

Fim porque ela permite que a pessoa, na sua atividade intelectual ou profissional, filie-se a um grupo de pessoas que, na respectiva área de interesse, possa ser rotulado. Não que necessariamente exista um nome próprio para esse grupo de pessoas que encampam as mesmas ideias, mas deve ser possível, ao menos, a plena diferenciação entre os que compactuam dessas ideias e os que dela discordam. E é claro que, a partir dessa filiação intelectual ou profissional, a pessoa se expressa, daí a menção da doutrina à "declaração efetuada" como elemento essencial da identidade, em certos aspectos.[354]

O meio de se inferir isso é justamente verificando a narração que os membros de um determinado grupo intelectual ou profissional atribuem aos eventos ocorridos nas suas vidas, a visão de mundo que eles parecem transmitir – se houver mesmo visão de mundo, não apenas ponto de vista – e a expressão do pensamento deles, assim como o modo como as outras pessoas, sobretudo os que discordam deles, se portam em relação a eles.

A reiteração da expressão de uma forma de pensar ao longo do tempo faz com que a biografia da pessoa fique vinculada ela. Essa reiteração representa justamente a repetição de uma postura que deve ser analisada a partir da ótica da identidade narrativa, a que nos referimos no item 2.3 deste livro. A construção da própria identidade a partir do modo como os acontecimentos da vida são narrados.

O melhor exemplo que podemos dar a respeito da identidade intelectual é justamente o já citado caso do médico cirurgião italiano, conhecida personalidade científica, que tem o conteúdo de uma entrevista que concedera para tratar do tabagismo desvirtuado para fazer com que as pessoas passassem a acreditar que ele não entendia que esse vício era tão ruim, quando, na verdade, ele adotava posição totalmente contrária a ele. Tendo apenas dito que algumas marcas de cigarro eram piores do que outras, por conta da composição dos cigarros, de forma alguma ele estava amparando a tese de que fumar não

354 FINOCCHIARO, Giusella. Identità Personalle (diritto alla) cit., p. 726.

seria ruim. O que ele estava a fazer era uma análise técnica que poderia ser resumida como uma comparação entre o ruim e o pior.

Essa posição do médico seria apenas um ponto de vista técnico caso ele não a tivesse expressado reiteradamente ao longo de sua vida profissional, caso não tivesse dito e escrito sobre isso, caso não tivesse se tornado uma personalidade científica defendendo, entre outros pontos, que o tabagismo era um vício ruim, sem ressalvas.

Não que a posição contrária ao tabagismo seja propriamente a visão de mundo de que tratamos acima, pois isso seria um contrassenso. Algo tão singelo não se harmoniza com expressão tão grandiosa. A posição contrária ao tabagismo é a expressão da visão de mundo, é a "ponta do iceberg" que a visão de mundo representa, assim como é a comida *kosher* para os judeus.

Justamente por ser uma identidade subsidiária e por ter uma proximidade maior com a honra, já que a adoção de certas posições intelectuais, a depender da área de interesse que se trata, acaba afetando diretamente a estima pessoal, como é o caso da divulgação falsa de que um médico é contrário à vacinação em meio à pandemia, não sendo isso verdade, é que os exemplos rareiam.

4 A IDENTIDADE-IDENTIFICAÇÃO E SUAS ESPÉCIES

A compreensão da identidade-identificação exige que relembremos dois conceitos citados anteriormente quando analisada a doutrina de Paul Ricouer: mesmidade e ipseidade. Mesmidade significa, em síntese, a existência de um critério que sempre permita a identificação da pessoa em qualquer tempo e espaço. Ipseidade, por sua vez, consiste naquilo que é próprio da pessoa, que a diferencia das demais, algo que continue a identificá-la, mesmo com as mudanças pelas quais ela passa ao longo do tempo ou em espaços diferentes.

Mesmidade e ipseidade são importantes para a definição de identidade-identificação porque denotam os dois aspectos dela. Identificar envolve tanto estabelecer critérios que permitam reconhecer alguém no tempo e no espaço como diferenciar esse alguém de outros.

No caso, sem qualquer pretensão de esgotamento da matéria, já que é certo que existem e existirão outras identidades-identificação, como a indígena[355] e aquela relacionada aos dados biométricos (íris, retina, face, voz, datilograma, assinatura etc.),[356] os quais se tornaram ainda mais relevantes após o advento da Lei n. 13.444/2017, que instituiu a Identidade Civil Nacional (ICN), com o escopo de identificar o brasileiro em suas relações com a sociedade e com os órgãos e entidades governamentais e privados, selecionamos cinco critérios

[355] BRASIL. Superior Tribunal de Justiça. REsp 1.927.090. Relator: Ministro Luis Felipe Salomão. Sem julgamento na data da elaboração deste livro.

[356] SCHREIBER, Anderson. *Direito civil e Constituição.* São Paulo: Atlas, 2013. p. 221; GODOY, Cláudio Luiz Bueno de. *A liberdade de imprensa e os direitos da personalidade.* 3. ed. São Paulo: Atlas, 2015. p. 39.

que atendem a àquela díade: nome, identidade sexual, identidade genética, identidade digital e identidade nacional.

4.1 Nome

O nome é o meio de identificação das pessoas por excelência, por isso, hodiernamente, é atribuído por lei a todas elas, no interesse geral[357] e não apenas no Brasil. Ele é, portanto, tanto um direito de quem é nomeado como um dever de quem deve nomear.[358]

Desde a sua origem o nome tinha esse escopo de individualização. Com os gregos o nome era composto por um só elemento. Os romanos passaram a adotar um patronímico com vistas à identificação da *gens* à qual pertenciam. Eles utilizavam o mesmo elemento designativo justamente com esse fim, agregando outras denominações para distinguir-se entre si. Com a queda do Império Romano no Ocidente e a dominação bárbara o nome, enfim, adquire um caráter individual, que, em razão do número limitado de alternativas faz com que sejam acrescidos da filiação e do uso do nome hereditário.[359]

Embora não faça parte do nosso dia a dia pensarmos no nome também como um fator de humanização, decorrente dessa individualização, cumpre lembrar que o seu desprezo era justamente um dos meios utilizados pelos nazistas nos campos de concentração. Como menciona Viktor E. Frankl, que vivenciou isso:

> A lista é o principal, a pessoa somente importa na medida em que tem um número de prisioneiro, representando literalmente apenas um número. Viva ou morta – não vem ao caso. A "vida" do "número" é irrelevante. O que está por trás desse número, o que representa esta

[357] CENEVIVA, Walter. *Lei dos Registros Públicos comentada*. 17. ed. atual. São Paulo: Saraiva, 2007. p. 135. LARENZ, Karl. *Derecho civil:* parte general cit., p. 147.

[358] CARBONNIER, Jean. *Droit civil.* Les personnes: personnalité, incapacites, personnes morales cit., p. 60-61.

[359] CAPITANT, Henri. *Introduction à l'étude du droit civil*: notions générales. 3. ed. Paris: A. Pedone, 1912. p. 136.

vida, é menos importante ainda: o destino – a história – o nome de uma pessoa.[360]

O nome é uma conveniência social que combina perfeitamente com o interesse do indivíduo que haja possibilidade de distinguir todos os membros de uma coletividade.[361] Precisamente por conta dessa combinação é que Menezes Cordeiro afirma que o nome tem duas funções: vocativa, pois permite designar a pessoa que o usa, e distintiva, porque faculta distingui-lo dos demais.[362]

Cuida-se de observação semelhante à de Vincenzo Zeno-Zencovich, que afirma que desde os anos 1800 o nome é visto por duas óticas: a publicística, que diz respeito à exigência de evitar o perigo da troca ou confusão entre pessoas, e a proprietária, que se liga ao conceito de usurpação de nome. Ele ressalta, contudo, que o nome deve ser protegido em razão da dignidade pessoal, independentemente de usurpação, o que acaba permitindo que se confunda com a identidade pessoal.[363]

Essa confusão entre o nome e a identidade pessoal é que não pode prevalecer. Talvez por conta da falta de aprimoramento dogmático do direito à identidade ou porque a obra que inaugurou a análise dos direitos da personalidade seja a de Adriano de Cupis, na qual o direito à identidade pessoal cinge-se à verificação do direito ao nome, não é incomum que os dois direitos sejam considerados sinônimos, o que não é verdade.[364]

O nome é apenas uma espécie de identidade-identificação, que é, por sua vez, uma das duas vertentes da identidade. Oliveira Ascensão evidencia a

[360] FRANKL, Viktor E. *Em busca de sentido:* um psicólogo dentro de um campo de concentração. Tradução Walter O. Schulupp e Carlos C. Aveline. 42. ed., rev. São Leopoldo: Sinodal; Petrópolis: Vozes, 2017. p. 73.

[361] ESPÍNOLA, Eduardo. *Sistema do direito civil brasileiro* cit., p. 336.

[362] CORDEIRO, António Menezes. *Tratado de direito civil* cit., p. 217.

[363] ZENO-ZENCOVICH, Vincenzo. Onore, reputazione e identità personale cit., p. 63. Nessa mesma linha: FINOCCHIARO, Giusella. Identità Personalle (diritto alla) cit., p. 732-733.

[364] A propósito, podemos citar ainda Rubens Limongi França (Instituições de Direito Civil. 4.ed., atual. São Paulo: Saraiva, 1996), Maria Helena Diniz (*Curso de Direito Civil brasileiro: teoria geral do direito civil.* 33. ed. São Paulo: Saraiva, 2016, v. 1) e Andrea Magazzù. ("Identità" personale e tutela civile della reputazione cit., p. 149). Na jurisprudência parece também haver a utilização dos direitos à identidade e ao nome de maneira indistinta, como é possível inferir do seguinte julgado: BRASIL. Supremo Tribunal Federal. RE 248.869. Relator: Ministro Maurício Corrêa. j. 07/08/2003. *DJ* 12/03/2004.

relação de gênero e espécie que há entre o nome e a identidade ao se manifestar nos seguintes moldes:

> Temos assim que o que verdadeiramente surge como direito de personalidade é o direito à identidade pessoal. O nome em si representa já um bem incorpóreo. Então melhor diríamos que o direito ao nome é imposto por um direito de personalidade, o direito à identidade pessoal, mas que nos seus desenvolvimentos transcende já a própria tutela da personalidade.[365]

Maria Celina Bodin de Moraes também segue essa linha de raciocínio ao dizer, lembrando da doutrina de G. Cornu, que o nome passou a ser o anteparo da identidade da pessoa, a sede do seu amor-próprio.[366] Parece-nos um argumento relevante porque o nome sempre gozou mesmo de um caráter simbólico. Há quem, por exemplo, tenha orgulho de pertencer a uma determinada família ou grupo, por isso ostenta um sobrenome. Há também quem manifesta repulsa ao que representa o nome, nomeadamente o sobrenome, também chamado de apelido de família, como se deu com aqueles que alteraram os seus na época da Independência do Brasil, retirando os de origem portuguesa, para manifestar apoio à causa brasileira.[367]

365 ASCENSÃO, José de Oliveira. *Direito civil.* Teoria geral cit., p. 90-91

366 BODIN DE MORAES, Maria Celina. Sobre o nome da pessoa humana. *Revista EMERJ*, v. 3, n. 12, p. 48-74, 2000. Disponível em: https://www.emerj.tjrj.jus.br/revistaemerj_online/edicoes/revista12/revista12_48.pdf. Acesso em: 10 mar. 2020, p. 52.

367 "Enquanto isso, uma pitoresca guerra paralela, sem armas, ocorria nas páginas dos jornais e cartórios de registros de nascimento. Era marcada por atitudes simbólicas, como a troca de nomes portugueses por denominações indígenas de árvores e animais silvestres para sinalizar a adesão à causa brasileira. Na Bahia, o jornalista e advogado negro Francisco Gomes Brandão, futuro visconde de Jequitinhonha, passou a assinar Francisco Gê Acaiaba de Montezuma com o objetivo de 'animar o povo e [...] provar sua firme adesão à causa do Brasil'. [...] O padre Antônio de Sousa, de Alagoas, avisava que dali por diante seria conhecido por Antônio Cabra-Bode. O mestre Joaquim José da Silva passou a assinar Joaquim José da Silva Jacaré. O piloto José Caetano de Mendonça acrescentou Jararaca ao sobrenome. Seu colega, José Maria Migués, substituiu o português Migués pelo brasileiro Bentevi..." (GOMES, Laurentino. *1822: como um homem sábio, uma princesa triste e um escocês louco por dinheiro ajudaram D. Pedro a criar o Brasil, um país que tinha tudo para dar errado.* Rio de Janeiro: Nova Fronteira, 2010. p. 162).

É essa noção mais ampla da função do nome que nos parece justificar uma interpretação extensiva por parte da jurisprudência quanto às regras previstas na Lei n. 6.015/73 (Lei de Registros Públicos).[368] Do mesmo modo, é o que embasa a existência de outras normas, como a que disciplina o nome social. Conforme art. 1º, parágrafo único, inciso I do Decreto n. 8.727/16, ele é a designação pela qual a pessoa travesti ou transexual se identifica e é socialmente reconhecida.

A propósito, cabe ressaltarmos que recentemente a Lei de Registros Públicos foi alterada pela Lei n. 14.382/2022. Entre outras mudanças realizadas por essa lei, o art. 56 daquela lei passou a prever o direito de a pessoa requerer pessoal a alteração de seu prenome, após atingida a maioridade, independentemente de decisão judicial. Ao estipular o § 1º desse mesmo artigo que a alteração imotivada do prenome poderá ser feita pela via extrajudicial apenas uma vez, *a contrario sensu*, passou a ser autorizada a alteração posterior dele, em juízo, justificadamente. A imutabilidade do nome, a representar segurança jurídica, em termos de individualização da pessoa, destarte, perdeu ainda mais força.

Por força do art. 19 do Código Civil de 2002, que é semelhante ao art. 9º do Código Civil italiano, o pseudônimo goza da mesma proteção que se dá ao nome.[369] É compreensível que assim o seja porque o pseudônimo é um falso nome, um nome destinado a conceder maior liberdade literária ou artística a quem quer que seja,[370] sem que, com isso, esteja a pessoa a abrir mão de seu

[368] É emblemático o processo no qual familiares de Marcelo Odebrecht conseguiram autorização judicial para alteração do sobrenome, substituindo-se Odebrecht por Alvarez, em razão do envolvimento daquele com casos de corrupção. Reportagem disponível em: https://www.brasil247.com/brasil/mulher-e-tres-filhas-de-marcelo-odebrecht-nao-irao-mais-usar-o-sobrenome-da-familia. Acesso em: 26 set. 2021.

[369] A respeito da análise feita acerca dos pseudônimos durante a discussão do projeto de lei que redundou no atual Código Civil: "No art. 20, não se acolheu a restrição 'quando adquirir a importância do nome', que se encontra no art. 42 do Projeto revisto (e que advém do art. 9º do CC italiano de 1942), nem tampouco se acolheu a restrição que se acha no art. 74 do novo Código Civil português ('quando tenha notoriedade'), mas se preferiu seguir a fórmula sugerida por Juan M. Semon, que tem a vantagem de proteger pseudônimos sempre que adotados para atividades lícitas, ainda que não tenham alcançado notoriedade, ou a importância do nome" (ALVES, José Carlos Moreira. *A parte geral do projeto de Código Civil brasileiro*: subsídios históricos para o novo Código Civil brasileiro. 2. ed. aum. São Paulo: Saraiva, 2003. p. 76).

[370] CARBONNIER, Jean. *Droit civil.* Les personnes: personnalité, incapacites, personnes morales cit., p. 61.

direito de ser corretamente identificado. O pseudônimo, como falso nome que é, portanto, consiste em uma subespécie de identidade-identificação.

4.2 Identidade sexual

Já tratamos no item 3.2.1 deste livro sobre a diferença entre sexo, gênero e sexualidade. Nele explicamos que a noção de sexo está ligada, em princípio, à concepção biológica do ser humano, ao passo que a noção de gênero é sociocultural. Precisamente por conta disso é que afirmamos que as pessoas, sob a ótica da identidade sexual, podem ser designadas como homens, mulheres ou intersexuais, que são as pessoas que apresentam características ambíguas.

O item 2 do art. 54 da Lei n. 6.015/73 (Lei de Registros Públicos) dispõe ser necessário constar do assento de nascimento da criança o seu sexo. Trata-se de medida comum em vários países, como podemos ver do art. 57 do Código Civil francês.

A *mens legis* é deixar registrada essa espécie de identidade-identificação para todos os fins, os quais eram mais amplos quando não se diferenciava gênero de sexo. Quando homem e mulher eram sinônimos, respectivamente, de masculino e feminino, a definição do sexo no assento de nascimento não representava apenas uma espécie de identidade-identificação. A partir do momento em que se estabeleceu essa distinção entre as duas espécies de identidade, passando o gênero a ser considerado autônomo, a questão que se colocou foi se o assento de nascimento externava propriamente sexo ou gênero. Isso foi resolvido com a decisão do Supremo Tribunal Federal no RE n. 670.422/RS: trata-se de gênero, daí a possibilidade de alteração.[371]

A partir dessa distinção, o sexo passou a ser apenas uma espécie de identidade-identificação e os seus efeitos jurídicos perderam muito espaço. Praticamente todas as consequências jurídicas anteriormente atribuídas ao sexo hoje estão ligadas ao gênero, como é o caso da incidência da Lei n. 11.340/06 (Lei Maria da Penha). Já tratamos anteriormente, por exemplo,

[371] BRASIL. Supremo Tribunal Federal. RE 670.422/RS. Relator: Ministro Dias Toffoli. j. 15/08/2018. DJ 10/03/2020.

sobre a possibilidade de transgêneros femininos terem sua incolumidade físico-psicológica tutelada com as medidas da referida lei.

Sob essa ótica restrita, o único ponto que pode despertar interesse quanto à identidade sexual diz respeito à situação do intersexual.[372-373] Acerca do tema, dispõe o seguinte o art. 1º da Resolução CFM n. 1.664/2003:

> Art. 1º São consideradas anomalias da diferenciação sexual as situações clínicas conhecidas no meio médico como genitália ambígua, ambigüidade genital, intersexo, hermafroditismo verdadeiro, pseudo-hermafroditismo (masculino ou feminino), disgenesia gonadal, sexo reverso, entre outras.

À míngua de disciplina legal acerca dos registros públicos dos intersexuais, exatamente como se dá com a questão dos transgêneros e da gestação por substituição (cessão temporária do útero), essa mesma resolução acaba servindo de fundamento para a resolução do problema, a evidenciar a necessidade de uma investigação com vistas à definição do sexo.

[372] No campo do Direito prevalece a adoção dos termos intersexo e intersexualidade, mas no campo biomédico as nomenclaturas mais comuns são anomalia do desenvolvimento sexual (ADS) ou distúrbio da diferenciação sexual (DDS) (FRASER, Roberta Tourinho Dantas; LIMA, Isabel Maria Sampaio Oliveira. Intersexualidade e direito à identidade: uma discussão sobre o assentamento civil de crianças intersexuadas. *Journal of Human Growth and Development*, n. 22(3): p. 358-366, 2012. Disponível em: https://www.google.com.br/url?sa=t&rct=j&q=&esrc=s&source=web&cd=&cad=rja&uact=8&ved=2ahUKEwiZ5eDe05rzAhV9FbkGHVm4BRMQFnoECAcQAQ&url=https%3A%2F%2Fwww.revistas.usp.br%2Fjhgd%2Farticle%2Fview%2F46703&usg=AOvVaw2_kUGC8sMwL6TUeIOziL3i. Acesso em: 25 set. 2021).

[373] O intersexo é utilizado como um dos principais argumentos para afastar tanto a noção binária de homem/mulher, de caráter sexual, quanto a noção binária de masculino/feminino, relativa à identidade de gênero. É, em outras palavras, um argumento que seria favorável também à defesa de um gênero neutro, o que já tivermos oportunidade de analisar no item 3.2.4 deste livro. Como sustentam María Victoria Carrera, Renée DePalma e Maria Lameiras, as várias manifestações intersexuais demonstram não haver harmonia entre as características físicas e as expectativas sociais de gênero. Dão destaque às(aos) *muxe* em Tehuantepec, no México, e às(aos) *xanith*, em Omã (Sex/gender identity: moving beyond fixes and "natural" categorias cit., p. 998-999). Ocorre que, como tivemos oportunidade de verificar no item 2.4.2, referente à estrutura da identidade, não é exigível que todos os titulares dos rótulos concernentes a determinada identidade tenham comportamentos idênticos nos seus endogrupos.

Uma equipe multidisciplinar com especialistas de clínica geral e/ou pediátrica, endocrinologia, endocrinologia-pediátrica, cirurgia, genética, psiquiatria e psiquiatria infantil realizam diversos exames com esse objetivo. A depender da idade da pessoa envolvida ela pode participar ativamente da definição de seu próprio sexo, a indicar que há uma aproximação entre sexo e gênero.

Em tese, a teor do art. 50 da Lei n. 6.015/73, se a definição do sexo de um recém-nascido ocorre no prazo de 15 dias, não há problema em termos de registro civil. Contudo, se a situação for mais complexa,[374] é de nos questionarmos se seria o caso de registrar a criança com o sexo predominante no momento do nascimento, sobretudo a partir do que se constata em termos de sexo morfológico. Nesse caso, sujeitar-se-ia o registro a eventual retificação posterior. Outra alternativa seria postergar o registro até a definição do sexo.[375] Vale lembrarmos que, sem a definição do sexo, a rigor, não é possível a atribuição do nome, por isso a ausência de definição daquele implica na ausência deste e no assento de nascimento como um todo.

Não nos parece que exista uma solução única e a análise que fizemos no item 3.2.4 deste livro acerca do gênero neutro, a partir do julgamento do processo 1 BvR 2019/16 da Alemanha, apenas reforça a complexidade da matéria.

A bem da verdade, considerando que o assento de nascimento é a medida necessária ao reconhecimento jurídico da existência da pessoa, premissa para que exerça seus direitos, três alternativas se mostram viáveis: a) registra-se a criança a partir do sexo predominante e, com isso, atribui-se o nome

[374] Esta questão foi analisada sob o ponto de vista da responsabilidade civil do médico e do hospital em apelação analisada pelo Tribunal de Justiça do Estado de São Paulo. Foi alegada negligência médica na identificação do sexo do recém-nascido, mas a conclusão foi no sentido de que a definição em tela era complexa e, por isso, não haveria que se falar em culpa. Destacamos apenas um trecho do julgado a fim de evidenciar o quão complexa pode ser a definição: "Os documentos juntados demonstraram que foram necessários diversos exames complementares até se aferir o sexo do bebê, tendo inclusive que ser realizada cirurgia por videolaparoscopia para se observar os órgãos internos e realizar biópsia nas gônodas, que aliado aos demais exames de sangue trouxeram a confirmação do sexo (fls. 337 e 346/352 e 373)" (BRASIL. Tribunal de Justiça do Estado de São Paulo. Ap. Cível n. 0002994-68.2010.8.26.0028. Relator: Desembargador Miguel Brandi. j. 10/06/2015. *DJe* 11/06/2015).

[375] FRASER, Roberta Tourinho Dantas; LIMA, Isabel Maria Sampaio Oliveira. Intersexualidade e direito à identidade: uma discussão sobre o assentamento civil de crianças intersexuadas cit., p. 360.

correspondente a ele; b) não sendo possível definir o sexo predominante, como se dá nos casos de genitália ambígua,[376] registra-se a criança como intersexo e com nome preferencialmente neutro, a fim de que, concluída a investigação acima, proceda-se à retificação do campo relativo ao sexo e, se for o caso, do nome da criança;[377] ou, ainda, c) não sendo possível definir o sexo predominante, registra-se a criança como intersexo e com nome preferencialmente neutro, de forma permanente, a teor da supracitada decisão proferida na Alemanha.

Ao que nos parece, essas alternativas compõem um quadro semelhante àquele existente em outros países. Com apoio na doutrina de Leandro Reinaldo da Cunha, José Luiz Gavião de Almeida, Luis Renato Vedovato e Marcelo Rodrigues da Silva, na Austrália e na Nova Zelândia sabemos que se utiliza a letra X para designar o sexo nos documentos oficiais daqueles que não apresentam indicação perfeitamente definida. Solução idêntica é adotada na Índia, com a ressalva de que a letra utilizada nos documentos é a E.[378]

Em consonância com aquilo que defendemos no item 3.2.4 deste livro, entendemos que a solução preconizada no item "b" é a melhor. A somatória do viés biológico, principal, com o sociocultural, complementar, a rigor, permite definir o que deve constar do registro civil.

[376] "Em termos biomédicos, existem quatro tipos de DDS ou ADS: a) pseudo-hermafroditismo feminino (o sexo cromossômico é 46 XX, o indivíduo possui ovário, mas genitália externa é 'ambígua'); o pseudo-hermafroditismo masculino (o sexo cromossômico é 46 XY, o indivíduo possui testículos, mas a genitália externa é feminina ou 'ambígua'); a disgenesia gonadal mista (o indivíduo possui gônadas constituídas apenas por tecido fibroso, sem função hormonal nem capacidade de produção de gametas, e sem estruturas que permitam caracterizá-las como ovários ou testículos); e o hermafroditismo verdadeiro (pessoas que possuem tanto tecido ovariano quanto testicular, em geral, associada à ambiguidade genital interna e externa" (FRASER, Roberta Tourinho Dantas; LIMA, Isabel Maria Sampaio Oliveira. Intersexualidade e direito à identidade: uma discussão sobre o assentamento civil de crianças intersexuadas cit., p. 361).

[377] Projeto de Lei 1.475/2015, de autoria do Deputado Carlos Bezerra, pretende alterar o art. 54 da Lei de Registros Públicos para inserir a possibilidade de o recém-nascido ser registrado como intersexo ou com sexo indefinido, mediante laudo elaborado por equipe multidisciplinar, se for atestado que tem características físicas, hormonais ou genéticas que não permitam a identificação do sexo como "masculino" ou "feminino" até o momento do registro (Disponível em: https://www.camara.leg.br/propostas-legislativas/1234248. Acesso em: 22 ago. 2022).

[378] ALMEIDA, José Luiz Gavião de; VEDOVATO, Luis Renato; SILVA, Marcelo Rodrigues da. A identidade pessoal como direito fundamental da pessoa humana e algumas de suas manifestações na ordem jurídica brasileira cit., p. 54.

Entretanto, caso venha a ser aceito o entendimento disposto no item "c", defendemos que ele sirva apenas aos casos de efetiva impossibilidade de distinção, levando-se em conta, na ordem indicada acima, os critérios biológico e sociocultural.

4.3 Identidade genética[379]

Assim como as identidades racial e de gênero, cujo avanço tecnológico ensejou a mudança nas configurações que as permitiram ser melhor compreendidas, a identidade genética ganhou importância com o desenvolvimento científico relativamente à compreensão do DNA, que se iniciou em 1953 com a descoberta da estrutura de dupla hélice dele e culminou cinquenta anos depois com o sequenciamento do DNA no projeto genoma humano.[380]

Segundo Karina do Amaral, "o conhecimento do genoma resulta, inevitavelmente, na existência de uma identidade genética que pertence à cada pessoa, uma vez que a identifica e individualiza de todas as demais".[381] Identidade genética ou genotípica, portanto, é a espécie de identidade-identificação que tem como pressuposto a individualidade biológica da pessoa, isto é, a diferença dela para as outras (ipseidade) em termos de DNA.

Trata-se de direito que, no âmbito internacional, é previsto especificamente no art. 3º da Declaração Internacional sobre os Dados Genéticos[382]

[379] Julio Cesar Rivera traz à tona, com fulcro na lição de Matilde Zavala de Gonzáles, a noção de identidade familiar, que se conecta, em alguma medida, à identidade genética. E inclusive oferece exemplos interessantes a partir de casos ocorridos na Argentina: *i.* pai que moveu ação contra a ex-esposa e a esposa ou companheira dela porque em reportagem identificaram-se como mães do filho dele, o que resultou em sentença favorável a ele em 1976; *ii.* ex-esposa e filho de jogador de futebol que moveram ação contra concubina e filho dela porque colocaram uma placa sobre o túmulo do jogador falecido na qual constava "Papá: en el primer aniversario de tu desaparición te recordamos por siempre" (CIFUENTES, Santos; GOLDENBERG, Isidoro; RIVERA, Julio César. Identidad personal. *Temas de derecho privado* cit., p. 19).

[380] Genoma é o conjunto de todo o material genético que define um ser vivo (BARBOZA, Heloísa Helena. Direito à identidade genética cit., p. 91-92).

[381] Ibidem, p. 4.

[382] "Art. 3º Identidade da pessoa: Cada indivíduo tem uma constituição genética característica. No entanto, não se pode reduzir a identidade de uma pessoa a características genéticas, uma vez que ela é constituída pela intervenção de complexos fatores educativos, ambientais e

e de modo indireto no art. 8º da Declaração Universal do Genoma Humano e dos Direitos Humanos. Ainda, ele é previsto, expressamente, no art. 26, item 3 da Constituição portuguesa[383] e já foi reconhecido pela Corte Europeia de Direitos Humanos.[384] No âmbito interno, por sua vez, o direito à identidade genética é considerado pela doutrina[385] e pela jurisprudência como direito fundamental implícito.[386]

A noção de que o direito à identidade genética é uma espécie de direito à identidade-identificação resta mais claro quando verificamos que ele tem como um de seus espectros o direito ao conhecimento da origem genética, que corresponde à faculdade que deve ser reconhecida a toda pessoa de, sem entraves injustificáveis, aceder à identidade dos respectivos progenitores e, eventualmente, ver essa ligação biológica reconhecida.[387]

A propósito da importância desse direito no âmbito dos direitos da personalidade, salienta Rafael Vale e Reis que:

> parece ser hoje incontroverso que a tutela jurídica das condições óptimas para o desenvolvimento da personalidade humana tem que guardar espaço para a descoberta das referências próprias. Ou seja, a plena realização do indivíduo enquanto pessoa pressupõe, pelo

pessoais, bem como de relações afetivas, sociais, espirituais e culturais com outros indivíduos, e implica um elemento de liberdade."

383 3. A lei garantirá a dignidade pessoal e a identidade genética do ser humano, nomeadamente na criação, desenvolvimento e utilização das tecnologias e na experimentação científica.

384 *Mizzi v. Malta*, j. 12 jan. 2006; *Jäggi v. Switzerland*, j. 13 jun. 2006 (DE HERT, P. *A right to identity to face the Internet of Things*. Paris: Council of Europe Publishing. 2007. p. 8-9).

385 SARLET, Ingo Wolfgang. *A eficácia dos direitos fundamentais:* uma teoria dos direitos fundamentais na perspectiva constitucional. 10. ed., rev. atual. e ampl. Porto Alegre: Livraria do Advogado, 2010. p. 90; AMARAL, Karina Almeida do. A identidade genética e a identidade pessoal do ser humano confrontadas com a procriação medicamente assistida (PMA) heteróloga: análise a partir dos ordenamentos jurídicos Brasileiro e Português. *Revista Contribuciones a las Ciencias Sociales,* abr./jun. 2016. Disponível em: http://eumed.net/rev/cccss/2016/02/genetica.html. Acesso em: 7 out. 2021, p. 04; SOUSA, Felipe Soares de. A extensão e os efeitos do reconhecimento do direito à identidade genética. *Revista de Direito Privado,* ano 18, vol. 74, fev./2017, p. 57.

386 BRASIL. Supremo Tribunal Federal. RE 363.889/DF. Relator: Min. Dias Toffoli. j. 02/0/2011. *DJ* 16/12/2011.

387 REIS, Rafael Vale e. Direito ao conhecimento das origens genéticas. *In:* ASCENSÃO, José de Oliveira (Coord.). *Estudos de direito da bioética.* Almedina: Coimbra, 2009. v. III, p. 195.

> menos, a possibilidade de satisfação da curiosidade acerca do <quem sou eu?>.

Paulo Lôbo também afirma que o direito ao conhecimento da origem genética integra o núcleo da identidade pessoal, direito da personalidade que não guarda relação com a filiação.[388]

Precisamente por conta da importância que a origem genética representa para o livre desenvolvimento da personalidade é que o art. 48 do Estatuto da Criança e do Adolescente estabelece que o adotado tem direito de conhecer sua origem biológica, bem como de obter acesso irrestrito ao processo no qual a medida foi aplicada e seus eventuais incidentes, após completar 18 (dezoito) anos de idade.[389]

A verificação da origem genética representa a expressão da identidade genética no seu grau máximo, pois significa que a pessoa não apenas compreenderá sua individualidade biológica, mas também a relação dessa mesma individualidade com as individualidades de seus antepassados, o que se integrará à sua identidade genética. E a partir dessa integração poderá, com mais fundamento, distinguir-se dos outros.

Malgrado não seja este um ponto essencial à compreensão da identidade genética, não podemos nos furtar de tratar da celeuma consistente na oposição entre o direito ao conhecimento da origem genética e o direito ao anonimato da identidade do doador de gametas masculinos. Em favor daquele estão justamente os argumentos expostos acima, sobretudo a importância dada ao referido direito por doutrina e jurisprudência, no âmbito nacional e internacional. Em favor deste, estão o incentivo à doação do material genético, sem o qual não seria possível a reprodução assistida heteróloga (art. 1.597, inc. V, CC), a importância disso para o planejamento familiar (art. 2º da Lei n. 9.263/96), que é direito constitucionalmente assegurado (art. 226, § 7º, CF), assim como a possibilidade de retirada da segurança psicológica necessária

388 LÔBO, Paulo Luiz Netto. *Direito civil:* famílias. 4. ed. São Paulo: Saraiva, 2011. p. 227.

389 Em harmonia com este artigo, mas mais voltado ao efeito do reconhecimento da origem genética consistente na obtenção do vínculo de paternidade há o enunciado n. 109 da I Jornada de Direito Civil, cuja redação é a seguinte: A restrição da coisa julgada oriunda de demandas reputadas improcedentes por insuficiência de prova não deve prevalecer para inibir a busca da identidade genética pelo investigando.

para o bom desenvolvimento familiar do seio da própria família, no caso de possibilidade de desvelamento da identidade do doador.[390]

O tema é objeto de controvérsia na doutrina e não há um posicionamento firme na jurisprudência.[391] Não há lei disciplinando a questão, por isso, habitualmente, os intérpretes do Direito recorriam ao disposto na Resolução n. 2.168/2017 do Conselho Federal de Medicina, posteriormente substituída pela de n. 2.294/2021, que trata das normas éticas para a utilização das técnicas de reprodução assistida e em seu item IV estabelece o seguinte:

> 2. Os doadores não devem conhecer a identidade dos receptores e vice--versa, exceto na doação de gametas para parentesco de até 4º (quarto) grau, de um dos receptores (primeiro grau – pais/filhos; segundo grau – avós/irmãos; terceiro grau – tios/sobrinhos; quarto grau – primos), desde que não incorra em consanguinidade.

Conquanto seja inegável que o conhecimento sobre a própria origem genética seja particularmente importante para o desenvolvimento da identidade narrativa, compreendemos que a posição favorável ao anonimato da identidade do doador de gametas deva prevalecer por uma razão de ordem lógica[392] e que tem como exemplo paralelo o discutido e discutível *Affaire Perruche*.[393]

Cuida-se de caso no qual uma criança nasceu com diversas sequelas decorrentes de rubéola que havia acometido a mãe durante a gravidez, tais como distúrbios neurológicos, surdez e doença cardíaca. Em meio a uma discussão

[390] SOUSA, Felipe Soares de. A extensão e os efeitos do reconhecimento do direito à identidade genética. *Revista de Direito Privado*, ano 18, v. 74, p. 57, fev. 2017.

[391] No Superior Tribunal de Justiça não localizamos julgamentos colegiados a respeito da matéria. A partir da menção às palavras "anonimato", "doador" e "gametas" encontramos apenas três decisões monocráticas: AREsp 146.609, REsp 180.542 e AREsp 1.042.172. Mas elas versam mais sobre a possibilidade de haver doação de gametas por parte de pessoas conhecidas dos receptores, ou seja, sem que haja sigilo, e menos da possibilidade de afastamento do sigilo por conta do direito à identidade genética do filho nascido.

[392] Trata-se de posicionamento semelhante àquele exposto por Júlio César Rivera, que, inclusive, é mais restritivo do que o nosso, pois rejeita a hipótese de investigação de paternidade até mesmo no caso de adoção plena. (CIFUENTES, Santos; GOLDENBERG, Isidoro; RIVERA, Julio César. Identidad personal. *Temas de derecho privado* cit., p. 20-21).

[393] Disponível em: https://www.legifrance.gouv.fr/juri/id/JURITEXT000007041543/. Acesso em: 21 fev. 2021.

envolvendo a responsabilidade médica e do laboratório que realizou os exames, o Tribunal de Cassação francês acolheu o pedido de indenização da criança, representada pelos pais, reconhecendo o que se convencionou chamar direito de não nascer, uma vez que a falha nos exames acabou impedindo a mãe de interromper a gravidez. A repercussão do caso acabou gerando o art. 114-5 do *Code de l'Action Sociale et des Familles*, o qual passou a proibir indenização pelo simples fato do nascimento.[394]

A lógica que sustenta essa lei é clara e foi amplamente discutida durante a tramitação do processo: a alternativa ao nascimento com problemas de saúde seria o não nascimento. É a mesma lógica, em alguma medida, da defesa do anonimato da identidade do doador de gametas: se o anonimato do doador não é garantido, não são mais doados os gametas que dariam ensejo ao nascimento das crianças.

O Direito nada mais é do que uma ordem social que emite sinais para estimular ou desestimular condutas. Se são emitidos sinais no sentido de que a reprodução assistida é um meio adequado para que as famílias que não têm condições de ter filhos naturalmente possam tê-los, o que é especialmente importante para os casais homossexuais ou transgêneros, sendo que, para tanto, faz-se necessário conceder ao doador o sigilo, não vemos sentido em emitir sinal contrário concomitantemente.[395]

394 Disponível em: https://www.legifrance.gouv.fr/codes/article_lc/LEGIARTI000006796464/. Acesso em: 3 jan. 2022.

395 Um dos principais argumentos favoráveis a tais uniões é o fim do patriarcalismo, o qual, como expõe Manuel Castells, é o mesmo que impediria a utilização dessas técnicas de reprodução diversas da tradicional relação sexual entre homem e mulher. Nesse sentido: "Ao mesmo tempo, a mudança tecnológica ocorrida na reprodução biológica permite dissociar a reprodução da espécie das funções sociais e pessoais da família. A possibilidade de reprodução in vitro, bancos de esperma, barrigas de aluguel, bebês projetados geneticamente, abrem toda uma área de experimentos sociais que a sociedade tentará reprimir a todo o custo por causa da potencial ameaça às nossas estruturas morais e legais. E, no entanto, o próprio fato de que é possível às mulheres terem filhos sem ao menos conheceram o pai, ou que homens, mesmo depois de mortos, possam usar brigas de aluguel para gerarem seus filhos, rompe a relação fundamental entre biologia e sociedade na reprodução da espécie humana, separando a socialização do ato de gerar filhos. Sob tais condições históricas, famílias e estilos de vida passam por processos de redefinição ainda obscuros" (CASTELLS, Manuel. *O poder da identidade* cit., p. 276).

Aliás, pensamos que esse raciocínio está em consonância com a posição externada pelo Supremo Tribunal Federal no julgamento da ADI n. 3.510/DF, na qual se reconheceu a constitucionalidade do art. 5º da Lei n. 11.105/2004 (Lei de Biossegurança). Ao tratar especificamente sobre a legitimidade das pesquisas com células-tronco embrionárias para fins terapêuticos, o tribunal decidiu que a escolha feita pela lei não significou desprezo ou desapreço pelo embrião "in vitro", porém uma mais forte disposição para encurtar caminhos que possam levar à superação do infortúnio alheio. Mais do que isso, afirmou o tribunal que isso se insere no que se denomina constitucionalismo fraternal, a traduzir verdadeira comunhão de vida ou vida social em clima de transbordante solidariedade em benefício da saúde e contra eventuais tramas do acaso e até dos golpes da própria natureza.[396] A impossibilidade ter filhos naturais é justamente uma trama do acaso ou golpe da natureza que se resolve pela utilização do material genético doado.

É por esse mesmo motivo que não acreditamos ter sido correto o posicionamento adotado pela Corte de Karlsruhe no processo BGH XII ZR 71/18, que afastou o sigilo do doador de sêmen, a pedido da pessoa gerada, com base na boa-fé objetiva, prevista no § 242 do BGB.[397] Pois se a boa-fé objetiva representa um *standard* de comportamento leal e honesto para com a parte contrária da relação jurídico-contratual, destacando-se a figura do *venire contra factum proprium* como coibição de uma conduta deslealmente contraditória, não vemos sentido em reconhecer um direito que contrarie cláusula contratual expressa de sigilo tanto do doador quanto do receptor dos gametas com a clínica.[398]

Esse argumento nos parece ser suficientemente forte para afastar a aplicação analógica do disposto no art. 48 do Estatuto da Criança e do Adolescente, que estabelece ser direito personalíssimo do adotado o conhecimento e sua origem biológica. Apesar disso, convém acrescentar que a situação da reprodução assistida heteróloga não se equipara à adoção nesse contexto.

396 BRASIL. Supremo Tribunal Federal. ADI n. 3.510/DF. Relator: Min. Ayres Britto. j. 29/05/2008. *DJ* 28/05/2010.

397 FRITZ, Karina Nunes. *Jurisprudência comentada dos tribunais alemães* cit., p. 25-28.

398 MARTINS-COSTA, Judith. *A boa-fé no direito privado: critérios para a sua aplicação*. 2. ed. São Paulo: Saraiva Educação, 2018, p. 158-160.

É que na adoção o(s) genitor(es) do adotado era(m), de fato e de direito, seu(s) antecessor(es) biológico(s), até que deixou(aram) de sê-lo por qualquer das causas previstas em lei, seguindo-se a isso a adoção, como forma de colocação da criança ou do adolescente em família substituta. O doador de gametas, por outro lado, é tão somente o fornecedor do material necessário à geração de um novo ser humano, sem que haja, da parte dele, qualquer vontade ou mesmo intenção de ser pai de uma criança. Se há vontade dele, ela é dirigida à possibilidade de outrem ser pai de uma criança.

Trata-se de posição que encontra eco na doutrina de Canaris, que se manifesta no seguinte sentido:

> No actual estado do direito dos alimentos e das sucessões o dador razoável só se declarará, pois, pronto para a doação se for garantido em princípio o seu anonimato. Este constitui, assim, de facto, verdadeiramente uma condição de possibilidade de que o filho possa de todo chegar a viver, e não pode, pois, a meu ver, se intensamente prejudicado, ou, mesmo, inteiramente posto em causa por uma pretensão geral de informações sobre identidade do dador. Reconhecer como prioritário, sem limitações, o interesse insustentável do filho na informação conduziria em última instância, à posição insustentável de que seria melhor não viver de todo do que viver com desconhecimento da pessoa do seu pai biológico. Em conformidade, a necessidade do filho de adquirir esse conhecimento não tem, na inseminação heteróloga, de forma alguma, um peso tal que o imperativo de tutela de direitos fundamentais se tenha de impor sem mais, em face do contraposto direito à auto-determinação informativa.[399]

Como única exceção, se bem que parcial, entendemos ser a necessidade médica de qualquer dos envolvidos: doador dos gametas ou filho gerado por um deles. É o caso, por exemplo, de pesquisa para potencialidade de transmissão de doença genética. Nesta hipótese nos parece ser possível não a desvelação do sigilo da identidade do referido doador, uma vez que desnecessária ao deslinde da questão, mas o fornecimento de informações acerca

[399] CANARIS, Claus-Wilhelm. *Direitos fundamentais e direito privado* cit., p. 96-97.

da saúde dele, exatamente como consta do item IV.4 da supracitada Resolução do Conselho Federal de Medicina.

A possibilidade de haver incesto não nos parece ser justificativa para a quebra do referido sigilo – no caso, sigilo propriamente dito, pois apenas informações acerca do doador que não revelassem a sua identidade não resolveriam o problema. Isso porque se trata de uma situação absolutamente excepcional, de chances praticamente nulas.

4.4 Identidade digital

A revolução tecnológica pela qual a humanidade passou, mormente a partir da expansão da *internet*, fez com que deixássemos de viver em um mundo analógico e passássemos a viver em um mundo digital.[400] A diferença entre a tecnologia analógica e a digital é que aquela produz analogias de palavras, imagens e sons como representações em coisas como o filme plástico ou a fita magnética, ao passo que nesta as coisas são convertidas em informações e transformadas em números (dígitos).[401]

[400] Após explicar sobre as esferas públicas e privada na Antiguidade e o surgimento da esfera social na Idade Moderna, diz Eduardo Tomasevicius Filho que a *internet* transformou as distinções entre esses espaços. Diz ele que "sendo possível acessar a rede de qualquer lugar e a qualquer hora do dia, permite-se a atuação na esfera social, ser visto e ouvido por todos, sem o necessário contato presencial para o estabelecimento dessas relações. Dessa forma, surge uma terceira esfera: a esfera virtual, em que a pessoa se apresenta na rede sem estar presente" (TOMASEVICIUS FILHO, Eduardo. Marco Civil da internet: uma lei sem conteúdo normativo. *Estudos Avançados*, v. 30, n. 86, p. 271, 2016). Cláudio Akimoto diz que é falha a comparação entre o advento da tecnologia digital e as transformações causadas anteriormente pelo rádio, imprensa e televisão, pois, dentre outros pontos, "o avanço tecnológico vivido hoje oferece uma condição inédita, que vai além do mero advento de novas ferramentas, mas que se diferencia também tanto por seu aspecto qualitativo (o uso da digitalização como instrumento que vai muito além de mera aplicação comercial e mercadológica, passando a invadir todos os campos da pesquisa e do conhecimento humano), tanto quanto pelo aspecto quantitativo (a velocidade e dimensão dos avanços tecnológicos vividos nas últimas décadas exponencialmente superior a qualquer outro momento histórico" (GOLDBERG, Leonardo; AKIMOTO, Claudio. *O sujeito na era digital:* ensaios sobre psicanálise, pandemia e história. São Paulo: Edições 70, p. 80-81, 2021).

[401] GIMENES, Lúcio Flávio de Santana; HUR, Domenio Uhng. A sociedade analógica e sociedade digital: suas codificações e regimes de poder. *Revista Tecnologia e Sociedade,* Curitiba,

Essas informações, que nada mais são do que o resultado do processo de depuração pelo qual passam os dados,[402] quando reunidas constituem o que se convencionou chamar de identidade digital,[403] eletrônica.,[404] virtual ou na rede.[405]

Nome e sexo são duas espécies de identidade-identificação que comporiam, segundo esse conceito, a identidade digital. Algumas espécies de identidade--percepção também integrariam esse conceito, tais como raça e gênero, demandados para utilização de certos *sites* e aplicativos de relacionamento, por exemplo.

Caso adotássemos esse conceito de identidade digital, ele não teria autonomia, pois, na verdade, corresponderia a uma ou mais identidades, identificação ou percepção, presentes no ambiente virtual.[406] Ocorre que, como apontam Javier Iniesta e Francisco Serna, o possível distanciamento entre o real e o virtual constitui um dos primeiros conflitos referentes à identidade digital. A veracidade, segundo eles, é posta em xeque.[407]

v. 16, n. 42, jul.-set. 2020. Disponível em: https://periodicos.utfpr.edu.br/rts/article/view/11357. Acesso em: 23 set. 2021, p. 232.

402 DONEDA, Danilo. A proteção dos dados pessoais como um direito fundamental. Disponível em: https://www.google.com.br/url?sa=t&rct=j&q=&esrc=s&source=web&cd=&cad=rja&uact=8&ved=2ahUKEwiXu5Hp0pPzAhW6q5UCHZXvCwoQFnoECAoQAQ&url=https%3A%2F%2Fwww.academia.edu%2F23345535%2FDa_privacidade_%25C3%25A0_prote%25C3%25A7%25C3%25A3o_de_dados_pessoais&usg=AOvVaw0gPOFzhT1awYWOn6TMFS-2. Acesso em: 22 set. 2021, p. 93.

403 IRTI, Claudia. Dato personale, dato anonimo e crisi del modelo normativo d'identità. *Juscivile*, 2002, Disponível em: https://www.google.com.br/url?sa=t&rct=j&q=&esrc=s&source=web&cd=&cad=rja&uact=8&ved=2ahUKEwivwIOOjJbzAhWWqZUCHRqIDPIQFnoECAsQAQ&url=http%3A%2F%2Fwww.juscivile.it%2Fcontributi%2F2020%2F2_2020%2F04_Irti.pdf&usg=AOvVaw3vIr4LGFt-5fG-CctVz4gj. Acesso em: 18 ago.2021, p. 382. CLARKE, Roger. *The Digital Persona and its Application to Data Surveillance*. Disponível em: http://www.rogerclarke.com/DV/DigPersona.html.. Acesso em: 8 jan. 2022.

404 RESTA, Giorgio. La "morte" digitale. *Il Diritto dell'Informazione e dell'Informatica*. Milano: Giuffrè, 2014. anno XXIX, fasc. 6, p. 892.

405 Ibidem, p. 514.

406 Não estamos tratando de identidade digital, portanto, sob o prisma de Patrícia Peck Pinheiro. Ela se refere à expressão por uma ótica de identificação da pessoa que acessa a *internet* ou faz uso de meios digitais de comunicação, tanto que se refere à divergência jurisprudencial quanto à autoria de um ilícito, se bastaria o uso da senha, se seria necessário o certificado digital ou se apenas com um papel assinado é que isso restaria comprovado (PINHEIRO, Patrícia Peck. *Direito digital*. 5. ed. rev., atual. e ampl. São Paulo: Saraiva, 2013. p. 93-95).

407 INIESTA, Javier Belda; SERNA, Francisco José Aranda. El paradigma de la identidad: hacia una regulatión del mundo digital. *Revista Forense*, v. 422, p. 185, 2016.

Sob esse enfoque, compreendemos que há identidades propriamente digitais que merecem a devida atenção, como é o caso dos perfis e dos avatares, ambas representações da pessoa que podem gozar de autonomia em relação às demais espécies de identidade-identificação.[408]

4.4.1 Perfis

Existem dois tipos de perfis. Seguindo a distinção feita por Roger Clarke entre *projected personae* e *imposed personae*[409] podemos dizer que existem os perfis criados pelas pessoas para representá-las em determinado ambiente virtual e os perfis criados por terceiros sobre as pessoas. Apenas para facilitar a compreensão, chamemos os primeiros de voluntários e os segundos de involuntários.[410]

408 "People exhibit behaviour on the network, which other people recognise. Some of it is based on name; for example someone uses a pseudonym lik 'Blackbeard' creates a diferente expectation in this readers from someone sho identifies themselves useing a normal-sounding name like 'Roger Clarke'. Other aspects of the profile of people on the net are based on the promptness, frequency and nature of their contributions, and the style in which they are written.
Over a period of time, the cumulative effect of these signals results in the development of something which approximates 'personality'. It is restricted form of personality, because the communications medium is generally restricted to standard text; at this early stage of developments, correspondentes generally do not see pictures or sketches, or even hand-writing, and do not hear one another's voices. The limitations of the bare 26 letters, 10 digits and supplementary special characters of the ASCII characer-set have spawned some eblellishments, such the commonly-used 'smiley' symbol :-), the frowning symbol :- (and the wink;-). Some varitations are of course possible; for example (:|} could imply a boring, bald person with a beard, and {&-() someone with a hangover. Generally, however, he symbol-set is aything but expressively rich. Moreover, its use originated in and is by large limited to particular net subcultures" (CLARKE, Roger. The Digital Persona and its Application to Data Surveillance. Disponível em: http://www.rogerclarke.com/DV/DigPersona.html.. Acesso em: 8 jan. 2022).

409 Ibidem.

410 Pensamos ser essa diferenciação estabelecida por Roger Clark muito semelhante àquela feita por Giorgio Resta, que assim se manifesta: "Benché priva di specifici riscontri normativi, la nozioni di 'identità digitale' è comunque entrata a far parte, in questi ultimi anni, del vocabolario del giurista. Anch'essa viene comunemente declinata in due modi distinti. In una prima, e più ampia accezione, l'espressione è utilizzata come sinonimo di identità 'in rete' o 'virtuale'. Frequente è, ad esempio, il suo impiego tra 'corpo físico' e 'corpo elettronicò oppure, e, soprattutto, circa la possibilità di assumere diversi 'identità personali' in rete (e mai come in questo caso resulta appopriato il richiamo alla radice etimológica del termine persona,

São perfis voluntários aqueles criados pelas pessoas para integrarem redes sociais, como o Facebook, o *Instagram*, o *Tik Tok*, *Tinder*, *LinkedIn* e outros similares. Dados como nome, imagem, profissão e domicílio compõem a representação da pessoa no respectivo ambiente virtual com um objetivo básico, em princípio, de simplesmente dar a conhecer aos outros a sua identidade-identificação ou com objetivos específicos, sejam eles financeiros, amorosos, profissionais, entre outros. Mas nada impede que esses perfis sejam instrumentos de veiculação de aspectos da identidade-percepção, como é o caso da exposição de pensamentos relativos à identidade racial ou intelectual.[411]

De outro lado, são perfis involuntários aqueles criados com vistas à identificação da pessoa (*profiling*).[412] São os chamados *shadow profiles*.[413] Ainda se

in quanto prosopon, marchera). In un'accezione più ristretta, che rivela moltiplici punti di contatto con la succitata formula legislativa di 'identità informatica', l'espressione identità digitale è impiegata dagli esperti di informatica e dai cultori del diritto dell'informatica per designare: '[l']insieme dele informazioni e delle risorce concesse ad un sistema informativo ad un particolare utilizzatore del suddetto" (RESTA, Giorgio. Identità personale e identità digitale cit., p. 514-515).

411 Segundo Javier Iniesta e Francisco Serna, são numerosos os aspectos de caráter social, cultural e também psicológico que concorrem na identidade digital. Ela decorre do que cada sujeito decide apresentar aos demais, o que chamam de *self-presentation*. Nesta senda, eles afirmam que: "Al comenzar siendo la identidad digital la representación de la identidad física para configurarse después como un auténtico perfil de la personalidad digital, en ocasiones lo que realmente importa es la imagen que se muestra al resto de sujetos" (INIESTA, Javier Belda; SERNA, Francisco José Aranda. El paradigma de la identidad: hacia una regulatión del mundo digital cit., p. 186).

412 "Antes se invadia a privacidade pela procura de informações ou fatos sobre a vida de uma pessoa. Agora é a própria pessoa, vítima das potenciais ou reais violações à privacidade, que, espontânea e alegremente, fornece esses dados, obtidos por meio de pesquisas em sites de mecanismos de busca, 'postagens' nas redes sociais e aplicativos de mensagens, o que permite a formação de 'big data' e elaboração de dossiers ('profiling') completos sobre si mesma" (TOMASEVICIUS FILHO, E. Inteligência artificial e direitos da personalidade. *Revista da Faculdade de Direito,* Universidade de São Paulo, n. 113, 2018, p. 134. Disponível em: https://doi.org/10.11606/issn.2318-8235.v113i0. Acesso em: 25 jun. 2021) De acordo com Roger Clarke, "profiling is another dataveillance technique which is attracting increasing usage. A set os characteristics os a particular class os person is inferred from past experiencie, and data-holdings are then searched for digital personae with a close fit to that set of characteristics" (CLARKE, Roger. The Digital Persona and its Application to Data Surveillance. Disponível em: http://www.rogerclarke.com/DV/DigPersona.html. Acesso em: 8 jan. 2022)

413 De acordo com Daniel Evangelista Vasconcelos, existem dois tipos de *shadow profiles*: o primeiro consiste no perfil de um usuário que é criado a partir dos dados que são coletados sem o consentimento expresso ou mesmo sem conhecimento dele; e o segundo e aquele

trata de identidade-identificação, mas cuja fonte não é o interesse da pessoa e sim de terceiros.[414] Arnold Roosendal os chama simplesmente de perfis e os explica nos seguintes moldes:

> Outra forma de representação digital do indivíduo são os perfis. Estes são o resultado de um processo automatizado onde grandes conjuntos de dados são processados para chegar a (um conjunto de) características que podem ser usadas como base para a tomada de decisão. Um perfil é um conjunto de dados correlacionados que é criado com o uso de tecnologias de perfilagem, um conjunto de tecnologias que tem como característica comum o uso de algoritmos ou outras técnicas para criar, descobrir ou construir conhecimento a partir de grandes conjuntos de dados.[415]

O *profiling* pode ser individual ou de grupo, sendo que nesse segundo caso podemos classificá-lo em distributivo ou não distributivo. A diferença entre

perfil de terceiros que nem fazem parte da plataforma (VASCONCELOS, Daniel Evangelista. *Direito digital & sociedade 4.0.* Coord. Cássio Brant. Belo Horizonte/São Paulo: D'Plácido, 2021. p. 197-198).

[414] Sobre a relação entre dados pessoais e eleições: NASCIMENTO, Fábio Calheiros do *et al.* Dados pessoais, Justiça Eleitoral e eleições: considerações sobre os efeitos da Lei Geral de Proteção de Dados no Processo Eleitoral. *In:* TOMASEVISIUS FILHO, Eduardo (Coord.). *A Lei Geral de Proteção de Dados brasileira:* análise setorial. São Paulo: Almedina, 2021. p. 25-62. Observando-se esse interesse de terceiros sob o ponto de vista econômico, tem-se o que se denomina capitalismo da vigilância, que é expressão cunhada pela professora de Direito de Harvard Shoshana Zuboff (VASCONCELOS, Daniel Evangelista. *Direito Digital & sociedade 4.0.* Cássio Brant (coord.). Belo Horizonte, São Paulo: D'Plácido, 2021, p. 197-198)

[415] ROOSENDAAL, A. Digital personae and profiles as representations of individual. *In:* BEZZI, M.; DUQUENOY, P.; FISCHER-HÜBNER, S.; HANSEN, M.; ZHANG, G. (Ed.) *Privacy and Identity Management for Life.* Heidelberg: IFIP AICT, 2010. v. 320, p. 226. (tradução livre) Sobre a diferença entre inteligência artificial e automação, Eduardo Tomasevicius Filho afirma que "a inteligência artificial é o conjunto de rotinas lógicas que, aplicadas no campo da ciência da computação, permite aos computadores dispensar a necessidade de supervisão humana na tomada de decisões e na interpretação de mensagens analógicas e digitais. Isso é possível ante a capacidade do Sistema de adaptar-se por conta propria às necessidades humanas por meio do uso de dados de experiências pretéritas armazenados nas memórias, tomando decisões com um mínimo de 'livre-arbítrio'. Distingue-se, todavia, da automação, por meio da qual se executam processos similares, mas sem a capacidade de adaptação às novas realidades" (Inteligência artificial e direitos da personalidade cit., p.135-136).

eles é que no caso do *profiling* distributivo todos os membros do grupo têm o mesmo atributo que o fizeram ser classificados deste modo, ao passo que no *profiling* não distributivo, como o próprio nome indica, nem todos os membros do grupo têm o mesmo atributo.[416]

O problema que pode existir nesse campo é a errônea imputação de um atributo à pessoa, fazendo-a integrar um grupo do qual não deveria participar, quer porque nunca pertenceu ou porque deixou de pertencer a ele.[417] Como aponta Eduardo Tomasevicius Filho, antes mesmo do uso intenso da inteligência artificial por meio de algoritmos,[418] havia problemas na navegação na *internet* por meio dos chamados *cookies*, que eram arquivos inseridos no computador do usuário e comandavam a execução de anúncios a partir de então. Mas é possível a remoção desses arquivos do computador do usuário. Com a inteligência artificial[419] a situação é diferente porque não é possível

[416] ROOSENDAAL, A. Digital personae and profiles as representations of individual cit., p.228.

[417] Segundo Giorgio Resta, no plano diacrônico da pessoa, ela está destinada a confrontar-se com uma imagem de si imperfeita ou paradoxalmente perfeita demais, pois ligada ao passado. Ele prossegue dizendo que a pluralidade de dados presentes nos bancos de dados constitui a imagem da pessoa em um determinado momento histórico, mas altamente fragmentada. Ocorre que a persistência desses dados inseridos nesses bancos implica em uma compressão da construção da identidade. "L'identità, infatti, non è um'entità statica, bensì soggetta a incessante mutamento: reentra tra le sue caratteristiche distintive quella di evolvere continuamente e trasformarsi anche in maniera imprevedibile o contraddittoria" (La "morte" digitale cit., p. 893).

[418] Sobre os algoritmos que dão sustentação à inteligência artificial que elabora esses perfis, confira-se: NUNES, Dierle; MARQUES, Ana Luiza Pinto Coelho. Algoritmo: o risco da decisão das máquinas. *Revista Bonijuris*. ano 31. ed. 359. Ago.-set. 2019, p. 44-58. A propósito da natureza jurídica do algoritmo, convém verificar o artigo de Eduardo Tomasevicius Filho que trata do *software*. Ele explica que o algoritmo é a descrição de um padrão de comportamento, expressado em termos de um repertório bem definido e finito de ações primitivas, que provavelmente podem ser executadas. É um estado estático, capaz de cobrir toda uma classe de acontecimentos. Para além disso, ele afirma que o *software* também pode ser traduzido em outras linguagens e vice-versa. Por exemplo, diz ele, quando se escreve um *software* em português, esse texto recebe o nome de algoritmo. Quando o algoritmo é traduzido para uma linguagem de programação, daí se obtém o *software*. (TOMASEVICIUS FILHO, Eduardo. A natureza jurídica do *software* à luz da linguística. *Revista da ABPI* (Associação Brasileira da Propriedade Intelectual), n. 79, nov.-dez. 2005).

[419] Segundo Isabella Fonseca Alves, a inteligência artificial não pode receber uma classificação estática. Apesar disso, de forma simplificada, ela diz que podemos entender inteligência artificial como o subcampo da ciência da computação conhecido como aprendizado das máquinas

distinguir os motivos que levam uma pessoa a ter contato com determinado tema. Por exemplo, a pesquisa sobre assunto polêmico pode ser interpretada como vontade de aderir a uma ideia igualmente polêmica, embora possa ser exatamente o contrário.[420]

Além disso, tratando-se de *machine learning*, pode ser que os algoritmos estabeleçam correlações entre os dados recebidos (*input*) e os resultados obtidos (*output*) a partir de definições previamente definidas por seres humanos, ou que os dados recebidos sejam rotulados, mas os resultados não, de tal modo que os algoritmos precisem inferir a estrutura subjacente dos próprios dados, agrupando seus elementos em categorias similares sem que se conheçam previamente a quantidade e a estrutura dos dados.[421]

Em tese, a solução para a questão poderia partir dos arts. 16 da GDPR e 20 da LGPD, que dizem respeito à retificação de dados tratados de forma automatizada para fins de definição de um perfil.[422] Na prática, contudo, a questão

(*machine learning*). Esse aprendizado opera de forma probabilística e seus algoritmos são autoprogramáveis, isto é, "aprendem" por conta própria, sem a necessidade de programação prévia e explícita (ALVES, Isabella Fonseca. Dos vieses algorítmicos e a falta de transparência algorítmica. *In:* PINTO, Henrique Alves; GUEDES, Jefferson Carús; CÉSAR, Joaquim Portes de Cerqueira (Coord.). *Inteligência artificial aplicada ao processo de tomada de decisões*. Belo Horizonte: São Paulo: D'Plácido, 2021. p. 731). Lívia Teixeira Leal manifesta-se no mesmo sentido afirmando que diferencia-se a inteligência artificial do algoritmo convencional por sua habilidade de acumular experiências próprias e extrair delas aprendizado (*machine learning*), de modo que a inteligência artificial pode, inclusive, agir de modo autônomo, ou seja, praticar atos não imaginados pelo programador ou fabricante (LEAL, Lívia Teixeira. Implicações da inteligência artificial na tutela *post mortem* dos direitos da personalidade. *In:* TEPEDINO, Gustavo; SILVA, Rodrigo da Guia (Coord.). *Inteligência artificial*. São Paulo: Thompson Reuters Brasil, 2020. p. 123-124).

[420] TOMASEVICIUS FILHO, E. Inteligência artificial e direitos da personalidade. *Revista da Faculdade de Direito*, Universidade de São Paulo, n. 113, 2018, p. 143. Disponível em: https://doi.org/10.11606/issn.2318-8235.v113i0. Acesso em: 25 jun. 2021.

[421] PINTO, Henrique Alves. A utilização da inteligência artificial aplicada ao processo de tomada de decisões: por uma necessária *accountability*. *In:* PINTO, Henrique Alves; GUEDES, Jefferson Carús; CERQUEIRA CÉSAR, Joaquim Portes de (Coord.). *Inteligência artificial aplicada ao processo de tomada de decisões*. Belo Horizonte/São Paulo: D'Plácido, 2021. p. 494.

[422] O art. 43 do Código de Defesa do Consumidor já tratava dos bancos de dados e da possibilidade de retificação de dados inexatos, mas de forma restrita, evidentemente, ao âmbito consumerista. Os arts. 20 e 21 da Resolução do Parlamento Europeu de 16 de fevereiro de 2017 dispõem o seguinte: "20. Emphasises that the right to respect for private life and to the protection of personal data as enshrined in Article 7 and 8 of the Charter and in Article 16 of the Treaty on the Functioning of the European Union (TFEU) apply to all areas of robotics

é mais complexa porque as pessoas nem sempre têm como saber quem são os operadores e controladores, considerada a terminologia presente na LGPD. Ademais, há intenso debate acerca da responsabilidade dos *sites* de busca.

Não é possível olvidar, ainda, que no caso de *profiling* derivado de utilização de algoritmos, a alteração é de difícil solução prática. Como explica Isabella Fonseca Alvez, a questão não se soluciona pela ótica da acessibilidade, mas de compreensibilidade, pois de nada adianta ter acesso ao código-fonte se não é possível compreender a multiplicidade de variáveis operacionais de determinados algoritmos.[423]

4.4.2 Avatar

É impossível tratar de avatar como subespécie de identidade digital sem lembrar do filme de ficção científica de mesmo nome, de 2009, escrito e dirigido por James Cameron. O filme se passa em 2154 e tem como pano de fundo um conflito em uma lua de um planeta gasoso que orbita o sistema Alpha Centuri chamada Pandora. Nesse local os humanos e os "Na'vi", que são nativos humanoides, entram em conflito pelos recursos do planeta e a existência da

and that the Union legal framework for data protection must be fully complied with; asks in this regard for clarification within the implementation framework of the GDPR of rules and criteria regarding the use of cameras and sensors in robots; calls on the Commission to make sure that the data protection principles such as privacy by design and privacy by default, data minimisation, purpose limitation, as well as transparent control mechanisms for data subjects and appropriate remedies in compliance with Union data protection law and are followed and appropriate recommendations and standards are fostered and are integrated into Union policies; 21. Stresses that the free movement of data is paramount to the digital economy and development in the robotics and AI sector; stresses that a high level of security in robotics systems, including their internal data systems and data flows, is crucial to the appropriate use of robots and AI; emphasises that the protection of networks of interconnected robots and AI has to be ensured to prevent potential security breaches; emphasises that a high level of security and protection of personal data together with due regard for privacy in communication between humans, robots and AI are fundamental; stresses the responsibility of designers of robotics and AI to develop products to be safe, secure and fit for purpose; calls on the Commission and the Member States to support and incentivise the development of the necessary technology, including security by design." (Disponível em: https://eur-lex.europa.eu/legal-content/EN/TXT/?uri=CELEX%3A52017IP0051. Acesso em: 17 abr. 2022).

[423] ALVES, Isabella Fonseca. Dos vieses algorítmicos e a falta de transparência algorítmica cit., p. 742.

espécie nativa. Como os humanos não são capazes de respirar na atmosfera de Pandora, um grupo de cientistas desenvolveu os "Na'vi" a partir do Programa Avatar, que são híbridos humanos geneticamente modificados. O humano que compartilha material genético com um avatar é mentalmente ligado a ele. As conexões neurais permitem que o humano controle o corpo do avatar.[424]

Essa ideia de que o avatar é um desdobramento da pessoa no ambiente virtual é exatamente a essência dessa identidade digital, tanto que coincide com a definição que encontramos no léxico. Ao lado da definição religiosa, segundo a qual o avatar é a forma materializada de um deus, aparece a definição de informática, que é a seguinte: personagem cuja imagem representa um participante de rede social ou de jogo de computador.[425]

Em interessante artigo a respeito justamente da apropriação do termo "avatar" pela cibercultura, Renata Cristina da Silva explica que ele tem vários conceitos, não apenas os dois sugeridos acima. Os praticantes de *Cosplay*, que é a técnica que consiste em se fantasiar de um mangá japonês, consideraram o avatar como o personagem incorporado por meio de trajes, maquiagem, forma de falar e de movimentar-se nas histórias em quadrinhos. Todos os usos do termo, segundo ela, revelam um potencial alegórico que o termo carrega.[426]

No campo dos jogos eletrônicos, ela diz que o termo foi popularizado com a sugestão feita no livro *Snow Crash*, de Neal Stephenson, que dizia que as pessoas são pedaços de *software* chamados avatares. A leitura desse livro influenciou Philip Rosedale na criação do mundo virtual *Second Life*, lançado em 2006 com a proposta de simular uma segunda vida. Depois disso, ele foi

[424] Resumo disponível em: https://pt.wikipedia.org/wiki/Avatar_(filme). Acesso em: 15 fev. 2022.

[425] FERREIRA, Aurélio Buarque de Holanda. *O minidicionário da língua portuguesa* cit., p. 82.

[426] SILVA, Renata Cristina da. Apropriações do termo avatar pela cibercultura: do contexto religioso aos jogos eletrônicos. *Contemporânea*, ed. 15, v. 8, n. 2, p. 121-123, 2010. A propósito, vale à pena conferir o movimento que vem ganhando corpo em vários países, mas especialmente no Japão, de relacionamentos com personagens, dentre os quais estão justamente muitos avatares. Disponível em: https://www.nytimes.com/ 2022/04/24/business/akihiko-kondo-fictional-character-relationships.html?algo=combo_lda_channelsize5_unique_edimp_fye_step50_diversified&block=1&campaign_id=142&emc=edit_fory_20220424&fellback=false&imp_id=982602171&instance_id=59364&nl=for-you&nlid=156310581&rank=4&regi_id=156310581&req_id=159826864&segment_id=90153&surface=for-you-email-wym&user_id=b7f00a9ddbb60fefa4941db0bafa02cb&variant=0_combo_lda_channelsize5_unique_edimp_fye_step50_diversified. Acesso em: 25 abr. 2022.

utilizado em *games* a partir do final da década de 70 do século XX: em 1977, no jogo Avatar, que era um projeto da Universidade de Essex (EUA); em 1985, no RPG *Ultima IV: the Quest of the Avatar*; e mais à frente, em 1987, na versão *online* do jogo *Habitat*, o primeiro mundo virtual.[427]

De acordo com ela, em mundos virtuais *online* o termo é constantemente empregado. O usuário se conecta escolhendo um avatar que deseja usar ou se a plataforma interativa permite, ele confecciona seu próprio meio de interação – na maioria das vezes são corpos, pois predomina a ideia de que os humanoides, os avatares antropomórficos, facilitam a interação porque suas capacidades são conhecidas por analogia. Com menor frequência, membros de comunidades virtuais e redes sociais *online*[428] se referem às imagens de seus perfis como avatares, como é o caso dos *blogs*.[429]

Sob essa ótica, ela arremata afirmando que:

> Todas essas apropriações amparam o argumento de que o avatar possui uma função didática em diferentes mídias, atuando como um facilitador, um mecanismo de identificação do interator no contexto digital. [...] Nesse aspecto, deve-se levar em conta o desenvolvimento das capacidades implícitas nesses avatares em *games*, ambientes de realidade virtual, redes sociais e outros meios digitais como um recurso de incremento de habilidades mentais, sensoriais e sociais.[430]

Posto isso, a par da imbricação existente entre o que são considerados perfil e avatar no cotidiano, podemos compreender o avatar como a representação

427 SILVA, Renata Cristina da. Apropriações do termo avatar pela cibercultura: do contexto religioso aos jogos eletrônicos cit., p. 123-124.

428 "Ainda que apresentem especificidades próprias, as redes sociais têm em comum as seguintes características: i) a existência de um ambiente propício à interação entre os usuários na plataforma; ii) o pedido de dados pessoais para a criação de perfis, que são vinculados a contas determinadas; iii) a articulação de uma lista de outros usuários com os quais se compartilha conexões; iv) o oferecimento de ferramentas que permitem e estimulam que o usuário adicione seu próprio conteúdo na rede, como fotografias, TEFFÉ, Chiara Spadaccini; MORAES, Maria Celina Bodin de. Redes sociais virtuais: privacidade e responsabilidade civil. Análise a partir do Marco Civil da Internet. *Pensar*, Fortaleza, v. 22, n. 1, p. 117, jan./abr. 2017).

429 SILVA, Renata Cristina da. Apropriações do termo avatar pela cibercultura: do contexto religioso aos jogos eletrônicos cit., p. 125-126.

430 Ibidem, p. 127.

da pessoa natural no universo virtual, notadamente nos jogos, com um caráter predominantemente dinâmico e que tem como principal característica o uso de uma imagem não necessariamente relacionada à imagem-retrato da pessoa.[431]

O simples uso de um avatar já torna possível a identificação de uma pessoa física no ambiente digital, sobretudo sob a ótica da ipseidade, isto é, a distinção dela em relação a outras pessoas. Hodiernamente, há *sites* especializados em permitir a criação de avatares,[432] muitos dos quais são baseados nas feições da própria pessoa, de tal modo que são geradas como que figuras ilustrativas delas.

Mas o curioso é que, com o passar do tempo, caso a pessoa utilize-se do mesmo avatar e comporte-se de um mesmo modo, é possível também que essa espécie de identidade-identificação ganhe profundidade em termos de mesmidade e que esse padrão gere expectativas de comportamentos nos outros. Tudo isso é relevante porque o desafio contemporâneo é justamente a inserção da responsabilidade civil no ambiente virtual, como já vem sendo noticiado.[433]

4.5 Identidade nacional

Nacionalidade é o vínculo objetivo entre uma pessoa e um Estado. Embora no Direito Romano já houvesse diferença entre nacionais e estrangeiros quanto

[431] Importante a observação feita por Giusella Finocchiaro a respeito da relação entre o avatar, que, segundo ela, ganha compreensão mais ampla, a abranger o que definimos como perfil, e a identidade pessoal: "Mi pare la lesione del diritto all'identità personale del creatore e gestore dell'avatar sussiste solo in quanto vi sia un collegamento con il medesimo, di cui l'avatar è espressione dell'identità. Altrimenti, si potrà verificare una lesione, ma non riconducibile al diritto all'identità personale" (FINOCCHIARO, Giusella. Identità Personalle (diritto alla) cit., p. 737).

[432] À guia de exemplo: Avatar Maker – Create your own avatar online; Metaverse Full-Body Online 3D Avatar Creator | Ready Player Me

[433] Sobre assédio no Metaverso vide: KLEINA, Nilton. Meta registra primeiro caso de assédio dentro do metaverso. Disponível em: https://www.tecmundo.com.br/redes-sociais/230687--meta-registra-primeiro-caso-assedio-dentro-metaverso.htm. Acesso em: 28 out. 2022. E sobre danos patrimoniais causados no ambiente virtual: REDAÇÃO. Rússia condena adolescentes que tramaram explosão de prédio virtual no jogo Minecraft. *A Referência*. Disponível em: areferencia.com. Acessos em: 17 fev. 2022.

ao *status civitatis*, fazendo com que estes sofressem com a restrição de direitos que se denominava *capitis deminutio media*[434] o fato é que, sob o ponto de vista supracitado, a nacionalidade é uma característica do Estado Moderno.

Como explica Antonio Moreira Maués, com as revoluções liberais o componente pessoal do Estado se deslocou do súdito para a figura do cidadão. Em razão disso, tornou-se necessário o estabelecimento de critérios pelos Estados para definir quem integraria as respectivas comunidades políticas, merecendo destaque os dois principais: *jus solis* e *jus sanguinis*. Àqueles que não integrariam essas comunidades, ou seja, os estrangeiros, seria negado o gozo de determinados direitos, como o sufrágio e o acesso aos cargos públicos.[435]

Concebendo nacionalidade como identidade nacional, afirma Zygmunt Bauman que ela não foi uma ideia naturalmente gestada e incubada na experiência humana, ou seja, não emergiu como um fato da vida autoevidente. Ela foi forçada a entrar na *Lebenswelt* de homens e mulheres modernos, uma ficção que tinha por objetivo concentrar no Estado o poder de exclusão, ou seja, de traçar, impor e policiar a fronteira entre "nós" e "eles".[436]

Trata-se da imposição do Estado sobre a nação, o que é muito bem exposto por ele em outro trecho de sua doutrina que vale à pena destacarmos:

> Tal como as leis dos Estados passaram por cima de todas as formas de justiça consuetudinária, tornando-as nulas e inválidas em casos de conflitos, a identidade nacional só permitiria ou toleraria essas outras identidades se elas não fossem suspeitas de colidir (fosse em princípio ou ocasionalmente) com a irrestrita prioridade da lealdade nacional. Ser indivíduo de um Estado era a única característica confirmada pelas autoridades nas carteiras de identidade e nos passaportes. Outras identidades "menores", eram incentivadas e/ou forçadas a buscar o endosso-seguido-de-proteção dos órgãos autorizados pelo Estado, e assim confirmar indiretamente a superioridade da "identidade nacional"

434 FRANÇA, Rubens Limongi. *Instituições de Direito Civil*. 4.ed., atual. São Paulo: Saraiva, 1996, p. 51.

435 MAUÉS, Antonio Moreira. Comentários ao art. 12. *In:* CANOTILHO, J. J. Gomes; MENDES, Gilmar F.; SARLET, Ingo W.; STRECK, Lenio L. (Coord.). *Comentários à Constituição do Brasil*. São Paulo: Saraiva/Almedina, 2013. p. 649.

436 BAUMAN, Zygmunt. *Identidade* cit., p. 27.

com base em decretos imperiais ou republicanos, diplomas estatais e certificados endossados pelo Estado.[437]

Stuart Hall segue a mesma linha de raciocínio ao afirmar que as culturas nacionais são uma forma distintivamente moderna. A lealdade e a identificação dadas à tribo, ao povo, à religião[438] e à região numa era pré-moderna ou em sociedades mais tradicionais, foram transferidas, paulatinamente, nas sociedades ocidentais, à cultura nacional. Desse modo, as diferenças regionais e étnicas foram gradualmente sendo colocadas em posição subordinada.

O referido autor complementa a sua ideia mencionando que as identidades nacionais não são coisas com as quais nascemos. Nós só sabemos, por exemplo, o que significa ser inglês devido ao modo como a "inglesidade" (*Englishness*) veio a ser representada pela cultura nacional inglesa. Essa cultura nacional, portanto, contribuiu para a criação de padrões de alfabetização universais, generalizou uma língua vernacular como o meio dominante de comunicação em toda a nação, criou uma cultura homogênea e manteve instituições culturais nacionais.[439]

A propósito da "inglesidade", salienta o autor que as identidades nacionais contemplam uma narrativa. Cuida-se de observação interessante porque nos permite conectar a ideia dele à de Paul Ricouer. Segundo ele, tal como é contada e recontada nas histórias e nas literaturas nacionais, na mídia e na cultura popular, a narrativa nos fornece uma série de estórias, imagens, panoramas, cenários, eventos históricos, símbolos e rituais nacionais que simbolizam ou representam as experiências partilhadas, as perdas, os triunfos e os desastres que dão sentido à nação.[440]

[437] Ibidem, p. 28.

[438] A propósito do islamismo, cabe mencionar a afirmação de Manuel Castells no sentido de que para os muçulmanos, o vínculo fundamental não é *watan* (terra natal), mas sim *uma*, ou comunidade de fiéis, em que todos são iguais em sua submissão perante Alá. Essa confraternização, de acordo com ele, transcende as instituições do Estado-nação, encarado como fonte de cisão entre os fiéis. E, a propósito disso, ele salienta o art. 10 da nova constituição iraniana, que estabelece que todos os muçulmanos constituem uma única nação. (CASTELLS, Manuel. *O poder da identidade* cit., p. 31-34).

[439] HALL, Stuart. *A identidade cultural na pós-modernidade* cit., p. 49-50.

[440] Ibidem, p. 52. Cuida-se de lição que se harmoniza à perfeição com a noção de "tradição inventada". Segundo Eric Hobsbawn, ela entende-se como um conjunto de práticas, normalmente reguladas por regras tática ou abertamente aceitas; tais práticas, de natureza ritual ou

A partir dessas premissas teóricas, podemos dizer que a identidade nacional é uma espécie de identidade-identificação, mas contém elementos da identidade-percepção. Ela é identidade-identificação porque a nacionalidade é um elemento de distinção da pessoa em relação a outras, ainda que ela seja compartilhada.

Ela abrange elementos da identidade-percepção porque, como vimos, na noção de nacionalidade existem elementos que podem ser considerados como uma "visão de mundo". Ocorre que essa "visão de mundo", de caráter subjetivo, foi incorporada pela noção objetiva de identidade-identificação consistente na vinculação jurídica da pessoa a determinado Estado. A possível identidade-percepção ligada à antiga ideia de nação se perdeu na atual ideia de identidade-identificação correspondente à identidade nacional ligada ao Estado.

Ainda tratando da identidade nacional, entendemos haver dois pontos a serem analisados. O primeiro diz respeito à questão do apátrida. Assim como é o ateu para a identidade religiosa, o apátrida é aquele que não tem identidade nacional, pois lhe falta o vínculo objetivo com um Estado.

simbólica, visam inculcar certos valores e normas de comportamento através da repetição, o que implica, automaticamente, uma continuidade em relação ao passado. O nacionalismo, que é o sentimento derivado dessa identidade nacional que estamos a analisar, diz o autor que, no caso suíço, isso ocorreu de forma concomitante à formação do Estado federal, no século XIX. "*As práticas tradicionais existentes – canções folclóricas, campeonatos de ginástica e de tiro ao alvo – foram modificadas, ritualizadas e institucionalizadas para servir a novos propósitos nacionais. Às canções folclóricas tradicionais acrescentaram-se novas canções na mesma língua, muitas vezes compostas por mestres-escola e transferidas para um repertório coral de conteúdo patriótico-progressista ('Nation, Nation, wie voll. Klingt der Ton'), embora incorporando também na hinologia religiosa elementos poderosos sob o aspecto ritual* [...]." (HOBSBAWM, Eric; RANGER, Terence (Org.). *A invenção das tradições* cit., p. 13) E a respeito do nacionalismo, em geral, ele afirma que: "Naturalmente, muitas instituições políticas, movimentos ideológicos e grupos – inclusive o nacionalismo – sem antecessores tornaram necessária a invenção de uma continuidade histórica, por exemplo, através da criação de um passado antigo, que extrapole a continuidade histórica real seja pela lenda (Boadiceia, Vercingentórix, Armínio, O Querusco) ou pela invenção (Ossian, manuscritos medievais tchecos). Também é óbvio que símbolos e acessórios inteiramente novos foram criados como parte de movimentos e Estados nacionais, tais como o hino nacional (dos quais o britânico, feito em 1740, parece ser o mais antigo), a bandeira nacional (ainda bastante influenciada pela bandeira tricolor da Revolução Francesa, criada no período de 1790 a 1794), ou a personificação da 'Nação', por meio de símbolos ou imagens oficiais, como Marianne ou Germânia, ou não oficiais, como os estereótipos de cartum John Bull, o magro Tio Sam ianque, ou o 'Michel' alemão" (HOBSBAWM, Eric; RANGER, Terence (Org.). *A invenção das tradições* cit., p. 14).

Dispõe o art. 1º, 1, da Convenção da ONU sobre o Estatuto dos Apátridas (1954) que o termo apátrida designa toda a pessoa que não seja considerada por qualquer Estado, segundo a sua legislação, como seu nacional.

O segundo consiste na noção de identidade supranacional ou transnacional que deriva do vínculo com organismos desse jaez, como é o caso da União Europeia. É mais uma espécie de identidade-identificação.[441]

Embora a integração europeia tenha se iniciado com escopo essencialmente econômico, suprimindo barreiras alfandegárias e liberando a circulação dos fatores econômicos, explica António Menezes Cordeiro que ela redundou na previsão de direitos fundamentais europeus, os quais, no seu entender, mais se qualificam como liberdades do que como direitos subjetivos propriamente ditos porque consistem em permissões de tipo genérico.[442]

É importante ressaltarmos essa ideia porque se ela não suplanta a identidade-identificação nacional, ao menos a enfraquece, dada a brecha aberta na soberania local – o que o *Brexit* e a questão dos refugiados tornam questionável. Analisando a questão da identidade europeia pouco depois do Tratado de Maastricht, Patrice Rolland dizia que há uma escala de intensidade a ser considerada: há a identidade difusa que corresponderia à cultura e à ideia de civilização que é visível sobretudo do exterior; há a união de interesses que permitiria fazer emergir uma economia europeia; e, enfim, há a identidade mais forte que resultaria da união política da Europa.[443]

[441] Manuel Castells trata da relação entre o nacionalismo pós-moderno e a globalização, que seria um fenômeno ao supranacionalismo ou transnacionalismo de que tratamos. Segundo ele, o nacionalismo é algo cultural e politicamente construído, mas isso é secundário. O que realmente importa, tanto do ponto de vista prático quanto teórico é, como, a partir de quê, por quem e para quê uma identidade é construída. Nesse *fin de siècle*, salienta ele, a explosão dos movimentos nacionalistas, alguns deles responsáveis pela desconstrução de Estados multinacionais, outros pela construção de entidade plurinacionais, não está relacionada à formação de Estados clássicos, modernos, soberanos. Ao contrário, esse nacionalismo aparenta ser uma grande força subjacente à constituição de quase-Estados, isto é, entidade políticas de soberania compartilhada, por meio de um modelo aprimorado de federalismo, como é o caso da (re)constituição canadense em processo de nação de nacionalidades, ou de multilateralismo internacional, como é o caso da União Europeia (CASTELLS, Manuel. *O poder da identidade* cit., p. 48-49).

[442] CORDEIRO, António Menezes. *Tratado de direito civil* cit., p. 153-159.

[443] ROLLAND, Patrice. L'identitè européenne. in «L' identité politique» (CURRAPP – CRISPA) P.U.F., 1994, pp 435. Disponível em: https://www.google.com.br/url?sa=t&rct=j&q=&esrc=s&source=web&cd=&cad= rja&uact=8&ved=2ahUKEwiEpO7irprzAhXhq5UC

Com relação à terceira hipótese, ele salientava a perda de poder político dos Parlamentos nacionais e, em um segundo plano, também dos governos locais, uma vez que, aparentemente, as questões mais difíceis deixaram de ser resolvidas por eles.[444]

HQ6rD_sQFnoECB4QAQ&url=https%3A%2F%2Fextra.u-picardie.fr%2Foutilscurapp%2Fmedias%2Frevues%2F33%2Fpatrice_rolland.pdf_4a07ec677dc2b%2F patrice_rolland.pdf&usg=AOvVaw23Y3r-aFsKntjEGA3GWNDT. Acesso em: 24 set. 2021.

444 ROLLAND, Patrice. op. cit. p. 437.

5 O DIREITO À IDENTIDADE E DIREITOS CORRELATOS[445]

5.1 A relação entre o direito à identidade e o direito à imagem

Encontramos na doutrina a menção à existência de duas vertentes do direito à imagem. A primeira corresponde à imagem-retrato, que consiste na exteriorização da figura da pessoa, ou na sua exposição ou reprodução físico-corporal, total ou parcial. É a individualização figurativa de uma pessoa que pode abranger, por exemplo, os gestos dela, já que eles também são sinais identificadores, os quais podem ser naturais ou artificiais.[446]A segunda é a imagem-atributo, que consiste na maneira como a pessoa é vista pela sociedade, ou seja, que posturas a caracterizam no meio social.[447] Luiz Alberto David Araújo diz ser a imagem-atributo o "*retrato moral*" da pessoa.[448]

[445] Como expõe Giusella Finocchiaro, "l'identità, che è poliédrica, si declina nella relazione, com in conseguente sorgere dei corrispondenti diritti: diritto alla riservatezza, diritto alla protezione dei dati personali, diritto all'identità personale, oltre che del diritto al nome, all'immagine, alla rettifica, alla reputazione" (FINOCCHIARO, Giusella. Identità Personalle (diritto alla) cit., p. 723).

[446] NETTO, Domingos Franciulli. A proteção ao Direito à imagem e a Constituição Federal. Informativo Jurídico da Biblioteca Ministro Oscar Saraiva, v. 16, n. 1, p. 19-38, jan./jul. 2004. Disponível em: https://ww2.stj.jus.br/publicacaoinstitucional/index.php/informativo/article/download/442/400. Acesso em: 15 ago. 2021, p. 20-25.

[447] RODRIGUES JUNIOR, Otávio Luiz. O direito ao nome, à imagem e outros relativos à identidade e à figura social, inclusive a intimidade. *In: Direito Civil: Estudos em homenagem a José de Oliveira Ascensão*: direito privado. José Fernando Simão, Silvio Romero Beltrão (Coord.). São Paulo: Atlas, 2015, v. 2, p. 3-13; PINTO, Paulo Mota. Notas sobre o direito ao livre desenvolvimento da personalidade e os direitos de personalidade no direito português cit.,

Por esse ponto de vista, o direito à imagem-retrato relacionar-se-ia ao direito à identidade-identificação (talvez pudesse ser subespécie dele), já que a figura da pessoa, total ou parcialmente considerada, é uma das maneiras de distingui-la socialmente. É por isso que a lei processual penal trata do reconhecimento como forma de comprovação da autoria de um delito.

De outro lado, o direito à identidade-percepção poderia ser confundido com o direito à imagem-atributo, na medida em que, nos dois casos, a publicidade do comportamento da pessoa tem como efeito a geração de uma posição dos outros a respeito dela. A propósito, convém lembrarmos que o direito à identidade-percepção tem como requisitos, entre outros, a construção de uma base a partir da qual a pessoa passa a ter uma visão de mundo que a permite se identificar com um grupo e se diferenciar de outro. Para tanto, no processo dialógico de construção dessa mesma identidade, ela, na medida do possível, escolhe os rótulos que lhe cabem e, a partir de então, define os seus projetos de vida. A narrativa que a pessoa atribui aos eventos ocorridos em sua vida demonstram a escolha por uma visão de mundo ou outra. Com essa definição, ela interage com os outros e exterioriza o seu modo de ver o mundo, sendo, doravante, identificada pelos outros sob esse prisma.

Malgrado não se refira expressamente à imagem-atributo, Ricardo Luis Lorenzetti parece adotar essa dicotomia em relação ao direito à imagem que indicamos acima ao diferenciar a identidade estática da dinâmica. Segundo ele, a estática abrange o nome, a identificação física e a imagem, sem dizer a qual se refere; e a dinâmica corresponde à verdade biográfica, à história, ao estilo individual e social do sujeito, aquilo que o distingue dos demais, que o torna diverso.

p. 68; BODIN DE MORAES, Maria Celina. Ampliando os direitos da personalidade. *Na medida da pessoa humana*. Rio de Janeiro: Renovar, 2010. p. 10-11; TAVARES, André Ramos. *Curso de Direito Constitucional*. 10. ed., rev. e atual. São Paulo: Saraiva, p. 689-693; TEFFÉ, Chiara Spadaccini. Considerações sobre a proteção do direito à imagem na internet. Disponível em: https://www.google.com.br/url?sa=t&rct=j&q=&esrc=s&source=web&cd=&cad=rja&uact=8&ved=2ahUKEwjj96vuvvryAhVsrJUCHbPhDxgQFnoECAQQAQ&url=https%3A%2F%2Fwww12.senado.leg.br%2Fril%2Fedicoes%2F54%2F213%2Fril_v54_n213_p173.pdf&usg=AOvVaw1d8JSHN82buBtmKIistLGy. Acesso em: 12 set. 2021, p. 175-176.

448 ARAÚJO, Luiz Alberto. *A proteção constitucional da própria imagem*. 1989. Dissertação (Mestrado) – Pontifícia Universidade Católica, Faculdade de Direito, 1989. Disponível em: https://tede2. pucsp.br/handle/handle/8840. Acesso em: 15 jul. 2020, p. 96.

A respeito da segunda, salienta o autor que deixamos rastros no nosso caminho ao longo da vida e é a partir dele que se diz haver o direito à paternidade de seus próprios atos.[449] "É o modo como os outros nos olham pelo que fizemos na vida: somos um tipo especial de católicos, de profissionais, de trabalhadores; somos ambientalistas, homens de paz, bons vizinhos, membros de um clube etc. Tudo isso nos identifica".[450]

A se aceitar esta ideia como verdadeira, o direito à identidade-percepção seria sinônimo do direito à imagem-atributo, mas com um ganho de aperfeiçoamento dogmático consistente no detalhamento de todos os requisitos que o compõe, haja vista o que tratamos no Capítulo 2.

A imagem-atributo deixa de ser tão somente a visão que as pessoas têm a respeito de uma pessoa, como se isso adviesse de algo meramente subjetivo, e surge como a consequência direta e natural da publicização da visão de mundo dessa pessoa que nada mais é do que a base que se forma a partir de um processo dialógico. Em outras palavras, a imagem seria apenas a consequência do que a pessoa realmente é.

Como expõe Maria Celina Bodin de Moraes, trata-se justamente da conclusão que ela observou na Itália, onde as críticas iniciais ao direito à identidade tinham como um dos fundamentos a desnecessidade do instituto por conta do direito à imagem:

> A noção de "imagem-atributo" pareceu à jurisprudência italiana que não deveria ficar contida no âmbito do direito à imagem porque representava muito mais do que a simples "imagem". Os Tribunais criaram então um direito da personalidade autônomo, a que chamaram de direito à identidade pessoal, o qual se distingue não apenas do direito à honra mas também do direito ao nome, do direito à imagem e do direito à privacidade. Enquanto o nome identifica o sujeito físico no plano da existência material e a imagem evoca os traços fisionômicos da pessoa, a identidade pessoal representa uma "fórmula sintética"

449 LORENZETTI, Ricardo Luis. *Responsabilidad civil de los medicos* cit., p. 351. Andrea Magazzù também trata dessa expressão como sinônimo do direito à identidade-percepção que, no caso dele, é chamada de *individualità*. ("Identità" personale e tutela civile della reputazione cit., p. 156).

450 Ibidem, p. 352 (tradução livre).

> para destacar a pessoa globalmente considerada, de seus elementos, características e manifestações, isto é, para expressar a concreta personalidade individual que veio se consolidando no meio social.[451]

Nessa senda, há proposta doutrinária no sentido de diferenciar o direito à identidade do direito à imagem tomando este apenas na sua vertente imagem-retrato.[452] Trata-se de proposta que nos parece salutar por várias razões. A primeira é que o léxico nos mostra que o significado da palavra "imagem" guarda sintonia particularmente com a noção exposta na vertente imagem-retrato.[453]

A segunda é que a origem do direito à imagem está ligada à referida vertente.[454] Otávio Luiz Rodrigues Júnior explica que uma das primeiras leis que versam sobre imagem é a lei alemã de direitos autorais sobre belas-artes e fotografias, de 01 de julho de 1907, sendo aprovada pela Dieta Imperial (Parlamento) logo após o acórdão do tribunal relativo ao caso do primeiro-ministro Bismarck. É interessante porque reforça a ideia de que a imagem é sempre a retrato. Diz ele:

> Em vigor até hoje, seu § 22 estabelece hipóteses de utilização da imagem por terceiros, com regras específicas para pessoas notórias, as atualmente denominadas "celebridades". A publicação é dependente de autorização da pessoa ou de seus familiares, com exceções como a relevância histórica ou o caráter multitudinário do evento no qual ela foi colhida.[455]

451 BODIN DE MORAES, Maria Celina. Ampliando os direitos da personalidade cit., p.12. Sobre o desenvolvimento do direito à identidade e sua relação com o direito à imagem: GIACOBBE, Giovanni. L'identità personale tra dottrina e giurisprudenza. Diritto sostanziale e strumenti di tutela cit., p. 42-46.

452 DIAS, Eliza Cristina Gonçalves. *O direito de ser si mesmo:* a identidade pessoal na ordem constitucional brasileira cit., p. 43.

453 FERREIRA, Aurélio Buarque de Holanda. *Novo Aurélio Século XXI*: o dicionário da língua portuguesa cit., p. 1077.

454 LARENZ, Karl. *Derecho civil:* parte general cit., p. 159-160.

455 RODRIGUES JUNIOR, Otavio Luiz. O direito ao nome, à imagem e outros relativos à identidade e à figura social, inclusive a intimidade. *In:* SIMÃO, José Fernando; BELTRÃO, Silvio Romero (Coord.). *Direito civil:* estudos em homenagem a José de Oliveira Ascensão: direito privado. São Paulo: Atlas, 2015. v. 2, p. 6. O caso também é relatado em: BARBERIS,

A terceira é que podemos encontrar na doutrina explicação acerca do direito à imagem apenas como imagem-retrato, havendo menção, se tanto, secundária à imagem-atributo.[456] É algo semelhante ao que observamos na doutrina estrangeira, se bem que cada sistema tem um tratamento específico para o direito à imagem.[457]

A quarta é que o Código Civil de 2002, ao disciplinar o direito à imagem no art. 20, o fez com atenção apenas ao aspecto da imagem-retrato, no que se assemelha ao art. 10 do Código Civil italiano, o que, aliás, é alvo de críticas da doutrina.[458] O art. 666, inc. X, do Código Civil de 1916 já tratava do direito à

Mario Ricca. Il diritto all'immagine. *et al. Studi giuridici in memoria di Filippo Vassali.* Torino: Utet, 1960. v. 2, p. 1365.

456 BITTAR, Carlos Alberto. *Os direitos da personalidade* cit., p.94; SILVA, José Afonso da. *Curso de Direito Constitucional Positivo.* 31. ed., rev. e atual. São Paulo: Malheiros, 2008, p. 209; CAHALI, Yussef Said. *Dano moral.* 3.ed. ampl. e atual. São Paulo: Revista dos Tribunais, 2005. p. 640-661; FRANCIULLI NETTO, Domingos. A proteção ao direito à imagem e a Constituição Federal. *Informativo Jurídico da Biblioteca Ministro Oscar Saraiva*, v. 16, n. 1, p. 19-38, jan./jul. 2004. Disponível em: https://ww2.stj.jus.br/publicacaoinstitucional/index.php/informativo/article/download/442/400. Acesso em: 15 ago. 2021; BARBERIS, Mario Ricca. Il diritto all'immagine cit., p. 1363-1369; LIGUORI, Bruno; DISTASO, Nicola; Santosuosso, Fernando. *Commentario del Codice Civile.* Libro I. Torino: Utet, 1970. p. 153-162; MAZEAUD, Henri; MAZEAUD, Leon; MAZEAUD, Jean. *Leçons de droit civil* cit., p. 663-664; FINOCCHIARO, Giusella. Identità Personalle (diritto alla) cit., p. 733; FACCHINI NETO, Eugênio. A proteção aquiliana do direito à imagem no direito comparado cit.; MORAES, Walter. Concepção tomista de pessoa. Um contributo para a teoria do direito da personalidade cit., p. 192; PENTEADO, Luciano de Camargo. O direito à vida, o direito ao corpo e às partes do corpo, o direito ao nome, à imagem e outros relativos à identidade e à figura social, inclusive intimidade cit., p. 78-80.

457 CARBONNIER, Jean. *Droit civil.* Les personnes: personnalité, incapacites, personnes morales cit., p. 129; KAYSER, Pierre. Le droit dit a l'image cit., p. 73-88; CORDEIRO, António Menezes. *Tratado de direito civil* cit., p. 125.

458 "Apesar do auspicioso início, o art.20 acaba por incorrer em dois equívocos graves. Primeiro, ao tentar delimitar as situações em que a imagem de uma pessoa pode ser veiculada sem sua autorização, o legislador menciona apenas duas situações: a necessidade de 'administração da justiça' ou de 'manutenção da ordem pública'. A limitação é excessiva. De um lado, não é sempre que a administração da justiça e a manutenção da ordem pública autorizam a veiculação da imagem alheia. De outro lado, o dispositivo ignora numerosos interesses constitucionalmente protegidos que podem, em certas circunstâncias, justificar a divulgação desautorizada da imagem alheia. É o caso da liberdade de informação, como se verá em detalhe nos tópicos seguintes. Além disso, a falha do art.20 em sua parte final, ao limitar a possibilidade do retratado obter a proibição do uso ou veiculação da sua imagem àquelas hipóteses em que 'lhe atingirem a honra, a boa fama ou a respeitabilidade, ou se se destinarem a fins comerciais'. A restrição não se justifica. Como já se destacou, o direito

imagem sob o prisma da imagem-retrato, mas de modo implícito, ao dispor que não se considerava ofensa aos direitos de autor "a reprodução de retratos ou bustos de encomenda particular, quando feita pelo proprietário dos objetos encomendados. A pessoa representada e seus sucessores imediatamente podem opor-se à reprodução ou pública exposição do retrato ou busto".

A quinta e última razão é que a noção de imagem-atributo não parece ser a interpretação que prevalece nos tribunais superiores: no Superior Tribunal de Justiça o direito à imagem aparece na Súmula 403[459] apenas como imagem-retrato e no Supremo Tribunal Federal, órgão competente para analisar as questões relativas aos direitos fundamentais – e que, nesse aspecto, influencia a compreensão dos correlatos direitos da personalidade –, nos deparamos tão somente com um julgado usando a expressão "imagem-atributo",[460] do que se infere que o direito à imagem, em geral, é compreendido apenas como imagem-retrato.[461]

Dessa maneira, podemos entender que o direito à identidade mantém uma relação de imbricação com o direito à imagem, sendo que o direito à identidade-identificação pode envolver a imagem-retrato, que é conteúdo do direito respectivo, ao passo que o direito à imagem-atributo equipara-se ao direito à identidade-percepção, mas sendo esta expressão preferível porque

à imagem é direito autônomo, cuja tutela independe da configuração de lesão à honra do retratado" (SCHREIBER, Anderson. *Direitos da personalidade* cit., p. 107). Na mesma linha: BARROSO, Luís Roberto. *Temas de direito constitucional*. 2. ed. Rio de Janeiro: Renovar, 2008. t. III, p. 124-125. É importante consignarmos, contudo, que desde a sua origem há discussão sobre a autonomia do direito à imagem, isto é, se é um direito absoluto e exclusivo do titular do direito à própria imagem ou se é um direito relativo que pode ser exercido apenas e tão-somente quando há abuso de outrem mediante a reprodução ou difusão da imagem com ofensa a outro direito da personalidade. Em alguns países seguiu-se a primeira corrente, como na França, e em outros a segunda, como na Inglaterra (LIGUORI, Bruno; DISTASO, Nicola; Santosuosso, Fernando. *Commentario del Codice Civile* cit., p. 153-155).

459 BRASIL. Superior Tribunal de Justiça. 2ª Seção. J. 28/10/2009. *DJe* 24/11/2009. Súmula 403: *Independe de prova do prejuízo a indenização pela publicação não autorizada de imagem de pessoa com fins econômicos ou comerciais.*

460 BRASIL. Supremo Tribunal Federal. ARE 1208550/RS. Relatora: Ministra Cármen Lúcia. j. 17/10/2019. DJ. 22/10/2019.

461 É raro encontrarmos menção à imagem-atributo na jurisprudência, em geral, sendo uma exceção a seguinte: Tema nº 45 – IRDR – Direito – Imagem – Jogo – Eletrônico – Futebol – Indenização – TJSP.

representa um avanço em termos de aperfeiçoamento dogmático em relação àquela.

Julio Cesar Rivera fornece um bom exemplo dessa imbricação entre o direito à identidade e o direito à imagem, derivado de processo que tramitou na Argentina. Trata-se da publicação de uma senhora, tirada durante evento de fisiculturismo, em uma revista de conteúdo erótico. No seu dizer, não houve ofensa ao direito à imagem dela porquanto tirada a fotografia em evento público, como também entendeu o tribunal, mas de lesão ao direito à identidade dela por transformar a sua personalidade.[462]

Por sinal, na doutrina portuguesa é comum tratar-se do direito à imagem apenas como imagem-retrato precisamente por conta da previsão do direito à identidade pessoal no art. 26 da Constituição.[463]

5.2 A relação entre o direito à identidade e o direito à honra

Jean Carbonnier anota que a honra é de difícil definição, mas, mesmo assim, afirma que ela é a noção que temos a respeito de nossa dignidade ou que os outros têm a respeito dela, já sinalizando a necessidade de compreendermos a honra de modo dicotômico, assim como havíamos feito com a imagem.[464]

Vincenzo Zeno, por seu turno, assevera que a honra pode ser subjetiva ou objetiva, sendo que a primeira correspondente à autoestima, ao sentimento que cada um nutre pela própria dignidade; e a segunda a estima ou juízo que as pessoas fazem de outrem, o que corresponde à reputação.[465]

[462] CIFUENTES, Santos; GOLDENBERG, Isidoro; RIVERA, Julio César. Identidad personal. *Temas de derecho privado* cit., p. 19-20.

[463] ASCENSÃO, José de Oliveira. *Direito civil.* Teoria geral cit., p. 94-96.

[464] CARBONNIER, Jean. *Droit civil.* Les personnes: personnalité, incapacites, personnes morales cit., p. 129.

[465] ZENO-ZENCOVICH, Vincenzo. Onore, reputazione e identità personale cit., p. 46-49. Giorgio Giampiccolo segue a mesma linha de raciocínio expondo que "reputazione, infatti, è la stima che l'individuo gode nella collettività; configura quindi un interesse della vita di relazione; la persona vuole essere protetta in un atributo (rispettabilità) che puo consentirle um contatto profícuo, o per lo meno non ostile, coi propri simili" (*La tutela giuridica della persona umana e il c.d. diritto alla riservatezza. Rivista trimestrale di diritto e procedura civile*, Milano, n. 2, 1958, p.459. Disponível em: https://www.google.com.br/url?sa=t&rct=j&q=&esrc=s&source=web&cd=&cad=rja&uact=8&ved=2ahUKEwin_dT0iIHzAhVDqpUCHXU7DHYQF

Menezes Cordeiro segue a mesma linha de raciocínio acima dizendo que "a honra constitui a consideração pela integridade moral de cada ser humano". Ele a divide em honra social ou exterior, que exprime o conjunto de apreciações valorativas ou de respeito e deferência de que cada um desfruta na sociedade, e em honra pessoal ou interior, que corresponde à autoestima ou imagem que cada um faz das suas próprias qualidades.[466]

A propósito da relação entre honra e dignidade, Menezes Cordeiro se mostra contrário a ela dizendo que a honra já esteve ligada à obtenção de vantagens pessoais e patrimoniais no Ocidente[467] – como já analisamos por ocasião do diálogo com Charles Taylor no Capítulo 2[468] – e, por isso, o direito civil deve estar atento para atingir o equilíbrio.[469] Amane Gogorza deixa entrever a mesma crítica acima ao salientar que por muito tempo a noção de dignidade se confundiu com a de honra, de consideração e de respeitabilidade.[470]

noECAYQAQ&url=https%3A%2F%2Fwww.academia.edu%2F41411943%2FGiorgio_Giampiccolo_La_tutela_giuridica_della_persona_umana_e_il_c_d_diritto_alla_riservatezza_1958_&usg=AOvVaw1skHqYDUK4DdidUcgwX-go. Acesso em: 14 set. 2021).

466 CORDEIRO, António Menezes. *Tratado de direito civil* cit., p. 201.

467 A relação entre honra e posição social é notável no artigo de Warren e Brandeis acerca do direito à privacidade, a respeito do qual teremos oportunidade de tratar adiante. Referindo-se à reputação, eles afirmaram que ela consiste na "*standing among his fellow-men*" (WARREN, Samuel; BRANDEIS, Louis D. The Right to Privacy. *Harvard Law Review*, v. 4, n. 5, p. 194, 1890. Disponível em: https://www.cs.cornell.edu/~shmat/courses/cs5436/warren-brandeis.pdf. Acesso em: 14 mar. 2021).

468 "O alcance dessa inversão social poderá ser mais bem avaliado se considerarmos a crítica feita à outra principal variante da visão hierárquica tradicional, a ética da honra, que teve suas primeiras raízes na vida do cidadão. Ela estava intimamente ligada à estratificação social da época e, em particular, à distinção entre aristocratas e plebeus; assim, seu questionamento teve importante dimensão social. Mas isso não foi algo imediatamente evidente" (TAYLOR, Charles. *As fontes do self:* a construção da identidade moderna cit., p. 277) Axel Honneth também trata do tema nos seguintes moldes: "[...] o termo 'honra' designa em sociedades articuladas em estamentos a medida relativa de reputação social que uma pessoa é capaz de adquirir quando consegue cumprir habitualmente expectativas de adquirir quando consegue cumprir habitualmente expectativas coletivas de comportamento atadas 'eticamente' ao status social [...]" (HONNETH, Axel. *Luta por reconhecimento:* a gramática moral dos conflitos sociais cit., p. 201).

469 CORDEIRO, António Menezes. *Tratado de direito civil* cit., p. 202.

470 GOGORZA, Amane. *La dignité humaine*; SAINT-PAU, Jean-Christophe *et al. In:* SAINT-PAU, Jean-Christophe (sous la direction de). *Droits de la personnalité.* Paris: LexisNexis, 2013. Traités, p. 94.

A doutrina pátria também costuma dividir a honra em duas, em geral, classificando-a como subjetiva e objetiva. Segundo Carlos Alberto Bittar, a primeira é a consciência da própria dignidade e a segunda a reputação, que abrange o bom nome e a fama.[471] Ele afirma, ainda, que a honra é atributo valorativo da pessoa na sociedade (pessoa como ente social), de tal modo que a lesão a ela se reflete, de imediato, na opinião pública, considerando-se perpetrável por qualquer meio possível de comunicação (escrita, verbal, sonoro).[472] André Gustavo Corrêa de Andrade, por sua vez, assevera que a honra objetiva é a reputação que se desfruta no meio social, passo que honra subjetiva é o juízo que a pessoa faz de si mesma e de seus atributos.[473]

No âmbito penal a doutrina pátria é pacífica na divisão da honra em objetiva e subjetiva por conta da previsão dos crimes de calúnia, injúria e difamação no Código Penal há muito tempo.

Magalhães Noronha diz que a honra subjetiva é sinônimo de apreço próprio, dignidade da pessoa, do juízo que cada um tem de si, ao passo que honra subjetiva é o respeito, a consideração, a reputação, a forma de que a pessoa goza no meio social.[474]

Damásio E. de Jesus afirma que a honra subjetiva é o sentimento de cada um a respeito de seus atributos físicos, intelectuais, morais e demais dotes da pessoa humana. É aquilo que cada um pensa a respeito de si mesmo em relação a tais atributos. De outro lado, a honra objetiva é a reputação, aquilo que os outros pensam a respeito da pessoa no tocante a esses mesmos atributos.[475]

Guilherme de Souza Nucci, por seu turno, assevera que a honra objetiva é o julgamento que a sociedade faz do indivíduo, vale dizer, é a imagem que a pessoa possui no seio social, enquanto a honra subjetiva é o julgamento que o indivíduo faz de si mesmo, ou seja, é um sentimento de autoestima, de

[471] BITTAR, Carlos Alberto. *Os direitos da personalidade* cit., p. 133.

[472] Ibidem, p. 134.

[473] ANDRADE, André Gustavo Corrêa de. *Liberdade de expressão em tempos de cólera*. Rio de Janeiro: GZ, 2020. p. 125-126.

[474] NORONHA, Edgard Magalhães. *Código Penal brasileiro comentado*. São Paulo: Saraiva, 1954. v. 2, p. 118.

[475] JESUS, Damásio E. de. *Direito penal*. São Paulo: Saraiva, 1988. v. 2, p. 177.

autoimagem.[476] Trata-se de explicação convincente, mas que mostra o quão complexo é distinguir identidade, honra e imagem.

O dado marcante da honra e que a diferencia da identidade é, consoante seu histórico, a presença de um juízo de valor, que não é o cerne da identidade.[477] A identidade tem, sim, uma noção ética, conforme estudamos no item 2.4.5, mas ela não serve como critério para estabelecer uma escala de valores, da melhor para a pior identidade, e sim para afastar eventuais identidades abomináveis, no dizer de Appiah, abomináveis, que são aquelas que não se permitem conviver com outras.

A propósito, Menezes Cordeiro afirma que "a honra constitui uma base para juízos éticos dos seus semelhantes, juízos esses que se repercutem na autoestima de cada um".[478] Adriano de Cupis vai na mesma senda ao afirmar que a honra tem por objeto um modo de ser exclusivamente moral da pessoa.[479]

A honra tem um caráter eminentemente subjetivo que a identidade não tem, nem mesmo na sua vertente identidade-percepção. O juízo de valor presente na identidade é indireto e está ligado às configurações de que tratamos nos Capítulo 2 deste livro.

Na identidade prevalece a objetividade, ao passo que na honra prevalece a subjetividade e seu juízo de valor intrínseco. É de honra que se trata, não de identidade, quando nos referimos a atributos morais, pessoais e intelectuais como ser honesto, forte ou inteligente; ser indecente, baixo ou tolo.[480]

476 NUCCI, Guilherme de Souza. *Código Penal comentado.* 17. ed., rev., atual. e ampl. Rio de Janeiro: Forense, 2017. p. 844.

477 FINOCCHIARO, Giusella. Identità Personalle (diritto alla) cit., p. 725-732. Em razão disso é que não nos parece correto o exemplo de Santos Cifuentes de que se há publicação de que se é divulgado que um professor golpeou sua mulher ou tem várias amantes, está sendo violado o seu direito à identidade (CIFUENTES, Santos; GOLDENBERG, Isidoro; RIVERA, Julio César. Identidad personal. *Temas de derecho privado* cit., p. 15).

478 CORDEIRO, António Menezes. *Tratado de direito civil* cit., p. 201.

479 CUPIS, Adriano de. *Os direitos da personalidade* cit., p. 121.

480 Um exemplo de ofensa ao direito à honra que se coloca em um contexto próximo ao do direito à identidade é o caso apreciado pelo TJSP, no qual foi divulgado indevidamente o nome de uma mulher como se fosse uma médica que supostamente estaria orientando funcionário de uma refinaria no interior de São Paulo a permanecerem laborando mesmo após testarem positivo para covid-19. Ocorre que ela não era médica, mas sim técnica em enfermagem, e não havia adotado essa conduta. Do acórdão constou que o direito da personalidade dela que fora violado é a honra porque vinculou-se-lhe a uma conduta supostamente reprovável. (BRASIL.

Até mesmo quando se trata do crime de calúnia, consistente na falsa imputação da prática de uma conduta criminosa por parte de outrem, segundo o art. 138 do Código Penal, a ênfase recai sobre o juízo de valor que fazemos sobre a pessoa do criminoso, não sobre o crime em si. A falsa imputação, dado objetivo que inclusive pode ser objeto de exceção da verdade, é apenas o meio destinado a atingir um fim que é o abalo à honra alheia. Justamente por isso, aliás, é que exigimos, mesmo nesse caso, o *animus caluniandi*.[481]

Essa distinção é importante porque há doutrina relacionando a identidade à noção de verdade pessoal.[482] Vincenzo Zeno diz que a diferença entre a identidade, de um lado, e a honra, de outro lado, é que apenas aquela comporta um exame factual do comportamento do sujeito de cuja identidade foi manifestada e, portanto, é intimamente ligada com a prova da veracidade.[483]

Tribunal de Justiça de São Paulo. Apelação Cível nº 1002350-60.2020.8.26.0157. Relator: Des. Pedro de Alcântara da Silva Leme Filho. j. 18/05/2022).

[481] BRASIL. Superior Tribunal de Justiça. Jurisprudência em teses. n. 130. Dos crimes contra a honra. *1) Para a configuração dos crimes contra a honra, exige-se a demonstração mínima do intento positivo e deliberado de ofender a honra alheia (dolo específico), o denominado animus caluniandi, diffamandi vel injuriandi.* Julgados: APn 895/DF, Rel. Ministra NANCY ANDRIGHI, CORTE ESPECIAL, julgado em 15/05/2019, *DJe* 07/06/2019; AgRg no HC 395714/CE, Rel. Ministro SEBASTIÃO REIS JÚNIOR, SEXTA TURMA, julgado em 02/04/2019, *DJe* 11/04/2019; EDcl na APn 881/DF, Rel. Ministro OG FERNANDES, CORTE ESPECIAL, julgado em 03/10/2018, *DJe* 23/10/2018; APn 887/DF, Rel. Ministro RAUL ARAÚJO, CORTE ESPECIAL, julgado em 03/10/2018, *DJe* 17/10/2018; AgRg na APn 313/DF, Rel. Ministro NAPOLEÃO NUNES MAIA FILHO, CORTE ESPECIAL, julgado em 04/04/2018, *DJe* 18/04/2018; RHC 89531/SP, Rel. Ministro JOEL ILAN PACIORNIK, QUINTA TURMA, julgado em 05/12/2017, *DJe* 18/12/2017. (Vide Informativo de Jurisprudência N. 547); *3) Para a caracterização do crime de calúnia, é indispensável que o agente que atribui a alguém fato definido como crime tenha conhecimento da falsidade da imputação.* Julgados: RHC 77768/CE, Rel. Ministro REYNALDO SOARES DA FONSECA, QUINTA TURMA, julgado em 18/05/2017, *DJe* 26/05/2017; AgRg no AREsp 768497/RJ, Rel. Ministro SEBASTIÃO REIS JÚNIOR, SEXTA TURMA, julgado em 13/10/2015, *DJe* 05/11/2015; HC 76356/RJ, Rel. Ministra JANE SILVA (DESEMBARGADORA CONVOCADA DO TJ/MG), SEXTA TURMA, julgado em 21/02/2008, *DJe* 10/03/2008; Rp 225/RO, Rel. Ministro JOSÉ DELGADO, CORTE ESPECIAL, julgado em 18/08/2004, DJ 27/09/2004 p. 173; RHC 14621/SP, Rel. Ministro FELIX FISCHER, QUINTA TURMA, julgado em 01/04/2004, DJ 10/05/2004 p. 301; HC 16634/SP, Rel. Ministro GILSON DIPP, QUINTA TURMA, julgado em 19/03/2002, DJ 22/04/2002 p. 220. (Vide Informativo de Jurisprudência n. 443).

[482] SESSAREGO, Carlos Fernández. *Derecho a la identidade personal* cit., p. 61.

[483] ZENO-ZENCOVICH, Vincenzo. Onore, reputazione e identità personale cit., p. 70.

Embora não se refira expressamente à ideia de verdade, Capelo de Souza trata da identidade em um contexto que se harmoniza com ela:

> [...] o interesse jurídico da identidade humana é atingido não só nos casos em que os elementos ou sinais de identidade sejam falsificados, contrafeitos ou desviados dos fins próprios do respectivo titular, mas também nos casos em que a representação da pessoa não seja exacta por mera omissão ou insuficiência nos elementos ou sinais retratados.[484]

São verdades diferentes as que estamos tratando. A verdade da identidade corresponde ao que a pessoa é (verdade substancial), ao passo que a verdade a que nos referimos quando tratamos da honra é a verdade do fato que a abalou (verdade instrumental), que a valorou negativamente, a ponto de gerar a responsabilização civil ou criminal daquele que o expressou, nada mais do que isso.

A propósito, importa repisarmos exemplo citado anteriormente, do político cujo caso, julgado em 30 de maio de 1979 pelo Tribunal de Turim, serviu de referência para a diferenciação entre a honra e a identidade. Marco Pannella, conhecido político italiano, líder do Partido Radical Italiano, teve seu nome mencionado em propaganda política do Partido Comunista Italiano. Foram distribuídos folhetos dizendo que Marco havia sido inscrito na lista de candidatos do *Nuova Reppublica*, grupo político de inspiração diversa da do Partido Radical. O pedido feito pelo político foi julgado procedente e no julgamento afirmou-se que o pertencimento a grupo político diverso não afetava a honra do proponente, mas sim a sua identidade política.[485]

[484] CAPELO DE SOUZA, Rabindranath Valentino Aleixo. *O direito geral da personalidade* cit., p. 246.

[485] SESSAREGO, Carlos Fernández. *Derecho a la identidade personal* cit., p. 65; ZENO-ZENCOVICH, Vincenzo. Onore, reputazione e identità personale cit., p. 28-29. Muito semelhante ao caso julgado pelo *Bundesgerichtshof (tribunal federal alemão) em 27.11.1979 (NJW 1980, 994 e Schulze BGHZ 267), no qual analisou a publicação não consentida do retrato de uma cidadã numa brochura de um partido político para campanha eleitoral e pela imputação de palavras por ela não proferidas* (CAPELO DE SOUZA, Rabindranath Valentino Aleixo. *O direito geral da personalidade* cit., p. 139). Ainda sobre a relação entre honra e identidade, Giovanni Giacobbe explica que a ampliação do direito à honra chegou a abranger o que hoje se reconhece como sendo o

Este juízo de valor ínsito à honra está presente em nosso sistema jurídico há um bom tempo. O Código Civil de 1916 já estipulava, como repete o Código Civil de 2002, a possibilidade de anulação do casamento no caso de erro sobre a honra e a boa fama do cônjuge.[486]

Tratando do tema, Washington de Barros Monteiro afirma que se entende por honra a dignidade da pessoa que vive honestamente, que pauta seu proceder pelos ditames da moral; é o conjunto de atributos, morais e cívicos, que torna a pessoa apreciada pelos concidadãos. Exemplificando, ele menciona a mulher que se casa com um cáften, que se apresenta como cavalheiro; da mulher que descobre que o marido entrega-se a práticas homossexuais, do homem que desposa uma decaída que lhe conquistou a estima; ou do homem, ilaqueado na sua boa-fé, que se casa com uma mulher que descobre ser prostituta.[487]

Eduardo Espínola segue basicamente a mesma orientação ao dar o seguinte exemplo para explicar a norma:

direito à identidade. Isso se iniciou com a dilatação do conceito de honra e reputação, antes individualístico, para uma dimensão mais ampla e omnicompreensiva, a abranger o que se concebe como prestígio. Depois ocorreu de a doutrina e a jurisprudência darem interpretação ao art. 44 da Lei do Direito do Autor, sobretudo no que tange às obras cinematrográficas, cujos autores podiam fazer as adaptações e mutilações que entendessem adequadas, para estabelecer o conceito jurídico de honra como condição profissional, cultural ou ideológica (GIACOBBE, Giovanni. L'identità personale tra dottrina e giurisprudenza. Diritto sostanziale e strumenti di tutela cit., p. 36-38).

486 Todo o sistema jurídico estava impregnado dessa visão, tanto que os incisos VII e VIII do art. 107 do Código Penal, revogados pela Lei n. 11.106/2005, estipulavam que havia a extinção da punibilidade, respectivamente, pelo casamento do agente com a vítima ou pelo casamento da vítima com terceiro, nos crimes contra os costumes, definidos nos Capítulos I, II e III do Título VI da Parte Especial do Código. No segundo caso havia uma ressalva apenas: desde que cometidos sem violência real ou grave ameaça e que a ofendida não requeira o prosseguimento do inquérito policial ou da ação penal no prazo de 60 dias, a contar da celebração. Comentando essas normas para compreender melhor a aplicação do art. 1.548 do Código Civil de 1916, Yussef Said Cahali faz menção à doutrina de Aloysio de Carvalho Filho, o qual, por sua vez, trata da recuperação da estima social da mulher com o casamento, algo que nenhuma outra reparação conseguiria (CAHALI, Yussef Said. *Dano moral* cit., p. 694). Ora, mas a mulher era a vítima, não a ofensora. Mesmo assim, a concepção prevalente na época é que a mulher vítima de um crime contra os costumes, dentre os quais se destacava a sedução, perdia valor na sociedade porque deflorada. Mais uma hipótese de honra maculada.

487 MONTEIRO, Washington de Barros. *Curso de direito civil*. 30. ed. atual. São Paulo: Saraiva, 1990. v. 2, p. 87.

> Imaginemos o caso de uma jovem virtuosa, pertencente a conhecida família, das mais honrosas tradições, condenada à vida em comum com um perverso, de depravados costumes, proxeneta ignóbil, que pretendesse arrastar a espôsa iludida à miséria de seus vícios degradáveis, à abjeção de suas sórdidas explorações![488]

Em outros sistemas jurídicos a honra também aparece como juízo de valor passível de ensejar a invalidação do casamento no caso de erro. Segundo Luis Fernandez Clerigo, é famoso o caso de uma jovem honorável que crendo casar-se com um cidadão correto e decente, contraiu matrimônio com um malfeitor eu havia sido condenado a trabalhos forçados. Compreendendo ter havido erro sobre as qualidades essenciais da pessoa, a Corte de Cassação francesa reconheceu a nulidade do casamento por entender que tinha havido erro sobre a honorabilidade da pessoa, não sobre a sua identidade.[489]

Dois exemplos locais reforçam a noção de honra como espaço próprio para a realização de um juízo de valor, um juízo ético que reduz a estima da pessoa. Em primeiro lugar, o da condenação da Universo Online S/A por atribuir ao jornalista Alexandre Fonseca Machado de Oliveira (Alê Oliveira) a responsabilidade por comentário de cunho sexual à colega jornalista em rede de televisão, quando na verdade a fala foi de terceiro.[490] E, em segundo lugar, o da condenação do deputado federal Eduardo Bolsonaro ao pagamento de indenização à jornalista Patrícia Toledo de Campos Mello pelo fato de ter insinuado em *live* que ela tentou seduzir uma fonte para obter informações prejudiciais a seu pai, o presidente Jair Bolsonaro.[491]

[488] ESPÍNOLA, Eduardo. *A família no direito civil brasileiro*. Rio de Janeiro: Conquista, 1957. p. 209.

[489] CLERIGO, Luis Fernandez. *El derecho de familia em la legislacion comparada*. México: Union Tipografica Editorial Hispano-Americana, 1947. p. 108.

[490] BRASIL. Tribunal de Justiça do Estado de São Paulo. Ap. Cív. n. 1001482-25.2021.8.26.0100. Relator: Des. James Siano. j. 17/09/2021. *DJe* 21/09/2021.

[491] BRASIL. Tribunal de Justiça do Estado de São Paulo. Ap. Cív. n. 1048998-75.2021.8.26.0100. Relator: Des. Alexandre Coelho. j. 22/09/2021.

5.3 A relação entre o direito à identidade e o direito à privacidade

A relação entre esses dois direitos passa pelo conteúdo do direito à privacidade,[492] que pode variar de sistema para sistema, como decorrência lógica de uma noção sociocultural prevalente na época, o que se reflete também nos termos utilizados para designar esse mesmo direito, com suas ramificações.

5.3.1 Estados Unidos da América: *right to privacy*

O *right to privacy* dos Estados Unidos da América, nascido como *right to be let alone* acabou tornando-se um "superdireito", um único direito da personalidade do qual todos os outros direitos seriam emanações, em oposição ao que é público, como anota Oliveira Ascensão.[493] Enzo Roppo segue a mesma linha de raciocínio ao afirmar que a melhor tradução para esse direito seria *diritto generale della personalità* por conta do amplíssimo espectro dele, a abranger uma série de interesses, prerrogativas, expectativas e reivindicações.[494]

Quando da publicação do famoso artigo por Samuel Warren e Louis Brandeis em 1890, a ideia deles era demonstrar que havia necessidade de proteção jurídica para os pensamentos, emoções e sensações das pessoas, independentemente do direito de propriedade ou de direitos decorrentes de contrato ou

[492] De acordo com Luc Ferry, o surgimento da intimidade ou da vida privada não ocorre antes do século XVIII. Com a invenção das portas e dos corredores das casas há o rompimento com os modos de vida comunitários. Diz ele que nas casas dos velhos tempos, por mais estranho que possa parecer, a intimidade simplesmente não existia, nem no povo, nem nas elites. Na cidade e no campo a imensa maioria das famílias vivia num cômodo único, o que excluía, de fato, a possibilidade de qualquer forma de *privacy*. Não parecia ser a privacidade um desejo das pessoas porque não era buscada nem sequer pela burguesia e pela aristocracia, que tinham condições de tê-la. Nas grandes casas nobres e burguesas havia cômodos numerosos, mas eles não possuíam função específica e se sucediam numa promiscuidade que hoje nos pareceria insuportável. Apenas com a chegada do século XVII é que nascem as divisórias e os corredores destinados a garantir a autonomia e o isolamento dos diferentes espaços, como é possível observar no Palácio de Versalhes (FERRY, Luc. *A revolução do amor:* por uma espiritualidade laica. Tradução Véra Lucia dos Reis. Rio de Janeiro: Objetiva, 2012. p. 97-98).

[493] ASCENSÃO, José de Oliveira. *Direito civil.* Teoria geral cit., p. 97.

[494] ROPPO, Enzo. I diritti della personalità. *In:* ALPA, Guido; BESSONE, Mario (Coord.). *Banche dati, telematica e diritti della persona* cit., p. 62.

de confiança depositada em outra parte de uma relação jurídica, no caso, por exemplo, de segredos expostos em cartas ou outros documentos.[495]

No entanto, com o passar do tempo o *right to privacy* acabou se tornando um quebra-cabeça com diferentes interesses jurídicos, assim resumido por Willian Prosser:

1. *Intrusão na reclusão ou solidão do autor, ou em seus assuntos privados*;
2. *Divulgação pública de fatos privados embaraçosos sobre o autor;*
3. *Publicidade que coloque o autor sob falsa luz aos olhos do público*;[496]
4. *Apropriação, em benefício do réu, do nome ou imagem do autor.*[497]

A rigor, o direito à identidade que estudamos neste livro pode coincidir com as duas últimas hipóteses mencionadas. Existem várias formas de publicizar algo inverídico a respeito de alguém. Isso pode se dar pela atribuição falsa de opinião ou expressão a uma pessoa ou pela inclusão da fotografia dela para ilustrar obra sem conexão razoável com o que ela pensa a respeito do tema tratado nela.[498]

Conquanto nessa segunda situação também se possa cogitar de violação do direito à imagem-retrato sob o enfoque do direito brasileiro, é evidente que o interesse jurídico em questão encontra sintonia com a noção de identidade-percepção, pois ao ligarmos uma pessoa a uma determinada opinião ou expressão, ainda que indiretamente, por meio do uso de sua imagem, podemos

[495] WARREN, Samuel; BRANDEIS, Louis D. The Right to Privacy cit.

[496] São elementos do *false light*, de acordo com James Lake: que a vítima alegue e prove que o ofensor deu publicidade (1) a fato que diga respeito à vítima (2), que a colocou perante o público sob *false light* (3) de modo altamente ofensivo (*offensiveness*) para uma pessoa razoável (4) com conhecimento ou descuido imprudente sobre o fato e a *false light* (5). (LAKE, James B. Restraining False Light: constitutional and commom law limits on a "troublesome tort". *Federal Communications Law Journal*, v. 61, issue 3, article 4, p.625-650. Disponível em: https://www.repository.law.indiana.edu/cgi/viewcontent.cgi?article=1540& context=fclj. Acesso em: 29 ago. 2021, p. 639).

[497] PROSSER, W. L. Privacy. *California Law Review*, 48, 1960, p.383-422. Disponível em: https://www.google.com.br/url?sa=t&rct=j&q=&esrc=s&source=web&cd=&cad=rja&uact=8&ved=2ahUKEwj9653u_djyAhULppUCHf7iBA0QFnoECAcQAQ&url=https%3A%2F%2Flawcat.berkeley.edu%2Frecord%2F1109651&usg=AOvVaw2_lQNSbMSu387wYaPXpaxL. Acesso em: 29 ago. 2021, p. 389 (tradução livre).

[498] Ibidem, p. 398-399.

alterar a identidade dela. É verdade que também pode haver ofensa à honra dela, como parecer ser o caso mais comum no direito norte-americano, mas como não há, em tese, necessidade de o conteúdo atribuído à pessoa ser desonroso (*defamatory*), pode ser que apenas o direito à identidade seja ofendido.[499]

A propósito, convém lembrarmos que um dos elementos da estrutura da identidade-percepção é justamente a exteriorização da visão de mundo que se consolida por meio do processo dialógico. Adequado, também, ressaltar que a relação entre o direito à identidade e a liberdade de expressão será estudada especificamente no último item deste Capítulo.

Sendo assim, imputar a alguém opinião contrária à fé religiosa pode levar as pessoas a acreditarem que a pessoa é ateia, o que, não sendo verdade, representa ofensa à identidade religiosa.[500] Inserir opinião de médico em propaganda de cigarros, mas de forma descontextualizada, fazendo as pessoas acreditarem que ele é favorável ao tabagismo, ou, ao menos, não é francamente contrário a ele, representa ofensa à identidade intelectual.[501]

A apropriação do benefício ou vantagem relacionada ao nome ou à aparência da pessoa, por sua vez, tem relação com o direito à identidade na sua vertente identidade-identificação, uma vez que nome é o elemento de identificação pessoal por excelência, ao passo que a imagem-retrato da pessoa também pode sê-lo.[502]

Mostra-se mais comum no direito norte-americano que a apropriação de que se trata corresponda ao uso indevido do nome ou da imagem-retrato alheio, vinculando-o a um produto ou a uma sociedade empresarial.[503] Nesse caso, sob o prisma do direito brasileiro, isso consistiria em ofensa ao direito à identidade apenas no tocante ao nome,[504] mas não no que se refere à

499 James Lake, aliás, critica a utilização desse novo recurso como meio de evasão do bem-estruturado sistema de *torts*. "No doubt, legislative and judicial curtailment of defamation makes false light an appealing alternative. Less well-defined torts offer litigants the opportunity to pursue causes os action that have not received the appellate and legislative scrutiny applied to defamation." (LAKE, James B. Restraining False Light: constitutional and commom law limits on a "troublesome tort" cit., p. 638).

500 Vide exemplo exposto ao final do item 3.4, no qual tratamos da identidade religiosa.

501 Vide exemplo exposto no item 3.5, no qual tratamos da identidade intelectual

502 Analisamos nome e imagem-retrato, respectivamente, nos itens 5.1 deste livro.

503 PROSSER, W.L. Privacy cit., p. 401-403.

504 Willian Prosser, aliás, afirma que "It is the plaintiff's name as a symbol of his identity that is involved here, and not his name as a mere name" (Privacy cit., p. 403).

imagem-retrato, pois aqui ela não se inseriria em um contexto jurídico de identificação. Não se questionaria da imagem de quem se trata, mas sim da autorização para o uso dela por parte de outrem, bem como dispõe a Súmula 277 do Superior Tribunal de Justiça.

Seria totalmente diferente se alguém estivesse se passando por outrem por conta da semelhança física, natural ou criada, para a obtenção de crédito ou de informações secretas, como se deu no direito norte-americano[505] ou mesmo no chamado "roubo de identidade", muito comum nos dias atuais por conta da pletora de plataformas digitais que utilizamos.[506] Nesses casos poderia haver ofensa não apenas ao direito à imagem, caso a imagem-retrato estivesse sendo efetivamente utilizada, como no perfil de uma rede social, mas também do direito à identidade-identificação, já que não apenas se questionaria sobre o uso não autorizado da imagem, mas também de quem se trata.

Malgrado raro, não é impossível que o que concebemos como direito à identidade-percepção tenha relação com a primeira hipótese de *privacy* mencionada acima: *intromissão na reclusão ou solidão da pessoa, bem como em seus assuntos privados.*

Segundo Enzo Roppo, o *right to privacy*, enquanto defesa da autonomia pessoal, diz respeito ao problema dos limites da autoridade pública no exercício de sua função de investigar sobre a opinião política dos cidadãos, sobretudo a participação deles em organizações de natureza política.[507] E, sob esse prisma, recorda da existência de decisões da época do Macartismo, na qual se apurava o envolvimento de pessoas com atividades antiamericanas, notadamente com o Partido Comunista, sendo que foi invocado justamente o *right to privacy* como argumento para não se responder aos questionamentos. Do mesmo modo, recorda que foi invocado esse direito para questionar a legitimidade de impor a obrigação de comunicação do rol de membros e do financiador da *National Association for Advancemente of Colored People.*[508]

505 Ibidem, p. 403.

506 Vide item 5.4 deste livro, que trata da relação entre o direito à identidade e o direito aos dados pessoais. Paulo Dias de Moura Ribeiro trata do "roubo de nome" na sua tese de pós-doutorado (*Direito da personalidade e dignidade humana:* direito ao nome e direito do autor cit., p. 129-132).

507 Ele observa que o sentido de política que utiliza é lato, no que se coaduna com a que utilizamos no item próprio sobre a "identidade política".

508 ROPPO, Enzo. I diritti della personalità. *In:* ALPA, Guido; BESSONE, Mario (Coord.). *Banche dati, telematica e diritti della persona* cit., p. 67.

De acordo com o autor, esses são exemplos de como o *right to privacy* pode surgir como uma tutela de caráter instrumental em relação à liberdade de opinião e de associação política.[509]

5.3.2 Europa: respeito à vida privada e familiar

A Corte Europeia de Direitos Humanos também confere interpretação que amplia bastante o conteúdo do art. 8º da Convenção Europeia de Direitos Humanos, que estabelece o direito ao respeito à vida privada e familiar. Tanto é assim que Giorgio Pino diz que o referido preceito representa proteção contra-ataques à integridade física ou mental, à liberdade moral ou intelectual, à honra, à reputação, ao nome, à identidade ou aos dados sujeitos à proteção por segredo profissional.[510]

Uma série de direitos são extraídos dessa norma pela Corte, muitos dos quais seriam considerados direitos autônomos no nosso sistema jurídico, como é o caso do direito ao nome,[511] do direito ao conhecimento da origem genética ou do reconhecimento da filiação[512] e do direito à autodeterminação envolvendo embriões excedentários.[513]

O direito à identidade é um dos direitos que a Corte infere expressamente do direito ao respeito à vida privada e familiar. Nos casos *Odièvre v. France* e *Bensaid v. United Kingdom* a Corte reconheceu formalmente que o direito à identidade, consistente em identificação de gênero, nome, orientação e vida sexual, é uma condição essencial do direito à autonomia e ao desenvolvimento, que representam a parte central daquele direito.[514] Gênero, nome e orientação sexual são, como vimos nos Capítulos 3 e 4 deste livro, espécies de identidade-percepção e identidade-identificação no nosso sistema jurídico.

A relação entre o direito à vida privada e familiar, de um lado, e o direito à identidade, de outro lado, antecede a Convenção Europeia de Direitos

[509] Ibidem, p. 67.

[510] PINO, Giorgio. The Right to Personal Identity in Italian Private Law: Constitutional Interpretation and Judge-Made Rights cit., p. 231.

[511] DE HERT, P. *A right to identity to face the Internet of Things* cit., p. 4-8.

[512] Ibidem, p. 8-9.

[513] Ibidem, p. 9-10.

[514] Ibidem, p. 10.

Humanos. Isso porque nem todos os Estados europeus têm normas prevendo expressamente o direito à vida privada e familiar, mas mesmo assim ele era reconhecido pela jurisprudência com um conteúdo alargado, abrangendo, inclusive, o que entendemos como direito à identidade.

Este é o caso da Itália, que não contém um preceito normativo que verse especificamente sobre a vida privada e familiar, em termos de direito positivo, mas já a admitia como parte integrante do ordenamento jurídico.[515] Curiosamente, foi isso que ensejou, entre outras, uma série de críticas doutrinárias ao reconhecimento do direito à identidade por parte da jurisprudência italiana: o interesse jurídico já seria tutelado no ordenamento jurídico com a proteção à *riservatezza*.[516]

Aliás, há um exemplo clássico dessa relação entre o direito à identidade e o direito à vida privada e familiar na Itália. Após a morte do tenor Enrico Caruso em 1921 foram produzidas duas obras sobre ele: *Caruso – Leggenda di una voce* e *Il Grande Caruso*. Em razão de ação ajuizada pelos herdeiros, o Tribunal de Roma decidiu em 23 de fevereiro de 1955 que a publicação violava o direito à vida privada do falecido e que o "tratamento dado no filme em episódios da vida do cantor desrespeitava a verdade histórica".[517]

515 ARAÚJO, José Laércio. *Intimidade, vida privada e direito penal*. São Paulo: Masdras, 2014. p. 27; SZANIAWSKI, Elimar. *Direitos da personalidade e sua tutela* cit., p. 168; FINOCCHIARO, Giusella. Identità Personalle (diritto alla) cit., p. 730.

516 SESSAREGO, Carlos Fernández. *Derecho a la identidade personal* cit., p. 117-121; GIACOBBE, Giovanni. L'identità personale tra dottrina e giurisprudenza. Diritto sostanziale e strumenti di tutela cit., p. 9. Mesmo na época de desenvolvimento inicial do direito à identidade havia já quem se manifestava favoravelmente a ele, inclusive focando na diferença dele e do direito à *rizervatezza*, como é o caso de Raffaele Tommasini, que assim afirmou: "[...] la nuova dimensione dei diritti della personalità ed il tentativo del loro ampliamento attraverso la considerazione dei nuovi valori meritevoli di tutela tra i quali trovano collocazione la riservatezza e la identitá personale. In questa direzione è indicativo che nel quadro dei valori della persona acquisti spazio il diritto al rispetto della própria identità. Se la riservatezza riguarda la sfera della intimità, la identità si riferisce alla proezione nel sociale dell'individuo. Come la intrusione e divulgazione dei fatti della sfera intima determinano uma lesione della personalità del soggeto, anche la divulgazione dei fatti attinenti alla identità dell soggetto non deve essere distorta o (voluntamente) deformata. Il rispetto della libertà dei soggetti impone non soltanto che non vi siano intrusioni indebite negli ambiti riservati ma anche che la presentazione della identità dei soggetti non tradisca i valori personali rappresentati dal complesso delle idee e dei pensieri che si estrinsecano in comportamenti ed azioni" (TOMMASINI, Rafaele. Diritto alla identità personale e risarcibilità dei danni morali cit., p.170-171).

517 SZANIAWSKI, Elimar. *Direitos da personalidade e sua tutela* cit., p. 162.

Mas desrespeitar a verdade histórica está muito mais ligado ao que concebemos como reflexo do direito à identidade, sobretudo na sua vertente identidade-percepção, do que conteúdo do direito à intimidade da vida privada enquanto reserva, como explica Elimar Szaniawski:

> É de ser observado que no caso dos filmes sobre a vida de Enrico Caruso, segundo nossa opinião, não ocorreu propriamente um atentado à vida privada do mesmo. Não pelo fato do tenor ser um homem público, pois esses, segundo demonstramos, também possuem o direito à intimidade da vida privada, mas o direito ao resguardo é uma tipificação dos direitos de personalidade e estes se extinguem com a morte da pessoa. Enrico Caruso faleceu no início da década de vinte, mais exatamente em 1921, terminando, com sua morte, sua personalidade e todos os seus atributos. Por esse motivo nos parece que a melhor justificativa para a concessão, aos herdeiros, do corte das cenas do filme e da reparação de dano moral, seria o fato de ter ocorrido um atentado à memória do morto, ou uma ofensa mediante alteração da personalidade, por não terem os filmes tratado de episódios da vida do cantor de acordo com sua real biografia.[518]

5.3.3 Brasil: privacidade, vida privada e intimidade

A par da discussão terminológica, o posicionamento predominante no direito brasileiro é que a privacidade consiste em uma zona de isolamento da pessoa, em consonância com a teoria dos círculos concêntricos de Hubmann[519] ou com a teoria das esferas que a sucedeu na Alemanha.[520] Por conta do disposto no

[518] Ibidem, p. 166-167.

[519] Segundo ele, os direitos da personalidade devem ser classificados do seguinte modo: relacionados ao desenvolvimento da personalidade, relacionados à estrutura do ser humano e relacionados à individualidade do ser humano. A privacidade se encontra nesse último plano e deve ser dividida em três esferas concêntricas: individual, privada e secreta. Uma tutela o homem na sua unicidade, no seu modo de ser próprio, o que envolve o nome, a honra, a imagem física, a imagem de vida, a imagem de caráter e a palavra falada e escrita; outra salvaguarda o homem diante do mundo, ou seja, sua vida privada; e a última é a esfera mais restrita, da qual ninguém deve tomar conhecimento (CAPELO DE SOUZA, Rabindranath Valentino Aleixo. *O direito geral da personalidade* cit., p. 144-148; SZANIAWSKI, Elimar. *Direitos da personalidade e sua tutela* cit., p. 176-179).

[520] SZANIAWSKI, Elimar. *Direitos da personalidade e sua tutela* cit., p. 180; RODRIGUES JUNIOR, Otavio Luiz. Do príncipe Bismarck à princesa Carolina de Mônaco: vida privada de

art. 5º, inc. X, da Constituição Federal de 1988, normalmente a separação se dá entre espaço público, privado e íntimo.

Tratando da norma supramencionada, Luiz Alberto David Araújo e Vidal Serrano Nunes Júnior afirmam que por privacidade deve-se entender os níveis de relacionamento social que o indivíduo habitualmente mantém oculto ao público em geral, como a vida familiar, as aventuras amorosas, o lazer e os segredos dos negócios. São as relações, portanto, marcadas pela confidencialidade. Já a intimidade, de acordo com eles, é o espaço que o titular deseja manter impenetrável mesmo aos mais próximos, sendo exemplos dela os segredos pessoais, as dúvidas existenciais e a orientação sexual, entre outros.[521]

Carlos Alberto Bittar, nesta mesma senda, dispõe que:

> No campo do direito à intimidade são protegidos, dentre outros, os seguintes bens: confidências; informes de ordem pessoal (dados pessoais); recordações pessoais; memórias, diários; relações familiares; lembranças de família; sepultura; vida amorosa, ou conjugal; saúde (física e mental); afeições; entretenimentos; costumes domésticos e atividades negociais, reservados pela pessoa para si e para seus familiares (ou pequeno circuito de amizade) e, portanto, afastados da curiosidade pública.[522]

Cláudio Luiz Bueno de Godoy, por seu turno, afirma que a definição hoje que melhor se afeiçoa à compreensão da própria natureza da privacidade, enquanto direito da personalidade, mormente em uma realidade hipercomplexa, de alto desenvolvimento tecnológico e, com ele, de globalização e imediatidade dos contatos, da massificação da informação e crescente acesso aos dados das pessoas, se liga à não devassa, à preservação e ao controle dos mais diversificados aspectos da forma de ser e da vida do indivíduo, do segredo, da sua intimidade até suas relações sociais e profissionais, além das familiares,

pessoas célebres e as liberdades comunicativas no direito civil. *In:* CASSETARI, Christiano (Coord.). *10 anos de vigência do Código Civil brasileiro de 2002*. Estudos em homenagem ao professor Carlos Alberto Dabus Maluf. São Paulo: Saraiva, 2013. p. 117-119.

521 ARAÚJO, Luiz Alberto; NUNES JÚNIOR, Vidal Serrano. *Curso de direito constitucional*. 6. ed., rev. e atual. São Paulo: Saraiva, 2002. p. 110-111.

522 BITTAR, Carlos Alberto. *Os direitos da personalidade* cit., p. 111-112.

de seus escritos (com ou sem valor literário), de suas convicções, crenças, confidências, pensamentos, hábitos, de sua vida afetiva, negócios particulares e até mesmo – conforme o caso – de seu patrimônio.[523]

Sendo aceita a ideia de que a privacidade envolva as zonas privada e íntima, a conexão dela com o direito à identidade se dá no campo da eficácia porque é exatamente nessas zonas que ocorrem momentos relevantes do processo dialógico de criação e expressão da identidade.

É na intimidade que a pessoa começa a se questionar acerca de quem é e a se conhecer. É na intimidade ou na vida privada, a depender da maior ou menor extensão de cada uma delas, que a pessoa estabelece as primeiras relações, especialmente com familiares. Embora essas relações sejam marcadas pelo amor e, por isso mesmo, sem risco ao reconhecimento da pessoa, é certo que é nesta fase que ela recebe informações importantes a respeito de quem ela é. São os mais próximos que vão dizer à pessoa de onde ela vem, a que grupo ele pertence e como ela deve ou não agir, que são as bases a partir das quais a pessoa vai se orientar quando passar a estabelecer relações com outras pessoas em sociedade. E conforme a estrutura pessoal vai se formando, o que, hodiernamente, chamamos apenas de "personalidade", a narrativa própria da pessoa vai aparecendo e a identidade se conformando.

Depois de estabelecer relações na sociedade e compreender o seu papel, especialmente que direitos e obrigações ela tem, é na intimidade ou na vida privada que a pessoa expressa a sua identidade quando ela não é reconhecida socialmente. Quanto menor o reconhecimento social, maior é a importância do respeito à privacidade da pessoa para a expressão de sua identidade, mesmo que em grau reduzido, no que as redes sociais devem ter ajudado.[524]

[523] Disponível em: https://enciclopediajuridica.pucsp.br/verbete/474/edicao-1/privacidade. Acesso em: 2 fev. 2022.

[524] Conquanto este livro não tenha por objeto discutir sobre a privacidade *lato sensu*, o tema é por demais interessante. Por termos dito no texto que as redes sociais podem ter ajudado na expressão da identidade das pessoas que sofrem com os problemas de reconhecimento na sociedade, convém lembrarmos também da grande exposição que as pessoas vêm fazendo de fatos antes privados ou mesmo íntimos. A propósito, cabe lembrarmos de trecho do artigo publicado por João Ubaldo Ribeiro no jornal com o título *Nada a Esconder*. Diz ele sobre a palavra "privacidade": "Com a palavra, tudo bem, vida longa para ela, mas a condição que ela designa pertence cada vez mais ao passado. Ou melhor, já pertence ao passado, assim como a agora vingada 'intimidade'. Juntas, vão fazer parte das recordações de antigamente – o tempo em que existir um negócio chamado privacidade ou intimidade, o qual, suspeito eu,

Servem de exemplo dessa relação inversamente proporcional entre identidade e privacidade *lato sensu* os dois casos julgados pela Suprema Corte norte-americana, citados acima (*Bowers v. Hardwick*, e *Lawrence and Garner v. Texas*),[525] relacionados à identidade sexual (identidade-identificação). Também podemos imaginar que o exercício da liberdade de culto de minorias religiosas no ambiente doméstico seja um bom exemplo disso.[526]

5.4 A relação entre o direito à identidade e o direito aos dados pessoais

Conquanto o direito aos dados pessoais já tenha sido considerado um braço do direito à privacidade,[527] ele ganhou autonomia. Como explica Danilo Doneda, as construções legislativas e jurisprudenciais que afrontaram o tema nas últimas décadas do século passado deixavam entrever a relação entre privacidade e proteção de dados pessoais, destacando-se o *informational privacy* nos Estados Unidos, cujo núcleo duro é composto pelo direito de acesso a dados armazenados por órgãos públicos e também pela disciplina de proteção de crédito; assim como a autodeterminação informativa do Tribunal Constitucional Federal alemão e da Diretiva 95/46/CE da União Europeia. Sob novos prismas, contudo, a proteção aos dados pessoais, mesmo mantendo nexo de continuidade com a disciplina da privacidade, da qual é herdeira, atualizou-se e adquiriu características próprias.[528]

vai ter que ser explicado à geração que hoje é bebê. E, a julgar pelo que vejo em torno, muita gente, talvez a maioria, adere alegremente ao desprestígio crescente da privacidade e de sua colega intimidade. Não só não damos importância ao que fazem para violar nossa privacidade, como nos esforçamos para abdicar dela" (*O Estado de S. Paulo*. 28/11/2010. Caderno 2. p. D 4)

525 *Landmark Supreme Court Cases: the most influential decisions of the Supreme Court of the United States*. Gary Hartman e Roy M. Mersky (orgs.). New York: Checkmark Books, 2007, p. 288.

526 art. 27.º do Pacto Internacional sobre os Direitos Civis e Políticos: "Nos Estados em que existam minorias étnicas, religiosas ou linguísticas, as pessoas pertencentes a essas minorias não devem ser privadas do direito de ter, em comum com os outros membros do seu grupo, a sua própria vida cultural, de professar e de praticar a sua própria religião ou de empregar a sua própria língua".

527 SCHREIBER, Anderson. *Direitos da personalidade* cit., p. 139. Por esta razão, aliás, que o art. 3º da Lei n. 12.965/2014 (Marco Civil da *Internet*) estabelece, em incisos separados, a proteção da privacidade e a proteção dos dados pessoais.

528 DONEDA, Danilo. A proteção dos dados pessoais como um direito fundamental cit., p. 95.

O modelo de negócios da economia digital passou a ter uma dependência muito maior dos fluxos internacionais de bases de dados, especialmente relacionados às pessoas.[529] Maria Celina Bodin de Moraes diz que nós somos a informação na sociedade atual.[530]

De acordo com Rony Vainzof, dado pessoal é a moeda da economia contemporânea, mormente a digital.[531] Um dos mais relevantes ativos para o exercício de qualquer atividade empresarial, pessoal ou social, como para a execução de políticas públicas.[532]

529 PINHEIRO, Patrícia Peck. *Proteção de dados pessoais:* comentários à Lei n. 13.709/2018 (LGPD). 2. ed. São Paulo: Saraiva Educação, 2020. p. 17.

530 BODIN DE MORAES, Maria Celina. Ampliando os direitos da personalidade cit., p. 15. GOLDBERG, Leonardo; AKIMOTO, Claudio. *O sujeito na era digital:* ensaios sobre psicanálise, pandemia e história cit., p. 114-115. Interessante é a observação de Nicholas Negroponte a respeito da fase em que vivemos: "Na era da pós-informação, o público que se tem é, com frequência, composto de uma única pessoa. tudo é feito por encomenda, e a informação é extremamente personalizada. Uma teoria amplamente difundida afirma que a individualização é a extrapolação do narrowcasting – parte-se de um grupo grande para um grupo pequeno; depois, para um grupo menor ainda; por fim, chega-se ao indivíduo. Quando você tiver meu endereço, meu estado civil, minha idade, minha renda, a marca do meu carro, a lista das compras que faço, o que costumo beber e quanto pago de imposto, você terá a mim: uma unidade demográfica composta de uma só pessoa. Essa argumentação, entretanto, ignora a diferença fundamental existente entre a transmissão voltada para grupos específicos de interesse – ou seja, o narrowcasting – e âmbito digital. Sendo digital, eu sou eu mesmo, e não um subconjunto estatístico. Ser eu mesmo é algo que pressupõe informações e acontecimentos desprovidos de qualquer significado demográfico ou estatístico. Onde mora minha sogra, com quem jantei a noite passada, e a que horas meu vôo parte para Richmond estar tarde são dados que não possuem qualquer correlação ou base estatística que possa dar origem a serviços apropriados de narrowcasting. [...] A verdadeira personalização é tarefa nossa. Não se trata apenas de, um dia, ter preferido calabresa a champignon. A era da pós-informação tem a ver com o conhecimento paulatino: máquinas entendendo indivíduos com o mesmo grau de sutileza (ou mais até) que esperamos de outros seres humanos, incluindo-se aí idiossincrasias (como usar sempre uma camisa com listras azuis) e os acontecimentos aleatórios, os bons e os maus, da história ainda em curso de nossas vidas" (NEGROPONTE, Nicholas. *A vida digital.* Tradução Sérgio Tellaroli. São Paulo: Companhia das Letras, 1995. p. 157-158)

531 Cuida-se da mesma observação feita por PINHEIRO, Patrícia Peck. *Direito digital aplicado 3.0.* São Paulo: Revista dos Tribunais, 2018. p. 213.

532 VAINZOF, Rony. Dados pessoais, tratamento e princípios. *In:* MALDONADO, Viviane Nóbrega; ÓPICE BLUM, Renato (Coord.). *Comentários ao GDPR:* Regulamento Geral de Proteção de Dados da União Europeia. São Paulo: Thompson Reuters Brasil, 2018, p. 37-38. A respeito desse fluxo internacional de dados, obtempera Cláudio Akimoto que há um novo colonialismo em jogo. "Trata-se de dar nova face ao projeto de exploração do Terceiro Mundo, agora com extração de dados, que podem ser levados à metrópole, para acúmulo de riqueza

Objetivando abordar a proteção das pessoas físicas no que diz respeito ao tratamento de dados pessoais e à livre circulação desses dados (*free data flow*) foi aprovado na Europa em 2016 o Regulamento Geral de Proteção de Dados Pessoais (GDPR). Como ele exige a normatização do tratamento de dados pessoais por parte dos demais países e empresas que tenham relações comerciais com a União Europeia, isso causou um "efeito dominó", segundo Patrícia Peck Pinheiro, o que, no caso do Brasil, culminou com a Lei n. 13.709/2018 (LGPD).[533]

De acordo com o art. 4º, 1, da GDPR, entende-se por dado pessoal a informação relativa a uma pessoa singular identificada ou identificável (titular dos dados); é considerada identificável uma pessoa singular que possa ser identificada, direta ou indiretamente, em especial por referência a um identificador, como por exemplo um nome, um número de identificação, dados de localização, identificadores por via eletrônica ou a um ou mais elementos específicos da identidade física, fisiológica, genética, mental, econômica, cultural ou social dessa pessoa singular.

O art. 5º da LGPD, por sua vez, dispõe que: *i.* dado pessoal é a informação relacionada a pessoa natural identificada ou identificável; *ii.* dado pessoal sensível é o dado pessoal sobre origem racial ou étnica, convicção religiosa, opinião política, filiação a sindicato ou a organização de caráter religioso, filosófico ou político, dado referente à saúde ou à vida sexual, dado genético ou biométrico, quando vinculado a uma pessoa natural; e *iii.* dado anonimizado é o dado relativo a titular que não possa ser identificado, considerando a utilização de meios técnicos razoáveis e disponíveis na ocasião de seu tratamento.

A própria definição de dado pessoal dos diplomas acima denota a extrema proximidade que há entre o direito aos dados pessoais e o direito à identidade, na medida em que são justamente esses dados pessoais que identificam a pessoa na sociedade. Dados como nome e sexo referem-se à identidade na sua

e de informações. No caso da América Latina, praticamente todo o fluxo de dados que entra e si dos países passa diretamente pelos Estados Unidos. Esse contexto traça novas ameaças em termos de intervenção estrangeira e ameaças à soberania e liberdade dos países latino-americanos, Brasil inclusive" (GOLDBERG, Leonardo; AKIMOTO, Claudio. *O sujeito na era digital:* ensaios sobre psicanálise, pandemia e história cit., p. 90-91).

533 PINHEIRO, Patrícia Peck. *Proteção de dados pessoais:* comentários à Lei n. 13.709/2018 (LGPD) cit., p. 18.

vertente identidade-identificação. Dados como filiação a sindicato ou organização de caráter religioso ou político, por sua vez, referem-se à identidade na sua vertente identidade-percepção.

Direito aos dados pessoais e direito à identidade, se bem que próximos, têm naturezas distintas. Enquanto aquele tem natureza instrumental, este tem natureza substancial, à semelhança do que a doutrina de direito constitucional assevera em relação aos direitos e garantias fundamentais. Como afirma Claudia Irti, o dado pessoal não é tutelado em si, mas como representação da pessoa de quem emana.[534]

De acordo com Nuno de Andrade, direitos como identidade e privacidade são substantivos porque representam interesses específicos da personalidade humana. Mas eles entram em conflito com outros interesses, como a liberdade de expressão, o que exige que sejam sopesados. Concluído o sopesamento, com a definição do interesse prevalente, cabe aos direitos instrumentais, como é o caso do direito aos dados pessoais, formatar as condições legais e os procedimentos por meio dos quais esses direitos substantivos serão aplicados.[535]

Considerando a identidade como singularidade que define ou individualiza a pessoa como ser único e diferente dos outros, a qual é manifestada de formas diversas às quais ele chama de facetas da personalidade, como é o caso da história de vida, do nome, da credibilidade, entre outros, ele afirma que é ela, enquanto objeto do respectivo direito, que deve servir de fundamento para a correção de dados não necessariamente verdadeiros, uma vez que descontextualizados ou falsos.

O exemplo que ele oferece é o do "profiling",[536] que tem como uma de suas técnicas a chamada "non-distributive type". Nela são utilizados critérios para reunir dentro de um mesmo grupo pessoas com perfis aparentemente semelhantes. Mas essa verdade estatística contém falhas e pode ser que pessoas com perfis diversos tenham integrado um grupo ao qual não pertençam.

534 IRTI, Claudia. Dato personale, dato anonimo e crisi del modelo normativo d'identità cit., p. 382 (trad. livre).

535 ANDRADE, Norberto Nuno Gomes de. *Data protection, Privacy and Identity:* Distinguishing concepts and articulanting rights. 6th International Summer School (ISS), Aug 2010, Helsingborg, Sweden. p. 96-97. Disponível em: https://hal.inria.fr/hal-01559453/document. Acesso em: 10 ago. 2020.

536 A respeito do qual tratamos com mais detalhamento no item 4.4.1.

Nesse caso, segundo o autor, é o direito à identidade que deve servir de fundamento para a correção, isto é, por meio do direito aos dados pessoais buscar-se-á a tutela do direito à identidade.[537]

5.5 A relação entre o direito à identidade e a liberdade de expressão

A liberdade de expressão, compreendida como liberdade de manifestação do pensamento nas suas mais variadas formas,[538] a teor do art. 5º, inc. IV, da Constituição Federal de 1988, relaciona-se com o direito à identidade, mais propriamente quanto à sua vertente identidade-percepção, em dois pontos.

O primeiro ponto de conexão deles dois ocorre no processo dialógico de construção da identidade. Estudamos no item 2.2 deste livro que a identidade é formada e conformada durante as relações intersubjetivas em um ciclo no qual a pessoa se expressa e a partir da resposta das outras pessoas com quem ela interage acaba compreendendo quem é e o que esperar das outras pessoas, inclusive sob a perspectiva normativa. Ora, tanto a manifestação da pessoa como a resposta das outras pessoas consistem no exercício da liberdade de expressão.

Não é sem motivo que quando Axel Honneth explica as formas de luta por reconhecimento, o que analisamos especificamente no item 2.2.3 deste livro, ele trata do desrespeito que pode privar alguém de sua pretensão identitária: as práticas que impedem que a pessoa tenha livre disposição do próprio corpo, o que será especialmente relevante no item que analisaremos a seguir; as práticas que afetam o autorrespeito moral da pessoa, excluindo-a da posse de determinados direitos no interior de uma sociedade e; as referências negativas ao valor social de indivíduos ou grupos.

537 ANDRADE, Norberto Nuno Gomes de. *Data protection, Privacy and Identity:* Distinguishing concepts and articulanting rights cit., p. 102-105.

538 A manifestação do pensamento não se limita a palavras e escritos, como é usual. Ela também pode se dar por meio da participação em uma marcha destinada a defender a liberalização da maconha (BRASIL. Supremo Tribunal Federal. ADPF n. 187/DF. Relator: Ministro Celso de Mello. j. 15/06/2011. *DJ* 29/05/2014) e na simulação de masturbação e exibição das nádegas em um teatro (BRASIL. Supremo Tribunal Federal. HC n. 83.996/RS. Relator: Ministro Celso de Mello. j. 17/08/2004. *DJ* 26/08/2004).

O segundo ponto de conexão entre liberdade de expressão e direito à identidade nós podemos encontrar na estrutura da identidade a que nos referimos no item 2.4.2 deste livro. Conforme Appiah, a identidade na sua dimensão coletiva é formada por três elementos: a existência da disponibilidade de termos no discurso público, a internalização desses rótulos como partes das identidades individuais e a existência de padrões de comportamento relativamente aos titulares da identidade.

A liberdade de expressão está inserida no segundo e terceiro elementos acima. Com a internalização dos rótulos das identidades coletivas por parte das pessoas é esperado que elas se expressem, ou seja, manifestem seu pensamento de acordo com esses rótulos. Quando isso ocorre, isto é, quando se publiciza a manifestação do pensamento da pessoa é que a sociedade tem condição de compreender a visão de mundo que ela tem. E nos padrões de comportamento relativamente aos titulares da identidade podemos encontrar a expressão dos outros com relação aos portadores desses rótulos. A respeito disso, sustenta Gehan Gunatilleke, "a liberdade de expressão é de valor inerente ao indivíduo, pois envolve a comunicação externa do '*forum internum*' de um indivíduo ou reino interno de pensamentos, crenças e convicções".[539]

O melhor exemplo de como se dá a relação entre a liberdade de expressão e o direito à identidade na sua vertente identidade-percepção é o discurso de ódio, ou, para sermos mais precisos, o modo como a doutrina e especialmente a jurisprudência tratam da questão.

A depender da maior ou menor limitação que se impõe à liberdade de expressão por conta do que se compreende como discurso de ódio, deixando de lado a discussão acerca de serem esses limites internos ou externos ao direito,[540] menor ou maior, respectivamente, será a chance de certas identidades serem construídas e publicizadas. Podemos simplificar dizendo que a

[539] GUNATILLEKE, Gehan. Justifying limitations on the freedom of expression cit., p. 93 (tradução livre).

[540] Quando se adota um suporte fático restrito, a exclusão de ações, estados ou posições jurídicas que poderiam ser, em abstrato, subsumidas no âmbito de proteção da norma ocorre *a priori*, ao passo que quando se adota um suporte fático amplo, quaisquer ações, estados ou posições jurídicas que poderiam ser subsumidas no âmbito de proteção da norma são aceitas, ao menos em um primeiro momento (SILVA, Virgílio Afonso da. *Direitos fundamentais:* conteúdo essencial, restrições e eficácia. 2. ed. São Paulo: Malheiros, 2011).

importância do direito à identidade, no caso do discurso de ódio, é inversamente proporcional à importância da liberdade de expressão.

Em interessante estudo comparativo entre as posições adotadas nos Estados Unidos, Alemanha e Brasil acerca do discurso de ódio, João Trindade Cavalcante Filho mostra que a Suprema Corte norte-americana tem uma posição mais favorável à amplitude da liberdade de expressão, recebendo como constitucionais condutas que não são assim consideradas pelo Tribunal Constitucional Federal alemão.

Prevista na primeira emenda constitucional, a liberdade de expressão é considerada como um direito quase absoluto e hierarquicamente superior aos demais.[541] Critérios como *fighting words* (palavras de luta), *clear and present danger* (perigo iminente e claro), *bad intention* (má intenção) e *imminent Lawless action* (iminente ação ilegal) foram sendo desenvolvidos ao longo do tempo para classificar a conduta como constitucional ou não, merecendo destaque o caso *Brademburg vs. Ohio*, de 1969, no qual o último desses critérios foi utilizado pela primeira vez.[542]

Nesse caso foi analisada a conduta de um fazendeiro que defendeu perante audiência de televisão valores racistas da Ku Klux Klan: supremacia branca e inferioridade intrínseca dos negros. Ele afirmou expressamente que os negros deveriam ser devolvidos à África e os judeus à Israel. Durante a transmissão os adeptos do grupo o apoiaram e ovacionaram.

Após ser condenado nas instâncias inferiores da Justiça norte-americana porque, por meio de suas palavras, teria causado perigo iminente e claro de ser desencadeada onda de violência contra os negros, extrapolando, portanto, os limites do *free speech*, a Suprema Corte o absolveu por compreender que, embora as palavras pronunciadas pelo referido fazendeiro fossem moralmente

541 BADARÓ, Tatiana. Criminalização do discurso de ódio e liberdade de expressão: uma análise do art.20 da Lei 7.716/89 sob a perspectiva da teoria do bem jurídico. *Revista Brasileira de Ciências Criminais*, São Paulo, v. 145, ano 26, p. 539, jul. 2018.

542 Segundo esse critério, a restrição à liberdade de expressão somente se justifica quando desencadeie uma iminente ação ilegal. A diferença deste critério para o anterior é que naquele caso a restrição à liberdade de expressão somente se justifica se houver incitamento voltado para a realização de ato ilegal e iminente, ao passo que na formulação anterior a questão dizia respeito ao perigo potencial da expressão do pensamento. (HARTMAN, Gary; MERSKY, Roy M. (Org.). *Landmark Supreme Court Cases:* the most influential decisions of the Supreme Court of the United States. New York: Checkmark Books, 2007. p. 368-370).

reprováveis e repulsivas, não poderiam ser consideradas *fighting words* porque não teria havido clara e imediata incitação à violência.[543]

Cuida-se de posição que restringe o conceito de discurso de ódio com vistas a conceder maior amplitude à liberdade de expressão, mas que, de outro lado, permite que negros e judeus, no exemplo citado, sofram com a intolerância, a afetar a construção e a estrutura da identidade deles, já que introduz, ao menos na sociedade norte-americana, a noção de que nada há a ser feito para impedir isso. Deste modo, a escolha pela identidade religiosa judaica ou pela expressão do comportamento condizente com essa identidade religiosa ou com a identidade racial supracitada poderão ser alvo de intolerância.

Na Alemanha o caminho escolhido é oposto. Entre a liberdade de expressão e os valores da democracia militante ou a integridade da comunidade, impõe-se limites àquela em prol desta, haja vista a decisão proferida no caso *Auschwitz Lie*. Nele, a Corte Constitucional impediu que o revisionista inglês David Irving expusesse em sua palestra algo que negasse ou colocasse em xeque a perseguição contra os judeus no III Reich, uma vez que isso configuraria os delitos previstos nos *§§ 130, 185 e 189 do Código Penal alemão. A ideia central do julgamento é que* há uma diferença entre a afirmação sobre opiniões e a afirmação sobre fatos: as opiniões podem ser livres, ao passo que os fatos são verdadeiros ou não.[544]

Ao impor limites à liberdade de expressão a partir da compreensão de que se está lidando com discurso de ódio que altera a verdade dos fatos para causar intolerância contra os judeus, o que os juízes do Tribunal Federal Constitucional alemão fizeram foi tutelar o livre desenvolvimento da personalidade e, por via reflexa, em termos de direito à identidade, assegurar que judeus possam construir dialogicamente suas identidades de forma pacífica e, doravante, com a identidade conformada, devidamente internalizado o rótulo relativo a essa espécie de identidade-percepção, expressarem-se livremente, sem grandes

543 CAVALCANTE FILHO, João Trindade. *O discurso do ódio na jurisprudência alemã, americana e brasileira*: como a ideologia política influencia os limites da liberdade de expressão. São Paulo: Saraiva Educação, 2018. p. 97-98.

544 CAVALCANTE FILHO, João Trindade. *O discurso do ódio na jurisprudência alemã, americana e brasileira*: como a ideologia política influencia os limites da liberdade de expressão cit., p. 129-132.

riscos de serem alvo de intolerância, sob pena de responsabilização civil e também criminal dos ofensores.[545]

Sob este prisma, podemos dizer que a posição prevalente no Brasil está mais alinhada com a alemã do que com a norte-americana. Quer no *leading case* consistente no julgamento do HC n. 82.424-2,[546] a que já nos referimos no item 3.1.2 deste livro, quer no julgamento da ADO n. 26,[547] no qual se acabou por enquadrar a homofobia e a transfobia nos diversos tipos penais definidos pela Lei n. 7.716/89, até que sobrevenha legislação autônoma editada pelo Congresso Nacional, o Supremo Tribunal Federal adotou uma tese limitadora da liberdade de expressão a partir da constatação de condutas de intolerância que podem ser consideradas discursos de ódio. Desse modo, na sociedade brasileira, não é incorreto afirmarmos que a construção das identidades-percepção, notadamente as minoritárias ou tradicionalmente alvo de preconceito, assim como a expressão dos comportamentos condizentes com os portadores dos seus respectivos rótulos, conta com a tutela estatal.

5.6 A relação entre o direito à identidade e o direito ao próprio corpo

O direito ao próprio corpo tem íntima ligação com a liberdade de expressão, de tal maneira que boa parte do que foi dito no item anterior pode ser

[545] A negação do holocausto não é liberdade de expressão. Foi esse o posicionamento adotado pela Corte Europeia de Direitos Humanos ao tratar do caso Pastörs v. Germany. Udo Pastörs, ex-chefe do partido ultranacionalista de direita da Alemanha fez pronunciamento em 28 de janeiro de 2010 no Parlamento Estadual insurgindo-se contra o evento ocorrido na véspera. Todo dia 27 de janeiro há um evento de rememoração do holocausto. Ele tratou do "chamado holocausto" e se referiu à mentira de Auschwitz, dentre outras ideias contrárias à existência do holocausto. Em razão disso, ele foi condenado no tribunal da comarca de Schewrin. Essa decisão foi mantida nos tribunais. Pastörs recorreu à Corte Europeia dizendo que os tribunais alemães tinham extraído um trecho do seu discurso, interpretando-o mal. Deste modo, teria sido violado o seu direito à liberdade de expressão, previsto no art. 10 da Convenção Europeia. A conclusão da Corte foi contrária à sua pretensão porque ele teria negado o massacre racista sistêmico dos judeus (FRITZ, Karina Nunes. *Jurisprudência comentada dos tribunais alemães* cit., p. 11-12).

[546] BRASIL. Supremo Tribunal Federal. HC n. 82.424-2/DF. Relator p/ o acórdão: Ministro Maurício Corrêa. j. 17/09/2003. *DJ* 30/09/2003.

[547] BRASIL. Supremo Tribunal Federal. ADO n. 26/DF. Relator: Ministro Celso de Mello. j. 13/06/2019. *DJ* 06/10/2020.

aplicável, no que couber, à relação entre o direito ao próprio corpo e o direito à identidade.

Com efeito, uma das formas mais comuns de a pessoa se expressar é justamente utilizando-se do seu próprio corpo, haja vista os casos de *body art* e *body modification*.[548-549]

Luísa Alvarenga comenta essas modificações corporais do seguinte modo:

> Como movimento de resistência a esta homogeneização dos padrões estéticos, germinou em algumas pessoas a procura de autenticidade, o desejo de criar uma identidade única, que as diferencie das demais e traduza a sua real essência na sociedade da aparência. Para isso, elas se apropriam dos seus corpos e, aproveitando-se dos avanços científicos e tecnológicos, formam novas dimensões físicas, nas quais são expressos os seus desejos e convicções pessoais. Há, assim, o surgimento de novas formas corporais que quase sempre causam um desconforto, um estranhamento na sociedade. São práticas contrárias às convenções sociais, que transgridem e descontroem os padrões estabelecidos como normais, sendo consideradas irracionais pelas pessoas em geral.[550]

Ainda, em reforço à conexão existente entre o direito à identidade, não apenas na sua vertente identidade-identificação, mas também identidade-percepção, e o direito ao próprio corpo, diz a referida autora que:

> O corpo vira palco para a realização das vontades subjetivas do seu titular, sendo modificado e moldado de acordo com suas próprias

548 "Nas questões que envolvem os atos de disposição do próprio corpo na Medicina firmou-se o conceito largamento difundido que todo paciente tem o direito ínsito de proteger a sua própria inviolabilidade física e psíquica e o direito de, por auto-determinação, conduzir o que pode ser feito com seu próprio corpo, incluindo os atos de disposição tanto para depois da morte como em vida" (GOGLIANO, Daisy. Autonomia, bioética e direitos da personalidade cit., p. 110-111).

549 Francês remove parte do lábio superior para virar "alienígena preto" (msn.com). Reportagem disponível em: http://g1.globo.com/planeta-bizarro/noticia/2012/10/homem-lagarto-diz-nao-se-arrepender-de-transformacoes.html. Acesso em: 30 set. 2021.

550 ALVARENGA, Luísa Baran de Mello. A legitimidade das modificações corporais extremas no ordenamento jurídico brasileiro. *In:* ATALÁ CORREIA; Fábio Jun Capucho (Coord.). *Direitos da personalidade:* a contribuição de Silmara J. A. Chinellato. Barueri/SP: Manole, 2019. p. 109.

> convicções e visões de mundo. Há, com isso, a exaltação da individualidade pessoal e a promoção da diversidade, pela criação de novas configurações corporais que distanciam os indivíduos do padrão estético tradicional e constroem uma identidade única.
>
> A importância da percepção corporal para a formação da identidade pessoal implica que, para se diferenciar, cada um se expresse por meio do seu próprio corpo, 'algo que não compartilha com os demais, sobre o qual exerce seu querer e através do qual se faz unidade material na coletividade.[551]

A rigor, de acordo com o art. 13 do Código Civil de 2002 muitas dessas hipóteses seriam consideradas ilegais, haja vista que não atenderiam aos requisitos previstos: exigência médica; vedação à diminuição permanente da integridade física; não ofensa aos bons costumes.

A doutrina, contudo, tem firme posição no sentido de que deve prevalecer uma interpretação restritiva ao referido preceito normativo, com vistas a assegurar que a autodeterminação da pessoa, amparada no livre desenvolvimento da personalidade e que guarda relação com a busca por autenticidade de que tratamos no item 2.1.4 deste livro, não seja obstaculizada. A indisponibilidade desse direito da personalidade, portanto, há de ser relativizada.

A respeito do tema, Anderson Schreiber manifesta-se nos seguintes termos:

> Em resumo, a vedação generalizada do art. 13 às diminuições físicas permanentes, com a única ressalva da "exigência médica", é norma que não se compadece com a necessária ponderação entre a tutela do próprio corpo e outros princípios atinentes à realização da pessoa humana, como a liberdade sexual, a liberdade de expressão e até a liberdade religiosa. Se o art. 13 fosse interpretado de modo literal,

[551] Ibidem, p. 111. Ela menciona exemplos marcantes e bem conhecidos do público, tais como: o homem-lagarto (*The Lizardman*), que fez diversas modificações no corpo para ficar parecido com um lagarto, tendo então deixado o seu doutorado em filosofia e passado a se apresentar em shows ao redor do mundo; Dennis Avner, conhecido como *Stalking Cat*, que realizou tantas modificações corporais para dar ao corpo a aparência de um tigre entrou para o Guinness Book; e Rick Genest, conhecido como *Zombie Boy*, que fez tatuagens no corpo inteiro para ficar parecendo um esqueleto (Ibidem, p. 112).

> práticas socialmente aceitas e repetidas por séculos, como a circuncisão de crianças de religião judaica, restariam vedadas à luz do direito brasileiro, implicando uma restrição cultural significativa. A tutela constitucional da dignidade da pessoa humana impõe que cada aspecto da pessoa, em particular, seja sopesado em busca de uma solução que permita o máximo desenvolvimento da sua personalidade.[552]

Sob este prisma, entendemos que o direito ao próprio corpo pode se relacionar com o direito à identidade nas suas duas vertentes. Na linha do que já tratamos acerca do direito à imagem, mais diretamente da imagem-retrato (item 5.1 deste livro), o exercício regular do direito ao próprio corpo pode conduzir a pessoa a obter uma distinção em relação às demais, como acontece com as duas hipóteses supracitadas: *body art* e *body modification*. Nesse aspecto, o corpo representa elemento de distinção e, portanto, de identidade-identificação.

De outro lado, o direito ao próprio corpo tem relação com o direito à identidade, na sua vertente identidade-percepção, quando o exercício regular daquele direito está ligado a uma espécie de identidade desse mesmo jaez, como é o caso da circuncisão para os judeus (identidade religiosa) e da cirurgia de redesignação sexual ou de transgenitalismo para os transgêneros (identidade de gênero).

Mas não é apenas no aspecto positivo que o direito ao próprio corpo se comunica com o direito à identidade. No aspecto negativo isso também ocorre, isto é, existe o dever de respeito dos outros para com o corpo alheio, não se podendo fazer nada que não seja permitido pelo titular do direito, por respeito tanto ao direito ao próprio corpo como ao direito à identidade.[553]

Conquanto haja essa relação entre o direito à identidade e o direito ao próprio corpo, a liberdade para que as pessoas lidem com o próprio corpo como expressão da própria identidade não é um direito absoluto, como, de regra, nenhum direito o é. Rechaçada a teoria de que direito da personalidade

552 SCHREIBER, Anderson. *Direitos da personalidade* cit., p. 45-56.

553 O já citado exemplo dos testemunhas de Jeová (item 3.4 deste livro) volta a ser relevante porque a negativa deles em se submeterem a tratamentos médicos com transfusão de sangue é ainda mais justificável quando se observa que essa decisão nada mais é do que o exercício regular do direito ao próprio corpo, que corresponde à expressão da visão de mundo do portador desse rótulo de identidade religiosa.

consistiria em *ius in se ipsum*, o que justificaria juridicamente até mesmo o suicídio como resultado da decisão de não preservação do direito à vida, são todos eles funcionalizados socialmente.[554]

Não é isso que se observa nos chamados *amputees-by-choice* ou *amputees wannabes*, que são pessoas que desejam a amputação de partes do corpo, embora não sejam doentes ou precisem disso por uma questão de saúde, mas sim por entenderem que o corpo não corresponde à identidade delas.[555] Comentando o assunto, Fernanda Cantali assim se manifesta:

> Ao contrário da arte e da modificação corporal, situações em que o consentimento da pessoa é suficiente para autorizar o ato de disposição do próprio corpo, já que se trata da expressão da liberdade e autodeterminação pessoal, como ao contrário do caso das cirurgias de transgenitalização em que deve ser privilegiado o direito de identidade pessoal e o consentimento também funciona como manifestação da autodeterminação, no caso dos wannabes, o consentimento não se basta para legitimar o poder de disposição, devendo este ser repelido na medida em que afronta a dignidade da pessoa humana. É nesta perspectiva que Perlingieri sustenta que o simples consentimento não pode ter o condão de tornar lícita conduta que o ordenamento jurídico imputa como ilícita. Há um limite para o exercício da liberdade e da autonomia; esta não significa arbítrio, e o limite está na própria dignidade humana.[556]

A questão é controversa porque ainda não há um diagnóstico preciso sobre isso no campo da medicina. A situação dos *transabled*, como são chamadas as pessoas portadoras de apotemnofilia ou transtorno de identidade da integridade corporal (TIIC), ainda é incerta porque se a comunidade não aceita que

[554] FERRARA, Francesco. *Tratatto di diritto civile italiano* cit., p. 113-115; BORREL-MACIÁ, A. *La persona humana* cit., p. 42-43. Sobre a origem da discussão na doutrina, especialmente na portuguesa: CORDEIRO, António Menezes. Os direitos de personalidade na civilística portuguesa cit., p. 1239-1241.

[555] CANTALI, Fernanda Borghetti. *Direitos da personalidade:* disponibilidade relativa, autonomia privada e dignidade humana cit., p. 192.

[556] Ibidem, p. 192-193.

as pessoas simplesmente amputem partes saídas de seu corpo, de outro lado, não se sabe se isso, por si só, seria uma doença.[557]

Sob o prisma da medicina, sem dúvida, o assunto escapa ao objeto deste livro, ainda mais porque a discussão envolve a psiquiatria. Será que algum tipo de sofrimento psicológico poderia justificar essa conduta por parte das pessoas? Há quem pense que sim, excepcionalmente.[558] Não é uma discussão tão diferente daquela que ocorreu outrora com a transgenitalização e que ainda se dá com a eutanásia. Independentemente disso, sob o ponto de vista jurídico, podemos nos posicionar contrariamente à vinculação entre o direito à identidade e a amputação de membros do corpo.

Analisando a questão sob a ótica do art. 13 do Código Civil, entretanto, a respeito do qual trataremos mais detidamente no item 6.2 deste livro, quando falarmos sobre a indisponibilidade/intransmissibilidade do direito à identidade, temos que, afora a "exigência médica", a amputação não diz respeito nem à identidade-identificação, tampouco à identidade-percepção. A "identidade" presente na sigla BIID, que significa *body integrity identity disorder*, é apenas a relação entre o corpo e o psicológico da pessoa. É uma questão interna a ela, não externa. Além disso, consoante a parte final do *caput* do art. 13 do Código Civil as amputações contrariam os bons costumes.

557 Reportagem disponível em: https://super.abril.com.br/ciencia/amputados-por-opcao-4--e-demais/. Acesso em: 5 abr. 2022.

558 NOLL, Sarah; KASTEN, Erich. Body integrity identity disorder (BIID): How satisfied are sucessful wannabes. Psychology and Behavioral Sciences, 2014, 3 (6), p. 222-232. Disponível em: https://www.researchgate.net/publication/269697867_Body_Integrity_Identity_Disorder_BIID_How_Satisfied_are_Successful_Wannabes. Acesso em: 5 abri. 2022

6 CARACTERÍSTICAS DO DIREITO À IDENTIDADE

6.1 Absoluto ou *erga omnes*

A doutrina afirma que os direitos da personalidade, em geral, são considerados absolutos porque geram obrigação passiva universal. Daí também ser dito que eles têm efeito *erga omnes*.[559]

[559] PINTO, Paulo Mota. Notas sobre o direito ao livre desenvolvimento da personalidade e os direitos de personalidade no direito português cit., p. 63; CAPELO DE SOUZA, Rabindranath Valentino Aleixo. *O direito geral da personalidade* cit., p. 401-402; ASCENSÃO, José de Oliveira. *Direito civil.* Teoria geral cit., p. 74); CARBONNIER, Jean. *Droit civil.* Les personnes: personnalité, incapacites, personnes morales cit., p.130; LARENZ, Karl. *Derecho civil:* parte general cit., p. 156; SAINT-PAU, Jean-Christophe *et al. In: Droits de la personnalité.* Jean-Christophe Saint-Pau (sous la direction de): LexisNexis: 2013, Paris, traités, p. XXII ; BITTAR, Carlos Alberto. *Os direitos da personalidade* cit., p. 11; SCHMITT DE BEM, Leonardo. *Teoria da relação jurídica:* análise da Parte Geral do novo Código Civil cit., p. 74; FERRARA, Francesco. *Tratatto di diritto civile italiano* cit., p. 398; GOGLIANO, Daisy. Autonomia, bioetica e direitos da personalidade cit., p. 12; MORAES, Walter. Concepção tomista de pessoa. Um contributo para a teoria do direito da personalidade cit., p. 192. PENTEADO, Luciano de Camargo. O direito à vida, o direito ao corpo e às partes do corpo, o direito ao nome, à imagem e outros relativos à identidade e à figura social, inclusive intimidade cit., p. 74. Menezes Cordeiro propõe três concepções do absoluto e as analisa. A mais interessante é a primeira, pois ele diz que há direitos da personalidade semelhantes aos direitos reais e outros semelhantes aos direitos de crédito, a reboque da classificação de Pierre Kayser. Segundo ele, "os direitos da personalidade distinguem-se pela especificidade do seu objeto (o bem de personalidade) e não pela forma de efetivação (diretamente, como no direito de propriedade ou mediatamente, como no direito de crédito)". Nem sempre, de acordo com ele, os direitos de personalidade são absolutos então porque alguns são exercitáveis independentemente dos outros, ao passo

Sob essa ótica, não há qualquer dúvida de que o direito à identidade, no que se refere à identidade-identificação, tem essa natureza. O titular do nome, da identidade sexual, genética, digital ou nacional pode se opor contra quem quer que seja se há risco ou ofensa ao respectivo direito.

No tocante à identidade-percepção, a questão é mais complexa e precisa ser analisada. Em tese, também há obrigação passiva universal. A ninguém é dado colocar em risco ou ofender as identidades racial, de gênero, política, religiosa ou intelectual.

Mas aqui existe um complicador que, a rigor, não se apresenta na identidade-identificação, qual seja, o compartilhamento de visões de mundo por parte de vários titulares do mesmo direito, o que permite que surjam conflitos entre os próprios titulares, como o que se deu, à guisa de exemplo, entre dois grupos considerados católicos, e que deu ensejo ao julgamento da Apelação Cível 1071628-96.2018.8.26.0100 por parte do Tribunal de Justiça do Estado de São Paulo.[560]

A Associação Centro Dom Bosco de Fé e Cultura ajuizou ação contra o grupo autointitulado Católicas pelo Direito de Decidir SC atribuindo a ele o uso ilícito e abusivo do termo "católicas", pois estaria defendendo agenda progressista e anticatólica em meio aos católicos, como a promoção da descriminalização e legalização do aborto. A pretensão veiculada em juízo consistiu na imposição de obrigação de não fazer consistente em proibir o réu de utilizar o referido termo.

Na primeira instância o processo foi extinto sem resolução de mérito porque somente a autoridade eclesiástica competente poderia formular pedido desse jaez. Entretanto, na segunda instância o tribunal deu provimento à apelação interposta pela autora para impedir o referido grupo de utilizar o termo "católicas", assim como para obrigá-la a adequar o seu estatuto social para excluir o referido termo dele.

Entre outros argumentos, o tribunal compreendeu que a atuação concreta do réu revelaria pública, notória, total e absoluta incompatibilidade com os valores mais caros adotados pela associação autora e pela Igreja Católica de

que outros dependem de terceiros, como é o caso do direito à confidencialidade exercido com uma carta-missiva que é dirigida ao destinatário (*Tratado de direito civil* cit., p. 111-112).

560 BRASIL. Tribunal de Justiça de São Paulo. Apelação Cível n. 1071628-96.2018.8.26.0100. Relator: Desembargador José Carlos Ferreira Alves. j. 20/10/2020.

modo geral, tanto que a esta já se posicionara publicamente contra o réu em inúmeras oportunidades. Nessa senda, foi dito pelo tribunal que a utilização do termo "católicas" pelo réu representaria abuso de direito, nos termos do art. 187 do Código Civil. Foi ainda salientado que isso não representaria restrição à liberdade de expressão, já que os integrantes do réu poderiam continuar a defender seus valores e ideias, inclusive o aborto, desde que o fizesse com nome diverso.[561]

Ser ou não católico é um rótulo, por isso a solução para esta questão deve passar pela releitura do item 2.4 deste livro, especialmente do item 2.4.2, no qual tratamos da estrutura da identidade. Segundo Appiah, deve haver um certo consenso acerca do que cada termo significa, o que, em geral, deriva de uma série de estereótipos que podem ser verdadeiros ou não. Há uma concepção social para cada termo, sendo que não necessariamente todos os grupos sociais – e, por conseguinte, os membros desses grupos – o compreenderão do mesmo modo. Basta que haja uma sobreposição razoável entre todos os conceitos.[562]

A falta de razoabilidade na referida sobreposição configura justamente o abuso de direito, de tal modo que o critério jurídico para a solução desse tipo de conflito nos parece ter sido bem utilizado pelo supracitado tribunal. Mas a dificuldade não mora nesse aspecto da causa, e sim no que realmente deve ser considerado não razoável em termos fáticos. Como sói ocorrer no Direito, existe uma zona cinzenta.

Sob este prisma, entendemos ser imperativo a absoluta excepcionalidade do impedimento ao uso de rótulos por quem quer que seja. Sendo a identidade construída socialmente, como aprendemos com Axel Honneth, a retirada de uma pessoa ou de um grupo de pessoas do lugar de fala já é uma medida que obstaculiza ou, no mínimo, dificulta a expressão dele. O reconhecimento começa com a permissão para que as pessoas estabeleçam essas relações sociais e, paulatinamente, moldem as próprias identidades e, por que não dizer, também as identidades alheias.

561 A decisão foi revertida no Superior Tribunal de Justiça, voltando a ser aplicado o entendimento do juízo de primeira instância: Brasil. Superior Tribunal de Justiça – Recurso Especial n. 1.961.729-SP – 3ª Turma – rel. Minª. Nancy Andrighi. j. 30/08/2022.

562 APPIAH, Kwame Anthony. *The Ethics of Identity* cit., p. 67.

Como enfatiza Appiah, rejeitando a ideia de que apenas os próprios "titulares" da identidade devem defini-la, isso não funcionaria porque o reconhecimento alheio é sempre fonte de significado. E mesmo que se aceitasse a ideia de que os "titulares" da identidade deveriam defini-las, o que valeria para negros, esquerdistas, homossexuais etc., ainda assim eles dependeriam do reconhecimento dos demais portadores do mesmo rótulo, como é o caso em tela. O risco é criar uma cisma que leve os portadores do rótulo ao paradoxo do médico Simão Bacamarte, exposto no conto "O alienista", de Machado de Assis. Simão inaugurou um manicômio na sua cidade e começou abrigando apenas os mais loucos, mas, pouco a pouco, esse critério foi sendo relativizado e então o local acabou lotado, deixando a cidade esvaziada.

Os rótulos não pertencem aos titulares do direito à identidade. Eles são apenas usados por elas, mas de modo compartilhado. A igreja católica, por exemplo, não é a proprietária do rótulo "católicas". Ela pode ser considerada, se tanto, a máxima expressão institucional dele. Mas nada impede que haja outros grupos que se intitulem católicos e não tenham exatamente a mesma visão que a referida igreja, até porque ela comporta divisões internas com noções não necessariamente idênticas.

6.2 Indisponível e intransmissível

6.2.1 Visão geral

Em geral, segundo Adriano de Cupis, a disponibilidade de um direito é compreendida sob a ótica de sua alienabilidade, o que equipararia a disponibilidade à transmissibilidade. No entanto, ele lembra que a disponibilidade pode ter noção mais ampla, pois ela pode ser definida como "a faculdade de determinar o destino do direito subjetivo, ou a faculdade de atuar sobre este mesmo direito segundo a própria vontade".[563]

Os direitos da personalidade são considerados indisponíveis, mas sob a ótica restrita da alienabilidade; eles não podem ser alienados por conta de

563 CUPIS, Adriano de. *Os direitos da personalidade* cit., p. 56.

sua natureza existencial.[564] É esta a razão de ser do art. 11 do Código Civil ao estabelecer que os direitos da personalidade são intransmissíveis.[565]

No entanto, a doutrina observa que a indisponibilidade derivada dessa intransmissibilidade é relativa, não apenas porque há direitos da personalidade que podem ser transmitidos, justamente porque marcados por uma patrimonialidade mais forte, como os direitos autorais,[566] mas também porque se não fosse assim se restringiria demasiadamente a esfera de autonomia,[567] que é da essência do direito subjetivo, o que afetaria até mesmo o livre desenvolvimento de sua personalidade.[568]

564 FERRARA, Francesco. *Tratatto di diritto civile italiano* cit., p. 395.

565 MONTEIRO FILHO, Raphael de Barros *et al. Comentários ao novo Código Civil* cit., p. 127.

566 Lei n. 9.610/98. "Art. 49. Os direitos de autor poderão ser total ou parcialmente transferidos a terceiros, por ele ou por seus sucessores, a título universal ou singular, pessoalmente ou por meio de representantes com poderes especiais, por meio de licenciamento, concessão, cessão ou por outros meios admitidos em Direito, obedecidas as seguintes limitações: I – a transmissão total compreende todos os direitos de autor, salvo os de natureza moral e os expressamente excluídos por lei; II – somente se admitirá transmissão total e definitiva dos direitos mediante estipulação contratual escrita; III – na hipótese de não haver estipulação contratual escrita, o prazo máximo será de cinco anos; IV – a cessão será válida unicamente para o país em que se firmou o contrato, salvo estipulação em contrário; V – a cessão só se operará para modalidades de utilização já existentes à data do contrato; VI – não havendo especificações quanto à modalidade de utilização, o contrato será interpretado restritivamente, entendendo-se como limitada apenas a uma que seja aquela indispensável ao cumprimento da finalidade do contrato".

567 "La posibilidad, oferecida y assegurada a los particulares por el ordenamiento jurídico, de regular sus relaciones mutuas dentro de determinados límites por médio de negócios jurídicos, en especial mediante contratos, recibe la denominación de 'autonomia privada'. El hombre que vive em frecuente comunicación con otros la necessita para poder decidir libremente em los assuntos que le afectan directamente, para poder configurarlos bajo propia responsabilidad. Pues solamente cuando está em condiciones para ello puede promocionarse y afirmarse como persona. La autonomia privada que corresponde a todo ciudadano mayor de edad es, por ello, uno de los principios capitales y fundamentales del Derecho Privado" (LARENZ, Karl. *Derecho civil:* parte general cit., p. 55) Na mesma linha: AMARAL NETO, Francisco dos Santos. A autonomia privada como princípio fundamental da ordem jurídica. *Revista de Informação Legislativa*, v. 26, n. 102, p. 207-230, abr./jun. 1989; LEITÃO, Luís Manuel Teles de Menezes. *Direito das obrigações*: Introdução. Da constituição das obrigações. 14. ed. Portugal: Almedina, 2017, p. 19-20.

568 CANTALI, Fernanda Borghetti. *Direitos da personalidade:* disponibilidade relativa, autonomia privada e dignidade humana cit., p. 149-150; BITTAR, Carlos Alberto. *Os direitos da personalidade* cit., p. 12; SAINT-PAU, Jean Christophe. op. cit., p. XXV; SCHMITT DE BEM, Leonardo. *Teoria da relação jurídica:* análise da Parte Geral do novo Código Civil cit., p. 74;

A propósito, Maria Celina Bodin de Moraes afirma o seguinte:

> [...] "quando" (em que circunstâncias?) e "quanto" (em que medida?), à luz do princípio maior da dignidade da pessoa humana, podemos dispor, com autonomia e informação acerca de nós mesmos? Que limites deverão ser impostos à autodeterminação?
>
> Parece relevante assinalar que, ao proceder às necessárias ponderações, se deve atentar para a armadilha de uma tutela "paternalista". Ordenamentos de tipo paternalista só são compatíveis com sociedades infantilizadas, tidas como irresponsáveis, ignorantes e inconsequentes, *às* quais em regra tudo deve ser proibido, ou regulado, podendo-se fazer apenas o que é expressamente permitido – princípio este que é próprio dos sistemas fascistas e, portanto incompatível com sistemas democráticos. Ao paternalismo, contido na máxima segundo a qual "as pessoas devem ser protegias de si próprias", deve ser oposta a presunção que vigora nas sociedades democráticas: a liberdade de escolha acerca do próprio destino não pode ser exceção.[569]

Precisamente por conta disso é que é digno de encômios o art. 81 do Código Civil português, pois ele prevê que toda a limitação voluntária ao exercício dos direitos de personalidade é nula, se for contrária aos princípios da ordem pública; a limitação voluntária, quando legal, é sempre revogável, ainda que com obrigação de indenizar os prejuízos causados às legítimas expectativas da outra parte.[570] Cuida-se de visão oposta à que está no art. 11 do Código Civil brasileiro.

ASCENSÃO, José de Oliveira. *Direito civil.* Teoria geral cit., p. 75; GODOY, Cláudio Luiz Bueno de. *Desafios atuais dos direitos da personalidade.* Barueri-SP: Manole, 2019. p. 13; MAZEAUD, Henri; MAZEAUD, Leon; MAZEAUD, Jean. *Leçons de droit civil* cit., p. 669-670. Enunciados das Jornadas de Direito Civil relativos ao tema: 4. "O exercício dos direitos da personalidade pode sofrer limitação voluntária, desde que não seja permanente nem geral"; 139. "Os direitos da personalidade podem sofrer limitações, ainda que não especificamente previstas em lei, não podendo ser exercidos com abuso de direito de seu titular, contrariamente à boa-fé objetiva e aos bons costumes".

569 BODIN DE MORAES, Maria Celina. Ampliando os direitos da personalidade cit., p. 10.

570 GODOY, Cláudio Luiz Bueno de. *Desafios atuais dos direitos da personalidade* cit., p. 13.

Comentando o referido artigo, José de Oliveira Ascensão faz a seguinte observação acerca dos direitos da personalidade, quanto ao nível de sua restringibilidade: a) núcleo duro, em que o direito não é suscetível a nenhuma limitação negocial; b) uma orla, em que se podem estabelecer limitações, mas elas são revogáveis; e, c) uma periferia, em que os direitos são limitáveis, sem incorrer em revogabilidade.[571]

Sob um prisma diferente, mais focado nos bens tutelados, Menezes Cordeiro propõe a seguinte classificação dos direitos da personalidade:

1. Círculo biológico: abrange a vida, a integridade física a saúde, o sono etc.;
2. Círculo moral: diz respeito à intocabilidade espiritual das pessoas, como é o caso dos direitos à integridade moral e ao bom nome e reputação;
3. Círculo social: que se prende com as relações entre o sujeito e os seus semelhantes, como é o caso da intimidade da vida privada, ao nome, à imagem etc.

Nessa senda, diz o referido autor que os dois primeiros círculos contemplam direitos que não têm conteúdo patrimonial, diferentemente do que ocorre com os direitos incluídos no círculo social, como é o caso da imagem dos atores. Ele também afirma que quanto mais se caminha para o exterior, do biológico para o social, "os direitos da personalidade são mais elaborados, complexos e diferenciados".[572]

6.2.2 (In)disponibilidade do direito à identidade

O direito à identidade é justamente um desses direitos mais elaborados, complexos e diferenciados. A própria referência ao nome como exemplo de direito que se situa no círculo social é indicativo de que o direito à identidade é mesmo um direito dessa natureza.

571 ASCENSÃO, José de Oliveira. *Direito civil.* Teoria geral cit., p. 77.

572 CORDEIRO, António Menezes. *Tratado de direito civil* cit., p. 119-120.

Por certo, o direito à identidade, com raras exceções, não é algo biológico. Em certa medida, poderíamos dizer que ele tem um grau de intocabilidade, pois não é dado às pessoas adotarem condutas tendentes à alteração da identidade alheia, tanto que estudaremos no capítulo seguinte deste livro a tutela desse direito. Mas, como já tivemos oportunidade de analisar, a diferença entre o direito à identidade e o direito à honra[573] reside no juízo de valor que incide sobre a honra, mas não sobre a identidade.

A identidade, enquanto objeto do direito à identidade, é tipicamente social. Ela é construída socialmente, a narrativa que constrói a identidade é uma escolha feita a partir de eventos sociais e, ainda, os rótulos e os comportamentos próprios e alheios que são definidos a partir da definição dos rótulos são dados sociais.

Não há uma regra acerca da disponibilidade/transmissibilidade do direito à identidade. Isso depende da análise de cada espécie de identidade.

Separando a disponibilidade da transmissibilidade, compreendemos que são disponíveis os direitos à identidade política, religiosa e intelectual, dado que ainda que alguém tenha qualquer uma dessas identidades, pode optar por deixar de tê-las em seu patrimônio ideal a todo momento, o que representa uma definição acerca do futuro dos direitos subjetivos em tela.[574] Se, por qualquer razão, a pessoa deixa de ter a visão de mundo relacionada a qualquer dessas espécies de identidade-percepção, o direito simplesmente se extingue pela ausência de bem a ser tutelado.

Quanto às identidades racial e de gênero, a situação é mais complexa, pois embora, em princípio, sejam direitos da personalidade que integram

[573] Item 5.2 deste livro.

[574] Com isso, podemos concluir que o direito à identidade, diferentemente do que se diz a respeito dos direitos da personalidade em geral, pode também ser renunciável, pois como ensina Pontes de Miranda, a renúncia é *ato de disposição*. A propósito, ele também explica o seguinte: "É preciso que se não confunda a renúncia, negócio jurídico unilateral, com atos-fatos jurídicos, que deterioram ou destroem bens. Quem mata o cavalo, o boi, ou qualquer outro animal, não renuncia, nem derrelinque: o ato de destruição entra no mundo jurídico como ato-fato jurídico, e não como negócio jurídico. Dá-se o mesmo se alguém quebra a peça de mármore, ou queima o quadro que lhe pertence. Se do direito, que desaparece como ato destrutivo, titular é outra pessoa, ou também outra pessoa, há ato ilícito, de que resulta responsabilidade; salvo se a espécie cabe no art.160, I e II do Código Civil" (PONTES DE MIRANDA, Francisco Cavalcanti. *Tratado de direito privado*. atual. por Vilson Rodrigues Alves. Rio de Janeiro: Bookseller, 2004. t. 31, p. 55).

o círculo social a que se refere Menezes Cordeiro, contam com um suporte biológico que não poderia ser desprezado, segundo a nossa compreensão, já exposta nos itens 3.1 e 3.2 deste livro. Justamente por isso, aliás, é que, em princípio, rejeitamos a ideia de identidade de gênero tal como ela é concebida atualmente. E se é assim, seriam elas espécies de identidade-percepção não disponíveis.

Contudo, em se adotando apenas o critério sociocultural para ambas as referidas identidades-percepção, deixariam elas de ter qualquer relação com o supracitado círculo biológico e, por conseguinte, tornar-se-iam disponíveis.

Quanto às espécies de identidade-identificação, todos os direitos são disponíveis, se não na sua totalidade, ao menos em parte, com exceção dos direitos à identidade sexual e genética, os quais estão situados no círculo biológico, segundo a classificação de Menezes Cordeiro.

O nome pode ser modificado em algumas circunstâncias, inclusive por vontade própria, após a maioridade, no caso do sistema brasileiro. Isso é uma maneira de definir o futuro do direito subjetivo e, portanto, representa um certo grau de disponibilidade dele. Como os perfis e avatares podem ser simplesmente abandonados pela pessoa, é claro que a identidade digital é disponível. E a identidade nacional pode ser objeto de disposição, segundo as regras de cada Estado. No Brasil, por exemplo, podemos entender como disposição do direito à identidade-nacional a aquisição de outra nacionalidade, segundo dispõe o art. 12, § 4º, da Constituição Federal.

6.2.3 (In)transmissibilidade do direito à identidade

Nesse item trataremos da possibilidade de transmissão (alienação) de todas as espécies de identidade, exceção feita ao direito à identidade digital, porquanto ele tem peculiaridades que ensejam uma análise mais detalhada, o que será em item específico (6.2.4).

6.2.3.1 *Inter vivos*

Sendo a identidade-percepção a visão de mundo da pessoa, com todas as características que apresentamos no capítulo 2 deste livro, é absolutamente ilógico imaginar que uma pessoa possa transmiti-la para outra. Elas podem até compartilhar a mesma identidade-percepção, mas compartilhar não é transmitir. Todas as espécies de direito à identidade-percepção, portanto, são intransmissíveis.

No tocante às hipóteses de identidade-identificação não é diferente. Como elas representam maneiras de se identificar a pessoa na sociedade, inclusive ao longo do tempo, é ilógico que uma pessoa possa transmitir do seu patrimônio ideal para o de outra o seu direito à identidade. No caso do nome, o que pode haver, tal como exposto *supra*, é o compartilhamento do sobrenome, em certas ocasiões, como o casamento, não transmissão propriamente dita.

6.2.3.2 *Causa mortis*

Os mesmos argumentos expostos no item anterior acerca da intransmissibilidade do direito à identidade *inter vivos* são aplicáveis à espécie. É ilógico conceber sucessores titulares do direito à identidade que outrora pertenceu ao seu antecessor morto. Ninguém pode passar a titularizar identidade-identificação ou identidade-percepção alheia.

Ocorre que, há um preceito normativo no Código Civil que pode, a depender de sua compreensão, chocar-se com essa visão lógica.

Estabelece o art. 12, parágrafo único, do Código Civil que, tratando-se de morto, terá legitimação para requerer as medidas tendentes a tutelar os direitos da personalidade o cônjuge sobrevivente, ou qualquer parente em linha reta, ou colateral, até o quarto grau.[575] Cuida-se de artigo que apenas positivou no nosso ordenamento, à luz do Código Civil português,[576] uma ideia que já ocupava a doutrina.

Há três correntes de interpretação do referido preceito normativo: *i.* há uma sucessão meramente processual, de tal modo que os sucessores

[575] Relativização da regra contida no brocardo *actio personalis moritur cum persona*.

[576] "Art. 71º (Ofensa a pessoas já falecidas) 1. Os direitos de personalidade gozam igualmente de protecção depois da morte do respectivo titular. 2. Tem legitimidade, neste caso, para requerer as providências previstas no nº 2 do artigo anterior o cônjuge sobrevivo ou qualquer descendente, ascendente, irmão, sobrinho ou herdeiro do falecido. 3. Se a ilicitude da ofensa resultar da falta de consentimento, só as pessoas que o deveriam prestar têm legitimidade, conjunta ou separadamente, para requerer as providências a que o número anterior se refere."

defendem direito alheio após a morte do titular dos direitos da personalidade;[577] *ii.* há uma sucessão material direta, já que os sucessores seriam os fiduciários dos valores da personalidade do morto, os quais perduram para além da personalidade jurídica da pessoa;[578] *iii.* há uma sucessão material que podemos chamar de indireta ou reflexa, em analogia aos danos por ricochete, uma vez que a ofensa a direitos da personalidade do morto atingiria direito próprio dos seus sucessores por conta do sentimento que eles têm por aquele.[579]

A redação do referido preceito normativo parece sinalizar a adoção da primeira corrente, notadamente pelo uso do termo "legitimação". Isso significaria que o elemento incorpóreo da dignidade do ser humano sobrevive à sua morte.[580] Cuida-se de corrente defensável, sobretudo por ter esse amparo textual, o que sempre vincula o intérprete.

Contudo, parece-nos mais convincente a terceira corrente porque a adoção do posicionamento acima implicaria reconhecimento da eternidade de direitos materiais, o que é repudiado pelo sistema jurídico, dada a insegurança jurídica que isso enseja. E a segunda corrente também não nos parece adequada porque apesar da força contida na ideia de que os sucessores do morto seriam fiduciários dos direitos da personalidade dele, isso redundaria em uma relação de confiança que não explica a titularidade de direitos existenciais alheios no patrimônio ideal próprio.[581]

[577] CANTALI, Fernanda Borghetti. *Direitos da personalidade:* disponibilidade relativa, autonomia privada e dignidade humana cit., p. 141; ASCENSÃO, José de Oliveira. *Direito civil.* Teoria geral cit., p. 83.

[578] LARENZ, Karl. *Derecho civil:* parte general cit., p. 163.

[579] ZENO-ZENCOVIVH, Vincenzo. op. cit., p. 48; KAYSER, Pierre. Le droit dit a l'image cit., p. 84-85; GODOY, Cláudio Luiz Bueno de. *A liberdade de imprensa e os direitos da personalidade* cit., p. 41.

[580] GODOY, Cláudio Luiz Bueno de. *A liberdade de imprensa e os direitos da personalidade.* 3. ed. cit., p. 34.

[581] Elimar diz que na Alemanha a jurisprudência não vem aceitando uma ampla tutela do direito geral de personalidade da pessoa *post mortem,* sob a justificativa de que a dignidade da pessoa humana e o livre desdobramento da personalidade só são protegidos nos limites traçados pela Lei Fundamental em relação à pessoa humana. Não foram aceitos argumentos nem mesmo retirados dos §§ 168 e 169 do Código Penal, combinados com o inc. I do § 361 do Código de Processo Penal (SZANIAWSKI, Elimar. *Direitos da personalidade e sua tutela* cit., p. 62-63).

Compreendemos que a *mens legis* do art. 12, parágrafo único, do Código Civil é a de reconhecer que cônjuge sobrevivente – e, por extensão, o companheiro –, qualquer outro parente em linha reta, ou colateral até o quarto grau têm afetado direito próprio derivado da memória sentimental deles para com o falecido. Esse é o interesse de natureza não patrimonial que é tutelado no caso em tela.[582]

Trata-se de solução que, em primeiro lugar, mantém duas consagradas noções do Direito: a de que *mors omnia solvit* e a de que não se titulariza direito alheio; e, em segundo lugar, se harmoniza com uma noção de dano extrapatrimonial (moral) que não é tão abrangente.[583]

A respeito desse segundo ponto, cabe acrescentar o comentário de Patrizia Ziviz acerca da legitimidade ativa, em geral, para postular indenização por dano não patrimonial:

> A regra que acabamos de ilustrar tem uma exceção na hipótese de morte da vítima; neste caso, de fato, a ação pertence aos parentes do sujeito. A exceção aqui parece justificada pelo fato de seu interesse ser sustentado por um vínculo não meramente ético, mas ético-jurídico, de natureza familiar.
> Segundo alguns, no entanto, uma restrição em favor dos membros da família não deve ser implementada; uma legítima reivindicação restaurativa deve pertencer a todos aqueles que veem rompido o sentimento de afeição em relação ao falecido. De limitação, deverá então falar-se exclusivamente em termos probatórios, onde os familiares serão favorecidos quanto à demonstração de terem sofrido um prejuízo real.[584]

582 Enunciado 400 das Jornadas de Direito Civil do Conselho da Justiça Federal: "Os parágrafos únicos dos arts. 12 e 20 asseguram legitimidade, por direito próprio, aos parentes, cônjuge ou companheiro para a tutela contra lesão perpetrada post mortem".

583 Sobre as diferentes posições acerca do dano extrapatrimonial (moral) no direito brasileiro: MARTINS-COSTA, Judith. Dano moral à brasileira. *In:* PASCHOAL, Organização Janaína Conceição; SILVEIRA, Renato de Mello Jorge. *Livro homenagem a Miguel Reale Júnior.* Rio de Janeiro: LMJ Mundo Jurídico, 2014.

584 ZIVIZ, Patrizia *et al. La Responsanilità Extracontratualle:* le nuove figure di risarcimento del danno nella giurisprudenza. Milano: Giuffrè, 1994. p. 469

Ademais, essa solução se coaduna com a compreensão da doutrina acerca dos crimes contra o respeito aos mortos, previsto nos arts. 209 e seguintes do Código Penal. Nélson Hungria, Romão Lacerda e Heleno Fragoso afirmam o seguinte a respeito desses delitos:

> o que a lei penal protege [...] não é a paz dos mortos (como se tem pretendido com abstração do axioma de que os mortos não têm direitos), mas o sentimento de reverência dos vivos para com os mortos. É um obséquio aos vivos, e não aos mortos (tal como no caso da "calúnia contra os mortos", prevista no art. 138, § 2º), que surge a incriminação.[585]

Magalhães Noronha, por sua vez, comentando o art. 211 do Código Penal, afirma que:

> a lei tutela no presente dispositivo o interêsse público que existe na proteção do sentimento de respeito para com os mortos. Têm os vivos o direito de ver resguardado e defendido êsse sentimento. Atua, pois, a norma em função dêsse bem do indivíduo e da coletividade, e não em nome de um interêsse do defunto, que não pode ser titular de direitos.[586]

Dessarte, sendo o direito à identidade uma espécie de direito da personalidade, compreendemos correto pensar que, em termos jurídicos, a rigor, ele não é transmissível *causa mortis*. Os sucessores podem requerer as medidas destinadas a tutelar o direito à identidade do falecido, na medida em que isso afeta o sentimento que eles têm por este, como no caso de uma reportagem de jornal que divulga, incorretamente, que o morto, em vida, professava certa fé religiosa (identidade religiosa), tinha posicionamento favorável a determinada ideia (identidade intelectual) ou era homossexual (identidade sexual).

585 HUNGRIA, Nélson; LACERDA, Romão Côrtes de; FRAGOSO, Heleno Cláudio. *Comentários ao Código Penal*. v. VIII. 5. ed. Rio de Janeiro: Forense, 1981, p. 69. Sobre a aparente crença das pessoas na sobrevida dos mortos como justificativa para que certas regras sejam estipuladas no direito francês, quer na esfera cível, quer na criminal: ESMEIN, Paul. Le culte de morts. *In: Mélanges en l'honneur de Jean Dabin: droit positif.* tomo II. Sirey: Paris, 1963, p. 541-549)

586 NORONHA, Edgard Magalhães. *Código Penal brasileiro comentado*. São Paulo: Saraiva, 1954. 7. v, p. 73.

Mas há ressalva a ser feita a esse posicionamento. É que ao remetermos à memória sentimental dos familiares do falecido como fundamento para a adoção da terceira corrente de interpretação do art. 12 do Código Civil, pode ser que surja dúvida quanto à plausibilidade da tutela daqueles que não mantinham relação de proximidade com o falecido, como o filho que se desentendeu com o pai e não mais voltou a encontrá-lo, por exemplo.

Nessa hipótese, entendemos ser necessária uma distinção com relação ao tipo de tutela que se postula por parte desses familiares, o que, por certo, ganhará contornos mais claros no capítulo seguinte deste livro, onde trataremos justamente das espécies de tutela do direito à identidade.

Há tutelas que beneficiam precipuamente a memória dos mortos e há outras que beneficiam também os familiares deles. O familiar que busca alterar publicação *post mortem* que altera o nome do falecido ou a sua vinculação religiosa, por exemplo, não se beneficia disso.[587] Por outro lado, o familiar que postula indenização por ofensa ao direito da personalidade do falecido, seja porque impossível a tutela específica, seja porque formula pedidos cumulativos, beneficia-se disso.

Diante desse quadro, sempre tendo em conta que os direitos da personalidade não devem ser vistos por uma ótica egoística, sobretudo o direito à identidade, entendemos que o melhor critério jurídico de interpretação desse preceito normativo é o seguinte: há presunção absoluta de que o familiar nutre memória sentimental para com o morto no caso de tutela que não o beneficia; há presunção relativa disso no caso de tutela que o beneficia, em consonância com o desenvolvimento doutrinário e jurisprudencial do dano por ricochete.

6.2.4 (In)transmissibilidade do direito à identidade digital

Não há uma resposta pronta para a questão relativa à possibilidade de transmissão *inter vivos* ou *mortis causa* do direito à identidade digital, pois trata-se

[587] Por exemplo, com fundamento no art. 3º, § 2º da Lei n. 13.188/2015, que assim dispõe: "§ 2º O direito de resposta ou retificação poderá ser exercido, também, conforme o caso: I – pelo representante legal do ofendido incapaz ou da pessoa jurídica; II – pelo cônjuge, descendente, ascendente ou irmão do ofendido que esteja ausente do País ou tenha falecido depois do agravo, mas antes de decorrido o prazo de decadência do direito de resposta ou retificação."

de identidade nova, derivada da revolução tecnológica que vivenciamos, e que certamente gera reflexos constantes.

Além disso, diferentemente das outras identidades, ela é a única que está situada no plano virtual e que, por isso mesmo, sua disciplina passa pelas normas estabelecidas pelos seus criadores e/ou mantenedores. Há um prisma negocial que afeta esta análise.

A rigor, nada impede que haja a transmissão da identidade digital, seja ele um perfil ou um avatar, de um titular para outro. Não há norma legal dispondo sobre o tema e não é impossível que isso ocorra, a depender da tecnologia envolvida e das normas da plataforma (*site* ou aplicativo).

A questão que se coloca é, se isso ocorrer, como o intérprete deve compreender a transmissão. Temos que a situação é mais simples em se tratando de avatar do que de perfil. É que o avatar, embora seja uma espécie de identidade-identificação, não tem natureza personalíssima.

Sendo ele mera representação da pessoa natural no universo virtual, notadamente nos jogos, com um caráter predominantemente dinâmico e que tem como principal característica o uso de uma imagem não necessariamente associada à imagem-retrato da pessoa, não está ligado à existência da pessoa. Não é incomum, aliás, que jogadores alienem seus avatares mais prestigiados.[588] A raridade deles, por óbvio, os valoriza, de tal modo que eles ganham conotação muito mais patrimonial que existencial.

O detalhe que precisa ser ressaltado é que, em ocorrendo essa transmissão do avatar, há uma solução de continuidade no tocante à identidade-identificação que ele representa. O sucessor passa a ser o novo titular da identidade digital. E se isso é possível entre vivos, nada impede que seja adotado o mesmo raciocínio em caso de morte do titular do avatar, notadamente se ele tem valor de mercado.

Com o perfil a situação é mais complexa porque pode ser que ele tenha natureza personalíssima, caso em que tanto a transmissão *inter vivos* como a *causa mortis* são absolutamente inviáveis. Isso integra a discussão atualmente desenvolvida na jurisprudência e na doutrina acerca da chamada herança

[588] Disponível em: https://www1.folha.uol.com.br/fsp/cotidian/ff2811201010.htm. Acesso em: 23 mar. 2022.

digital, o que é especialmente complicado porque há um vácuo legislativo na ordem jurídica nacional.[589]

Na jurisprudência merece destaque o aparente choque de visões entre o julgamento do tribunal alemão (BGH), que tornou ineficaz a cláusula do contrato firmado pela falecida com o Facebook e determinou a transmissão dos direitos sobre a conta dela aos seus pais, no conhecido caso da "garota de Berlim",[590] em atenção ao princípio da sucessão universal, previsto no § 1922 do BGB, e a decisão do Tribunal de Justiça de São Paulo, que impediu essa mesma transmissão por entender que a conta à qual estava vinculado o perfil teria natureza existencial.[591]

Na busca por uma solução adequada, observamos na doutrina uma tendência à diferenciação do tipo de perfil de que se trata no caso concreto. Salienta Jones Figueredo Alves que os perfis em mídias sociais precisam ser conferidos um a um para que se possa dizer se são ou não bens pessoais – diríamos, personalíssimos –, para fins de sucessão.[592]

589 Já houve três Projetos de Lei versando sobre o tema: Projeto de Lei n. 4.847/2012, do deputado Marçal Filho, que pretendia incluir no Código Civil os arts. 1.797-A a 1.797-C. Ele foi apensado ao Projeto de Lei n. 4.099/2012, do deputado Jorginho Mello, que pretendia alterar o art. 1.788 do Código Civil, em 27.12.2012 e posteriormente arquivado em 02.10.2013, data em que, após aprovação da redação final por parte da Câmara dos Deputados em 25.09.2013, o Projeto foi remetido ao Senado Federal. No Senado Federal ele recebeu o n. 75/2013 e foi arquivado ao final da legislatura, nos termos do art. 332 do Regimento Interno do Senado Federal. Há, ainda, o Projeto de Lei n. 7.742/2017, do deputado Alfredo Nascimento, que foi arquivado pela Câmara dos Deputados em 31.01.2019.

590 O tribunal entendeu que embora o contrato estipulasse a transformação da conta em uma "conta memorial", isso não deveria gerar efeito por ofensa ao disposto no § 307 do BGB, que trata da excessiva desvantagem a uma das partes contratantes por ofensa à boa-fé objetiva (PATTI, Paolo; BARTOLINI, Francesca. Digital inheritance and *post mortem* data protection: the italian reform. *European Review of Private Law*, n. 5, p. 1187, 2019).

591 BRASIL. Tribunal de Justiça de São Paulo. Apel. Cível n. 1119688-66.2019.8.26.0100. Relator: Desembargador Francisco Casconi. j. 09/03/2021. *DJe*. 12/03/2021. A transmissão *causa mortis* de tipos de arquivo como fotografias já foi objeto de discussão judicial no seguinte feito: BRASIL. Tribunal de Justiça de São Paulo. Proc. Cível n. 1020052-31.2021.8.26.0562. Juiz: Guilherme de Macedo Soares. J. 07/10/2021. *DJe* 20/20/2021.

592 ALVES, Jones Figueirêdo. A herança digital como um novo instituto de direito sucessório. *Revista do Advogado: Direito Privado Contemporâneao – Estudos Dedicados a Zeno Veloso*, n. 151, p. 69, set. 2021. Como explana Erick da Silva Regis: "[...] em um possível segundo cenário exemplificativo, sob uma ótica jurídica mais artesanal e complexa, situação na qual um perfil de rede social, por exemplo, contenha carga jurídico-patrimonial que, por sua natureza, deve ser repassada aos herdeiros, e, ao mesmo tempo, contenha caracteres personalíssimos do falecido, como trocas de

Comentando o tema da herança digital, Fernando Tartuce pondera o seguinte:

> [...] é preciso diferenciar os conteúdos que envolvem a tutela da intimidade e da vida privada da pessoa daqueles que não o fazem para, talvez, criar um caminho possível de atribuição da herança digital aos herdeiros legítimos, naquilo que for possível. Entendo que os dados digitais que dizem respeito à privacidade e à intimidade da pessoa, que parecem ser a regra, devem desaparecer com ela. Dito de outra forma, a *herança digital deve morrer com a pessoa*.
> O desafio para encontrar uma premissa que afaste essa afirmação portanto, é grande, devendo ser encarado por todos os aplicadores e estudiosos do Direito Privado Brasileiro, muito além das simples proposições legislativas aqui abordadas.

Cuida-se de posição semelhante à de Erick da Silva Regis. Segundo ele, por envolver questões atreladas ao exercício, em vida, de direitos da personalidade em âmbito digital, torna-se uma subversão valorativa admitir-se que perfis em redes sociais e contas em aplicativos de trocas de mensagens de pessoas falecidas sejam simplesmente destinados, na íntegra, aos herdeiros, como em uma ótica patrimonial e sucessória automática, sem qualquer análise acerca do viés existencial ligado aos dados e informações neles contidos, e sem qualquer limitação ao conteúdo pessoal, mesmo porque há caracteres pessoais de terceiros interlocutores, aos quais também deve ser dada a chancela jurídico-material própria.

Ele ainda acrescenta que não faz alusão a contas abertas em bancos digitais ou à repercussão virtual da vida patrimonial do falecido, mas ao que ele prefere chamar de caracteres pessoais digitais, que são vestígios deixados pelo falecido no âmbito virtual, diretamente relacionados à parcela notoriamente existencial de perfis e contas pessoais na *web*.[593]

mensagens e demais traços próprios de sua privacidade e intimidade, que, em sentido oposto, não podem ser simplesmente acessados pelo herdeiro pela mesma ótica patrimonial irrestrita. Nesses casos, há de se admitir a transmissão aos herdeiros apenas na proporção do que tiver valor econômico agregado, traduzido em patrimonialidade" (Ibidem, p. 138).

[593] REGIS, Erick da Silva. Necessariamente e indistintamente uma herança digital? A proteção da personalidade em âmbito digital após a morte: possíveis pilares analíticos. Ano 110. v. 1027. mai./2021, p.126-132.

No que concerne às mais conhecidas redes sociais e aplicativos, não há uniformidade no tratamento da questão relativa à sucessão. São, basicamente, três tipos de regramento sobre o tema: a) Há aqueles que permitem a transformação do perfil em uma "conta memorial", como é o caso do Facebook. O usuário pode definir um contato herdeiro para cuidar da conta transformada em memorial ou solicitar a exclusão dela; b) Há aqueles que têm a opção da transformação do perfil em uma "conta memorial", mas não é possível a indicação de um contato herdeiro, como é o caso do Instagram; e, c) Há aqueles que simplesmente determinam a exclusão do perfil no caso de morte, como é o caso do *LinkedIn*.

Dito isso, compreendemos que há uma série de variáveis a serem consideradas na definição da transmissibilidade ou não de um perfil. A seguir as conclusões que podemos tirar, agrupadas em dois campos:[594]

i. Perfil de natureza não personalíssima

Ele não é concretamente uma espécie de identidade-identificação da pessoa, destinando-se, por exemplo, mais à divulgação de produtos e serviços.[595] Não há qualquer óbice à transmissão *inter vivos* ou *causa mortis* dele. A preocupação pode derivar da tutela da privacidade alheia, mas essa é outra questão.

As únicas restrições podem derivar da vontade da pessoa que é titular dele ou das normas da plataforma na qual ele se insere, sendo que não compreendemos ser ilegal qualquer impedimento negocial porque isso se situaria na esfera de autonomia privada dos contratantes.[596] Se a plataforma, por exemplo,

[594] Posição semelhante é adotada por: HONORATO, Gabriel; LEAL, Livia Teixeira. Propostas para a regulação da herança digital no direito brasileiro. *In: Direito Civil e Tecnologia*. Belo Horizonte: Fórum, 2021, p. 381.

[595] A respeito disso, é relevante a observação de Gabriel Honorato e Livia Teixeira Leal no sentido de que, em relação ao perfil vinculado a uma rede social que é utilizado com caráter comercial, devem ser observadas as orientações previstas na Lei n. 9.610/98, de direitos autorais, e na Lei n. 9.279/96, que trata da propriedade industrial e estabelece regras relativas às marcas (Ibidem, p. 389).

[596] Comentando o Decreto Legislativo Italiano n. 101/2018, que adaptou a legislação do país à GDPR, Paolo Patti e Francesca Bartolini afirmam o seguinte, em reforço à noção de autonomia privada que ora defendemos, se bem que não necessariamente incidindo no mesmo ponto de raciocínio acima: "*The Italian legal system shows a diferente framework* – em comparação com o alemão, que deu ensejo à decisão do tribunal, conforme anteriormente mencionado – *in which data protection rules are at the forefront. In this context, Legislative Decree no. 101 of 2018 includes in*

estipula que a utilização de uma conta não significa que o seu titular seja considerado proprietário dela, mas apenas uma espécie de usufrutuário, não há que se falar em sucessão.

Em princípio, não há ilegalidade nessa estipulação, como encontramos posicionamentos na doutrina,[597] pois se é verdade que os contratos em tela são de adesão, também é verdade que tornar eterna a conta a qual se encontra o perfil impõe à plataforma uma obrigação substancial que não nos parece se justificar pelo equilíbrio contratual, ainda mais em se tratando de algo que é criado gratuitamente e que permite a interação do seu titular por toda a vida.

ii. Perfil de natureza personalíssima

Ele representa verdadeiramente uma espécie de identidade-identificação e, a depender do caso, projeção também da identidade-percepção da pessoa, pois ela o utiliza para expor suas ideias, sua visão de mundo. Em razão disso, trata-se de direito intransmissível.

Nesse caso, se houver manifestação de vontade dela em favor da transmissão *inter vivos* ou *causa mortis*, mas a plataforma não o permitir, inexiste fundamento para considerar ilegal a cláusula contratual que versa sobre o tema. Somam-se os argumentos expostos no item anterior, correspondentes

the list of persons entitled to exercise the GDPR rights of the deceased a person whom the deceased has appointed to protect her interests as an agent. Such a legislative choice pursues two aims. The first is to endorse social network plataforms' practice of appointing a 'legacy contact' in the event of death and, therefore, adapting the legislative rules to the reality of social network/user relationships. The second is to increase the level of protection for testamentary freedom, allowing the testator to broaden her tools manage digital assets after death. At any rate, it represents a significant recognition of privaty autonomy" (PATTI, Paolo; BARTOLINI, Francesca. Digital inheritance and *post mortem* data protection: the italian reform cit.., p. 1185-1186)

597 Não concordamos com o posicionamento de Luan Godinho Maynard e Diogo de Calasans Melo Andrade, no sentido de que esses contratos com as plataformas seriam de adesão e, por conta do desequilíbrio existente entre usuário, agora falecido, e plataforma, poderiam ser invalidados judicialmente (Direito sucessório na herança digital diante da análise dos termos/condição de uso da *Apple* e do *Kindle*. *Revista Nacional de Direito de Família e Sucessões*. v. 37. jul./ago. 2020. Porto Alegre: Lex Magister, 2014, p. 175-186). Esses contratos, de fato, são de adesão, mas isso, por si só, como é pacífico na jurisprudência, não representa invalidade alguma. Para que isso seja reconhecido, é preciso que o desequilíbrio inerente à relação jurídica leve a uma indevida limitação de direitos por parte do aderente, o que não nos parece presente no caso apenas pelo fato de a plataforma compreender que não se trata de transferência de propriedade sobre os bens digitais, mas de aluguel ou usufruto.

ao perfil de natureza não personalíssima, com a intransmissibilidade do perfil de natureza personalíssima.

Tratando-se de sucessão *causa mortis*, outro fundamento da intransmissibilidade do perfil em comento, no caso de ausência de manifestação de vontade do seu titular, é a aparente motivação egoística dos sucessores.[598] Não tendo o titular do perfil expressado a sua vontade de transmitir aos sucessores o seu perfil, ou mesmo de mantê-lo como um perfil memorial, a sua transmissão/manutenção, a pedido dos sucessores, representaria uma ênfase injustificável na vontade desses, em detrimento da vontade daquele. Mas, como vimos com Appiah, a motivação egoística não pode prevalecer no tocante ao direito à identidade-percepção, algo que é facilmente passível de extensão a todos os direitos, não apenas os da personalidade, dada a necessária funcionalização dos direitos.

De outro lado, se houver manifestação de vontade do titular do perfil em favor da transmissão *inter vivos* ou *causa mortis*, e a plataforma o permitir, a concretização do negócio representaria solução de continuidade na identidade anterior. O novo titular, portanto, não poder seguir usando o perfil como se ele fosse do titular anterior. Isso fere o interesse social pela mesmidade e ipseidade.

Em virtude disso, tratando-se de transmissão *causa mortis*, entendemos que o Ministério Público pode ser instado a adotar as providências cabíveis em favor da sociedade, já que os violadores podem ser justamente os sucessores previstos no art. 12, parágrafo único, do Código Civil.

[598] Lívia Teixeira Leal nos traz exemplos interessantes do que ela chama de desejo de permanência, de perpetuação de si mesmo. Eles podem nos ajudar a refletir sobre a existência ou de não interesse juridicamente tutelável nos casos de transmissão de perfis a sucessores. O primeiro é o da chamada "eternização digital", prometido pelo *site Eterni.me*, lançado em 2014, que funciona como uma espécie de repositório para preservar os pensamentos, histórias e memórias mais importantes da pessoa, eternizando-a. O segundo é o da possibilidade de recriação gráfica da pessoa falecida e o envio *post mortem* de mensagens previamente programadas pelo usuário em vida. O terceiro é a criação de avatares em 3D de pessoas já falecidas (LEAL, Lívia Teixeira. Implicações da inteligência artificial na tutela *post mortem* dos direitos da personalidade cit., p. 130).

6.3 Originário ou inato

Os direitos da personalidade são caracterizados como originários ou inatos porque, em regra, nascem com o indivíduo.[599] Fernanda Cantali prefere referir-se a eles como originários justamente para evitar a ótica jusnaturalista.[600] Capelo de Souza, por sua vez, afirma que assim eles são chamados porque são conaturais ao sujeito de direito, embora reafirme a vinculação dessa ideia com a escola clássica de direito natural do século XVII, na luta contra o despotismo e o totalitarismo da realeza de então, e, ainda, ressalte que nem todos os direitos da personalidade assim o são.[601]

A amplitude do direito à identidade impede que digamos peremptoriamente ser ele originário ou inato. Isso depende da espécie de identidade de que estamos tratando.

São inatos o nome, a identidade sexual, a identidade genética e a identidade nacional, se bem que podem existir exceções, como é o caso do intersexual e do apátrida. A única exceção, entre as espécies de identidade-identificação, que não é inata ou originária, é a identidade digital, pois ela, a rigor, depende da criação de um perfil ou de um avatar por parte da pessoa, o que pode ou não ocorrer.[602]

599 SCHMITT DE BEM, Leonardo. *Teoria da relação jurídica:* análise da Parte Geral do novo Código Civil cit., p. 74; PONTES DE MIRANDA, Francisco Cavalcanti. *Tratado de direito privado* cit., p. 63; BORREL-MACIÁ, A. *La persona humana* cit., p. 14. Comentando os arts. 359 a 368 do Código Seabra, previstos no título relativo aos direitos originários, Menezes Cordeiro afirma que foram assim chamados por três razões: as influências constitucionais dos "direitos do homem"; o pensamento filosófico abstrato jusracionalista; e a tradição escolástica naturalista. (CORDEIRO, António Menezes. Os direitos de personalidade na civilística portuguesa cit., p. 1233).

600 CANTALI, Fernanda Borghetti. *Direitos da personalidade:* disponibilidade relativa, autonomia privada e dignidade humana cit., p. 130.

601 CAPELO DE SOUZA, Rabindranath Valentino Aleixo. *O direito geral da personalidade* cit., p. 416.

602 Noticia a imprensa que é cada vez mais comum a publicação de fotos e demais arquivos envolvendo os filhos na *internet,* tanto que se cunhou o termo "sharenting" para designar esse fenômeno, mesclando as palavras "share" e "parenting". Disponível em: https://revistacrescer.globo.com/Criancas/Comportamento/ noticia/2018/06/quem-deixou-voce-postar-isso.html. Acesso em: 28 mar. 2022. Sendo assim, não é surpreender que haja pais que não se limitem a postar fotos dos filhos, mas criem perfis específicos deles para postarem tudo quanto diga

No que diz respeito à identidade-percepção a situação é mais complexa. Não há como simplesmente dizer que são inatos os direitos à identidade relativos às espécies de identidade-percepção porque isso depende de uma explicação mais detida.

Estudamos no item 2.2 deste livro a doutrina de Axel Honneth e concluímos sucintamente que a identidade tem um processo de formação de natureza dialógica. Ela não é construída apenas e tão somente pela vontade da pessoa. É da interação com os outros que as pessoas vão, paulatinamente, tomando consciência de si, o que lhes permitirá depois fazer as escolhas que lhes pareçam convenientes em termos de rótulos sociais, a respeito do qual tratamos no item 2.4.2 deste livro.

Também estudamos no item 2.3 deste livro da doutrina de Paul Ricouer, mais precisamente da sua ideia de identidade narrativa. Expusemos nas conclusões desse item que a identidade é o resultado não apenas das experiências pelas quais passamos ao longo da vida, mas, outrossim, do modo como elas são narradas. Isso tem papel preponderante na construção da identidade e se reflete na maneira como os outros nos veem.

Pois bem. Desses argumentos poderíamos extrair que há um elemento presente na construção de qualquer identidade-percepção: o tempo. Para que a identidade fosse construída, isto é, para que a pessoa passasse a ter uma determinada visão de mundo que se refletiria na adoção de um rótulo e comportamentos-padrão a ele relacionados, seria inarredável que se passasse determinado período de tempo. Com isso, a resposta à questão em tela, se seria ou não inato/originário o direito à identidade vinculado a qualquer das espécies de identidade-percepção, só poderia ter resposta negativa.

Entretanto, essa resposta traz consigo um dilema. Se essas identidades levam tempo para serem construídas, demandando certo tempo de interações sociais, então não se cogitaria de direito à identidade, ao menos sob a ótica das identidades-percepção, para crianças, sobretudo as de tenra idade.

De um lado, isso nos parece aceitável com relação às identidades política e intelectual. A essência delas impede que se imagine uma criança portando os rótulos a elas associados. Não há como conceber, sem vários anos de vida,

respeito à vida deles, o que gera controvérsias jurídicas relevantes acerca da privacidade e imagem deles.

que uma criança tenha desempenhado atividades intelectuais ou profissionais, nem que tenha adotado posição política e, mais do que isso, seguindo a definição que adotamos no item 3.3, adote comportamentos concretos relacionados a um rótulo político.

De outro lado, contudo, não nos parece aceitável que uma criança não possa ter raça, gênero ou religião. Isso impede que ela exerça vários de seus direitos. Desde a infância a criança pode professar uma fé, especialmente seguindo os hábitos religiosos da família em que se insere. Do mesmo modo, desde a infância deve haver um gênero atribuído à criança, inclusive porque a língua, instrumento essencial para a comunicação, assim o exige. E, ainda, são vários os comportamentos associados à raça desde o nascimento de uma pessoa.

Não haveria, em outras palavras, um menino muçulmano, uma menina negra, tampouco, a bem da verdade, meninas ou meninos. Tudo ficaria à espera do tempo necessário para que a criança crescesse e se desenvolvesse, interagisse e se identificasse com um desses rótulos, o que, ao menos no tocante à identidade de gênero, representaria a adoção do gênero neutro, a respeito do qual já nos manifestamos contrariamente no item 3.2.4. O direito ao desenvolvimento da própria personalidade, direito a que já nos referimos neste livro e que tem relação umbilical com o direito à identidade, por via reflexa, ficaria, em alguma medida, suspenso.

Essas espécies de identidade, aliás, são asseguradas implicitamente pela lei. O art. 16 do Estatuto da Criança e do Adolescente estabelece nos seus incisos II, III, V e VI, respectivamente, o direito à liberdade de opinião e expressão, crença e culto religioso, participar da vida familiar e comunitária, sem discriminação, e da vida política, na forma da lei.[603] Essa liberdade, assim como tratamos no item 5.5 deste livro, quando analisamos a relação entre o direito à identidade e a liberdade de expressão, é uma resultante da incorporação das supracitadas espécies de identidade-percepção.

A fim de compatibilizar isso com a presença cumulativa dos requisitos que analisamos no Capítulo 2 deste livro, compreendemos que há apenas uma explicação plausível para esse aparente paradoxo: a herança identitária.

603 TEIXEIRA, Ana Carolina Brochado; NEVARES, Ana Luiza Maia; VALADARES, Maria Goreth Macedo; MEIRELES, Rose Melo Venceslau. O cuidado com o menor de idade na observância de sua vontade. *In:* OLIVEIRA, Tânia da Silva Pereira e Guilherme de (Coord.). *O cuidado como valor jurídico.* Rio de Janeiro: Forense, 2008. p. 347.

Há uma transmissão desses elementos por parte da sociedade e, especialmente, da família, de acordo com a noção junguiana de inconsciente coletivo, assim explicada por Celia Brandão:

> Segundo o conceito de inconsciente coletivo de Carl Jung, todo indivíduo é a singularização criativa da herança de seus ancestrais, potencialidade arquetípica do que ainda nascerá e se tornará também herança. Para o autor, antes mesmo do surgimento da consciência, há 'uma condição prévia tremendamente complicada e rigorosamente determinada para cada indivíduo'. Esse seria o potencial da personalidade singular de cada um presente no *Self.*
> [...]
> O autor atribui uma dimensão teleológica ou finalista ao inconsciente. O inconsciente junguiano não é apenas resto da consciência ou reduto do reprimido, mas é também origem da consciência. Nas camadas mais profundas do inconsciente está o substrato filogenético, do qual fazem parte representações coletivas: as matrizes da experiência humana ancestral que não se desenvolvem individualmente, mas são herdadas. A essas formas preexistentes, elementos formais inatos, Jung chamou de arquétipos do inconsciente coletivo.[604]

De acordo com a referida autora, esse conceito junguiano vai além das diferenças raciais, religiosas ou de nacionalidade, que são justamente espécies de identidade. Ele denota a existência de um legado comum entre diferentes culturas e grupos sociais humanos. Com base nas potencialidades presentes na herança arquetípica, afirma ela, a identidade individual se conecta com sua ancestralidade e transforma esse legado durante toda a existência. Esse é o fator que pode garantir o diálogo entre gerações e o aspecto revolucionário da herança psíquica.[605]

Com apoio agora em Michael Fordham, autor junguiano, segundo Celia Brandão, ela afirma que cada criança, ao nascer, é única e apresenta um *Self*

[604] BRANDÃO, Celia. *et al.* (Org.). Família, transmissão psíquica e identidade. *Família e identidade.* Curitiba: Appis, 2021. p. 72-75.
[605] Ibidem, p. 76.

primário que dá um colorido especial ao DNA recebido. A essa singularidade e à herança ancestral se contrapõem tabus, preconceitos, normas sociais e expectativas. Fatores herdados e arquetípicos estão também presentes nos padrões de vinculação e de interpretação. O elemento mediador da transmissão psíquica é a natureza do vínculo com a experiência herdada. Portanto, finaliza a autora, a análise dos símbolos do inconsciente pessoal deve ser sempre articulada ao contexto simbólico e mítico em que emergiu.[606]

Alberto Fernandes Patrício segue a mesma linha de raciocínio para dizer que todas as famílias apresentam uma identidade que é constituída principalmente a partir dos valores éticos e sociais. Eles impactam todos os seus membros, com especial efeito sobre o desenvolvimento e o caráter dos filhos, quando se definem aspectos fundamentais por toda a vida.

Essa herança identitária, derivada da herança psíquica, ética e social a que nos referimos *supra*, faz com que os nascidos homens (identidade sexual) sejam presumivelmente do gênero masculino (identidade de gênero) e as nascidas mulheres (identidade sexual) sejam presumivelmente do gênero feminino (identidade de gênero).

Do mesmo modo, os nascidos com características de determinada raça (critério biológico), a rigor, podem ser considerados titulares da respectiva identidade racial. O compartilhamento de expectativas e compreensões mútuas, práticas, trabalhos e valores entre os membros do grupo no qual se insere essa criança, como mencionamos no item 3.1.3 deste livro, podem reforçar ou enfraquecer a conclusão inicial acerca da raça dela.

Também é a herança hereditária que explica a transmissão de valores religiosos de pais para filhos a ponto de podermos dizer que uma criança tem determinada identidade religiosa. Tratando da relação entre religião e família, Marfiza Ramalho Reis afirma o seguinte:

> A máscara familiar da imagem judaico-cristã lhes dá – aos membros da família – a ilusão de transmitirem generosidade, bondade, honestidade e fé. As religiões sempre pregam o ideal, e muitas famílias se identificam com essas características ideais. Sentimentos considerados negativos como raiva, inveja, preguiça, ciúmes, adultério e outros

[606] BRANDÃO, Celia. *et al.* (Org.). Família, transmissão psíquica e identidade cit., p. 76-77.

> ficam engaiolados formando a sombra familiar. O que não cabe nesse pacote vira "coisa do Diabo". O que parece como belo e criativo "foi Deus", transferindo assim a responsabilidade e compromisso com o próprio processo de individuação. Processo esse em que o ego toma consciência do si-mesmo e experimenta uma diferenciação das identidades coletivas.[607]

As crianças adotam os elementos recebidos por meio dessa herança identitária até que tenham maturidade suficiente para deliberarem por si sós acerca do tema, o que, em geral, ocorre na época da adolescência. Essa deliberação, por sinal, é juridicamente eficaz, ou seja, não necessariamente dependem de representação para gerarem seus efeitos, pois estamos a tratar de direitos da personalidade, de natureza existencial, personalíssimos, como nos ensina Pietro Perlingieri:

> É necessário superar a rígida separação, que se traduz em uma fórmula alternativa jurídica, entre minoridade e maioridade, entre incapacidade e capacidade. A contraposição entre capacidade e incapacidade de entender e de querer, principalmente nas relações não-patrimoniais, não corresponde à realidade: as capacidades de entender, de escolher, de querer são expressões da gradual evolução da pessoa que, como titular de direitos fundamentais, por definição não-transferíveis a terceiros, deve ser colocada na condição de exercê-los paralelamente à sua efetiva idoneidade, não se justificando a presença de obstáculos de direito e de fato que impedem o seu exercício: o gradual processo de maturação do menor leva a um progressivo cumprimento a programática inseparabilidade entre titularidade e exercício nas situações existenciais.[608]

Essa separação entre capacidade e exercício de direitos da personalidade não está prevista no Código Civil, mas ela pode ser inferida, se não no caso dos

[607] REIS, Marfiza Ramalho. Sobre família, espiritualidade e a convivência com Deus e o diabo. *In:* BRANDÃO, Celia (Org.). *Família e identidade*. Curitiba: Appis, 2021. p. 209.

[608] PERLINGIERI, Pietro. *Perfis do direito civil*: introdução ao direito civil constitucional cit., p. 260.

menores, ao menos dos deficientes, da Lei n. 13.146/2015, também chamada de Estatuto da Pessoa com Deficiência, que em seu art. 6º elenca uma série de direitos não afetados pela falta de capacidade civil plena da pessoa, tais como casar-se e constituir união estável, exercer direitos sexuais e reprodutivos, exercer o direito de decidir sobre o número de filhos etc.

No plano internacional podemos citar o Código Civil Suíço de 1907 como referência, sobretudo após a sua modificação em dezembro de 2008, já que ele dispõe assim a respeito dos direitos da personalidade:

> Direitos estritamente pessoais.
> Art. 19 *c*
> 1. As pessoas capazes de discernimento, mas privadas do exercício de direitos civis, exercem seus direitos estritamente pessoais de maneira autônoma; os casos em que a lei exige o consentimento do representante são reservados.
> 2. As pessoas incapazes de discernimento são representadas por seu representante legal, salvo para os direitos que não suportem alguma representação em razão de sua estreita ligação com a personalidade.[609]

6.4 Imprescritível

Como os direitos da personalidade estão ligados ao *ser*, não ao *ter*, não há prescrição para as pretensões que digam respeito a esses direitos.[610] O que pode prescrever, isso sim, como deixou evidente o Supremo Tribunal Federal com

[609] "Droits strictement personnels
Art. 19*c*
1 Les personnes capables de discernement mais privées de l'exercice des droits civils exercent leurs droits strictement personnels de manière autonome; les cas dans lesquels la loi exige le consentement du représentant légal sont réservés.
2 Les personnes incapables de discernement sont représentées par leur représentant légal, sauf pour les droits qui ne souffrent aucune représentation en raison de leur lien étroit avec la personnalité." (tradução livre)

[610] SCHMITT DE BEM, Leonardo. *Teoria da relação jurídica:* análise da Parte Geral do novo Código Civil cit., p. 75; ASCENSÃO, José de Oliveira. *Direito civil.* Teoria geral cit., p. 81; CORDEIRO, António Menezes. *Tratado de direito civil* cit., p. 127. MAZEAUD, Henri; MAZEAUD, Leon; MAZEAUD, Jean. *Leçons de droit civil* cit., p. 669, 672-673.

a edição da Súmula 149[611] são os reflexos econômicos desses direitos. É como explica Capelo de Souza, para quem certas faculdades decorrentes de direito da personalidade podem caducar se não exercidas em certo prazo, mas isso não implica perda do direito.[612]

Sendo assim, todas as pretensões relativas ao direito à identidade, independentemente da espécie de identidade de que se trata, se são de natureza existencial, são imprescritíveis, ao passo que são prescritíveis aquelas pretensões de natureza patrimonial. A tutela buscada, portanto, é importante na definição da prescritibilidade da pretensão, daí a necessidade de passarmos a analisar o assunto, que é justamente o objeto do próximo capítulo deste livro.

Antes disso, todavia, faz-se necessário mencionarmos apenas mais um dado relevante: não podemos confundir imprescritibilidade da pretensão existencial do direito à identidade com a ausência de prazos de decadência. Em atenção ao postulado[613] da segurança jurídica, é possível que a lei estipule prazos para o exercício de direitos potestativos, como é o caso do art. 56 da Lei n. 6.015/73, que, a rigor, estipula ter a pessoa que completou a maioridade um ano para alterar o nome, desde que não prejudique os apelidos de família.

[611] É imprescritível a ação de investigação de paternidade, mas não o é a de petição de herança.

[612] CAPELO DE SOUZA, Rabindranath Valentino Aleixo. *O direito geral da personalidade* cit., p. 413-414.

[613] "As normas de segundo grau, redefinidas como postulados normativos aplicativos, diferenciam-se das regras e dos princípios quanto ao nível e quanto à função. Enquanto os princípios e as regras são o objeto da aplicação, os postulados estabelecem critérios de aplicação dos princípios e das regras. E enquanto os princípios e as regras servem de comandos para determinar condutas obrigatórias, permitidas e proibidas, ou condutas cuja adoção seja necessária para atingir fins, os postulados servem como parâmetros para a realização de outras normas" (ÁVILA, Humberto. *Teoria dos princípios:* da definição à aplicação dos princípios jurídicos cit., p. 158).

7 A TUTELA DO DIREITO À IDENTIDADE

Na vida dos direitos, a ameaça, a turbação e a violação são fenômenos anormais, os quais, comumente e precipuamente, se exercem de modo pacífico, respeitados e isentos de incômodos ou contestações, como ensina Vicente Ráo. Ele prossegue explicando que a faculdade de exercer ou de invocar a proteção jurídica preventiva, restauradora ou repressiva contra os atentados ao livre exercício dos direitos, nesses direitos necessariamente se integra, como um dos seus elementos constitutivos, ou melhor, como poder que lhes é essencialmente inerente. Em arremate, o referido autor diz que a proteção jurídica de um direito é bem mais ampla do que a proteção conferida a ele pelos órgãos públicos, administrativos ou jurisdicionais.[614]

A tutela do direito é justamente a proteção jurídica a que se refere Vicente Ráo. Ela pode ser realizada pelo próprio titular do direito, o que chamamos autotutela, ou por terceiros, sendo o Estado o terceiro preferencial em razão da existência de um Estado Democrático de Direito e também da reserva de jurisdição.

Sendo o direito à identidade um direito da personalidade, que goza de primazia no ordenamento jurídico e que lhe confere a característica da indisponibilidade, e sendo o direito processual autônomo em relação ao direito substancial,[615] faz-se mister analisarmos a tutela desse direito de forma ampla, não apenas a tutela jurisdicional.

[614] RÁO, Vicente. *O direito e a vida dos direitos*. 5. ed. anotada e atual. por Ovídio Rocha Barros Sandoval. São Paulo: Revista dos Tribunais, 1999. p. 857.

[615] Explica Flávio Luiz Yarshell que o direito processual sofreu uma autêntica revisão dogmática do ponto de vista metodológico em meados do século XIX, pois ele era marcado por

Mas, precisamente por conta dessa autonomia do direito processual em relação ao direito substancial, importa anotar, desde logo, posto que algumas das tutelas dependem da atividade jurisdicional, que a instrumentalidade do processo tem como norte justamente o ganho de eficácia dele, de tal modo que a tutela, se não é propriamente objeto do direito processual, integra o seu escopo jurídico.[616]

7.1 A autotutela

Por ter o Estado reservado para si o monopólio da força, é natural que a autotutela seja excepcional. Em geral, ela é admitida nos termos da lei, ou seja, quando o próprio sistema reconhece implicitamente a falibilidade do Estado na proteção de um direito e autoriza o seu titular a agir por si só para esse fim,[617] como é o caso dos atos praticados em legítima defesa, em estado de necessidade, do desforço imediato, da retenção, da apropriação das arras pelo contraente que não deu causa a se impossibilitar a prestação ou a se resolver o contrato, da exceção do contrato não cumprido, entre outros.[618]

uma confusão entre os planos substancial e processual. Em virtude disso, a ação era vista como o próprio direito subjetivo em atitude defensiva, o processo como mera sucessão de atos e a jurisdição como sistema de tutela de direitos. Afastada essa visão sincrética pela dualista, separando a relação jurídica processual da de direito material, restou superada a visão de que a jurisdição era o sistema de tutela de direitos. Nesta senda, ele esclarece que a tutela jurisdicional é espécie do gênero tutela estatal e que realiza-se independentemente do conteúdo do resultado proporcionado pelo exercício da atividade jurisdicional (*Tutela jurisdicional específica nas obrigações de declaração de vontade.* São Paulo: Malheiros, 1993. p. 15-19).

616 "A negação da natureza e objetivo puramente técnicos do sistema processual é ao mesmo tempo afirmação de sua permeabilidade aos valores tutelados na ordem político-constitucional e jurídico-material (os quais buscam efetivamente através dele) e reconhecimento de sua inserção no universo axiológico da sociedade a que se destina" (DINAMARCO, Cândido Rangel. *A instrumentalidade do processo.* 12. ed. rev. e atual. São Paulo: Malheiros, 2005. p. 24).

617 Como diz Mário Bigotte Chorão, pode-se dizer, em síntese, que a lei, suposta a impossibilidade de recursos à autoridade pública, considera lícito o uso da força pelo particular, para a tutela dos direitos, e tolera, inclusivamente, certas consequências àquele ligadas, lesivas da pessoa ou do patrimônio de outrem. (CHORÃO, Mário Bigotte. *Introdução ao direito.* Coimbra: Almedina, 1998. v. 1, p. 125).

618 RÁO, Vicente. *O direito e a vida dos direitos* cit., p. 858-859.

A urgência da situação é da essência da autotutela, assim como o é a importância do direito a ser tutelado, o qual deve se colocar em uma posição de superioridade em relação à posição jurídica da outra parte da relação jurídica.[619] A prevalência dos direitos da personalidade em relação a outras posições jurídicas decorre de seu fundamento constitucional na dignidade da pessoa humana.

Pontes de Miranda afirma que as pretensões e ações constitutivas negativas de atos dos poderes públicos seriam lentas, e não à altura da segurança devida aos direitos da personalidade, do que podemos extrair que a autotutela é aceitável em certas hipóteses.[620]

José de Oliveira Ascensão, por seu turno, assevera que o fato de a ordem jurídica não se limitar a tutelar os direitos da personalidade apenas indiretamente, pela via da repressão, como era antigamente, na sua origem, com a responsabilidade civil ou penal, reconhece claramente que eles são direitos subjetivos e que fica confiada ao seu titular a defesa deles, a implicar na possibilidade de autotutela.[621]

No mais das vezes, a autotutela de direitos da personalidade acabará adequando-se ao que se concebe como legítima defesa. É o caso, por exemplo, da fotografia obtida sem consentimento da pessoa fotografada. A ausência de consentimento da pessoa fotografada faz com que a fotografia represente

619 Diz Clóvis Bevilaqua diz que a legítima defesa não é um direito, mas, como observa Kohler, uma faculdade que emana da personalidade. Ele prossegue dizendo que, para ser legítima a defesa de uma agressão contra nós movida por alguém, é indispensável que seja injusta, isto é, que seja uns atos contrários ao direito, ofensivo da lei, e que seja atual, e não uma apreensão do que vai acontecer e muito menos o desforço de um mal já passado. (BEVILAQUA, Clovis. *Teoria geral do direito civil.* Campinas-SP: Servanda, 2007. p. 370-372). Comentando também sobre a antijuridicidade, Serpa Lopes afirma que "o ataque tem de atingir a ordem jurídica. Não se requerer uma anti-juridicidade subjetiva, como a que é produzida em razão de um movimento doloso ou culposo; tão-somente se exige o lado objetivo da lesão ao direito do atacado. Assim, é indiferente que o atacante seja um irresponsável ou não, um louco ou um homem são, um adulto ou um menor. De qualquer forma, justifica-se o direito de prejudicar, independentemente de um ato doloso ou culposo do agente" (SERPA LOPES, Miguel Maria de. *Curso de direito civil:* introdução, parte geral e teoria dos negócios jurídicos. 3. ed. Rio de Janeiro: Freitas Bastos, 1960. v. I, p. 557).

620 PONTES DE MIRANDA, Francisco Cavalcanti. *Tratado de direito privado* cit., p. 59.

621 ASCENSÃO, José de Oliveira. *Direito civil.* Teoria geral cit., p. 67.

o resultado de um ato ilícito.[622] Desse modo, se a uma pessoa, usando moderadamente dos meios necessários, repele injusta agressão consistente em impedir que outrem a fotografe, age em legítima defesa.[623] O mesmo pode ser dito da pessoa que impede que um drone seja utilizado para observar o que faz ou deixa de fazer no interior de sua casa, invadindo a sua privacidade.

Tratando-se de direito à identidade, podemos imaginar hipóteses de autotutela quer da identidade-identificação, quer da identidade-percepção. Aquele que obsta que outrem use indevidamente o próprio nome está a defender esse direito autonomamente. O mesmo pode ser dito daquele que impede que outrem utilize o seu perfil em rede social ou que toma as providências para que seu *profiling* seja alterado porque contém erros relevantes a seu respeito,

622 Pode ser que o direito à imagem não se sobreponha a outro nesta hipótese e, consequentemente, a fotografia não seja considerada o resultado de um ato ilícito. É o caso, por exemplo, do exercício da liberdade de imprensa. Contudo, como doutrina e jurisprudência estipulam, devem ser preenchidos alguns requisitos, tais como o grau de utilidade para o público do fato informado por meio da imagem; o grau de atualidade da imagem; o grau de necessidade da veiculação da imagem para informar o fato; e o grau de preservação do contexto originário onde a imagem foi colhida, dentre outros (SCHREIBER, Anderson. *Direitos da personalidade* cit., p. 114).

623 Exemplo encontrado em: CAHALI, Yussef Said. *Dano moral* cit., p. 640. Karina Nunes Fritz menciona interessante caso julgado na Alemanha, semelhante a este que indicamos, e que pode servir de referência à análise que fazemos neste tópico da tese, pois em vez de ter recorrido ao Judiciário, a pessoa poderia ter simplesmente agido, sob a justificativa da autotutela de sua privacidade. Trata-se do processo LG Koblenz AZ 13 S 17/19, julgado em 05 de setembro de 2019, no qual um vizinho postulava que o outro retirasse as câmeras existentes na linha divisória dos terrenos, que estavam viradas para o lado dele, ou, ao menos, as redirecionasse. Embora uma das câmeras fosse falsa, o tribunal entendeu que o vizinho-autor tinha razão. Foi exposto que a jurisprudência alemã é uníssona no sentido de que a permanente vigilância através de câmeras fere os direitos de personalidade das pessoas atingidas, mais especificamente seu direito à autodeterminação informacional. Esse direito à autodeterminação informacional engloba o poder do indivíduo de, em princípio, decidir sozinho quando e em quais limites situações de sua vida privada podem ser expostas. Ao violar esse dever de cuidado e invadir a esfera privada alheia, o ofensor viola os §§ 1004 e 832 I do BGB, fazendo surgir para o lesado uma pretensão de afastar a conduta lesiva, aqui traduzida na pretensão de retirar os equipamentos dos locais onde possam captar imagens e sons do imóvel lindeiro. Isso vale ainda quando se trate de câmeras fictícias, que não funcionem, pois as mesmas desencadeiam nos vizinhos a "pressão de estar sendo diuturnamente vigiados" e isso, por sua vez, também viola os direitos de personalidade, disse o tribunal (Disponível em: https://www.migalhas.com.br/coluna/german-report/311598/direcionar-camera-para-a-casa-do-vizinho-fere-os-direitos-de-personalidade. Acesso em: 11 mar. 2022).

o que pode ser causa de transtornos, como o recebimento de publicidade impertinente.

Por outro lado, é autotutela do direito à identidade-percepção o caso daquele que se insurge contra a classificação racial recebida durante procedimento de análise para ingressar em uma universidade ou cargo público por meio de lei de cotas.[624]

O cerne da questão no caso da identidade-percepção é que, como regra, inexistem meios para se comprovar, de chofre, que a pessoa é titular desse direito cujo exercício reivindica. Não há documentos indicando raça, identidade de gênero, política religiosa ou intelectual. Isso pode exigir uma apuração mínima, o que é sempre mais complexo na ausência do Estado como intermediador e aplicador do Direito.

A propósito, Theodore Mccombs e Jackie Shull anotam que há duas dificuldades para tutelar o direito à identidade: a primeira é como determinar o que é efetivamente a identidade de alguém em caso de disputa; e a segunda é como deve o Estado tutelar esse direito, considerando a possibilidade de mudança identitária e a subjetividade das "verdades pessoais". Na espécie, tratando-se de autotutela, a menção ao Estado é útil apenas porque ele poderá ter que convalidar a atuação da pessoa que agiu na defesa do seu direito. Recorrendo a Sessarego, eles se posicionam no seguinte sentido:

a) Somente a identidade objetivamente passível de descoberta e que pode ser percebida por normal diligência e boa-fé merece proteção; e
b) Somente interferências suficientemente graves na identidade constituem violação.

Concordamos em parte com a posição dos referidos autores. Somos a favor da exigência do primeiro requisito porque faz parte do conceito de identidade-percepção que desenvolvemos a noção de exteriorização do rótulo de que fala Appiah. Ele também se coaduna com a ideia de identidade narrativa de Paul Ricoeur.

[624] Disponível em: https://g1.globo.com/pe/pernambuco/noticia/2022/03/20/estudante-autodeclarada-parda-e-desclassificada-em-avaliacao-de-cotistas-da-ufpe-e-um-ranco-historico-que-a-minha-etnia-carrega-diz.ghtml. Acesso em: 20 mar. 2022.

No tocante ao segundo requisito, pensamos que ele deve ser utilizado *cum grano salis*. É claro que nem todo abalo à identidade alheia configura dano porque, a depender do contexto, em absolutamente nada se altera a maneira como os outros veem a pessoa. Se uma pessoa pensa que outra professa determinada religião por conta de uma vestimenta, mas depois é informada que estava equivocada e muda de comportamento, em nada isso altera o modo como as outras pessoas veem a titular do direito.

Entretanto, constatado o dano, isto é, afetada a identidade-percepção da pessoa, temos que pouco importa se ele é ou não de pequena monta. A rigor, ou bem há lesão ao direito ou não há. Se danos materiais de pequena monta são evitados ou reparados, não há razão para que não sejam tuteladas lesões de pequena monta a direitos não patrimoniais, em geral, e a direitos da personalidade, em especial, entre os quais está o direito à identidade.

Por derradeiro, importa tratarmos da questão da autotutela pelo ponto de vista eminentemente legal. O art. 12 do Código Civil de 2002 estabelece que se pode exigir que cesse a ameaça, ou a lesão, a direito da personalidade. A redação do preceito normativo, base para a interpretação, evidencia que a autotutela não é vedada. A exigência de que se fala pode ser do próprio titular do direito da personalidade, como é o direito à identidade, ao ofensor.

7.2 A tutela preventiva

Em grande medida, muito do que foi dito a respeito da autotutela serve também à tutela preventiva.[625] A diferença é que, naquele caso, a tutela é realizada pelo próprio titular do direito, ao passo que a tutela preventiva, nessa separação que estabelecemos, a tutela é realizada por terceira pessoa, em favor do titular do direito, merecendo destaque, claro, o Estado.

625 Jean Carbonnier diz que é mais adequada a sanção que não seja pecuniária, sublinhando a preferência pela de natureza preventiva, quando se trata de vida privada, como é o caso do sequestro de jornais, livros, filmes e outros (CARBONNIER, Jean. *Droit civil.* Les personnes: personnalité, incapacites, personnes morales cit., p. 136) Elimar Szaniawski trata da tutela da personalidade na Alemanha salientando que a preferência é pela tutela preventiva (*Unterlassungsklage*) (*Direitos da personalidade e sua tutela* cit., p. 61).

Há tutela preventiva sempre que o Poder Judiciário concede medidas processuais, cautelares ou de tutela antecipada, com o objetivo de evitar que o direito à identidade seja violado.[626]

Sendo assim, se a Polícia, em cumprimento de ordem judicial, apreende documentos falsificados, a indicar que o falsificador se fazia passar por outrem, está a tutelar preventivamente a identidade da vítima; se a Prefeitura coloca uma placa no banheiro indicando que deve ser respeitada a identidade de gênero, tutela preventivamente esse direito. Também é tutelado esse direito de forma preventiva se a ANAC estabelece que devem ser disponibilizadas comidas *kosher* para os judeus nos voos.

Sob esse prisma, o Código Civil de Quebec nos parece ser uma boa referência em termos de disciplina da tutela dos direitos da personalidade, em especial a de caráter preventivo. Outros diplomas legais, mormente de direito material, não se preocupam em tratar da tutela desse modo cuidadoso.

De acordo com o seu art. 28, qualquer pessoa cujos direitos da personalidade são injustamente ofendidos pode requerer à Justiça a proteção necessária. Nesse aspecto, não há diferença substancial em comparação com o já referido art. 12 do Código Civil brasileiro de 2002. Mas o art. 28 *a* complementa o anterior dispondo que o requerente pode pedir à Justiça que seja proibida a ou cessada a conduta ilícita, ou, ainda, que seja proferida uma declaração de que a conduta é ilícita se continuar a ter um efeito ofensivo, sem prejuízo da possibilidade de notificação ao ofensor ou a terceiros, da publicação da decisão ou de indenização.

Há outras normas relevantes nos arts. 28, *b*, e seguintes do Código Civil de Quebec, nomeadamente aquelas relativas ao tratamento do conflito entre liberdade de imprensa e direitos da personalidade, mas como isso é importante para o direito à identidade, trataremos do tema em item específico deste livro (7.2).

[626] Dada a raridade da autotutela, a tutela preventiva é a mais importante espécie de tutela do direito à identidade. Como salienta Giovanni Giacobbe, o ressarcimento não é idôneo a reparar o dano causado, por isso é que, quando há processo judicial, a fase mais importante dele é a inicial, na qual se concede ou não a tutela cautelar, que pode ser atípica, conforme art. 700 do Código de Processo Civil, o qual, por sinal, é o fundamento jurídico mais comum (GIACOBBE, Giovanni. L'identità personale tra dottrina e giurisprudenza. Diritto sostanziale e strumenti di tutela cit., p. 73-74).

7.3 A tutela corretiva geral

Não sendo possível prevenir o dano, é preciso remediá-lo ou corrigi-lo.[627] Essa correção corresponde ao que costumeiramente chamamos de reparação do dano.

O significado do termo "reparação" não é unívoco no campo jurídico brasileiro. José de Aguiar Dias diz que há divergência acerca da diferença entre reparação do dano e responsabilidade civil. Pode-se pensar que a reparação deriva de qualquer obrigação de indenizar, seja por dever de assistência solidariedade, garantia etc., ao passo que a responsabilidade é a somatória imputabilidade mais capacidade. Ou, ainda, pode-se pensar que a reparação é a obrigação de indenizar sem culpa, enquanto a responsabilidade é a obrigação de indenizar com culpa. Com isso, quem adotasse a teoria do risco, não a da culpa, poderia ter de chamar o seu campo de estudo de reparação do dano, como Mazeaud e Mazeaud. Independentemente disso, ele afirma que a reparação do dano é conhecida nos tempos atuais como responsabilidade civil, em geral.[628]

Nelson Rosenvald, por sua vez, tratando da função da responsabilidade civil, deixa entrever uma diferença entre reparação e responsabilidade civil ao dizer que a responsabilidade civil deve deixar de ser a reparação (civil) ou o recebimento da sanção (criminal) e passar a ser prudência preventiva, que implica no cuidado com os outros, que passam então a ser objeto dessa obrigação.[629]

Na espécie, optamos por adotar uma visão ampla de reparação do dano, à semelhança do que expôs José de Aguiar Dias, deixando de lado qualquer questionamento acerca da teoria da culpa ou do risco; mas não tão ampla a ponto de abranger a tutela preventiva, como faz Nelson Rosenvald, não por discordar da ideia exposta por ele, no tocante à função da responsabilidade civil, mas sim porque tratamos separadamente da tutela preventiva.

[627] Como salienta Raffaele Tomasini, "la interruzione del comportamento lesivo non elimina se non parzialmente gli effeti della lesione" [ao direito à identidade.] (Diritto alla identità personale e risarcibilità dei danni morali cit., p. 174).

[628] DIAS, José de Aguiar. *Da responsabilidade civil* cit., p. 22-23.

[629] ROSENVALD, Nelson. *As funções da responsabilidade civil: a reparação e a pena civil.* 2. ed. São Paulo: Atlas, 2014. p. 15.

Para os fins pretendidos neste livro, reparar o dano não precisa diferenciar-se da responsabilidade civil. Basta que ela tenha uma ótica corretiva, repressiva, ressarcitória, em oposição à tutela preventiva que já analisamos. Ela consiste em adotar todas as providências para que o dano desapareça, tornando indene o ofendido, ou, sendo isso inviável, em impor ao ofensor (devedor) que realize outras condutas tendentes a compensar ou minimizar o dano, tais como conceder direito de resposta ao ofendido, retificar uma informação indevidamente publicada ou mesmo pagar certo valor em dinheiro. A primeira hipótese é a tutela específica e é sempre preferencial em relação à segunda, a tutela substitutiva, como se pode inferir de uma interpretação sistemática do sistema jurídico pátrio, merecendo destaque os arts. 497 a 499 do Código de Processo Civil.

A propósito, importa mencionarmos a lição de Cláudio Luiz Bueno de Godoy, que, ao analisar as tendências da responsabilidade civil, afirma que uma delas é a de se ter uma responsabilidade menos de caráter sancionatório e mais ressarcitório, não só do ponto de vista patrimonial, porém, antes, de preservação e garantia da existência digna, de segurança da pessoa humana, da sua dignidade, em todas as inerentes virtualidades.[630] E, a partir dessa e de outras considerações, ele afirma que:

> [...] a grande verdade nesse caminhar evolutivo da matéria, ao que se entende, é que o eixo fundamental do tema e disciplina atinentes à responsabilidade civil deslocou-se da figura do ofensor, e de sua sanção, para o dano, a pessoa da vítima e para a sua completa reparação.[631]

À vista disso, avulta a importância de se tratar da adequada tutela dos direitos da personalidade, em geral, e do direito à identidade, em especial. Como ressalta José de Oliveira Ascensão, a responsabilidade civil tem um papel a desempenhar na sociedade do risco em que vivemos, mas a sua exacerbação, cumulada com o empolamento anômalo da reparação por danos não patrimoniais acaba subvertendo-o. A possibilidade de reparação passa a ser mais

[630] GODOY, Cláudio Luiz Bueno de. *Responsabilidade civil pelo risco da atividade:* uma cláusula geral no Código Civil de 2002. 2. ed. São Paulo: Saraiva, 2010. p. 36.
[631] Ibidem, p. 40.

um risco na sociedade do risco, havendo mesmo quem prefira ingressar em grandes disputas judiciais com vistas à obtenção de lucros do que desenvolver a atividade produtiva.[632]

Não se trata de preocupação diversa da que manifesta Judith Martins-Costa, mas com uma ótica talvez mais otimista com o sistema jurídico pátrio e, especialmente, muito harmônica com a nossa compreensão do direito à identidade como uma nova espécie de direito da personalidade, ao afirmar que:

> Como assentei de outra feita, o conceito de dano não tem <essência>, pois não é um <dado> inscrito de uma vez por todas na natureza das coisas, mas um <construído> e, mais ainda, é – para usar uma expressão cara aos existencialistas – um <conceito situado> no espaço cultural e no tempo axiológico. Com a relevância dada à pessoa humana pelo Direito Civil de nossa época, as hipóteses de danos pessoais são acrescidas e, bem assim, modificam-se as respectivas escalas indenizatórias. Contudo, não seria admissível a livre, imprudente e incontrolada profusão de <novos danos>, não sendo conveniente deixar o tema ao tratamento exclusivo da criação jurisprudencial. O sistema carece – em nome da imprescindível segurança jurídica – da existência de certas bússolas legislativas aptas a viabilizar, por meio de águas revoltas, uma navegação relativamente segura.[633]

Sendo o direito à identidade um direito da personalidade, sem dúvida nenhuma a sua ofensa merece reparação, a teor do que dispõe o art. 5º, inciso X, da Constituição Federal de 1988, bem como dos arts. 186, 187 e 927, todos do Código Civil.

Se é viável falarmos em reparação integral ou não em caso de ofensa a esse tipo de direito, isso é algo que não interessa diretamente ao presente

[632] ASCENSÃO, José de Oliveira. Posfácio: direito civil, inadimplemento e responsabilidade civil. *In:* ANDRIGHI, Fátima Nancy (Coord.). *Responsabilidade civil e inadimplemento no direito brasileiro*. São Paulo: Atlas, 2014. p. 311-313.

[633] MARTINS-COSTA, Judith *et al. Modelos de direito privado*. São Paulo: Marcial Pons, 2014. p. 420.

estudo.[634] Esse princípio está insculpido no art. 944 do Código Civil e pode, ao menos, ter aplicação mitigada nesta hipótese.[635] O Superior Tribunal de Justiça vem adotando-o na fixação das indenizações por dano moral.[636]

O que importa é que a conjugação da cláusula geral do art. 927 do Código Civil com a noção de reparação integral do art. 944 do mesmo diploma legal nos leva à conclusão de que inúmeras medidas podem ser adotadas com vistas à obtenção do máximo de efetividade na compensação ou minimização do dano moral.[637]

No caso de ofensa ao direito à identidade, assim como ocorre com outros direitos da personalidade, podemos pensar em várias medidas alternativas à indenização em dinheiro[638] tais como: direito de resposta, retificação de notí-

[634] Acerca do princípio da reparação integral e de sua incidência nas perdas e danos, em geral, afirma Giovanni Ettore Nanni o seguinte: "O princípio que governa a fixação do dano é a reparação integral. Caracteriza a obrigação do ressarcimento dos danos sofridos pelo lesado em toda a sua extensão. Busca colocar o lesado, na medida do possível, em uma situação equivalente à que se encontrava antes de ocorrer o inadimplemento, e pode ser invocado tanto na reparação natural como na indenização pecuniária" (NANNI, Giovanni Ettore. *Comentários ao Código Civil:* direito privado contemporâneo. 2. ed. São Paulo: Saraiva Educação, 2021. p. 381)

[635] SANSEVERINO, Paulo de Tarso. O princípio da reparação integral e o arbitramento equitativo da indenização por dano moral no Código Civil. *Modelos de direito privado.* São Paulo: Marcial Pons, 2014. p. 436.

[636] BRASIL. Superior Tribunal de Justiça. AgInt no REsp 1282134 / RS. Relator: Ministro Antônio Carlos Ferreira. j. 24/08/2020. *DJe* 28/08/2020; BRASIL. Superior Tribunal de Justiça. REsp 1771866 / DF. Relator: Ministro Marco Aurélio Bellizze. j. 12/02/2019. *DJe* 19/02/2019.

[637] Como explicam Bruno Leonardo Câmara Carrá e Cícero Dantas Bisneto, a reparação *in natura* é preferencial para os danos não patrimoniais. Para justificar o seu pensamento, eles mencionam os §§ 249 a 253 do BGB (Alemanha), os §§ 1293 e 1323 do ABGB (Áustria), o art. 566 do Código Civil português, o art. 1740 do Código Civil argentino e as medidas de reabilitação previstas na Resolução 60/147 da Assembleia Geral da Organização das Nações Unidas, de 16 de novembro de 2005, que versa sobre graves violações internacionais aos direitos humanos. Ao tratarem da sistemática portuguesa, eles ainda trazem à lume um ponto de extrema importância porque, ao que nos parece, é um obstáculo presente no nosso sistema: segundo o Supremo Tribunal de Justiça, há a possibilidade de o juiz determinar a reparação *in natura*, embora a parte tenha pedido o sucedâneo pecuniário, sem que isso importe em violação ao princípio da adstrição ao pedido (CARRÁ, Bruno Leonardo Câmara; BISNETO, Cícero Dantas. A reparação *in natura* e os danos extrapatrimoniais: ou de como transformar uma ideia romântica em realidade. *Revista de Direito Civil Contemporâneo*, v. 24, p. 169-205, jul.-set. 2020).

[638] Talvez fosse o caso de começarmos a pensar, especialmente após a adoção por parte do Superior Tribunal de Justiça da fixação da indenização por danos morais em duas fases (JURISPRUDÊNCIA EM TESES – EDIÇÃO 125 – RESPONSABILIDADE CIVIL – 1) A fixação

cia e publicação da própria decisão judicial,[639] a respeito do que trataremos especificamente no item seguinte deste livro; retratação; alteração documental, como no caso dos transgêneros; e imposição de obrigações de fazer ou de não fazer (não mais se dirigir a tal pessoa como se ela tivesse manifestado tal ideia que pudesse afetar a sua identidade intelectual).

Isso é especialmente importante quando se trata de direito à identidade porque, a rigor, a ofensa a ele não necessariamente passa pela representação negativa da pessoa identificada;[640] não necessariamente há algo de desabonador para que ocorra ofensa ao direito à identidade.[641] Como tivemos oportunidade de expor por ocasião da análise da relação entre o direito à identidade e o direito à honra, não há juízo de valor naquele.

do valor devido à título de indenização por danos morais deve considerar o método bifásico, que conjuga os critérios da valorização das circunstâncias do caso e do interesse jurídico lesado, e minimiza eventual arbitrariedade ao se adotar critérios unicamente subjetivos do julgador, além de afastar eventual tarifação do dano), na limitação da amplitude do princípio da congruência ou da adstrição no processo civil, de tal modo que, havendo a possibilidade de concessão de medidas outras que não a condenação do réu ao pagamento de um valor em dinheiro, com tanta ou maior eficácia para a preservação dos interesses jurídicos não patrimoniais envolvidos, poderia o juiz adotá-las, deixando a referida indenização pecuniária apenas se e na medida daquilo que a reparação não foi integral. Cuida-se de medida salutar para a segurança jurídica e a igualdade material, como se dessume da doutrina de Patrizia Ziviz: "Alla necessità di adeguare la liquidazione al caso singolo si accompagna, d'altronde, l'esigenza di procedere a uma valutazione effettuata in modo non difforme da quello generalmente accoltoin casi consimili, spettando al giudice di interpretar ela concienza media existente nella società in un dato momento. Si tratterebe, perciò, di ancorare a critério obiettivi – certi ed omogeni – il processo attraverso il quale il giudice approda alla liquidazione concreta del danno, in modo da impedire apprezzamenti tropo soggettivi" (ZIVIZ, Patrizia *et al. La Responsanilità Extracontratualle:* le nuove figure di risarcimento del danno nella giurisprudenza. Milano: Giuffrè, 1994. p. 460-461).

639 Segundo Patrizia Ziviz, nem sempre isso é suficiente, pois não repara o prejuízo moral. Sendo assim, trata-se de medida que pode ser acrescida à reparação pecuniária (Ibidem, p. 468).

640 FINOCCHIARO, Giusella. Identità Personalle (diritto alla) cit., p. 726.

641 Cuida-se de situação idêntica à que ocorre com o direito à imagem, que ora é expressa na Súmula 403 do Superior Tribunal de Justiça, cujo conteúdo é o seguinte: "Independe de prova do prejuízo a indenização pela publicação não autorizada de imagem de pessoa com fi ns econômicos ou comerciais." Sobre a noção de que há ofensa ao direito à imagem mesmo sem que haja conteúdo desabonador, vale conferir a explicação de Eugênio Facchini Neto sobre o célebre caso *Herrenreiter* (A proteção aquiliana do direito à imagem no direito comparado cit., p. 294-295).

O dano pode ocorrer com a simples atribuição indevida de identidade, quer identificação, quer atribuição. Na verdade, em tese, sob o prisma social, pode até ser que a identidade indevidamente atribuída à pessoa seja socialmente mais aceita ou benquista, o que torna desafiador pensar em dano.[642]

Mas o desafio é meramente aparente e diz respeito mais ao hábito de se cogitar de indenização por dano não patrimonial (moral) em qualquer situação envolvendo direitos da personalidade do que à identificação do dano ao direito à identidade. É que se a indevida atribuição de identidade é um dano, evidente que ele deve ser corrigido e, tanto quanto possível, as medidas de tutela específica são as mais adequadas.

7.4 A tutela corretiva especial na imprensa

A imprensa pode ser entendida de dois modos, como bem assinalou o Ministro Ayres Britto no julgamento da ADPF 130:[643] instituição-ideia e instituição-entidade. É ideia enquanto forma de agir, do fazer humano; e entidade, por sua vez, pois do ângulo subjetivo ou orgânico, constitui-se num conjunto de órgãos, veículos, "empresas", "meios", enfim, juridicamente personalizados (arts. 220, § 5º e 222, ambos da CF). A propósito da primeira noção, aliás, também constou do referido julgado que:

> A imprensa como plexo ou conjunto de "atividades" ganha a dimensão de instituição-ideia, de modo a poder influenciar cada pessoa de *per se* e até mesmo formar o que se convencionou chamar de opinião pública. Pelo que ela, Constituição, destinou à imprensa o direito de controlar e revelar as coisas respeitantes à vida do Estado e da própria sociedade. A imprensa como alternativa à explicação ou versão estatal

[642] Consideramos dano (dano-evento; *dommage*), em princípio, a ofensa ao interesse juridicamente tutelado. No caso do dano ao direito à identidade, esse interesse é extrapatrimonial (moral). Dentre as correntes sobre o dano moral, a que já nos referimos em nota de rodapé anterior, seguimos aquela que entendemos ser mais objetiva e, portanto, geradora de maior segurança jurídica e igualdade material.

[643] BRASIL. Supremo Tribunal Federal. Relator: Min. Ayres Britto. j. 04/09/2008. *DJ* 07/11/2008.

> de tudo que possa repercutir no seio da sociedade e como garantido espaço de irrupção do pensamento crítico em qualquer situação ou contingência. Entendendo-se por pensamento crítico o que, plenamente comprometido com a verdade ou essência das coisas, se dota de potencial emancipatório de mentes e espíritos. O corpo normativo da Constituição brasileira sinonimiza liberdade de informação jornalística e liberdade de imprensa, rechaçante de qualquer censura prévia a um direito que é signo e penhor da mais encarecida dignidade da pessoa humana, assim como do mais evoluído estado de civilização.

No dizer de Cláudio Luiz Bueno de Godoy, a liberdade de imprensa preserva, de um lado, a perspectiva individual do direito à informação, que está ligado ao direito de manifestação do pensamento; de outro lado, sob o prisma coletivo, o direito de acesso à informação.[644]

Esses direitos de se informar e ser informado, reunidos, têm direta relação com os direitos da personalidade, como ressalta o referido autor, porquanto nos dias atuais, em uma sociedade globalizada e rápida, o indivíduo, isolado, alheio aos acontecimentos, não tem como eficazmente desenvolver-se, desenvolver sua personalidade e sua cidadania.[645]

Sem adentrar no mérito de ser a liberdade de imprensa também um direito individual, como reflexo dos supracitados direitos à informação e de manifestação do pensamento, ou um direito coletivo, ou, ainda, ambos, conjuntamente, é certo que a liberdade de imprensa, tanto no Brasil, como no restante dos países, talvez abrindo exceção aos não democráticos, constantemente é colocada em conflito com direitos da personalidade, em geral.

Em grande medida, no Brasil, a questão foi solucionada com a decisão proferida pelo Supremo Tribunal Federal ADPF 130, a que aludimos acima, pois nela restou definido o seguinte:

> Os direitos que dão conteúdo à liberdade de imprensa são bens de personalidade que se qualificam como sobredireitos. Daí que, no limite,

[644] GODOY, Cláudio Luiz Bueno de. *A liberdade de imprensa e os direitos da personalidade.* 3. ed. cit., p. 54.
[645] Ibidem, p. 55.

> as relações de imprensa e as relações de intimidade, vida privada, imagem e honra são de mútua excludência, no sentido de que as primeiras se antecipam, no tempo, às segundas; ou seja, antes de tudo prevalecem as relações de imprensa como superiores bens jurídicos e natural forma de controle social sobre o poder do Estado, sobrevindo as demais relações como eventual responsabilização ou consequência do pleno gozo das primeiras.[646]

Com isso, o que temos no Brasil, em termos de tutela dos direitos da personalidade, em geral, e da identidade, em especial, é o afastamento da tutela preventiva. Apenas a tutela corretiva pode existir e, para tanto, é preciso que seja verificada a presença dos elementos da responsabilidade civil. Cuida-se de tarefa complexa porque ao intérprete não cabe fazer apenas a subsunção do fato à norma, mas realizar o juízo de ponderação.

A doutrina costuma trabalhar com alguns requisitos para definir se a imprensa extrapolou os limites que lhe cabem e, portanto, deve responder pelo que publicou. São os seguintes: *i.* a verdade do que foi publicado, considerada à luz da diligência realizada para apurá-la;[647] *ii.* o interesse público, o

[646] A propósito da possível responsabilização civil posterior por parte da imprensa, vale citar a atual discussão referente ao Tema 995 no mesmo Supremo Tribunal Federal, que tem a seguinte redação: Controvérsia relativa à liberdade de expressão e ao direito à indenização por danos morais, devidos em razão da publicação de matéria jornalística na qual terceiro entrevistado imputa a prática de ato ilícito a determinada pessoa.

[647] Com relação à veracidade do que é divulgado, merece destaque o art. 28*g* do Código Civil Suíço, que assim dispõe: "1. Aquele que é diretamente atingido na sua personalidade pela publicação feita pelos órgãos de mídia de caráter periódico, notadamente a imprensa, a rádio e a televisão, a respeito dos fatos que lhe digam respeito, tem direito de resposta. 2. Não há direito de resposta no caso de reprodução fiel dos debates públicos de uma autoridade em que o afetado tenha deles participado." (Tradução livre) A respeito, especificamente, da contraposição entre a liberdade de imprensa e o direito à identidade, merece destaque o julgamento de 11 de maio de 1981 do Tribunal de Roma, à época do início do desenvolvimento do direito à identidade: "[...] tale tutela va peraltro coordinata con quella del diritto di informazione e di critica riconosciuto dall'art. 21 cost.: in tale prospettiva, potrà ritenersi violato il diritto all'identità personale, tutelato dall'art. 2 cost., solo se risultino superati i limiti che pur sempre sussistono per il diritto di informazione ed in particolare quando le informazioni si risolvono in oggetive alterazioni della realtà" (GIACOBBE, Giovanni. L'identità personale tra dottrina e giurisprudenza. Diritto sostanziale e strumenti di tutela cit., p. 26).

que não necessariamente deve se confundir com o interesse do público;[648] e, *iii*. objetividade ou contenção, não realizando manifestações corrosivas, drásticas, degradantes, ultrajantes.[649]

No juízo de ponderação que se deve fazer entre os direitos da personalidade, de um lado, e a liberdade de imprensa, de outro lado, são esses os critérios a serem utilizados para a definição da existência ou não de responsabilidade do órgão de imprensa. Definido isso, exsurge a discussão acerca da tutela do direito da personalidade. Sendo certo que a tutela preventiva não é possível nesse ambiente por se tratar de censura, ela sempre será corretiva, isto é, realizada *a posteriori*.

Essa correção consiste, basicamente, na resposta ou retificação, direitos previstos na Lei n. 13.188/2015. Gratuitos e proporcionais ao agravo, eles devem ser exercidos no prazo decadencial de 60 dias, contado da data de cada divulgação, publicação ou transmissão da matéria ofensiva,[650] mediante

648 A respeito dessa diferenciação, interessante o julgado da Corte Constitucional da Alemanha em que se estipulou que "o objetivo da livre formação da opinião pública e individual perseguido pela liberdade de imprensa não se limita à área política e às contribuições informativas. A formação de opinião e o entretenimento não são mutuamente exclusivos. A formação de opinião também ocorre em contribuições divertidas. Eles podem transmitir imagens da realidade e fornecer temas para discussão que podem ser seguidos por processos de discussão e processos de integração que se relacionam com atitudes de vida, valores e padrões de comportamento e, nesse sentido, cumprem funções sociais importantes. Isso também se aplica a relatórios sobre pessoas. Pessoas proeminentes representam certos valores e atitudes perante a vida. Eles, portanto, oferecem muitas orientações em seus próprios planos de vida." Disponível em: https://www.bundesverfassungsgericht.de/ SharedDocs/Entscheidungen/DE/1999/12/rs19991215_1bvr065396.html. Acesso em: 27 fev. 2021 (trad. livro do *site* em inglês para o português). Cuida-se de tema semelhante àquele apreciado pelo Supremo Tribunal Federal na ADI 4.451. Relator: Min. Alexandre de Moraes. J. 21/06/2018. *DJ* 06/03/2019.

649 A respeito de alguns ou de todos esses requisitos: BARROSO, Luís Roberto. *Temas de direito constitucional* cit., p. 109-111; SZANIAWSKI, Elimar. *Direitos da personalidade e sua tutela* cit., p. 121; GODOY, Cláudio Luiz Bueno de. *A liberdade de imprensa e os direitos da personalidade* cit., p. 75-76; ZENO-ZENCOVICH, Vincenzo. Onore, reputazione e identità personale cit., p. 50-55; CORDEIRO, António Menezes. *Tratado de direito civil* cit., p. 207-208; CORRADO, Martini. Il diritto alla identità personale nella esperienza operativa cit., p. 94-99. Ainda a respeito da publicação, é importante diferenciar o que a doutrina italiana costuma chamar de crítica e crônica. Na primeira há, basicamente, a narração dos fatos, ao passo que na segunda há a emissão de uma opinião (ZENO-ZENCOVICH, Vincenzo. Onore, reputazione e identità personale cit.).

650 A respeito do que se deve entender por matéria, nos termos da lei, explicam Cícero Dantas Bisneto e Silvia Pires Volpin que: "[...] as postagens publicadas por usuários – que não

correspondência com aviso de recebimento encaminhada diretamente ao veículo de comunicação social ou, inexistindo pessoa jurídica constituída, a quem por ele responda, independentemente de quem seja o responsável intelectual pelo agravo.[651]

A proporcionalidade ao agravo faz com que a retificação ou resposta tenha alcance, destaque, publicidade, periodicidade, dimensão ou duração idênticas ao agravo praticado, seja ele em mídia escrita, televisiva, radiofônica ou na *internet*.[652]

O art. 2º, § 1º, dessa lei dispõe que esses direitos podem ser exercidos no caso de ameaça, ainda que por equívoco de informação, contra a honra, a intimidade, da reputação, o conceito, o nome, a marca ou a imagem de pessoa física ou jurídica identificada ou passível de identificação.

Não há menção expressa à identidade enquanto direito da personalidade a ser tutelado pelo direito de resposta, mas é possível estendermos a proteção a ela por quatro motivos: 1. o rol não parece ser exaustivo, já que a lei visa à proteção dos direitos da personalidade, em geral, tendo sido mencionados apenas alguns deles, os mais comuns de serem atingidos nesse contexto; 2. apenas a interpretação extensiva tem cabimento no caso em tela porque o

constituam veículos de comunicação social, de redes sociais, não se amoldam ao art. 2º, § 1º, da Lei13.188/2015, visto que a legislação se direciona claramente aos conteúdos divulgados no exercício de atividade jornalística. Os conteúdos postados por usuários de redes sociais não podem, sob pena de realização de verdadeiro contorcionismo exegético, ser considerados, em todos os casos, como reportagem, nota ou notícia" (Direito de resposta como forma específica de reparação do dano extrapatrimonial: uma análise da Lei 13.188/2015. *Revista dos Tribunais*, São Paulo, v. 1027, ano 110, p. 105, maio 2021).

651 Conforme arts. 2º, *caput*, e 3º, *caput*, da referida lei.

652 "Ponto controverso, e que tem suscitado certa perplexidade na doutrina, é a previsão estampada no art. 4º da indicada legislação, que estabelece que a resposta ou retificação terá o mesmo destaque, publicidade, periodicidade e dimensão da matéria que a ensejou. Nota-se verdadeiro descompensado entre a norma constitucional, que determina seja o direito de resposta proporcional ao agravo, e a disposição legal apontada, ao adotar a regra de total equivalência entre a duração da matéria e o tempo destinado a retificação. Assim, indaga-se se o ofendido, citado brevemente, uma única vez, em uma longa reportagem televisiva, poderá exigir o direito de resposta em tempo igual ao da matéria veiculada, conclusão esta que, em que pese possa ser extraída da lei, não encontra guarida na Constituição da República. [...] O STF, entretanto, no julgamento das ADIs 5415, 5418 e 5436, assentou a constitucionalidade da regra" (BISNETO, Cícero Dantas; VOLPIN, Silvia Pires. Direito de resposta como forma específica de reparação do dano extrapatrimonial: uma análise da Lei 13.188/2015 cit., p. 111-112).

art. 5º, inc. IV, da CF/1988 dispõe ser fundamental o direito de resposta, sem vinculação direta com a atividade da imprensa; 3. há menção ao nome, que é uma das espécies de identidade (identificação), de tal modo que não teria sentido imaginar que apenas um dos aspectos da identidade fosse protegido; e, 4. a alusão ao "conceito" da pessoa se assemelha ao de identidade, sobretudo a identidade-percepção e suas subespécies.

Segundo Giusella Finocchiaro, o direito à retificação na imprensa italiana é correlato ao direito à identidade:

> [...] consistente no direito dos sujeitos cujas imagens tenham sido publicadas ou a quem tenham sido atribuídos atos, pensamentos ou declarações que considerem lesivos à sua dignidade ou contrários à verdade, de inserir gratuitamente as declarações no jornal ou no periódico ou na agência de imprensa ou correções.[653]

Cuida-se de direito de especial relevância quando se trata da defesa da paternidade dos próprios atos, que é uma consequência lógica e natural do direito à identidade. Já tratamos disso anteriormente, em especial quando expusemos as conclusões acerca da identidade narrativa de Paul Ricouer[654] Como salienta Andrea Magazzù, as pessoas têm o direito de reivindicar a paternidade dos próprios atos, se não atribuídos a si, sejam ou não atribuídos a terceiros, bem como refutar atos de terceiros que foram indevidamente atribuídos a si.[655]

Corrado de Martini menciona dois exemplos imaginários que mostram como o direito de resposta ou retificação, a ser exercido na imprensa, pode ser importante no caso da identidade política:

> Primeiro caso. Um partido político que em seus programas, em suas deliberações e em sua ação passada sempre expressou uma lealdade inequívoca à ordem democrática, tem um líder, cujas declarações repetidas ao longo do tempo e cuja constância de comportamento

653 FINOCCHIARO, Giusella. Identità Personalle (diritto alla) cit., p. 729 (tradução livre).

654 Itens 1.3 e 2.3.3. deste livro.

655 "Identità" personale e tutela civile della reputazione cit., p. 156.

> testemunham sua lealdade democrática; este dirigente, ao comentar a notícia de um golpe de estado ocorrido por um general num país já sob ordem democrática, expressa sarcasticamente um exaltado elogio à destruição da democracia.
> Um repórter, ao relatar a notícia, relata fielmente as palavras, mas deixa de fora o sarcasmo que está subjacente a elas.
> Segundo caso. O programa político de um partido tem como objetivo primordial a abolição da propriedade privada e seu líder, com repetidas declarações e constância de comportamento, sempre reafirmou sua fidelidade a esse programa. Ao atacar algumas medidas econômicas do governo, aquele dirigente deplora a igualdade de tratamento para os grandes proprietários e os proprietários de uma só habitação, proferindo palavras apaixonadas em defesa destes últimos que com a constância do trabalho e uma dura poupança conseguiram finalmente uma casa. Ao relatar a notícia, um cronista relata as palavras em defesa da propriedade privada, deixando de relatar o contexto constituído pela comparação com a situação dos grandes proprietários.
> Em ambos os casos, o cronista acabou comunicando uma imagem dos dois líderes, não apenas falsa (não verdadeira, porque incompleta), mas suscetível de alterar sua identidade política objetiva.[656]

Além da retificação ou resposta, vale reafirmar o que já mencionamos no item imediatamente anterior deste livro, porque se trata também de medida corretiva especial que diz respeito à imprensa: é aceita a publicação da própria decisão judicial no órgão de imprensa, como forma de correção especial do agravo aos direitos da personalidade.[657]

[656] Il diritto alla identità personale nella esperienza operativa cit., p. 192-193 (tradução livre).

[657] O art. 186 do Código Penal italiano, que estende seus efeitos para o âmbito civil, tanto que se encontra no livro primeiro, título VII, denominado "delle sanzioni civili", prevê que a condenação criminal obriga o condenado a publicar a sentença se isso constitui meio para a reparação do dano não patrimonial causado pelo crime.

7.5 O direito à identidade e as pessoas jurídicas

Dispõe o art. 52 do Código Civil que se aplica, às pessoas jurídicas, no que couber, a proteção dos direitos da personalidade.[658] Trata-se de preceito normativo que determina a aplicação, por empréstimo, da técnica da tutela da personalidade, como explica Gustavo Tepedino.[659] Ou, consoante Anderson Schreiber, é dispositivo que autoriza que alguns instrumentos destinados à tutela dos direitos da personalidade sejam invocados em benefício das pessoas jurídicas.[660]

Considerando o amplo espectro que atribuímos ao direito à identidade neste livro, temos que, pela sua própria concepção, não há como concebermos a adoção da tutela da identidade-percepção por parte das pessoas jurídicas.

De outro lado, entendemos possível a tutela de aspectos da identidade-identificação por parte das pessoas jurídicas. Alguns desses aspectos, aliás, já são protegidos pela lei, como é o caso do direito ao nome.

O nome é elemento de constituição da pessoa jurídica, a teor do art. 46, inc. II, do Código Civil, e tem especial relevância no âmbito empresarial, no qual o lucro está diretamente associado a ele.

A respeito do nome empresarial, afirma Rubens Requião que ela é expressão genérica, com três espécies de designação: a firma de empresário (antiga firma individual), a firma social e a denominação. A primeira é o nome sob o qual o comerciante ou sociedade exerce o comércio e assina-se nos atos a ele referentes; a segunda é a do empresário que comercia isolado; e a terceira é formada, no mais das vezes, por nome de fantasia (art. 1.160).[661]

658 Na doutrina já se discute sobre a possibilidade de atribuição de direitos da personalidade, em geral, e do direito à identidade, em especial, a entes não personalizados. Na Itália, segundo Giovanni Giacobbe, a jurisprudência aceitou que os arts. 2º (tutela da dignidade da pessoa) e 18 (liberdade de associação) da Constituição seriam fundamentos jurídicos bastantes para atribuir a grupos organizados – sem personalidade jurídica – o direito à identidade, com amparo, ainda, na noção de personalidade intermediária (GIACOBBE, Giovanni. L'identità personale tra dottrina e giurisprudenza. Diritto sostanziale e strumenti di tutela cit., p. 46-55).

659 TEPEDINO, Gustavo. A tutela da personalidade no ordenamento civil-constitucional brasileiro, temas de direito civil cit., p. 29.

660 SCHREIBER, Anderson. *Direitos da personalidade* cit., p. 22.

661 REQUIÃO, Rubens. *Curso de direito comercial.* 29. ed., rev. e atual. por Rubens Edmundo Requião. São Paulo: Saraiva, 2010. p. 269-270.

Por conta da importância do nome empresarial, referida acima, é que existe o direito à exclusividade. Em princípio assegurado apenas no espaço de jurisdição administrativa da Junta Comercial, ele pode ser estendido ao das outras com a abertura de filial nelas ou com pedido específico, instrução com certidão da Junta Comercial onde feito o registro.[662] É tão relevante essa proteção jurídica que o nome empresarial pode estender seus efeitos até mesmo em relação a marcas[663] nomes de domínio.[664]

Nesse diapasão, cumpre tratar também da alienabilidade do nome empresarial. Dispõe o art. 1.164 do Código Civil que o nome empresarial não pode ser objeto de alienação, mas o adquirente do estabelecimento, por ato *inter vivos*, se o contrato o permitir, pode usar o nome do alienante, precedendo do seu próprio, com a qualificação de sucessor. O art. 1.165 desse mesmo diploma legal, por sua vez, estabelece que a firma não poderá conservar o nome do sócio que se retirou ou faleceu.

Cuida-se de regra, entretanto, que pode ser relativizada para a denominação, dado que ela não se funda no nome dos sócios e, portanto, não incidente sobre ela o princípio da veracidade.[665]

Outro aspecto da identidade-identificação que merece ser tutelado é o da identidade digital. Pessoas jurídicas, em geral, sociedades empresárias, em especial, têm perfis na *internet* e se valem disso para ganharem espaço no mercado, chamarem a atenção dos consumidores, ampliarem, de algum modo, os lucros.

No caso, são os chamados *projected personae*, na classificação de Roger Clarke a que fizemos menção no item 4.4.1 deste livro. São perfis criados pelas próprias pessoas jurídicas, muitas vezes com apoio de especialistas, sobretudo de *marketing*, com vistas a criar ou reforçar uma visão positiva delas no mercado. Eles se associam a outros elementos da empresa, como a marca.

[662] Ibidem, p. 276-279.

[663] Conforme art. 124, inc. V, da Lei n. 9.279/96. Critérios verificadores de eventual conflito entre denominação e marca: BRASIL. Superior Tribunal de Justiça. REsp 1641906 / MG. Relator: Min. Nancy Andrighi. J. 19/09/2017. *DJe* 26/09/2017.

[664] BRASIL. Superior Tribunal de Justiça. REsp 1699273 / SP. Relator: Min. Paulo de Tarso Sanseverino. J. 15/06/2021. *DJe* 18/06/2021.

[665] REQUIÃO, Rubens. *Curso de direito comercial* cit., p. 281-282.

Os exemplos se sucedem, mas talvez valha à pena mencionarmos a Natura: *naturabroficial*. Empresa brasileira do setor de cosméticos, ela mantém, de há muito, uma postura institucional voltada a demonstrar preocupação com o meio ambiente e com certas questões sociais.[666] Em razão disso, o perfil dela no *Instagram* procura transmitir esses valores, a fim de que haja uma troca com a sociedade, que é estimulada a segui-los e, consequentemente, a se vincular à empresa por conta da defesa deles.

No que diz respeito às pessoas jurídicas que não visam lucro, as questões mais comuns que podem surgir relativamente aos perfis, provavelmente, estarão ligadas a organizações religiosas e partidos políticos.[667] Como essas pessoas jurídicas são compostas por titulares de identidades-percepção, respectivamente, de cunho religioso e político, é claro que os perfis delas devem refletir esses posicionamentos, mesmo porque eles já delimitam os fins delas desde o registro.

O sistema jurídico precisa estar pronto para rechaçar eventuais ameaças ou ofensas a esses perfis, como ocorre, por exemplo, com invasões *hacker* destinadas a veicular neles ideias ou imagens que contrariem a visão de mundo dos referidos membros. Isso, não apenas por conta da proteção ao direito de propriedade, mas também, e sobretudo, pela necessidade de tutela da identidade-identificação delas, que está associada à identidade-percepção dos seus membros.

7.6 A tutela do direito à identidade para além do direito privado

O Direito é um só. Embora o separemos para fins de estudo e melhor compreensão por parte dos intérpretes, ele é um bloco unitário que precisa ser entendido de forma necessariamente sistemática. A propósito, afirma Juarez Freitas o seguinte:

666 Cremos que no *marketing* esse tipo de estratégia pode ser chamado de *rebranding*, que é a mudança de aspectos relativos à marca, com o objetivo de mudar a visão que o público tem dela.

667 FINOCCHIARO, Giusella. Identità Personalle (diritto alla) cit., p. 734.

> Em outras palavras, não se deve considerar a interpretação tópico-sistemática como simples elemento da interpretação jurídica. É a interpretação tópico-sistemática, entendida em profundidade, o processo hermenêutico por excelência, de tal maneira que ou se compreendem os enunciados prescritivos no plexo dos demais enunciados, ou não se logra compreendê-los, sem perdas substanciais. Nessa medida, mister afirmar, com os devidos temperamentos, que a interpretação jurídica é sistemática ou não é interpretação.[668]

Nessa senda, o reconhecimento do direito à identidade como um novo direito da personalidade não gera reflexos apenas no espaço que reservamos ao direito civil ou ao direito privado como um todo, cuja distinção do direito público é cada vez mais nebulosa.

Alguns direitos da personalidade são tutelados pelo direito penal há muito tempo, como é o caso da honra e da privacidade. Os arts. 138 a 140 do Código Penal tratam dos crimes de calúnia, difamação e injúria, ao passo que os arts. 150 e seguintes desse mesmo diploma legal referem-se a crimes de invasão de domicílio, violação de correspondência e divulgação de segredo.

A tutela penal do direito à identidade é esparsa e escassa. O art. 307 do Código Penal é um raro exemplo de crime relacionado ao direito à identidade, pois ele pune com pena de detenção, de três meses a um ano, ou multa, a atribuição de falsa identidade. O crime consiste em atribuir-se ou atribuir a terceiro falsa identidade para obter vantagem, em proveito próprio ou alheio, ou para causar dano a outrem.

Não encontramos no sistema jurídico pátrio tipos penais que protejam outras espécies de identidade-identificação ou identidade-percepção, o que gera uma sensação de impunidade, pois condutas reprováveis não recebem a devida sanção. E isso não é uma realidade apenas brasileira.

Dispõe o art. 401 do Código Penal espanhol o seguinte: "Quem usurpar o estado civil de outrem será punido com pena de prisão de seis meses a três anos". Segundo Javier Iniesta e Francisco Serna, sentença proferida em 23 de maio de 1986 pelo Tribunal Supremo da Espanha mostra que usurpar o estado civil de outra pessoa é fingir-se ela mesma para usar seus direitos;

668 FREITAS, Juarez. *A interpretação sistemática do direito.* 5. ed. São Paulo: Malheiros, 2010.

é suplantar sua filiação, sua paternidade, seus direitos conjugais. Não é bastante para a ocorrência do crime arrogar-se personalidade alheia, assumindo o nome de outro para um ato concreto. É condição para que ele se configure que a suplantação seja levada a cabo para usar direitos e ações da personalidade substituída. Talvez, portanto, a conduta de Tertuliano Máximo Afonso, citado na introdução deste livro, extraído do livro *O homem duplicado* não configurasse crime.

Esse posicionamento foi reafirmado na sentença de 15 de junho de 2009, conforme destacado a seguir:

> Não basta usar nome e sobrenome de outra pessoa, mas é necessário ter algo que só pode ser feito por essa pessoa devido aos poderes, direitos ou obrigações que só a ela correspondem; como agir como se fosse outro para cobrar o dinheiro que lhe pertence, ou atuar em uma ação judicial fingindo ser outra pessoa, ou fingir ser viúva de alguém para exercer um direito de tal condição, ou abordar o presente caso, se passando por certo jornalista para publicar um artigo ou intervir em um meio de comunicação...[669]

De acordo com eles, esse é um exemplo da ineficácia do ordenamento jurídico atual, com o que temos que concordar. Os tipos penais tanto aqui como lá foram gestados sob a ótica de outra sociedade, agora ultrapassada, que não apenas supervalorizava as questões patrimoniais, haja vista os exemplos de usurpação do estado civil constantes do julgado acima, como desconhecia a tecnologia hodierna.

Em virtude disso, compreendemos ser exigido do intérprete do Direito ressignificar os interesses juridicamente tutelados pelos direitos da personalidade à luz do direito à identidade, quer para excluir da tutela penal algo que era tutelado, quer para incluir na tutela penal algo que não o era.[670]

[669] INIESTA, Javier Belda; SERNA, Francisco José Aranda. El paradigma de la identidad: hacia una regulatión del mundo digital cit., p. 190-191 (tradução livre).

[670] Embora essa exigência seja presente durante toda a vida do jurista, pensamos ser essa exigência específica harmônica com o que Pietro Perlingieri nos ensina com relação às regras jurídicas e regras sociais. Diz ele: "o direito positivo (vale dizer, o direito expresso por fontes predeterminadas e reconhecidas, predominantemente escrito) pode exercer uma dupla

Nesta senda, compreendemos salutar não dar interpretação restritiva à tutela da identidade no art. 307 do Código Penal brasileiro.[671] Não há razão, por exemplo, para não considerar como fato típico atribuir-se um perfil falso na *internet*. A rigor, todas as espécies de identidade-identificação podem ser tuteladas pelo Estado por meio dessa norma e, quiçá, a depender do contexto, até mesmo as espécies de identidade-percepção, embora a maior subjetividade destas possam tornar mais difícil, na prática, a verificação do dolo.

De outro lado, é preciso que deixemos de incluir sob o manto dos crimes contra a honra as questões relativas à identidade. Como já tivemos oportunidade de analisar mais detidamente no item 5.2 deste livro, a honra contém um juízo de valor, uma avaliação de bom e mau, que não é encontrado na identidade. Sendo assim, não tem mais cabimento o intérprete do Direito incluir como crime contra a honra a conduta de quem chama o outro de "gay" ou "ateu", nem mesmo sob a ótica da honra subjetiva.

É claro que isso representa uma faca de dois gumes, pois para tutelar adequadamente o direito à identidade acaba-se por excluir a possibilidade de ele ser protegido penalmente por intermédio dos crimes contra a honra. Mas não há outra resposta adequada à questão em tela, a partir do cotejo entre a correta definição de identidade e o princípio da anterioridade penal.

função, dependendo do fato de se propor a simplesmente conservar as situações presentes na sociedade; ou a modificar a realidade criando novas regras. Pode exercer historicamente uma função de conservação das situações de fato ou, sob o impulso de interesses contratantes e alternativos, de transformação das estruturas preestabelecidas" (PERLINGIERI, Pietro. *Perfis do direito civil*: introdução ao direito civil constitucional cit., p. 2).

[671] "Falsa identidade: identidade é o conjunto de características peculiares de uma pessoa determinada, que permite reconhecê-la e individualizá-la, envolvendo o nome, a idade, o estado civil, a filiação, o sexo, entre outros dados. Não se inclui no conceito de identidade o endereço ou telefone de alguém. Considerá-la falsa significa que não corresponde à realidade, isto é, não permite identificar ou reconhecer determinada pessoa tal como ela é. Há polêmica no sentido de se estreitar ou alargar o conceito de identidade, inserindo-se ou não dados que vão além do nome, como idade, profissão, naturalidade etc." (NUCCI, Guilherme de Souza. *Código Penal comentado*. 21. ed. Rio de Janeiro: Forense, 2021. p. 1224).

CONCLUSÕES

Iniciamos este livro pondo em relevo a questão (pergunta-problema) que nos fez estudar o direito à identidade como espécie de direito da personalidade: esse direito, já relativamente bem aceito pela comunidade jurídica e previsto em um ou outro ordenamento jurídico, tem qual conteúdo?

Isso porque parecia haver uma miríade de situações jurídicas sendo tratadas, todas sob o manto do direito à identidade, mas sem o devido aprimoramento dogmático. Sendo assim, quando as leis abordavam o nome, como o Código Civil de 1916 e a Lei de Registros Públicos, a doutrina costumava referir-se a ele como sinônimo de identidade.[672] Em obra considerada como referência sobre os direitos da personalidade, Adriano de Cupis seguiu a mesma linha ao abrir um título específico para tratar do direito à identidade pessoal, mas versar apenas e tão somente sobre o direito ao nome neste.[673]

Mesmo quando o direito à identidade não se limitava ao direito ao nome, ele aparecia com um viés publicístico, de meio para a diferenciação de uma pessoa em relação às outras, como era o caso das informações pessoais, passíveis de serem conhecidas e/ou retificadas a partir do *habeas data*.

No entanto, de outro lado, quando os tribunais italianos começaram a tratar do direito à identidade na década de 70 do século passado, o fizeram sob uma ótica diversa. Utilizando a expressão *sotto falsa luce*, em alguns casos, eles iniciaram a conformação de um direito que dizia respeito à não alteração

672 Conforme exposto no item 4.1 deste livro.

673 CUPIS, Adriano de. *Os direitos da personalidade* cit., p. 179-323.

pública da opinião ou posição da pessoa sobre um assunto relevante. Foi o caso, por exemplo, do político Marco Pannella, líder político de partido de direita que teve a sua identidade alterada em folhetos distribuídos por partido de esquerda e que deu ensejo à tutela estatal.

Questões como posição intelectual, política e mesmo sexual passaram a ser analisadas como espécies ou exemplos de identidade, aproximando-se do conceito de identidade que Kwame Anthony Appiah tratou em seu famoso livro *The Ethics of Identity*, embora o tenha feito sob um prisma mais coletivo.

De um lado, portanto, havia o direito à identidade sendo compreendido por um viés mais objetivo, de individualização da pessoa em meio à massa, e de outro lado, com um viés mais subjetivo, consistente na necessidade de referir-se à pessoa de acordo com a posição que ela adota, a partir de determinada visão de mundo.

Sob nenhum desses aspectos nos parecia ser suficiente a diferenciação que a doutrina fazia entre identidade-estática e identidade-dinâmica. Conquanto aquela esteja mais ligada à primeira noção supracitada e esta e à segunda, o enfoque dessa diferenciação é a maior ou menor mutabilidade da identidade enquanto conteúdo de um direito da personalidade. Ela não explica qual é a *ratio essendi* da identidade, especialmente da identidade relacionada à visão de mundo.

A partir disso, propusemos a adoção de uma visão ampla de direito à identidade, dividindo-se as suas espécies em dois campos que refletissem a razão de ser desse atributo da personalidade: o *direito à identidade-percepção*, correspondente à visão de mundo das pessoas; e o *direito à identidade-identificação*, que consiste no meio de diferenciação da pessoa na sociedade.

Uma vez que a nossa proposta era explicar o direito à identidade como espécie de direito da personalidade, iniciamos este livro tratando dos direitos da personalidade em geral, mormente com vistas à demonstração de que o princípio da dignidade da pessoa humana, previsto na Constituição Federal de 1988, é a cláusula geral de proteção da personalidade do nosso sistema. Nessa senda, outros direitos que não aqueles positivados podem ser tutelados, como é o caso do direito à identidade, notadamente as espécies de direito à identidade-percepção.

O segundo capítulo foi dedicado justamente à compreensão da identidade-percepção como conteúdo do direito à identidade. Com toda a dificuldade inerente à tarefa de lidar com autores de fora da área estritamente jurídica, procuramos explicar em que consiste essa identidade. Apoiamo-nos na doutrina de Charles Taylor para esclarecer o que é essa visão de mundo que todos nós temos e que nos faz pensar e agir, mesmo que inconscientemente. Utilizamos a doutrina de Axel Honneth e Kwame Anthony Appiah, respectivamente, para demonstrar como é que essa identidade se forma e a estrutura que ela adquire, a qual deve ser ética. Valemo-nos, ainda, da noção de identidade narrativa de Paul Ricouer para comprovar que a narração dos fatos da vida por parte da pessoa é expressão dessa identidade.

Compreendida a identidade-percepção enquanto primeiro conteúdo do direito à identidade, analisamos algumas espécies de identidade-percepção no terceiro capítulo do livro, quais sejam: identidade racial, de gênero, política, religiosa e intelectual. Malgrado a complexidade do tema, não nos abstivemos de nos posicionar a favor de uma ótica predominantemente biológica no que diz respeito às duas primeiras, deixando a ótica sociocultural como critério complementar de análise e compreensão delas.

Evidentemente que, ao fazer essa escolha, teríamos que excluir do livro a identidade de gênero, mantendo apenas a identidade sexual, se bem que entre as espécies de identidade-percepção. No entanto, por mais difícil que seja escolher o "caminho do meio", sobretudo em tempos de maniqueísmo, optamos por segui-lo e analisá-la, inclusive tratando da questão específica dos transgêneros, haja vista a grande aceitação na comunidade jurídica, assim como do chamado "gênero neutro" ou não binário.

As espécies de identidade-identificação, por sua vez, foram estudadas no quarto capítulo do livro. Para além do nome, tratamos das identidades sexual, genética, digital e nacional, a reforçar a ideia de que mesmo a identidade--identificação não se restringe àquele. Desse modo, para mencionarmos apenas uma dessas espécies à guisa de exemplo, fizemos uma análise dos perfis e dos avatares, expressões da identidade-identificação no ambiente virtual, algo que se torna cada vez mais importante de ser compreendido, sobretudo em época de Web 3.0.

Mercê da proximidade que pode existir entre o direito à identidade e outros direitos correlatos, sobretudo por conta da amplitude dada àquele, ocupamo-nos da diferenciação entre eles no quinto capítulo do livro. Distinguimos o direito à identidade dos direitos à imagem e à honra, enfatizando que é mais adequado entendermos aquele apenas como imagem-retrato, não como imagem-atributo, e que este tem um juízo de valor que não está presente no direito à identidade. Separamos também o direito à identidade do direito à privacidade, inclusive sob a ótica do *right to privacy* dos Estados Unidos da América, especialmente complicado pela sua amplitude, a abranger a *false light*, que se assemelha à *falsa luce* italiana. Diferenciamos, por fim, o direito à identidade do direito aos dados pessoais, o que é notadamente importante em tempos de GDPR e LGPD, bem como da liberdade de expressão e do direito ao próprio corpo.

Como todo direito tem características próprias, tratamos das características do direito à identidade no sexto capítulo do livro. Como todo direito da personalidade, ele pode ser considerado absoluto por conta de seu efeito *erga omnes* e é imprescritível. Além disso, e este nos parece ser o ponto mais relevante deste capítulo, ele é relativamente indisponível, notadamente porque em alguns casos tem íntima relação com o livre desenvolvimento da personalidade, e é excepcionalmente transmissível. Sendo assim, entendemos que são disponíveis, por exemplo, as identidades política, religiosa e intelectual, mas não o são as identidades de gênero e racial, sexual e genética.

A propósito da transmissibilidade do direito à identidade, cabe ressaltar, analisamos o tema da (in)transmissibilidade do direito à identidade digital em item específico deste livro, em virtude da complexidade que vem se apresentando a questão da herança digital, com posicionamentos judiciais diversos.

Por derradeiro, compreendido o que é o direito à identidade nas suas duas vertentes, analisadas algumas de suas espécies, diferenciado esse direito de outros correlatos e verificadas as características que lhe são próprias, cabia cuidar da tutela dele pelo sistema jurídico, estabelecendo uma conexão entre o direito material e o processual. É o que fizemos no último capítulo deste livro.

Nele abordamos a possibilidade de haver a autotutela, se bem que de modo excepcional. Tratando-se de tutela estatal, verificamos como é que se dá a tutela preventiva e a corretiva, com especial preferência pela primeira. Mercê da previsão do art. 52 do Código Civil, que estende a proteção dos direitos da personalidade às pessoas jurídicas, explicamos que apenas o nome e a identidade digital destas devem ser tutelados. Ainda, dado que toda a interpretação é sistemática porque o Direito é um bloco unitário, verificamos se e como deve ser a tutela do direito à identidade para além do direito privado, com a adoção de uma interpretação extensiva à noção de identidade do art. 307 do Código Penal, por exemplo.

REFERÊNCIAS

ALBUQUERQUE, Afonso de. Imagem e identidade. *In:* ASCENSÃO, José de Oliveira (Coord.). *Estudos de direito da bioética.* Almedina: Coimbra, 2009. p. 9-24, v. III.

ALENCAR DE ALMEIDA, Kellyne Laís Laburu. O direito ao livre desenvolvimento da personalidade: perspectiva do direito português. *In:* MIRANDA, Jorge; RODRIGUES JUNIOR, Otávio Luiz; FRUET, Gustavo Bonato (Org.). *Direitos da personalidade.* São Paulo: Atlas, 2012. p. 65-107.

ALMEIDA FILHO, Agassiz; MELGARÉ, Plínio (Org.). O valor da pessoa humana e o valor da natureza. *Dignidade da pessoa humana:* fundamentos e critérios interpretativos. Brasil: Malheiros, 2010.

ALMEIDA, José Luiz Gavião de; VEDOVATO, Luis Renato; SILVA, Marcelo Rodrigues da. A identidade pessoal como direito fundamental da pessoa humana e algumas de suas manifestações na ordem jurídica brasileira. *Revista de Direito Civil Contemporâneo,* São Paulo, v. 14, ano 5. p. 33-70, jan.-mar. 2018.

ALMEIDA, Marlise Míriam de Matos. Masculinidades: uma discussão conceitual preliminar. *In:* MURARO, Rose Marie *et al.* (Org.). *Mulher, gênero e sociedade.* Rio de Janeiro: Relume Dumará, FAPERJ, 2001. p. 21-38.

ALMEIDA, Silvio Luiz de. *Racismo estrutural.* São Paulo: Jandaíra, 2021.

ALPA, Guido; BESSONE, Mario; BONESCHI; *Il diritto all'identità personale.* Padova: Cedam, 1981.

ALVARENGA, Luísa Baran de Mello. A legitimidade das modificações corporais extremas no ordenamento jurídico brasileiro. *In:* ATALÁ CORREIA; Fábio Jun Capucho (Coord.). *Direitos da personalidade:* a contribuição de Silmara J. A. Chinellato. Barueri/SP: Manole, 2019.

ALVES, Isabella Fonseca. Dos vieses algorítmicos e a falta de transparência algorítmica. *In:* PINTO, Henrique Alves; GUEDES, Jefferson Carús; CÉSAR, Joaquim Portes de Cerqueira (Coord.). *Inteligência artificial aplicada ao processo de tomada de decisões.* Belo Horizonte: São Paulo: D'Plácido, 2021. p. 731-746.

ALVES, Jones Figueirêdo. A herança digital como um novo instituto de direito sucessório. *Revista do Advogado: Direito Privado Contemporâneao – Estudos Dedicados a Zeno Veloso,* n. 151, p. 66-73, set. 2021.

ALVES, José Carlos Moreira. *A parte geral do projeto de Código Civil brasileiro*: subsídios históricos para o novo Código Civil brasileiro. 2. ed. aum. São Paulo: Saraiva, 2003.

AMARAL NETO, Francisco dos Santos. A autonomia privada como princípio fundamental da ordem jurídica. *Revista de Informação Legislativa*, v. 26, n. 102, p. 207-230, abr./jun. 1989.

AMARAL, Karina Almeida do. A identidade genética e a identidade pessoal do ser humano confrontadas com a procriação medicamente assistida (PMA) heteróloga: análise a partir dos ordenamentos jurídicos brasileiro e português. *Revista Contribuciones a las Ciencias Sociales*, p. 1-12, abr./jun. 2016. Disponível em: http://eumed.net/rev/cccss/2016/02/genetica.html. Acesso em: 7 out. 2021.

ANDRADE, André Gustavo Corrêa de. *Liberdade de expressão em tempos de cólera*. Rio de Janeiro: GZ, 2020.

ANDRADE, Fábio Siebeneichler de. A tutela dos direitos da personalidade no direito brasileiro em perspectiva atual. *Revista Derecho del Estado*, n. 30, p. 93-124, ene.-jun. 2013.

ANDRADE, Fernanda Maria Arruda dos Santos. *Identidade e religião*: uma análise da construção da identidade religiosa juvenil. 2008. Dissertação (Mestrado) – Universidade Católica de Pernambuco, 2008.

ANDRADE, Norberto Nuno Gomes de. *Data protection, Privacy and Identity:* Distinguishing concepts and articulanting rights. 6th International Summer School (ISS), Aug 2010, Helsingborg, Sweden. p. 90-107. Disponível em: https://hal.inria.fr/hal-01559453/document. Acesso em: 10 ago. 2020.

ANDRADE, Norberto Nuno Gomes de. The Right to Privacy and the Right to Identity in the Age of Ubiquitous Computing: Friends or Foes? A Proposal towards a Legal Articulation. *In:* AKRIVOUPOULOU, C. Psygkas, A. (Ed.) *Personal Data Privacy and Protection in a Surveillance Era*: Technologies and Practices: Information Science Publishing, 2011.

APPIAH, K. Anthony. Identity, authenticity, survival: multicultural societies and social reproduction. Amy Gutman (org.) *Multiculturalism*. New Jersey: Princeton University Press, 1994, p. 149-163.

APPIAH, K. Anthony. Liberalism, Individuality, and Identity. *Critical Inquiry*, v. 27, n. 2, p. 305-332, 2001.

APPIAH, K. Anthony. Race, Culture, Identity: misundrestood connections. University of California. 1994, p.53-136. Disponível em: https://philpapers.org/archive/APPRCI.pdf. Acesso em: 29 jun. 2021.

APPIAH, K. Anthony. *The Ethics of Identity*. New Jersey: Princeton University Press, 2005.

ARAÚJO, José Laércio. *Intimidade, vida privada e direito penal*. São Paulo: Masdras, 2014.

ARAÚJO, Luiz Alberto. *A proteção constitucional da própria imagem*. 1989. Dissertação (Mestrado) – Pontifícia Universidade Católica, Faculdade de Direito, 1989. Disponível em: https://tede2.pucsp.br/handle/handle/8840. Acesso em: 15 jul. 2020.

ARAÚJO, Luiz Alberto; NUNES JÚNIOR, Vidal Serrano. *Curso de direito constitucional*. 6. ed., rev. e atual. São Paulo: Saraiva, 2002.

ARISTÓTELES. *A política*. Disponível em: http://www.dhnet.org.br/direitos/anthist/marcos/ hdh_aristoteles_a_politica.pdf. Acesso em: 19 jul. 2022.

ASCENSÃO, José de Oliveira. *Direito civil*. Teoria geral. Introdução. As pessoas. Os bens. 3. ed. São Paulo: Saraiva, 2010.

ASCENSÃO, José de Oliveira. *O direito:* introdução e teoria geral. 2. ed. brasileira, rev., atual. e ampl. Rio de Janeiro: Renovar, 2001.

ASCENSÃO, José de Oliveira. Posfácio: direito civil, inadimplemento e responsabilidade civil. *In:* ANDRIGHI, Fátima Nancy (Coord.). *Responsabilidade civil e inadimplemento no direito brasileiro.* São Paulo: Atlas, 2014. p. 303-313.

ÁVILA, Humberto. *Teoria dos princípios:* da definição à aplicação dos princípios jurídicos. 13. ed. São Paulo: Malheiros, 2012.

AZEVEDO, Álvaro Villaça. *Autonomia do paciente e direito de escolha de tratamento médico sem transfusão de sangue:* mediante os atuais preceitos civis e constitucionais brasileiros. Parecer Jurídico.

BADARÓ, Tatiana. Criminalização do discurso de ódio e liberdade de expressão: uma análise do art.20 da Lei 7.716/89 sob a perspectiva da teoria do bem jurídico. *Revista Brasileira de Ciências Criminais,* São Paulo, v. 145, ano 26, p. 531-569, jul. 2018.

BARBERIS, Mario Ricca. Il diritto all'immagine. *et al. Studi giuridici in memoria di Filippo Vassali.* Torino: Utet, 1960. p. 1363-1369, v. 2.

BARBOZA, Heloísa Helena. Direito à identidade genética. *In:* PEREIRA, Rodrigo da Cunha (Coord.). *Anais do III Congresso Brasileiro de Direito de Família,* 2014. p. 379-389.

BARRETO, Wanderley de Paula. Os direitos da personalidade na jurisprudência alemã contemporânea. *Revista Trimestral de Direito Civil,* v. 41, p. 135-159, 2010.

BARROS FILHO, Clóvis de; POMPEU, Júlio. *A filosofia explica as grandes questões da humanidade.* Rio de Janeiro: Casa da Palavra; São Paulo: Casa do Saber, 2013.

BARROSO, Luís Roberto. *Temas de direito constitucional.* 2. ed. Rio de Janeiro: Renovar, 2008. t. III.

BAUMAN, Zygmunt. *Identidade.* Tradução Carlos A. Medeiros. Rio de Janeiro: Zahar, 2004.

BEIGNIER, Bernard. *Le droit de la personnalité.* Paris: PUF, 1992.

BELTRÃO, Silvio Romero. *Direitos da personalidade:* de acordo com o novo Código Civil. São Paulo: Atlas, 2005.

BELTRÃO, Silvio Romero. Tutela e limites aos direitos da personalidade: ontem, hoje e amanhã. *In:* SALOMÃO, Luis Felipe; TARTUCE, Flávio (Org.). *Direito civil:* diálogos entre a doutrina e a jurisprudência. São Paulo: Atlas, 2021. v. II, p. 55-76.

BEVERE, Antonio; CERRI, Augusto. *Il diritto di informazione e i diritti della persona.* Il conflitto della libertà di pensiero con l'onore, la riservatezza, l'identità personale. 2. ed. Giuffrè, 2006.

BEVILAQUA, Clovis. *Teoria geral do direito civil.* Campinas-SP: Servanda, 2007.

BIERNAT, Monica; KOBRYNOWICZ, Diane. A shifting standards perspective on the complexity of gender stereotypes and gender stereotyping. *In:* SWANN JR., Willian B.; LANGLOIS, Judith H.; GILBERT, Lucia Albino. *Sexism and stereotypes in modern society:* the gender science of Janet Taylor Spence. Washington, D.C.: American Psycological Association, 1998.

BISNETO, Cícero Dantas; VOLPIN, Silvia Pires. Direito de resposta como forma específica de reparação do dano extrapatrimonial: uma análise da Lei 13.188/2015. *Revista dos Tribunais,* São Paulo, v. 1027, ano 110, p. 91-118, maio 2021.

BITTAR, Carlos Alberto. *Os direitos da personalidade.* 6. ed. rev., atual. e ampl. por Eduardo C. B. Bittar. Rio de Janeiro: Forense Universitária, 2003.

BLAINEY, Geoffrey. *Uma breve história do cristianismo*. São Paulo: Fundamento Educacional, 2012.

BOBBIO, Norberto. *Direita e esquerda:* razões e significados de uma distinção política. 3. ed. Tradução Marco Aurélio Nogueira. 3. ed. São Paulo: Editora Unesp, 2011.

BOBBIO, Norberto; MATTEUCCI, Nicola; PASQUINO, Gianfranco. *Dicionário de política*. Tradução Carmem C. Varrialle; Gaetano Lo Mônaco; João Ferreira; Luís G.P. Cacais e Renzo Dini. 2. ed. Brasília: UnB, 1998.

BODIN DE MORAES, Maria Celina. A caminho de um direito civil constitucional. *Revista de Direito Civil, Imobiliário, Agrário e Empresarial*, n. 65, ano 17, p. 21-32, jul.-set./1993 (à época em que publicado com o acréscimo do sobrenome Tepedino).

BODIN DE MORAES, Maria Celina. Ampliando os direitos da personalidade. *Na medida da pessoa humana*. Rio de Janeiro: Renovar, 2010. p. 121-148.

BODIN DE MORAES, Maria Celina. *Danos à pessoa humana*. Uma leitura civil-constitucional dos danos morais. Rio de Janeiro: Renovar, 2003.

BODIN DE MORAES, Maria Celina. Sobre o nome da pessoa humana. *Revista EMERJ*, v. 3, n. 12, p. 48-74, 2000. Disponível em: https://www.emerj.tjrj.jus.br/revistaemerj_online/ edicoes/revista12/revista12_48.pdf. Acesso em: 10 mar. 2020.

BORREL-MACIÁ, A. *La persona humana*. Barcelona: Bosch, 1954.

BRANDÃO, Celia. *et al.* (Org.). *Família e identidade*. Curitiba: Appis, 2021.

BRANT, Cássio (Coord.); REINALDO FILHO, Demócrito; ATHENIENSE, Alexandre (Org.). *Direito digital & sociedade* 4.0. Belo Horizonte/São Paulo: D'Plácido, 2021.

CAHALI, Yussef Said. *Dano moral*. 3. ed. ampl. e atual. São Paulo: Revista dos Tribunais, 2005.

CAHILL, Larry. Why sex matters for neuroscience. *Nature Reviews Neuroscience*. AOP, 10 may 2006. Disponível em: https://dept.wofford.edu/neuroscience/NeuroSeminar/pdfSpring2009/cahill.pdf. Acesso em: 27 ago. 2022.

CAMPOS, Diogo Leite de. Os direitos de personalidade: categoria em reapreciação. Direito. v. II, n. 2, p. 71-74, 1993. Disponível em: https://minerva.usc.es/ xmlui/bitstream/handle/10347/2188/pg_063-076_dereito2-2.pdf?sequence=1&isAllowed=y. Acesso em: 28 mar. 2021.

CANARIS, Claus-Wilhelm. *Direitos fundamentais e direito privado*. Tradução Ingo W. Sarlet e Paulo M. Pinto. Coimbra: Almedina, 2003.

CANOTILHO, José Joaquim J. Gomes. *Direito constitucional e teoria da Constituição*. 7. ed. Coimbra: Almedina, 2000.

CANTALI, Fernanda Borghetti. *Direitos da personalidade:* disponibilidade relativa, autonomia privada e dignidade humana. Porto Alegre: Livraria do Advogado, 2009.

CAPELO DE SOUZA, Rabindranath Valentino Aleixo. *O direito geral da personalidade*. Coimbra: Coimbra Ed., 2001.

CAPITANT, Henri. *Introduction à l'étude du droit civil*: notions générales. 3. ed. Paris: A. Pedone, 1912.

CARBONNIER, Jean. *Droit civil*. Les personnes: personnalité, incapacites, personnes morales. 19. ed. Paris: PUF, 1994.

CARRÁ, Bruno Leonardo Câmara; BISNETO, Cícero Dantas. A reparação *in natura* e os danos extrapatrimoniais: ou de como transformar uma ideia romântica em realidade. *Revista de Direito Civil Contemporâneo*, v. 24, p. 169-205, jul.-set. 2020.

CARRERA, María Victoria; DePALMA, Renée; LAMEIRAS, Maria. Sex/gender identity: moving beyond fixes and "natural" categorias. *Sexualities*. 15 (8) 995-1016. Disponível em: https://www.researchgate.net/publication/258187225_Sexgender_identity_Moving_beyond_fixed_and_'natural'_categories. Acesso em: 4 set. 2022.

CASTELLS, Manuel. *O poder da identidade*. Tradução Klaus Brandini Gerhardt. São Paulo: Paz e Terra, 1999. (*A era da informação: economia, sociedade e cultura*. v. 2.)

CASTRO, Federico de. Los llamados derechos de personalidade. *Anuario de derecho civil*, tomo XII, 1959, p. 1237-1276. Disponível em: https://dialnet.unirioja.es/ servlet/articulo?codigo=2774474. Acesso em: 3 mar. 2022.

CAVALCANTE FILHO, João Trindade. *O discurso do ódio na jurisprudência alemã, americana e brasileira*: como a ideologia política influencia os limites da liberdade de expressão. São Paulo: Saraiva Educação, 2018.

CENEVIVA, Walter. *Lei dos Registros Públicos comentada*. 17. ed. atual. São Paulo: Saraiva, 2007.

CHAVES, Antônio. *Direito à própria imagem*. Disponível em: https://www.revistas.usp.br/rfdusp/article/view/66643. Acesso em: 15 ago. 2021.

CHORÃO, Mário Bigotte. *Introdução ao direito*. Coimbra: Almedina, 1998. v. 1.

CHORÃO, Mário Bigotte. *Temas fundamentais de direito*. Coimbra: Almedina, 1986.

CIFUENTES, Santos; GOLDENBERG, Isidoro; RIVERA, Julio César. Identidad personal. *Temas de derecho privado*. p. 13-28. Departamento de Derecho Privado, Facultad de Derecho y Ciencias Sociales, Universidade de Buenos Aires (9.: 1996: Buenos Aires). Argentina: Colegio de Escribanos, 1997.

CLARKE, Roger. The Digital Persona and its Application to Data Surveillance. Disponível em: http://www.rogerclarke.com/DV/DigPersona.html.. Acesso em: 3 jan. 2022.

CLERIGO, Luis Fernandez. *El derecho de familia en la legislación comparada*. México: Union Tipografica Editorial Hispano-Americana, 1947.

CORDEIRO, António Menezes. Os direitos de personalidade na civilística portuguesa. *Revista da Ordem dos Advogados*, ano 61, 2001, p. 1229-1256. Disponível em: https://portal.oa.pt/upl/%7Be1ee299b-5174-4e50-9b0b-c8d97c0c6d3b%7D.pdf. Acesso em: 14 jun. 2022.

CORDEIRO, António Menezes. *Tratado de direito civil*. 5. ed., rev. e atual.: Pessoas. Lisboa: Almedina, 2019. v. IV.

CORRADO, Martini. Il diritto alla identità personale nella esperienza operativa. *La lesione dell'identità personale e il danno non patrimoniale*. Atti del Seminario promosso dal Centro di Iniziativa Giuridica P. Calamandrei. Milano: Dotti A. Giuffrè, 1985.

COULANGES, Fustel de. *A cidade antiga:* estudo sobre o culto, o direito, as instituições da Grécia e de Roma. Tradução Jonas Camargo Leite e Eduardo Fonseca. São Paulo: Hemus, 1975.

COUTINHO, José Pereira. Religião e outros conceitos. *Revista da Faculdade de Letras da Universidade do Porto*, v. XXIV, 2012, p. 171-193. Disponível em: https://ler.letras.up.pt/uploads/ficheiros/10763.pdf. Acesso em: 3 set. 2021.

CRAVEIRO, Renato de Souza Marques. *O direito à honra* post mortem *e sua tutela*. 2012. Dissertação (Mestrado) – Faculdade de Direito da Universidade de São Paulo. 2012. Disponível em: http://www.teses.usp.br/teses/disponiveis/2/2131/tde-29102012-

162957/publico/ Dissertacao_Mestrado_2012_Renato_de_Souza_Marques_Craveiro.pdf. Acesso em: 13 ago. 2021.

CUPIS, Adriano de. *Os direitos da personalidade*. Tradução Afonso C. F. Rezende. Campinas: Romana, 2004.

DE HERT, P. *A right to identity to face the Internet of Things*. Paris: Council of Europe Publishing, 2007.

DE HERT, P. *Gutwirth, S.:* Making sense of privacy and data protection. A prospective overview in the light of the future of identity, location based services and the virtual residence. *In:* Institute for Prospective Technological Studies – Joint Research Centre, Security and Privacy for the Citizen in the Post-September 11 Digital Age. A prospective overview, *Report to the European Parliament Commitee on Citizen's Freeedoms and Rights, Justice and Home Affairs*. (LIBE), IPTS-Technical Report Series, p. 11-162.

DEAUX, Kay. An overview of research on gender: four themes from 3 decades. *In:* SWANN JR., Willian B.; LANGLOIS, Judith H.; GILBERT, Lucia Albino. *Sexism and stereotypes in modern society:* the gender science of Janet Taylor Spence. Washington, D.C.: American Psycological Association, 1998.

DIAS, Eliza Cristina Gonçalves. *O direito de ser si mesmo:* a identidade pessoal na ordem constitucional brasileira. 2015. Dissertação (Mestrado) – Universidade Federal do Ceará. Faculdade de Direito, 2015. Disponível em: http://www.repositorio.ufc.br/handle/riufc/23436. Acesso em: 4 jun. 2020.

DIAS, José Aguiar. *Da responsabilidade civil*. 2. ed. Rio de Janeiro: Forense, 1950.

DINAMARCO, Cândido Rangel. *A instrumentalidade do processo*. 12. ed. rev. e atual. São Paulo: Malheiros, 2005.

DINIZ, Maria Helena. *Curso de direito civil brasileiro:* teoria geral do direito civil. 33. ed. São Paulo: Saraiva, 2016. v. 1.

DONDERS, Yvonne M. Towards a Right to Cultural Identity? Yes, Indeed. *Diritti Umani e Diritto Internazionale*, v. 12, n. 3, 2018, p. 523-548. Disponível em: https://hdl.handle.net/ 11245.1/12408d29-cc49-4442-b11d-ad4aa99aa76c. Acesso em: 9 out. 2021.

DONEDA, Danilo. A proteção dos dados pessoais como um direito fundamental. Disponível em: https://www.google.com.br/url?sa=t&rct=j&q=&esrc=s&source=web&cd=&cad= rja&uact=8&ved=2ahUKEwiXu5Hp0pPzAhW6q5UCHZXvCwoQFnoECAoQAQ&url=https%3A%2F%2Fwww.academia.edu%2F23345535%2FDa_privacidade_%25C3%25A0_prote%25C3%25A7%25C3%25A3o_de_dados_pessoais&usg=AOvVaw0gPOFzhT1awYWOn6TMFS-2. Acesso em: 22 set. 2021.

DONEDA, Danilo. *Da privacidade à proteção de dados pessoais*. Rio de Janeiro: Renovar, 2006.

DONEDA, Danilo. *Os direitos da personalidade no novo Código Civil*. Rio de Janeiro: Renovar, 2006.

ENCICLOPÉDIA JURÍDICA da Pontifícia Universidade Católica/SP. Disponível em: https://enciclopediajuridica.pucsp.br/. Acesso em: 14 set. 2021.

ESMEIN, Paul. Le culte de morts. *Mélanges en l'honneur de Jean Dabin: droit positif.* Sirey: Paris, 1963. t. II, p. 541-549.

ESPÍNOLA, Eduardo. *A família no direito civil brasileiro*. Rio de Janeiro: Conquista, 1957.

ESPÍNOLA, Eduardo. *Sistema do direito civil brasileiro*. Rio de Janeiro: Ed. Rio, 1977.

FACCHINI NETO, Eugênio. A proteção aquiliana do direito à imagem no direito comparado. *Revista da Ajuris*, Porto Alegre, v. 45, n. 144, p. 288-307, jun. 2018. Disponível em: http://www.mpsp.mp.br/portal/page/portal/documentacao_e_divulgacao/doc_biblioteca/bibli_servicos_produtos/bibli_boletim/bibli_bol_2006/Rev-AJURIS_n.144.09.pdf. Acesso em: 26 maio 2022.

FERNANDES, Ricardo Vieira de Carvalho; BICALHO, Guilherme Pereira Dolabella. *Do positivismo ao pós-positivismo jurídico*: o atual paradigma jusfilosófico constitucional. Brasília, n. 189, p. 105-131, jan.-mar.2011.

FERRARA, Francesco. *Tratatto di diritto civile italiano*. Athenaeum: Roma, 1921. v. I.

FERRARI, Graziela Maria Rigo. *Os danos ao projeto de vida como lesão a direitos da personalidade:* viabilidade de reconhecimento no cenário jurídico brasileiro. 2016. Dissertação (Mestrado) – Pontifícia Universidade Católica do Rio Grande do Sul. 2016. Disponível em: http://tede2.pucrs.br/tede2/handle/tede/8292. Acesso em: 31 dez. 2021.

FERREIRA, Aurélio Buarque de Holanda. *Novo Aurélio Século XXI*: o dicionário da língua portuguesa. 3. ed. rev. e ampl. Rio de Janeiro: Nova Fronteira, 1999.

FERREIRA, Aurélio Buarque de Holanda. *O minidicionário da língua portuguesa*. 6. ed. rev. e atual. Curitiba: Positivo, 2004.

FERREIRA, Aurélio Buarque de Holanda. *O minidicionário da língua portuguesa*. 8. ed. rev. e atual. Curitiba: Positivo, 2010.

FERREIRA, Jorge; GOMES, Angela de Castro. *1964: O golpe que derrubou um presidente, pôs fim ao regime democrático e instituiu a ditadura no Brasil.* Rio de Janeiro: Civilização Brasileira, 2014.

FERRY, Luc. *A revolução do amor:* por uma espiritualidade laica. Tradução Vera Lucia dos Reis. Rio de Janeiro: Objetiva, 2012.

FERRY, Luc. *Aprender a viver:* filosofia para os novos tempos. Tradução Vera Lucia dos Reis. Rio de Janeiro: Objetiva, 2007.

FIGONE, Alberto. Il diritto all'identità sessuale e la libera esplicazione della propria individualità: considerazioni a margine della legge 14 aprile 1982. n. 164. *In: Il diritto di Famiglia e dele Persone.* Milano: Giuffrè, 1983.

FINOCCHIARO, Giusella. Identità personalle (diritto alla). *Digesto delle discipline privatistiche.* Torino: Utet, 2010.

FOER, Franklin. *Como o futebol explica o mundo*: um olhar inesperado sobre a globalização. Tradução Carlos Alberto Medeiros. Rio de Janeiro: Jorge Zahar, 2005.

FRANÇA, Rubens Limongi. *Instituições de direito civil.* 4. ed. atual. São Paulo: Saraiva, 1996.

FRANCÊS remove parte do lábio superior para virar "alienígena preto" (msn.com). Reportagem disponível em: http://g1.globo.com/planeta-bizarro/noticia/2012/10/homem-lagarto-diz-nao-se-arrepender-de-transformacoes.html. Acesso em: 30 set. 2021.

FRANCIULLI NETTO, Domingos. A proteção ao direito à imagem e a Constituição Federal. *Informativo Jurídico da Biblioteca Ministro Oscar Saraiva*, v. 16, n. 1, p. 19-38, jan./jul. 2004. Disponível em: https://ww2.stj.jus.br/publicacaoinstitucional/index.php/informativo/ article/download/442/400. Acesso em: 15 ago. 2021.

FRANKL, Viktor E. *Em busca de sentido:* um psicólogo dentro de um campo de concentração. Tradução Walter O. Schulupp e Carlos C. Aveline. 42. ed., rev. São Leopoldo: Sinodal; Petrópolis: Vozes, 2017.

FRASER, Nancy. Da redistribuição ao reconhecimento? Dilemas da justiça numa era "pós-socialista". Tradução Julio Assis Simões. *Cadernos de Campo*, São Paulo, n. 14/15, p. 231-239, 2006.

FRASER, Nancy. Reconhecimento sem ética? Tradução Ana Carolina Freitas Lima Ogando e Mariana Prandini Fraga. *Lua Nova*, São Paulo, n. 70, p. 101-138, 2007.

FRASER, Roberta Tourinho Dantas; LIMA, Isabel Maria Sampaio Oliveira. Intersexualidade e direito à identidade: uma discussão sobre o assentamento civil de crianças intersexuadas. *Journal of Human Growth and Development*, n. 22(3): p. 358-366, 2012. Disponível em: https://www.google.com.br/url?sa=t&rct=j&q=&esrc=s&source=web&cd=&cad=rja&uact=8&ved=2ahUKEwiZ5eDe05rzAhV9FbkGHVm4BRMQFnoECAcQAQ&url=https%3A%2F%2Fwww.revistas.usp.br%2Fjhgd%2Farticle%2Fview%2F46703&usg=AOvVaw2_kUGC8sMwL6TUeIOziL3i. Acesso em: 25 set. 2021.

FREITAS, Juarez. *A interpretação sistemática do direito*. 5. ed. São Paulo: Malheiros, 2010.

FRITZ, Karina Nunes. A garota de Berlim e a Herança Digital. *In:* BROCHADO TEIXEIRA, Ana Carolina; TEIXEIRA LEAL, Lívia (Coord.). *Herança digital*. Controvérsias e Alternativas. Indaiatuba-SP: Focco, 2021. p. 227-243.

FRITZ, Karina Nunes. *Jurisprudência comentada dos tribunais alemães*. Indaiatuba: Focco, 2021.

GIACOBBE, Giovanni. L'identità personale tra dottrina e giurisprudenza. Diritto sostanziale e strumenti di tutela. *La lesione dell'identità personale e il danno non patrimoniale*. Atti del Seminario promosso dal Centro di Iniziativa Giuridica P. Calamandrei. Milano: Dotti. A. Giuffrè, 1985.

GIAMPICCOLO, Giorgio. La tutela giuridica della persona umana e il c.d. diritto alla riservatezza. *Rivista Trimestrale di Diritto e Procedura Civile*, Milano, n. 2, 1958, p. 458-475. Disponível em: https://www.google.com.br/url?sa=t&rct=j&q=&esrc=s&source= web&cd=&cad=rja&uact=8&ved=2ahUKEwin_dT0iIHzAhVDqpUCHXU7DHYQFnoECAYQAQ&url=https%3A%2F%2Fwww.academia.edu%2F41411943%2FGiorgio_Giampiccolo_La_tutela_giuridica_della_persona_umana_e_il_c_d_diritto_alla_riservatezza_1958_&usg=AOvVaw1skHqYDUK4DdidUcgwX-go. Acesso em: 14 set. 2021.

GIMENES, Lúcio Flávio de Santana; HUR, Domenio Uhng. A sociedade analógica e sociedade digital: suas codificações e regimes de poder. *Revista Tecnologia e Sociedade*, Curitiba, v. 16, n. 42, jul.-set. 2020. Disponível em: https://periodicos.utfpr.edu.br/rts/article/view/11357. Acesso em: 23 set. 2021.

GODOY, Cláudio Luiz Bueno de *et al*. *Código Civil comentado:* doutrina e jurisprudência. Coordenação Cezar Peluso. 13. ed. Barueri/SP: Manole, 2019.

GODOY, Cláudio Luiz Bueno de. *A liberdade de imprensa e os direitos da personalidade*. São Paulo: Atlas, 2001.

GODOY, Cláudio Luiz Bueno de. *A liberdade de imprensa e os direitos da personalidade*. 3. ed. São Paulo: Atlas, 2015.

GODOY, Cláudio Luiz Bueno de. *Desafios atuais dos direitos da personalidade*. Barueri-SP: Manole, 2019.

GODOY, Cláudio Luiz Bueno de. O direito à privacidade nas relações familiares. *In:* MARTINS, Ives Gandra da Silva; PEREIRA JÚNIOR, Antonio Jorge (Coord.). *Direito à privacidade*. São Paulo: Ideias e Letras, 2005. p.119-148.

GODOY, Cláudio Luiz Bueno de. *Responsabilidade civil pelo risco da atividade:* uma cláusula geral no Código Civil de 2002. 2. ed. São Paulo: Saraiva, 2010.

GOGLIANO, Daisy. Autonomia, bioética e direitos da personalidade. *Revista de Direito Sanitário,* v. 1, n. 1, p. 107-127, nov./2000. Disponível em: https://www.revistas. usp.br/rdisan/article/view/13078/14880. Acesso em: 14 jun. 2022.

GOGORZA, Amane. *La dignité humaine*; SAINT-PAU, Jean-Christophe *et al. In:* SAINT--PAU, Jean-Christophe (sous la direction de). *Droits de la personnalité.* Paris: LexisNexis, 2013. Traités.

GOLDBERG, Leonardo; AKIMOTO, Claudio. *O sujeito na era digital:* ensaios sobre psicanálise, pandemia e história. São Paulo: Edições 70, 2021.

GOMES, Laurentino. *1822: como um homem sábio, uma princesa triste e um escocês louco por dinheiro ajudaram D. Pedro a criar o Brasil, um país que tinha tudo para dar errado.* Rio de Janeiro: Nova Fronteira, 2010.

GOMES, Nilvete Soares; FARINA, Marianne; DAL FORNO, Cristiano. Espiritualidade, religiosidade e religião: reflexão de conceitos em artigos psicológicos. *Revista de Psicologia da Imed,* 6 (2), p. 107-112. Disponível em: https://seer.imed.edu.br/index. php/revistapsico/article/download/589/484. Acesso em: 3 set. 2021.

GONÇALVES, Camila de Jesus Mello. *A transexualidade sob a ótica dos direitos humanos:* uma perspectiva de inclusão. 2012. Tese (Doutorado) – Faculdade de Direito. Universidade de São Paulo: São Paulo, 2012.

GONÇALVES, Diogo Costa. *Pessoa e direitos de personalidade:* fundamentação ontológica da tutela. Coimbra: Almedina, 2008.

GONÇALVES, Luiz da Cunha. *Princípios de direito civil luso-brasileiro.* São Paulo: Max Limonad, 1951. v. 1.

GUERRA, Alexandre. *Responsabilidade civil por abuso do direito:* entre o exercício inadmissível de posições jurídicas e o direito de danos. São Paulo: Saraiva, 2011.

GUNATILLEKE, Gehan. Justifying limitations on the freedom of expression. *Human Rights Review* (2021) 22:91-108. Disponível em: https://link.springer.com/article/10.1007/s12142-020-00608-8. Acesso em: 12 jun. 2021.

GUTMANN, Amy. *Multiculturalism.* New Jersey: Princeton University Press, 1994.

HALL, Stuart. *A identidade cultural na pós-modernidade.* Tradução Tomaz Tadeu da Silva e Guacira Lopes Louro. 9. ed. Rio de Janeiro: DP&A, 2004.

HARTMAN, Gary; MERSKY, Roy M. (Org.). *Landmark Supreme Court Cases:* the most influential decisions of the Supreme Court of the United States. New York: Checkmark Books, 2007.

HIBNER, Davi Amaral; SILVESTRE, Gilberto Fachetti. A tutela dos direitos da personalidade no Brasil e na Itália: questões materiais e processuais. *Anais do II Congresso de Processo Civil Internacional*: Vitória, 2017. Disponível em: http://periodicos.ufes.br/processocivilinternacional/article/download/19819/13238. Acesso em: 14 ago. 2021.

HILDEBRANDT, Mireille; GUTWIRTH, Serge. *In:* RANNENBERG, K.; ROYER, D.; Deuker, A. (Ed.) *The Future of Identity in the Information Society*: Challenges and Opportunities. Springer: Berlim, 2009. p. 273-313.

HILDEBRANDT, Mireille; GUTWIRTH, Serge. *Profiling the European Citizen.* Cross-disciplinary perspectives. New York: Springer, 2008.

HISSA, Marcelo Rocha Nasser. *Transtorno de identidade de gênero:* manual de atendimento clínico. Organização Marcelo Rocha Nasser Hissa, Miguel Nasser Hissa. Santana de Parnaíba-SP: Manole, 2021.

HOBSBAWM, Eric; RANGER, Terence (Org.). *A invenção das tradições.* Tradução Celina Cardim Cavalcante. 10. ed. São Paulo: Paz e Terra, 2015.

HOLLAND, Mina. *O atlas gastronômico:* uma volta ao mundo em 40 cozinhas. Tradução Elenice Barbosa de Araújo. Rio de Janeiro: Casa da Palavra, 2015.

HONNETH, Axel. *Luta por reconhecimento:* a gramática moral dos conflitos sociais. Tradução Luiz Repa. São Paulo: Ed. 34, 2003.

HONORATO, Gabriel; LEAL, Livia Teixeira. Propostas para a regulação da herança digital no direito brasileiro. *Direito civil e tecnologia.* Belo Horizonte: Fórum, 2021.

HUNGRIA, Nélson; LACERDA, Romão Côrtes de; FRAGOSO, Heleno Cláudio. *Comentários ao Código Penal.* 5. ed. Rio de Janeiro: Forense, 1981. v. VIII.

INIESTA, Javier Belda; SERNA, Francisco José Aranda. El paradigma de la identidad: hacia una regulatión del mundo digital. *Revista Forense,* v. 422, p. 181-217, 2016.

IRTI, Claudia. Dato personale, dato anonimo e crisi del modelo normativo d'identità. *Juscivile,* 2002, p. 379-397. Disponível em: https://www.google.com.br/url?sa=t&rct=j&q=&esrc= s&source=web&cd=&cad=rja&uact=8&ved=2ahUKEwivwIOOjJbzAhWWqZUCHRqIDPIQFnoECAsQAQ&url=http%3A%2F%2Fwww.juscivile.it%2Fcontributi%2F2020%2F2_2020%2F04_Irti.pdf&usg=AOvVaw3vIr4LGFt-5fG-CctVz4gj. Acesso em: 18 ago.2021.

INSTITUTO dos Registos e Notariado. Nomes próprios de cidadãos portugueses nos últimos 3 anos (mj.pt). Disponível em: https://irn.justica.gov.pt/Servicos/Cidadao/Nascimento/ Composicao-do-nome. Acesso em: 21 nov. 2020.

JESUS, Damásio E. de. *Direito penal.* São Paulo: Saraiva, 1988. v. 2.

KAHNEMAN, Daniel. *Rápido e devagar:* duas formas de pensar. Tradução Cássio de Arantes Leite. Rio de Janeiro: Objetiva, 2012.

KAYSER, Pierre. Le droit dit a l'image. *Mélanges en l'honneur de Paul Roubier:* droit privé; propriété industrielle, littéraire et artistique. Libraries Dalloz & Sirey: Paris, 1961. t. II, p. 73-88.

KAYSER, Pierre. Les droits de la personnalité, aspects théoriques et pratiques. *Revue Trimestrielle de Droit Civil,* Paris: Sirey, p. 445-509, 1971.

KELLY, John. M. *Uma breve história da teoria do direito ocidental.* Tradução Marylene Pinto Michael. São Paulo: WMF Martins Fontes, 2010.

KLEINA, Nilton. Meta registra primeiro caso de assédio dentro do metaverso. Disponível em: https://www.tecmundo.com.br/redes-sociais/230687-meta-registra-primeiro-caso-assedio-dentro-metaverso.htm. Acesso em: 28 out. 2022.

KOHLER, Joseph. *A própria imagem no direito.* Tradução Walter Moraes. Disponível na Biblioteca de Direito Civil da Faculdade de Direito da Universidade de São Paulo. São Paulo, 1972.

LA LESIONE dell'identità personale e il danno non patrimoniale. Atti del Seminario promosso dal Centro di Iniziativa Giuridica P. Calamandrei. Messina, 16 aprile 1982. Milano: Dotti. A. Giuffrè, 1985.

LAKE, James B. Restraining False Light: constitutional and commom law limits on a "troublesome tort". *Federal Communications Law Journal*, v. 61, issue 3, article 4, p.625-650. Disponível em: https://www.repository.law.indiana.edu/cgi/viewcontent.cgi?article=1540 &context=fclj. Acesso em: 29 ago. 2021.

LANG, Cady. Asian American Attacks: What's Behind the Rise in Violence? Disponível em: https://time.com. Acesso em: 10 jun. 2021.

LARENZ, Karl. *Derecho civil:* parte general. Traducción y notas de Miguel Izquierdo y Macías-Picavea. Editorial Revista de Derecho Privado. Editoriales de Derecho Reunidas. Edersa, 1978.

LEAL, Lívia Teixeira. Implicações da inteligência artificial na tutela *post mortem* dos direitos da personalidade. *In:* TEPEDINO, Gustavo; SILVA, Rodrigo da Guia (Coord.). *Inteligência artificial.* São Paulo: Thompson Reuters Brasil, 2020. p. 121-138.

LEITÃO, Luís Manuel Teles de Menezes. *Direito das obrigações*: Introdução. Da constituição das obrigações. 14. ed. Portugal: Almedina, 2017.

LEITE SAMPAIO, José Adércio. *Direitos fundamentais.* Belo Horizonte: Del Rey, 2004.

LIGUORI, Bruno; DISTASO, Nicola; Santosuosso, Fernando. *Commentario del Codice Civile.* Libro I. Torino: Utet, 1970.

LINDON, Raymond. *Une création pretorienne:* les droits de la personalité. Paris: Dalloz, 1974.

LÔBO, Paulo Luiz Netto. *Direito civil:* famílias. 4. ed. São Paulo: Saraiva, 2011.

LOPES, José Reinaldo de Lima. Direitos humanos e tratamento igualitário: questões de impunidade, dignidade e liberdade. *Revista Brasileira de Ciências Sociais*, v. 15, n. 42, p. 77-100, fev. 2000.

LOPES, José Reinaldo de Lima. *O direito na história:* lições introdutórias. 3. ed. São Paulo: Atlas, 2011.

LORENZETTI, Ricardo Luis. *Responsabilidad civil de los medicos.* 2. ed. ampl. y actual. con la colaboración de Jorge M. Galdós. Tomo I. Rubinzal-Culzoni, 2016.

LOUREIRO, Lourenço Trigo de. *Instituições de direito civil brasileiro.* B. L. Garnier: Rio de Janeiro, 1871.

LUDHMILA Hajjar diz ter sofrido ameaças de morte após convite para Ministério. Disponível em: cnnbrasil.com.br. Acesso em: 19 mar. 2021.

LUDWIG, Marcos de Campos. *A boa-fé no direito privado:* critérios para a sua aplicação. 2. ed. São Paulo: Saraiva Educação, 2018.

LUDWIG, Marcos de Campos. O direito ao livre desenvolvimento da personalidade na Alemanha e possibilidades de sua aplicação no direito privado brasileiro. *In:* MARTINS--COSTA, Judith (Org.). *A reconstrução do direito privado: reflexos dos princípios, diretrizes e direitos fundamentais constitucionais no direito privado.* São Paulo: Revista dos Tribunais, 2002. p. 266-305.

MAGAZZÙ, Andrea. "Identità" personale e tutela civile della reputazione. *La lesione dell'identità personale e il danno non patrimoniale.* Atti del Seminario promosso dal Centro di Iniziativa Giuridica P. Calamandrei. Milano: Dotti. A. Giuffrè, 1985.

MALUF, Adriana Caldas do Rego Freitas Dabus. *Direito das famílias:* amor e bioética. São Paulo: Elsevier, 2012.

MALUF, Adriana Caldas do Rego Freitas Dabus. Direitos da personalidade e elementos genéticos para a identidade da pessoa humana. *Novo Código Civil* – questões controvertidas. São Paulo: Método, 2002.

MARTIN, Carol Lynn. A developmental perspective on gender effects and gender concepts. *In:* SWANN JR., Willian B.; LANGLOIS, Judith H.; GILBERT, Lucia Albino. *Sexism and stereotypes in modern society:* the gender science of Janet Taylor Spence. Washington, D.C.: American Psycological Association, 1998. p. 47-55.

MARTINS, Leonardo. *In:* Comentários ao art. 5º. *In:* CANOTILHO, J. J. Gomes; MENDES, Gilmar F.; SARLET, Ingo W.; STRECK, Lenio L. (Coord.). *Comentários à Constituição do Brasil.* São Paulo: Saraiva/Almedina, 2013.

MARTINS, Leonardo. *Tribunal Constitucional Federal alemão*: decisões anotadas sobre direitos fundamentais: dignidade humana, livre desenvolvimento da personalidade, direito fundamento à vida e à integridade física, igualdade. São Paulo: Fundação Conrad Adenauer, 2016. v. 1.

MARTINS-COSTA, Judith *et al. Modelos de direito privado.* São Paulo: Marcial Pons, 2014.

MARTINS-COSTA, Judith. *A boa-fé no direito privado:* critérios para a sua aplicação. 2. ed. São Paulo: Saraiva Educação, 2018.

MARTINS-COSTA, Judith. Dano moral à brasileira. *In:* PASCHOAL, Organização Janaína Conceição; SILVEIRA, Renato de Mello Jorge. *Livro homenagem a Miguel Reale Júnior.* Rio de Janeiro: LMJ Mundo Jurídico, 2014.

MATTIA, Fabio Maria de. *Direitos da personalidade:* aspectos gerais. Disponível em: http://www2.senado.leg.br/bdsf/handle/id/181045. Acesso em: 18 ago. 2021.

MATTIETTO, Leonardo. Dos direitos da personalidade à cláusula geral de proteção da pessoa. *Revista de Direito da Procuradoria Geral,* Rio de Janeiro (edição especial), p. 218-232, 2017.

MAUÉS, Antonio Moreira. Comentários ao artigo 12. *In:* CANOTILHO, J. J. Gomes; MENDES, Gilmar F.; SARLET, Ingo W.; STRECK, Lenio L. (Coord.). *Comentários à Constituição do Brasil.* São Paulo: Saraiva/Almedina, 2013.

MAYNARD, Luan Godinho; ANDRADE, Diogo de Calasans Melo. Direito sucessório na herança digital diante da análise dos termos/condição de uso da *Apple* e do *Kindle. Revista Nacional de Direito de Família e Sucessões,* Porto Alegre, v. 37, p. 175-186, jul./ago. 2020.

MAZEAUD, Henri; MAZEAUD, Leon; MAZEAUD, Jean. *Leçons de droit civil.* 5. ed. Paris: Montchrestien, 1973. t. 1º, v. 2.

MCCOMBS, Theodore; GONZÁLEZ, Jackie Shull. Right to Identity. University of California. *Berkeley School of Law,* nov. 2007. p. 01-25. Disponível em: http://scm.oas.org/pdfs/2007/CP19277.PDF. Acesso em: 4 jan. 2022.

MELGARÉ, Plínio; BELMONTE, Cláudio. *O direito na sociedade contemporânea.* São Paulo: Forense, 2005.

MELO, Diogo Leonardo Machado de. Ainda sobre a função punitiva da reparação dos danos morais: e a destinação de parte da indenização para entidades de fins sociais. *Revista de Direito Privado,* v. 26, p. 105-145. abr.- jun. 2006.

MENDES, Gilmar Ferreira; COELHO, Inocêncio Mártires; BRANCO, Paulo Gustavo Gonet. *Curso de direito constitucional.* 6. ed., rev. e aum. São Paulo: Saraiva, 2011.

MIRANDA, Jorge; RODRIGUES JUNIOR, Otávio Luiz; FRUET, Gustavo Bonato. *Direitos da personalidade*. São Paulo: Atlas, 2012.

MONTEIRO FILHO, Raphael de Barros *et al. Comentários ao novo Código Civil*. Rio de Janeiro: Forense, 2012. v. I.

MONTEIRO, Washington de Barros. *Curso de direito civil*. 30. ed. atual. São Paulo: Saraiva, 1990. v. 2.

MORAES, Walter. Concepção tomista de pessoa. Um contributo para a teoria do direito da personalidade. *Revista de Direito Privado*, v. 2, p. 187-204, abr.-jun. 2000.

MORATO, Antônio Carlos. Quadro geral dos direitos da personalidade. *Revista da Faculdade de Direito da Universidade de São Paulo*, v. 106/107, p. 121-158, jan.-dez. 2011/2012.

MOREIRA, Adilson José. *Pensando como um negro:* ensaio de hermenêutica jurídica. São Paulo: Editora Contracorrente, 2019.

MOREIRA, Adilson José. Pensando como um negro: ensaio de hermenêutica jurídica. *Revista de Direito Brasileira*, São Paulo-SP, v. 18, n. 7, p. 393-421, set.-dez.2017.

MORGENROTH, Thekla et al. *Defending the sex/gender binary:* the role of gender identification and need for closure. Disponível em: https://journals.sagepub.com/doi/full/10.1177/1948550620937188. Acesso em: 28 ago. 2022.

MORICONI, Alejandro Alberto. *La identidad personal*. Un derecho que aguarda su pleno ejercicio. *Revista IN IURE*, La Rioja (Argentina), Año 1, v. 1, p. 34-41, 2011. Disponível em: https://revistaelectronica.unlar.edu.ar/index.php/iniure/article/view/121. Acesso em: 30 jun. 2020.

MORSELLO, Marco Fábio. Autoridade parental. Perspectiva evolutiva dos direitos da personalidade. Adultocentrismo x visão paidocêntrica. *In:* CORREIA, Atalá; CAPUCHO, Fábio Jun (Coord.). *Direitos da personalidade:* a contribuição de Silmara J. A. Chinellato. Barueri/SP: Manole, 2019.

MURARO, Rose Marie *et al. Mulher, gênero e sociedade*. Organização Andréa Brandão Puppin e Rose Marie Muraro. Rio de Janeiro: Relume Dumará: FAPERJ, 2001.

NANNI, Giovanni Ettore. A nociva relativização dos conceitos. *Letrado*, Instituto dos Advogados de São Paulo, n. 108, p. 38-39.

NANNI, Giovanni Ettore. As situações jurídicas exclusivas do ser humano: entre a *superutilização* do princípio da dignidade da pessoa humana e a *coisificação* do ser humano. *Direito civil e arbitragem*. São Paulo: Atlas, 2014. p. 133-180.

NANNI, Giovanni Ettore. *Comentários ao Código Civil:* direito privado contemporâneo. 2. ed. São Paulo: Saraiva Educação, 2021.

NASCIMENTO, Fábio Calheiros do *et al.* Dados pessoais, Justiça Eleitoral e eleições: considerações sobre os efeitos da Lei Geral de Proteção de Dados no Processo Eleitoral. *In:* TOMASEVISIUS FILHO, Eduardo (Coord.). *A Lei Geral de Proteção de Dados brasileira:* análise setorial. São Paulo: Almedina, 2021. p. 25-62.

NEETHLING, Johann. Personality rights: a comparative overview. *Comparative and International Law Journal of Southern Africa*, v. 38, n. 2, p. 210-245, jul. 2005. Disponível em: https://www.jstor.org/stable/23252295?seq=1#metadata_info_tab_contents. Acesso em: 8 out. 2021.

NEETHLING, Johann. Recognition and Protection of Personality Rights: Classification and Typology. *Journal of European Tort Law*, dez. 2018. Disponível em: https://

www. degruyter.com/document/doi/10.1515/jetl-2018-0113/html. Acesso em: 8 out. 2021.

NEGROPONTE, Nicholas. *A vida digital.* Tradução Sérgio Tellaroli. São Paulo: Companhia das Letras, 1995.

NERY JUNIOR, Nelson. Escolha esclarecida de tratamento médico por pacientes Testemunhas de Jeová: como exercício harmônico de direitos fundamentais. Parecer Jurídico. Disponível em: https://conteudojuridico.com.br/consulta/Pe%C3%A7as%20Jur%C3%ADdicas/52867/escolha-esclarecida-de-tratamento-medico-por-pacientes-testemunhas-de-jeova-como-exercicio-harmonico-de-direitos-fundamentais. Acesso em: 25 out. 2022.

NERY JUNIOR, Nelson; NERY, Rosa Maria de Andrade. *Código Civil comentado.* 10. ed. São Paulo: Revista dos Tribunais, 2013.

NOLL, Sarah; KASTEN, Erich. Body integrity identity disorder (BIID): How satisfied are sucessful wannabes. *Psychology and Behavioral Sciences,* 3 (6), p. 222-232, 2014. Disponível em: https://www.researchgate.net/publication/269697867_Body_Integrity_Identity_Disorder_ BIID_How_Satisfied_are_Successful_Wannabes. Acesso em: 5 abr. 2022.

NOMINÉ, Bernard. *Sobre identidade e identificações:* conferências (2014-2015). Tradução Elisabeth Saporiti; Sheila Skitnevsky Finger. São Paulo: Blucher, 2018.

NORONHA, Edgard Magalhães. *Código Penal brasileiro comentado.* São Paulo: Saraiva, 1954. 7. v.

NORONHA, Edgard Magalhães. *Direito penal.* Atual. por Adalberto José Q. T. de Camargo Aranha. 33. ed. atual. São Paulo: Saraiva, 2003. v. 2.

NUCCI, Guilherme de Souza. *Código Penal comentado.* 17. ed., rev., atual. e ampl. Rio de Janeiro: Forense, 2017.

NUCCI, Guilherme de Souza. *Código Penal comentado.* 21. ed. Rio de Janeiro: Forense, 2021.

OLIVEIRA, José Lamartine Corrêa de; MUNIZ, Francisco José Ferreira. O Estado de Direito e os direitos da personalidade. *Revista de Direito Civil Contemporâneo,* São Paulo: v. 24, p. 349-368. jul.-set. 2020.

PARFIT, Derek. Personal Identity. *The Philosophical Review,* v. 80, n. 1, p. 3-27, jan. 1971. Disponível em: https://www.jstor.org/stable/2184309. Acesso em: 11 maio 2022.

PATTI, Paolo; BARTOLINI, Francesca. Digital inheritance and *post mortem* data protection: the italian reform. *European Review of Private Law,* n. 5, 2019.

PENTEADO, Luciano de Camargo. O direito à vida, o direito ao corpo e às partes do corpo, o direito ao nome, à imagem e outros relativos à identidade e à figura social, inclusive intimidade. *Revista de Direito Privado,* v. 49, p. 73-109, jan.-mar. 2012.

PERLINGIERI, Pietro. *Perfis do direito civil*: introdução ao direito civil constitucional. Tradução Maria Cristina De Cicco. 2. ed. Rio de Janeiro: Renovar, 2002.

PINHEIRO, Patrícia Peck. *Cyber Rights*: direitos fundamentais dos cidadãos digitais e a existência de uma ordem pública global através da *internet. Revista dos Tribunais,* São Paulo, v. 971, ano 105, p. 167-185, set. 2016.

PINHEIRO, Patrícia Peck. *Direito digital aplicado 3.0.* São Paulo: Revista dos Tribunais, 2018.

PINHEIRO, Patrícia Peck. *Direito digital.* 5. ed. rev., atual. e ampl. São Paulo: Saraiva, 2013.

PINHEIRO, Patrícia Peck. *Proteção de dados pessoais:* comentários à Lei n. 13.709/2018 (LGPD). 2. ed. São Paulo: Saraiva Educação, 2020.

PINO, Giorgio. Teori e dottrine dei diritti della personalitá: uno studio di metagiurisprudenza analítica. *Materiali per una storia della cultura giuridica*, 2003. v. 1, p. 237-274. Disponível em: http://www.estig.ipbeja.pt/~ac_direito/Pino20.pdf. Acesso em: 10 jan. 2021.

PINO, Giorgio. The Right to Personal Identity in Italian Private Law: Constitutional Interpretation and Judge-Made Rights. *In:* VAN HOECKE, M.; OST, F. (Ed.) *The Harmonization of Private Law in Europe*. Oxford: Hart Publishing, 2000. p. 225-237.

PINTO, Henrique Alves. A utilização da inteligência artificial aplicada ao processo de tomada de decisões: por uma necessária *accountability*. *In:* PINTO, Henrique Alves; GUEDES, Jefferson Carús; CERQUEIRA CÉSAR, Joaquim Portes de (Coord.). *Inteligência artificial aplicada ao processo de tomada de decisões*. Belo Horizonte/São Paulo: D'Plácido, 2021. p. 491-511.

PINTO, Paulo Mota. Direitos de personalidade no Código Civil português e no novo Código Civil brasileiro. *Revista da Ajuris*, ano XXXI, n. 96, p. 407-437, dez. 2004.

PINTO, Paulo Mota. Notas sobre o direito ao livre desenvolvimento da personalidade e os direitos de personalidade no direito português. *In:* SARLET, Ingo Wolfgang (Org.). *A Constituição concretizada:* construindo pontes com o público e o privado. Livraria do Advogado: Porto Alegre, 2000. p. 61-83.

PIRANDELLO, Luigi. *O falecido Mattia Pascal*. Tradução Silvia Massimini Felix. São Paulo: UNESP, 2020.

PONTES DE MIRANDA, Francisco Cavalcanti. *Tratado de direito privado*. Campinas: Bookseller, 2000. t. VII.

PONTES DE MIRANDA, Francisco Cavalcanti. *Tratado de direito privado*. atual. por Vilson Rodrigues Alves. Rio de Janeiro: Bookseller, 2004. t. 31.

POWER, Samantha. *Sergio: One man's fight to save the world*. London: Penguin Books, 2008.

PROSSER, W. L. Privacy. *California Law Review*, 48, 1960, p.383-422. Disponível em: https://www.google.com.br/url?sa=t&rct=j&q=&esrc=s&source=web&cd=&cad=rja&uact=8&ved=2ahUKEwj9653u_djyAhULppUCHf7iBA0QFnoECAcQAQ&url=https%3A%2F%2Flawcat.berkeley.edu%2Frecord%2F1109651&usg=AOvVaw2_lQNS-bMSu387wYaPXpaxL. Acesso em: 29 ago. 2021.

PULIDO, Carlos Bernal. *O direito dos direitos:* escritos sobre a aplicação dos direitos fundamentais. Tradução Thomas da Rosa Bustamante com a colaboração de Bruno Stiegert. São Paulo: Marcial Pons, 2013.

RAIS, Diogo; SALES, Stela Rocha. *In:* RAIS, Diogo (Coord.). *Fake news:* a conexão entre a desinformação e o direito. 2. ed. rev. atual. e ampl. São Paulo: Revista dos Tribunais, 2020.

RAMOS, Elival da Silva. *Ativismo judicial:* parâmetros dogmáticos. São Paulo: Saraiva, 2010.

RÁO, Vicente. *O direito e a vida dos direitos*. 5. ed. anotada e atual. por Ovídio Rocha Barros Sandoval. São Paulo: Revista dos Tribunais, 1999.

REALE, Miguel. *História do novo Código Civil*. São Paulo: Revista dos Tribunais, 2005.

REALE, Miguel. *Lições preliminares de direito*. 27. ed. São Paulo: Saraiva, 2002.

REDAÇÃO. Rússia condena adolescentes que tramaram explosão de prédio virtual no jogo Minecraft. *A Referência*. Disponível em: areferencia.com. Acessos em: 17 fev. 2022.

REGIS, Erick da Silva. Necessariamente e indistintamente uma herança digital? A proteção da personalidade em âmbito digital após a morte: possíveis pilares analíticos. *Revista dos Tribunais*, São Paulo, ano 110, v. 1027, p.119-151, maio 2021.

REIS, Marfiza Ramalho. Sobre família, espiritualidade e a convivência com Deus e o diabo. *In:* BRANDÃO, Celia (Org.). *Família e identidade*. Curitiba: Appis, 2021.

REIS, Rafael Vale e. Direito ao conhecimento das origens genéticas. *In:* ASCENSÃO, José de Oliveira (Coord.). *Estudos de direito da bioética*. Almedina: Coimbra, 2009. v. III, p. 193-224.

REQUIÃO, Rubens. *Curso de direito comercial*. 29. ed., rev. e atual. por Rubens Edmundo Requião. São Paulo: Saraiva, 2010.

RESTA, Giorgio. Identità personale e identità digitale. *Il Diritto dell'Informazione e dell'Informatica*. Milano: Giuffrè, 2007. anno XXIII, fasc. 3, p. 511-531.

RESTA, Giorgio. La "morte" digitale. *Il Diritto dell'Informazione e dell'Informatica*. Milano: Giuffrè, 2014. anno XXIX, fasc. 6, p. 891-920.

RIBEIRO, João Ubaldo. *O Estado de S. Paulo*. 28/11/2010. Caderno 2. p. D 4

RIBEIRO, Paulo Dias de Moura. *Direito da personalidade e dignidade humana:* direito ao nome e direito do autor. Tese (Pós-doutorado) – Faculdade de Direito da Universidade de Lisboa, 2016.

RICOEUR, Paul. *O si-mesmo como outro*. Tradução Ivone C. Benedetti. São Paulo: Martins Fontes, 2014.

RIPPON, Gina. *Gênero e os nossos cérebros:* como a neurociência acabou com o mito de um cérebro feminino ou masculino. Tradução Ryta Vinagre. Rio de Janeiro: Rocco, 2021 (edição digital).

RODRIGUES JUNIOR, Otavio Luiz. Do príncipe Bismarck à princesa Carolina de Mônaco: vida privada de pessoas célebres e as liberdades comunicativas no direito civil. *In:* CASSETARI, Christiano (Coord.). *10 anos de vigência do Código Civil brasileiro de 2002*. Estudos em homenagem ao professor Carlos Alberto Dabus Maluf. São Paulo: Saraiva, 2013. p. 111-125.

RODRIGUES JUNIOR, Otavio Luiz. O direito ao nome, à imagem e outros relativos à identidade e à figura social, inclusive a intimidade. *In:* SIMÃO, José Fernando; BELTRÃO, Silvio Romero (Coord.). *Direito civil:* estudos em homenagem a José de Oliveira Ascensão: direito privado. São Paulo: Atlas, 2015. v. 2, p. 3-13.

ROLLAND, Patrice. L'identitè européenne. in «L' identité politique» (CURRAPP – CRISPA) Paris: PUF, 1994. P. 433-440. Disponível em: https://www.google.com.br/url?sa=t&rct= j&q=&esrc=s&source=web&cd=&cad=rja&uact=8&ved=2ahUKEwiEpO7irprzAhXhq5UCHQ6rD_sQFnoECB4QAQ&url=https%3A%2F%2Fextra.u-picardie.fr%2Foutilscurapp%2 Fmedias%2Frevues%2F33%2Fpatrice_rolland.pdf_4a07ec677dc2b%2Fpatrice_rolland.pdf&usg=AOvVaw23Y3r-aFsKntjEGA-3GWNDT. Acesso em: 24 set. 2021.

ROOSENDAAL, A. Digital personae and profiles as representations of individual. *In:* BEZZI, M.; DUQUENOY, P.; FISCHER-HÜBNER, S.; HANSEN, M.; ZHANG, G. (Ed.) *Privacy and Identity Management for Life*. Heidelberg: IFIP AICT, 2010. v. 320, p. 226-236.

ROPPO, Enzo. I diritti della personalità. *In:* ALPA, Guido; BESSONE, Mario (Coord.). *Banche dati, telematica e diritti della persona*. Padova: Cedam, 1984. p. 61-87.

ROSENVALD, Nelson. *As funções da responsabilidade civil:* a reparação e a pena civil. 2. ed. São Paulo: Atlas, 2014.

ROSPIGLIOSI, Enrique Varsi. *Tratado de derecho de las personas.* Lima: Gazeta Jurídica, 2014.

SAINT-PAU, Jean-Christophe *et al. In:* SAINT-PAU, Jean-Christophe (sous la direction de). *Droits de la personnalité.* Paris: LexisNexis, 2013. traités.

SANDEL, Michael J. *A tirania do mérito:* o que aconteceu com o bem comum? Tradução Bhuvi Libanio. Rio de Janeiro: Civilização Brasileira, 2020.

SANSEVERINO, Paulo de Tarso. O princípio da reparação integral e o arbitramento equitativo da indenização por dano moral no Código Civil. *Modelos de direito privado.* São Paulo: Marcial Pons, 2014.

SANTA MARIA, José Serpa de. *Direitos da personalidade e a sistemática civil geral.* São Paulo: Julex, 1987.

SANTOS, Rosangela Cipriano dos. *A subjetividade como elemento de identidade individual*: uma introdução. 2006. Tese (Doutorado) – Pontifícia Universidade Católica de São Paulo, 2006. Disponível em: https://tede2.pucsp.br/handle/handle/7260. Acesso em: 3 jun. 2020.

SARAMAGO, José. *O homem duplicado.* São Paulo: Companhia das Letras, 2002.

SARLET, Ingo Wolfgang. *A eficácia dos direitos fundamentais:* uma teoria dos direitos fundamentais na perspectiva constitucional. 10. ed., rev. atual. e ampl. Porto Alegre: Livraria do Advogado, 2010.

SARLET, Ingo Wolfgang. Direitos fundamentais e direito privado: algumas considerações em torno da vinculação dos particulares aos direitos fundamentais. *Boletim Científico,* Escola Superior do Ministério Público da União, Brasília, ano 4, n. 16, p. 193-259, jul.-set. 2005.

SARMENTO, Daniel. *Dignidade da pessoa humana:* conteúdo, trajetórias e metodologia. Belo Horizonte: Fórum, 2016.

SCALISI, Vincenzo. *Lesione dell'identitá personale e danno non patrimoniale*: atti del seminário promosso dal Centro di Iniziativa Giuridica P. Calamandrei. Milano: Giuffrè, 1985.

SCHÄFER, Gilberto; MACHADO, Carlos Eduardo Martins. A reparação do dano ao projeto de vida na Corte Interamericana de Direitos Humanos. *Revista de Direitos Fundamentais e Democracia,* Curitiba, v. 13. n. 13. p. 179-197, jan.-jun. 2013.

SCHMITT DE BEM, Leonardo. *Teoria da relação jurídica:* análise da Parte Geral do novo Código Civil. Curitiba: JM Editora, 2004.

SCHREIBER, Anderson. *Direito civil e Constituição.* São Paulo: Atlas, 2013.

SCHREIBER, Anderson. *Direitos da personalidade.* 2. ed. São Paulo: Atlas, 2013.

SCURATI, Antonio. *M, o filho do século.* Tradução Marcello Lino. Rio de Janeiro: Intrínseca, 2019.

SERPA LOPES, Miguel Maria de. *Curso de direito civil:* introdução, parte geral e teoria dos negócios jurídicos. 3. ed. Rio de Janeiro: Freitas Bastos, 1960. v. I.

SESSAREGO, Carlos Fernández. Apuntes sobre el daño a la persona. Disponível em: http://dike.pucp.edu.pe/bibliotecadeautor_carlos_fernandez_cesareo/articulos/ba_fs_4.PDF. Acesso em: 3 jun. 2020.

SESSAREGO, Carlos Fernández. *Derecho a la identidade personal.* Buenos Aires: Astrea, 1992.

SESSAREGO, Carlos Fernández. É possível proteger, juridicamente, o projeto de vida?

Tradução Marcos Jorge Catalan. *Revista Eletrônica Direito e Sociedade*, Canoas, v. 5, n. 2, 2017. Disponível em: https://revistas.unilasalle.edu.br/index.php/redes/article/view/3868/pdf. Acesso em: 3 jun. 2020.

SILVA NETO, Laércio da. A identidade intersexo no direito alemão e inglês: perspectivas futuras para o Brasil. *Revista de Direito Constitucional e Internacional*, v. 130, p. 215-231, mar.-abr. 2022.

SILVA, José Afonso da. *Curso de direito constitucional positivo*. 31. ed., rev. e atual. São Paulo: Malheiros, 2008.

SILVA, Renata Cristina da. Apropriações do termo avatar pela cibercultura: do contexto religioso aos jogos eletrônicos. *Contemporânea*, ed. 15, v. 8, n. 2, p. 120-131, 2010.

SILVA, Virgílio Afonso da. *Direitos fundamentais:* conteúdo essencial, restrições e eficácia. 2. ed. São Paulo: Malheiros, 2011.

SOLOVE, Daniel. The Digital Persona and it's Application to Data Surveillance. *The Information Society*, n. 10, 1994.

SOLOVE, Daniel. *The future of reputation: gossip, rumor and privacy on the Internet.* New Haven: Yale University Press, 2007.

SOUSA, Felipe Soares de. A extensão e os efeitos do reconhecimento do direito à identidade genética. *Revista de Direito Privado*, ano 18, v. 74, p. 33-59, fev. 2017.

SZANIWSKI, Elimar. *Direitos da personalidade e sua tutela*. São Paulo: Revista dos Tribunais, 1993.

TARTUCE, Flávio. Herança digital e sucessão legítima: primeiras reflexões. Disponível em: http://www.flaviotartuce.adv.br/artigos/4. Acesso em: 4 mar. 2022.

TAVARES, André Ramos. *Curso de direito constitucional.* 10. ed., rev. e atual. São Paulo: Saraiva, 2012.

TAYLOR, Charles. *As fontes do self:* a construção da identidade moderna. Tradução Adail U. Sobral e Dinah de A. Azevedo. São Paulo: Loyola, 1977.

TAYLOR, Charles. The politics of recognition. *In:* GUTMAN, Amy (Org.). *Multiculturalism.* New Jersey: Princeton University Press, 1994. p. 25-73.

TEFFÉ, Chiara Spadaccini. Considerações sobre a proteção do direito à imagem na internet. Disponível em: https://www.google.com.br/url?sa=t&rct=j&q=&esrc=s&source= web&cd=&cad=rja&uact=8&ved=2ahUKEwjj96vuvvryAhVsrJUCHbPhDxgQFnoECAQQAQ&url=https%3A%2F%2Fwww12.senado.leg.br%2Fril%2Fedicoes%2F54%2F213%2Fril_v54_n213_p173.pdf&usg=AOvVaw1d8JSHN82buBtmKlistLGy. Acesso em: 12 set. 2021.

TEFFÉ, Chiara Spadaccini; MORAES, Maria Celina Bodin de. Redes sociais virtuais: privacidade e responsabilidade civil. Análise a partir do Marco Civil da Internet. *Pensar*, Fortaleza, v. 22, n. 1, p. 108-146, jan./abr. 2017.

TEIXEIRA, Ana Carolina Brochado; NEVARES, Ana Luiza Maia; VALADARES, Maria Goreth Macedo; MEIRELES, Rose Melo Venceslau. O cuidado com o menor de idade na observância de sua vontade. *In:* OLIVEIRA, Tânia da Silva Pereira e Guilherme de (Coord.). *O cuidado como valor jurídico.* Rio de Janeiro: Forense, 2008.

TELLES JUNIOR, Goffredo. *Iniciação na ciência do direito*. 4. ed. São Paulo: Saraiva, 2008.

TEPEDINO, Gustavo. A tutela da personalidade no ordenamento civil-constitucional brasileiro, temas de direito civil. Disponível em: https://www.academia. edu/31740015/A_ tutela_da_personalidade_no_ordenamento_civil-constitucional_brasileiro. Acesso em: 30 jun. 2020.

TEPEDINO, Gustavo; OLIVA, Milena Donato. Personalidade e capacidade na legalidade constitucional. Disponível em: https://www.academia.edu/30890584/Personalidade_e_capacidade_na_legalidade_constitucional. Acesso em: 13 jul. 2022.

TOFLER, Alvin. *A terceira onda*. Tradução João Távora. 25. ed. Rio de Janeiro: Record, 2001.

TOMASEVICIUS FILHO, E. Inteligência artificial e direitos da personalidade. *Revista da Faculdade de Direito,* Universidade de São Paulo, n. 113, 2018, p. 133-149. Disponível em: https://doi.org/10.11606/issn.2318-8235.v113i0. Acesso em: 25 jun. 2021.

TOMASEVICIUS FILHO, Eduardo. A natureza jurídica do *software* à luz da linguística. *Revista da ABPI* (Associação Brasileira da Propriedade Intelectual), n. 79, nov.-dez. 2005.

TOMASEVICIUS FILHO, Eduardo. Indenização pelo tratamento ilegítimo de dados pessoais: comparação entre os direitos italiano e brasileiro. *Revista dos Tribunais*, São Paulo, n. 1.031, set. 2021. Disponível em: https://dspace.almg.gov.br/handle/11037/41773. Acesso em: 23 set. 2021

TOMASEVICIUS FILHO, Eduardo. Marco Civil da internet: uma lei sem conteúdo normativo. *Estudos Avançados*, v. 30, n. 86, p. 269-285, 2016.

TOMMASINI, Rafaele. Diritto alla identità personale e risarcibilità dei danni morali. *La lesione dell'identità personale e il danno non patrimoniale.* Atti del Seminario promosso dal Centro di Iniziativa Giuridica P. Calamandrei. Milano: Dotti. A. Giuffrè, 1985.

VAINZOF, Rony *et al. In:* MALDONADO, Viviane Nóbrega; ÓPICE BLUM, Renato (Coord.). *Comentários ao GDPR:* Regulamento Geral de Proteção de Dados da União Europeia. São Paulo: Thompson Reuters Brasil, 2018.

VASCONCELOS, Daniel Evangelista. *Direito digital & sociedade 4.0.* Coord. Cássio Brant. Belo Horizonte/São Paulo: D'Plácido, 2021.

VIANA, Cristina Amaro. *O enigma filosófico da identidade pessoal.* 2007. 129 f. Dissertação (Mestrado) – Universidade Estadual Paulista, Faculdade de Filosofia e Ciências, 2007. Disponível em: http://hdl.handle.net/11449/91766. Acesso em: 13 abr. 2020.

VIANA, Rui Geraldo Camargo. Novos direitos da personalidade: direito à identidade sexual. *In:* CORREIA, Atalá; CAPUCHO, Fábio Jun (Coord.). *Direitos da personalidade:* a contribuição de Silmara J. A. Chinellato. Barueri/SP: Manole, 2019.

VIEIRA, Tereza Rodrigues. *In:* MATOS, Ana Carla Harmatiuk; LOUZADA, Ana Maria Gonçalves *et. al. Diversidade sexual e direito homoafetivo.* Coordenação Maria Berenice Dias. 3.ed., rev., atual. e ampl. São Paulo: Revista dos Tribunais, 2017.

VIGO, Rodolfo Luis. *Interpretação jurídica*: do modelo juspositivista-legalista do século XIX às novas perspectivas. 2. ed. rev. Tradução Susana Elena D. Mura. São Paulo: Revista dos Tribunais, 2010.

WARREN, Samuel; BRANDEIS, Louis D. The Right to Privacy. *Harvard Law Review*, v. 4, n. 5, p. 193-220, 1890. Disponível em: https://www.cs.cornell.edu/~shmat/courses/cs5436/warren-brandeis.pdf . Acesso em: 14 mar. 2021.

WESTERMANN, Harm Peter. *Código Civil alemão; direito das obrigações; parte geral.* Tradução Armindo Edgar Laux. Porto Alegre: Fabris, 1983.

WIKIPEDIA. Levítico 19:27. Disponível em: https://pt.wikipedia.org/wiki/Peiot. Acesso em: 30 mar. 2021

YARSHELL, Flávio Luiz. *Tutela jurisdicional específica nas obrigações de declaração de vontade.* São Paulo: Malheiros, 1993.

ZANINI, Leonardo Estevam de Assis. A proteção da imagem na Alemanha. *Civilistica*, ano 6, n. 2, p. 1-35, 2017. Disponível em: civilistica.com. Os direitos da personalidade póstumos na perspectiva do Direito de Autor. Acesso em: 24 fev. 2021.

ZANINI, Leonardo Estevam de Assis. A proteção dos direitos da personalidade na Alemanha. *RJLB*, ano 6, n. 2, p. 731-759, 2020. Disponível em: https://www.cidp.pt/revistas/rjlb/2020/2/2020_02_0731_0759.pdf. Acesso em: 24 fev. 2021.

ZANINI, Leonardo Estevam de Assis. O surgimento e o desenvolvimento do *right of privacy* nos Estados Unidos. *Revista Brasileira de Direito Civil*, v. 3, jan.-mar. 2015. Disponível em: https://rbdcivil.ibdcivil.org.br/rbdc/article/view/107/103. Acesso em: 29 ago. 2021.

ZANINI, Leonardo Estevam de Assis; QUEIROZ, Odete Novais Carneiro. O direito geral da personalidade: do surgimento ao reconhecimento no Brasil. *Juris Plenum*, ano XVI, n. 93, p. 89-110, maio 2020.

ZENO-ZENCOVICH, Vincenzo. Onore, reputazione e identità personale. *In:* ALPA, Guiddo; BESSONE, Mario (Dir.). *La responsabilità civile*: uma rassegna di dottrina e giurisprudenza. Torino: Unione Tipografico-Editrice Torinese, 1987. p. 45-73.

ZITSCHER, Harriet Christiane. *Introdução ao direito civil alemão e inglês.* Colaboração de Marco Antônio Schmitt *et al.* Belo Horizonte: Del Rey, 1999.

ZIVIZ, Patrizia *et al. La Responsanilità Extracontratualle:* le nuove figure di risarcimento del danno nella giurisprudenza. Milano: Giuffrè, 1994.

JURISPRUDÊNCIA

BRASIL. Superior Tribunal de Justiça. 1ª T. Relator: Min. Sérgio Kukina. J. 23/08/2022.

BRASIL. Superior Tribunal de Justiça. 2ª Seção. J. 28/10/2009. DJe 24/11/2009.

BRASIL. Superior Tribunal de Justiça. AgInt no REsp 1282134/RS. Relator: Ministro Antônio Carlos Ferreira. j. 24/08/2020. DJe 28/08/2020; BRASIL. Superior Tribunal de Justiça. REsp 1771866/DF. Relator: Ministro Marco Aurélio Bellizze. j. 12/02/2019. DJe 19/02/2019;

BRASIL. Superior Tribunal de Justiça. HC 653.641/TO, Relator: Ministro Ribeiro Dantas, j. 23/06/2021, DJe 29/06/2021.

BRASIL. Superior Tribunal de Justiça. Jurisprudência em teses n. 130. Disponível em: https://www.stj.jus.br.

BRASIL. Superior Tribunal de Justiça. Jurisprudência em teses: responsabilidade civil. Disponível em: https://www.stj.jus.br/publicacaoinstitucional/index.php/JuriTeses/article/view/11383/11512.

BRASIL. Superior Tribunal de Justiça. REsp 1.001.923-PB. Relator: Ministro Luis Felipe Salomão. j. 13/03/2020. DJe 10/04/2012 BRASIL. Supremo Tribunal Federal. RE 248.869. Relator: Ministro Maurício Corrêa. j. 07/08/2003. DJ 12/03/2004.

BRASIL. Superior Tribunal de Justiça. REsp 1641906/MG. Relator: Min. Nancy Andrighi. J. 19/09/2017. DJe 26/09/2017.

BRASIL. Superior Tribunal de Justiça. REsp 1699273/SP. Relator: Min. Paulo de Tarso Sanseverino. J. 15/06/2021. DJe 18/06/2021.

BRASIL. Supremo Tribunal Federal. ADI 3.510/DF. Relator: Min. Ayres Britto. j. 29/05/2008. DJ 28/05/2010.

BRASIL. Supremo Tribunal Federal. ADI 3330/DF. Relator. Min. Ayres Britto, j. 03/05/2012. DJe 22/03/2013.

BRASIL. Supremo Tribunal Federal. ADI 4.815/DF. Relator: Ministra Cármen Lúcia. j. 10/06/2015. DJ 26/06/2015.

BRASIL. Supremo Tribunal Federal. ADI 4451. Relator: Ministro Alexandre de Moraes, j. 21/06/2018, DJ 03/03/2019.

BRASIL. Supremo Tribunal Federal. ADO 26/DF. Relator: Ministro Celso de Mello. j. 13/06/2019. DJ 06/02/2020.

BRASIL. Supremo Tribunal Federal. ADPF 132/RJ. Relator: Ministro Ayres Britto. j. 05/05/2011. DJ. 14/10/2011.

BRASIL. Supremo Tribunal Federal. ADPF 186/DF. Relator: Ministro Ricardo Lewandowski. j. 26/04/2012. DJ 20/10/2014.

BRASIL. Supremo Tribunal Federal. ARE 1208550/RS. Relatora: Ministra Cármen Lúcia. j. 17/10/2019. DJ 22/10/2019.

BRASIL. Supremo Tribunal Federal. HC 82.424-2/DF. Relator p/ o acórdão: Ministro Maurício Corrêa. j. 17/09/2003. DJ 30/09/2003.

BRASIL. Supremo Tribunal Federal. RE 363.889/DF. Relator: Min. Dias Toffoli. j. 02/0/2011. DJ 16/12/2011.

BRASIL. Supremo Tribunal Federal. RE 494.601. Relator p/ o acórdão: Ministro Edson Fachin. j. 28/03/2019. DJ 19/11/2019.

BRASIL. Tribunal de Justiça de São Paulo. Apelação Cível 1071628-96.2018.8.26.0100. Relator: Desembargador José Carlos Ferreira Alves. j. 20/10/2020.

BRASIL. Tribunal de Justiça de São Paulo. Apelação Cível 1002350-60.2020.8.26.0157. Relator: Des. Pedro de Alcântara da Silva Leme Filho. j. 18/05/2022.

BRASIL. Tribunal de Justiça do Estado de São Paulo. 14ª Câmara de Direito Privado. Ap. Cível n. 1126587-80.2019.8.26.0100. Relator: Desembargador Lavínio Donizetti Paschoalão. j. 31/08/2021. DJe 31/08/2021.

BRASIL. Tribunal de Justiça do Estado de São Paulo. Ap. Cív. 1001482-25.2021.8.26.0100. Relator: Des. James Siano. j. 17/09/2021. DJe 21/09/2021.

BRASIL. Tribunal de Justiça do Estado de São Paulo. Ap. Cív. 1048998-75.2021.8.26.0100. Relator: Des. Alexandre Coelho. j. 22/09/2021.

BRASIL. Tribunal de Justiça do Estado de São Paulo. Ap. Cível 0002994-68.2010.8.26.0028. Relator: Desembargador Miguel Brandi. j. 10/06/2015. DJe 11/06/2015.

BRASIL. Tribunal de Justiça do Estado de São Paulo. Rese 1500874-85.2019.8.26.0052. Relator: Desembargador Ricardo Sale Júnior. j. 09/10/2020. DJe. 19/10/2020.

BRASIL. Tribunal de Justiça do Rio Grande do Sul. Processo 5076750-95.2020.8.21.0001. Juiz: Paulo Cesar Filippon. j. 11/10/2021.

WEBSITES

https://eur-lex.europa.eu/legal-content/EN/TXT/?uri=CELEX%3A52017IPC0051. Acesso em: 17 abr. 2022.

https://exame.com/bussola/7-em-cada-10-negros-sofreram-preconceito-em-loja-restaurante-ou-mercado/. Acesso em: 10 jun. 2021.

https://forum.cifraclub.com.br/forum/11/232187/. Acesso em: 30 mar. 2021.

https://g1.globo.com/pe/pernambuco/noticia/2022/03/20/estudante-autodeclarada-parda-e-desclassificada-em-avaliacao-de-cotistas-da-ufpe-e-um-ranco-historico-que-a-minha-etnia-carrega-diz.ghtml. Acesso em: 20 mar. 2022.

https://pt.wikipedia.org/wiki/Avatar_(filme). Acesso em: 15 fev. 2022.

https://super.abril.com.br/blog/superlistas/as-8-maiores-religioes-do-mundo/. Acesso em: 5 abr. 2022.

https://www.brasil247.com/brasil/mulher-e-tres-filhas-de-marcelo-odebrecht-nao-irao-mais-usar-o-sobrenome-da-familia. Acesso em: 26 set. 2021.

https://www.bundesverfassungsgericht.de/SharedDocs/Entscheidungen/DE/2017/10/rs20171010_1bvr201916.html. Acesso em: 27 fev. 2021.

https://www.camara.leg.br/propostas-legislativas/1234248. Acesso em: 22 ago. 2022.

https://www.conjur.com.br/2021-out-29/pessoa-nao-binaria-nao-especificar-genero-registro-civil. Acesso em: 21 ago. 2022.

https://www.direito.ufmg.br/revista/index.php/revista/article/download/1156/1089/0. Acesso em: 6 set. 2022.

https://www.google.com.br/url?sa=t&rct=j&q=&esrc=s&source=web&cd=&ved=2ahUKEwi036itrKnzAhUSD7kGHSBkDnYQFnoECBQQAQ&url=https%3A%2F%2Fhudoc.echr.coe.int%2Fapp%2Fconversion%2Fpdf%2F%3Flibrary%3DECHR%26id%3D001-145466%26filename%3D001-145466.pdf%26TID%3Duexpxlonsk&usg=AOvVaw3AbGSuGNlmeQSm0G8hqb8d. Acesso em: 5 mar. 2021.

https://www.legifrance.gouv.fr/codes/article_lc/LEGIARTI000006796464/. Acesso em: 3 jan. 2022.

https://www.legifrance.gouv.fr/juri/id/JURITEXT000007041543/. Acesso em: 21 fev. 2021.

https://www.migalhas.com.br/coluna/german-report/311598/direcionar-camera-para-a-casa-do-vizinho-fere-os-direitos-de-personalidade. Acesso em: 11 mar. 2022.

https://www.migalhas.com.br/quentes/343533/nem-homem-nem-mulher-pessoa-consegue-registro-de-genero-neutro. Acesso em: 14 jun. 2021.

https://www.uol.com.br/esporte/basquete/ultimas-noticias/2020/05/07/jordan-acumulou-criticas-por-fuga-de-discurso-politizado-e-foco-no-mercado.htm. Acesso em: 9 jul. 2021.